# ETHICALLY ALIGNED DESIGN

A Vision for Prioritizing Human Well-being with Autonomous and Intelligent Systems

IEEE

# 인간과 기계의 공존을 위한 AI의 윤리적 설계

박기식
신용태
유명호
윤성원 옮김

인본정책연구원
Policy Research Institute for Human Dignity

도서출판 대영문화사

*Please see page 290, How the Document Was Prepared, for more details regarding the preparation of this document.*



본 책자가 어떻게 준비되었는가에 관한 보다 자세한 사항들에 대해서는 맨 뒤 451~453페이지의 "본 책자의 작성 관련 사항" 부분을 참조하십시오.

# 머리말

AI는 우리 인류에게 위협적인 존재인가? 2023년 벽두부터 Open AI사에서 발표한 ChatGPT(Generative Pre-trained Transformer/생성적 사전학습변환기)가 전 세계적으로 새로운 돌풍을 일으키고 있는 바 이로 인한 세상의 변화는 실로 상상을 초월하는 수준에 이를 것으로 예상된다. 이제는 사람을 대신하여 여러 가지 업무를 ChatGPT가 대신 수행하게 될지도 모른다는 현실이 우리 눈앞에 펼쳐지고 있다.

최근 2~3년 사이에 나타난 인공지능 분야에서의 성과를 살펴보면 새로운 기술의 발전 속도를 실감하게 해준다. 인공지능은 그 지향점이 기계로 하여금 사람처럼 작동하도록 하는 것이 목표이기에 그야말로 제4차 산업혁명 시대에 세상의 미래를 이끌어갈 핵심 영역이라고 볼 수 있다. 왜냐하면 근본적으로 인공지능이 다양한 업무와 산업에 사람 대신 투입되어 미래의 기반을 담당하게 될 것이기 예상되기 때문이다.

AI 기술은 디바이스 기술의 발전과 엄청난 규모의 데이터 학습을 통하여 이제 인간의 모방 수준을 초월하여 탁월한 성능을 보여주기 시작하고 있다. 머지않아 인간과 AI가 공존하는 세상이 펼쳐지고 인간이 직접 창작한 것과 AI가 창작한 것을 구분하기 어려운 수준에 이를 것으로 보이며 특정 분야에서는 인간을 능가하는 AI가 등장할 것이며, 이와 같이 AI 기술이 발전하면 할수록 이로 인한 혼란을 방지하고 기계와 인간의 공존을 통한 조화로운 사회를 이루기 위해서는 AI 윤리규범이 매우 중요하게 될 것이다.

앞으로 ChatGPT보다 더 탁월한 서비스들이 지속적으로 개발되어 출시될 것이며 향후 인간이 AI와 공존하여 살아가는 세상이 왔을 때 어떻게 통제하고 관리하여 AI가 인간에게 도움을 주는 동반자로서 역할을 하게 할 것인지를 염두에 두고 미래사회를 이끌어갈 규범을 만드는 것이 시급하고 중요한 과제로 다가오고 있다.

향후 비약적인 인공지능의 기술 발전은 많은 긍정적인 측면도 있겠지만, 다른 한편으로는 사람을 대체하거나 위협하는 측면도 있기 때문에 인간이 가지고 있는 윤리적 규범들이 인공지능의 설계 단계에서부터 고려되어야 향후 발생할 수 있는 여러 가지 문제점을 미연에 예방할 수 있다 이러한 관점에서 이번에 IEEE 전문가들이 제시한 인공지능 윤리에 대한 세계적인 가이드 라인의 번역서를 한국에서 발간하는 것은 그 의미가 대단히 크다고 할 수 있다. 비약적인 인공지능의 기술 발전과 함께 인공지능의 활용에 필요한 기본적인 윤리가 개발 단계 초기부터 접목되어 AI 개발과 서비스가 확대된다면 인공지능 기술이 우리 인간에게 훨씬 더 많은 긍정적 서비스를 제공함으로써 인간과 기계가 조화롭게 행복한 세상을 만들어 가는 데 매우 중요한 기여를 하게 될 것이라고 믿는다.

2023년 3월

역자 일동 씀

# 차례

# 서문

자율지능시스템(A/IS: Autonomous and Intelligent Systems)의 이용이 증가함에 따라 그 영향력 또한 사회 전반에 걸쳐 확대되고 있다. 이에 따라, 자율지능시스템이 인간의 가치들과 윤리적 원칙들을 반영하여 인간 중심으로 이용되게 할 수 있도록 사회적, 정책적인 가이드라인을 마련해야 할 필요성이 높아지고 있다. 자율지능시스템은 단순히 기능적인 목표를 달성하고 기술적인 문제를 해결해야 할 뿐만 아니라, 더 나아가 인간과 환경에 유익한 방향으로 개발되고 운영되어야 하기 때문이다. 자율지능시스템에 대한 이와 같은 접근방식은 우리의 일상생활을 풍요롭게 만드는 데 필요한 기술에 대하여 신뢰를 높이는 결과를 가져오게 될 것이다.

우리가 과학기술적 공동체로서 개인적 독단에 얽매이지 않은 긍정적인 방식으로 사회에 기여하기 위해서는 우리 자신을 끊임없이 돌아볼 필요가 있다. 우리가 겉으로 드러내거나 마음속으로 품고 있는 가치들에 대하여 개방적이고 솔직하게 토론할 필요가 있는 것이다. 이 토론의 대상에는 이른바 "인공지능(AI: Artificial Intelligence)"에 대하여 우리가 바라는 것과 이에 대한 제도, 상징, 표현들도 포함된다.

우리가 궁극적으로 추구하는 목표는 아리스토텔레스가 얘기했던 인간의 **행복**(*eudaimonia*)이 되어야 한다. 아리스토텔레스는 인간의 행복을 개인과 집단 양쪽 모두에게 있어 사회를 위한 최고의 덕(德)으로 정의한 바 있다. 행복이 주는 것은 "번영(flourishing)"이라고도 말할 수 있으며, 이는 인간의 의식적인 사색에서 시작된다. 우리는 의식적인 사색의 과정에서 윤리적인 문제들에 대한 고민을 통해 장차 어떠한 삶을 살기 원하는지를 깨달을 수 있다.

우리가 서양(아리스토텔레스파, 칸트파), 동양[신도(神道), 묵가(墨家), 유교], 아프리카[우분투(Ubuntu)] 중에서 어떤 지역의 전통을 기반으로 한 윤리지침을 따르고 있는지와 무관하게, 사회 번영에 대한 전반적인 정의를 존중하는 것은 생산성이나 국내총생산(GDP: Gross Domestic Product)의 증대와 같이 일차원적인 목표를 추구하는 것보다 훨씬 더 중요한 일이다. 자율지능시스템은 인간의 번영을 촉진하고 환경의 지속 가능성을 높이는 것뿐만 아니라, 그 누구도 빼앗아갈 수 없는 우리의 기본적인 권리와 존엄성을 명백히 존중하는 것을 최우선적인 목표로 삼아야 한다.

자율지능시스템의 윤리에 대한 IEEE 글로벌 이니셔티브(IEEE Global Initiative on Ethics of Autonomous and Intelligent Systems)의 목표는 **윤리적 설계**(*Ethically Aligned Design*)를 통하여 향후 기술 전문가, 교육자, 정책결정자들이 핵심자료로 참고할 수 있는 실용적, 직접적인 통찰과 권고사항들을 제시하는 것이다.

**윤리적 설계**는 과학적인 분석과 자료, 수준 높은 원칙, 실행 가능한 권고사항들을 제시하고 있다. 또한 **윤리적 설계**에는 전반적인 사회 복지를 지원 및 개선하는 A/IS의 설계, 개발, 이용을 위한 표준, 인증, 규제, 법안에 대한 구체적인 지침이 포함되어 있다.

# 요약문

## I. 윤리적 설계(*Ethically Aligned Design*)(제1판)의 목적

자율지능시스템은 특히 일상생활에서 인간의 개입 필요성을 줄이는 데 중점을 두고 설계된다. 하지만 이러한 과정에서 자율지능시스템은 개인과 사회에 미치는 영향에 대한 우려를 불러일으키기도 한다. 자율지능시스템에 대한 긍정적인 영향으로 옹호되는 것 중에는 절차 및 자원 이용의 최적화, 정보를 기반으로 한 계획 및 결정, 빅데이터의 유용한 패턴에 대한 인식 등이 있다. 한편, 일각에서는 프라이버시, 차별, 능력 손실(loss of skills), 경제적 측면에서의 역효과(adverse economic impacts), 중요 인프라의 보안 침해 위험, 장기적으로 볼 때 사회복지에 대하여 초래될 수 있는 부정적인 영향 등을 우려하는 사람들도 있다.

자율지능시스템은 본질적인 특성상, 사회에서 정해진 가치와 윤리적 원칙에 부합하는 경우에만 온전한 혜택을 제공할 수 있다. 따라서 본 책자에는 자율지능시스템의 영향 중에서 기술 이외의 것, 특히 윤리적 측면과 관련된 것들에 대한 논의 및 토론을 하는 데 도움이 되는 기본지침을 마련하고자 한다. 여기서 '윤리적'이라는 단어의 의미에는 도덕뿐만 아니라 사회적 공정성과 환경적 지속 가능성, 그리고 자기결정권에 대한 우리의 갈망까지 포함되어 있다.

윤리적 설계의 분석 및 권고사항들에서 다루어진 법적, 기술적인 실행, 가치, 의도들은 인간의 포부와 현실을 동시에 반영하고 있다. 이러한 것들은 우리가 실현되기를 바라는 대상이면서도, 우리가 자율지능시스템과 관련되어 있고 자율지능시스템의 영향을 받는 과학기술적 공동체 및 집단으로서 사회의 긍정적인 발전을 위해 할 수 있는 일을 의미하기 때문이다. 또한 본 책자의 분석 및 권고사항들은 정부, 기업, 일반대중이 인류에게 혜택을 주는 기술의 발전을 위하여 전반적으로 고려해야 할 지침을 제공하고 있다.

## 윤리적 설계의 차례

1. 원칙에서 실행까지 윤리적 설계의 개념적 프레임워크
2. 일반 원칙
3. A/IS에 있어서의 고전적 윤리
4. 웰빙
5. 감성 컴퓨팅
6. 개인정보와 개인의 주체적 능력
7. 윤리적 연구와 설계를 유도하는 방법들
8. 지속 가능한 발전을 위한 A/IS
9. 자율지능시스템에의 가치 부여
10. 정책
11. 법

## Ⅱ. 일반 원칙

자율지능시스템의 윤리적, 가치 기반적인 설계, 개발, 실행은 다음과 같은 일반 원칙들을 따라야 한다.

### 1. 인권

자율지능시스템은 국제적으로 인정받은 인간의 권리들을 존중, 증진, 보호하기 위하여 제작되고 운영되어야 한다.

### 2. 행복과 복지

자율지능시스템 개발자들은 자율지능시스템 개발을 위한 성공 여부를 판단하는 데 있어 인간의 행복과 복지의 증진을 가장 중요한 기준으로 삼아야 한다.

### 3. 데이터 관리(Data Agency)

자율지능시스템 개발자들은 사람들로 하여금 자신의 개인정보를 접속하고 안전하게 공유하며, 각자의 신원을 통제할 수 있는 역량을 유지할 수 있는 능력을 부여해야 한다.

### 4. 효과성

자율지능시스템 개발자들과 운영자들은 자율지능시스템의 목적에 맞는 효과성과 적합성에 대한 증거를 제공해야 한다.

### 5. 투명성

특별한 자율지능시스템의 결정 근거는 항상 공개될 수 있어야 한다.

### 6. 책임성

자율지능시스템은 모든 결정들에 대해 분명한 이유를 제시할 수 있도록 개발되고 운영되어야 한다.

### 7. 오용 가능성에 대한 대처

자율지능시스템 개발자들은 운영 중인 모든 오용 가능성과 위험이 생기지 않도록 유의해야 한다.

### 8. 역량

자율지능시스템 개발자들은 자율지능시스템의 안전하고 효과적인 운영을 위하여 요구되는 지식과 기능을 구체적으로 제시해야 하며, 자율지능시스템 운영자들은 이를 충실히 따라야 한다.

## Ⅲ. 윤리적 기반

### 고전적 윤리

**윤리적 설계**의 저자들은 디지털 시대를 살아가는 인간의 도덕성을 살펴보기 위하여, 세속철학 등 기존의 윤리 시스템을 무려 2,500여 년 전부터 시작된 고전적 윤리를 기반으로 과학적·종교적 관점에서 고찰하였다. 본 책자에서는 자율성과 존재론을 정의하는 철학적 기반을 검토함으로써 지능기술 시스템의 자율적인 능력에 대하여 주장되어 온 잠재적 가능성과 도덕관념이 없는 시스템의 도덕성을 다루고 있다. 또한 본 책자에서는 도덕관념이 없는 시스템에서 내려진 결정들이 도덕적인 결과들을 가져올 수 있는지 묻고 있다.

## Ⅳ. 영향 분야

### 지속 가능한 발전을 위한 자율지능시스템

자율지능시스템(A/IS)은 어디서나 쉽게 접속 가능한 통신망과 인터넷을 통하여 세계 곳곳의 사람들에게 혜택을 줄 수 있다. 예를 들어, 다양한 제도들과 그 상호관계를 훨씬 더 인간 중심적인 구조로 바꿀 수 있다. 또한 자율지능시스템은 인도주의적이고 지속 가능한 발전을 위한 이슈들을 다룸으로써 인간의 사회적·환경적 웰빙을 증진할 수 있다. 이러한 자율지능시스템의 장점들은 국제연합(UN: United Nations)의 지속가능발전목표(Sustainable Development Goals)와 같이 사회적 번영에 대한 공신력 있는 지표를 준수함으로써 인간의 웰빙을 자율지능시스템 개발의 성공 여부에 대한 주요 기준으로 삼을 때 더욱 잘 발휘될 수 있다.

### 개인정보에 대한 권리와 디지털 신원 관리(Agency Over Digital Identity)

인간은 자신의 개인정보와 이를 통해 알게 되는 관련 정보들을 접속하고 공유함으로써 혜택을 얻을 권리가 있다. 이를 위해서는 신원 및 개인정보 접속에 대한 조건들을 설정하여 분류하고, 개인정보가 명확한 범위 내에서 안전하게 교환될 수 있게 도와주는 메커니즘이 필요하다. 또한 개인정보의 축적이나 재판매에 따른 결과를 명확하게 알려주는 정책과 실천이 필요하다.

### 책임성을 위한 법적 체계

자율지능시스템과 로봇 기술이 융합됨에 따라, 부분적인 자율성과 지적 활동을 수행하는 능력은 물론, 심지어 신체적 외모 등의 측면에서 인간과 유사한 특성을 가진 시스템들이 개발되고 있다. 따라서 복잡한 자율지능시스템의 법적 지위에 대한 문제는 더욱 광범위한 법적 문제들과 밀접하게 관련되어 있는데, 이는 이러한 시스템이 피해를 초래할 때 어떻게 책임 소재를 정할 것인지에 대한 문제들이다. 이와 관련하여 유념해야 할 사항들은 다음과 같다.

- 자율지능기술시스템은 재산법의 적용을 받아야 한다.
- 정부와 관련 업계 이해관계자들은 자율지능기술시스템에 위임하면 안 되는 결정들과 활동들의 유형을 정해야 한다. 또한 인간이 이와 같은 결정들을 내리고 자율지능기술시스템의 피해에 따른 법적 책임 소재를 정하는 데 도움이 되는 규칙과 기준들을 채택해야 한다.
- 자율지능기술시스템을 통해 발생되는 이상 현상들은 일반적으로 국가 및 국제법에 의해 보호되어야 한다.
- 자율지능기술시스템의 개발은 투명성, 성능, 책임성, 효과성의 표준에 의해 관리되어야 한다.

### 교육 및 인식 제고를 위한 정책

효과적인 정책이 다루어야 할 대상에는 인권, 안전, 프라이버시, 사이버보안 뿐만 아니라, 자율지능기술시스템이 사회에 미치는 잠재적인 영향에 대한 공공의 이해까지도 포함된다. 공공의 이익에 부합하는 정책이 수행해야 할 역할은 다음과 같다.

- 국제적으로 인정받은 법적 기준들을 지원, 장려하고 이러한 기준들이 실행되도록 한다.
- 관련 기술들에 대하여 정부의 전문성을 개발한다.
- 거버넌스와 윤리가 연구, 개발, 취득, 이용의 핵심요소가 되도록 한다.
- 공공안전과 책임 있는 시스템 설계를 확실하게 하도록 규제한다.
- 일반대중들에게 관련 기술들의 사회적 영향에 대한 교육을 한다.

## Ⅴ. 실행

### 복지에 대한 척도

인류가 자율지능시스템을 통해 특별한 편익을 증진시키기 위해서는 자율지능시스템의 편익에 대해 명확한 지표가 마련되어야 한다. 성공에 대한 공통적인 척도로는 이익, 국내총생산(gross domestic product), 소비 수준, 직업 안전성 등을 포함한다. 이러한 척도들은 물론 중요하지만, 개인과 환경, 그리고 사회의 다양한 복지들을 망라할 수는 없다. 심리적, 사회적, 경제적 공정성과 환경적 요소들이 중요하다. 이러한 복지 척도들은 기술 발전의 혜택이 보다 종합적으로 평가될 수 있게 해주고, 인간의 복지를 방해할 수 있는 의도치 않은 부정적인 결과들을 테스트할 수 있게 하는 것 등을 포함한다. A/IS는 적절한 데이터의 취득과 분석을 더 용이하게 해줄 수 있으며, 또한 A/IS가 어떻게 사회적, 기술적 혁신을 위한 새로운 길을 제시함으로써 인간의 복지를 증대시켜줄 것인지를 찾아내는 것을 도와줄 수 있다.

### 자율지능시스템에 가치 부여(Embedding Values into Autonomous and Intelligent Systems)

만약 기계가 인간 공동체에 준(準)자율적 에이전트로서 함께한다면, 그러한 에이전트는 인간 공동체의 사회적, 도덕적 기준들을 따라야 한다. 이러한 준자율적 시스템에 적절한 기준을 부여하기 위해서는 인간이 준수하고 있는 공동체의 형태가 명확하게 서술되어야 한다. 그리고 준자율적 시스템의 종류에 적합한 기준들이 부여되어야 한다. 더 나아가서는 특별한 공동체에서의 기술적 내재화의 서로 다른 형태들은 다른 기준들을 요구하게 될 것이다. 따라서 우선, 준자율적 시스템이 구축될 공동체의 기준들과 특히 준자율적 시스템이 수행하고자 하는 과업의 종류에 적합한 기준들을 파악해야 한다.

### 윤리적인 연구와 설계를 위한 방법

인간을 더욱 행복하고 자유롭게 해주는 자율지능시스템을 만들기 위해서는 가치 기반의 인간의 진보를 가장 중요한 가치로 여기는 설계 방법을 적용해야 한다. 이와 더불어 기계가 인간을 위해 봉사해야 하며, 그 반대가 되어서는 안 된다는 것을 인식해야 한다. 시스템 개발자는 지속 가능하고 사회를 구성하는 조직들의 경제적 가치를 높이며, 사회적 비용과 혜택의 범위를 넓히는 지속적인 시스템을 개발하기 위해서는 가치 기반의 설계 방법을 채택해야 한다.

### 감성 컴퓨팅

감성은 지능의 핵심적인 측면이다. 분노, 공포, 기쁨 등의 충동과 감정은 우리의 일상생활에서 종종 행위의 기반이라 할 수 있다. 지능시스템이 모든 상황에서 인류를 위해 최대한 유익하게 이용되도록 하려면, 인간사회에 참여하거나 인간사회의 운영을 돕는 자율지능시스템이 인간의 감정적 경험을 강화하거나 약화시킴으로써 피해를 초래하는 경우가 발생해서는 안 된다.

# 감사의 말

본 책자 발간의 진행 및 긍정적 결과물은 IEEE P7000 표준 Working Group들을 포함한 IEEE 모든 위원회에 참여하는 전문가들과 이를 지원한 IEEE 직원들의 노력에 힘입은 것이다. 인류에게 유익한 자율지능시스템 및 기술들과 관련된 윤리적 원칙들과 표준들을 정의, 설계 및 영감을 불어넣어 준 여러분의 노고에 감사드린다.

자율지능시스템의 윤리에 대한 IEEE 글로벌 이니셔티브(IEEE Global Initiative on Ethics of Autonomous and Intelligent Systems)의 집행위원회와 관련 위원회 아래 위원들께도 감사드린다.

## 집행위원회 임원

Raja Chatila, *Chair*

Kay Firth-Butterfield, *Vice Chair*

John C. Havens, *Executive Director*

## 집행위원회 위원

Dr. Greg Adamson, Karen Bartleson, Virginia Dignum, Danit Gal, Malavika Jayaram, Sven Koenig, Eileen M. Lach, Raj Madhavan, Richard Mallah, AJung Moon, Monique Morrow, Francesca Rossi, Alan Winfield, Hagit Messer Yaron

## 주요 위원회 의장

- **General Principles:** Mark Halverson, and Peet van Biljon
- **Embedding Values into Autonomous Intelligent Systems:** Francesca Rossi and Bertram F. Malle
- **Methodologies to Guide Ethical Research and Design:** Raja Chatila and Corinne Cath
- **Safety and Beneficence of Artificial General Intelligence (AGI) and Artificial**

Superintelligence (ASI): Malo Bourgon and Richard Mallah

- **Personal Data and Individual Agency**: Katryna Dow and John C. Havens
- **Reframing Autonomous Weapons Systems**: Peter Asaro
- **Sustainable Development**: Elizabeth Gibbons
- **Law**: Nicolas Economou and John Casey
- **Affective Computing**: John Sullins and Joanna J. Bryson
- **Classical Ethics in A/IS**: Jared Bielby
- **Policy**: Peter Brooks and Mina Hannah
- **Extended Reality**: Monique Morrow and Jay Iorio
- **Well-being**: Laura Musikanski and John C. Havens
- **Editing**: Karen Bartleson and Eileen M. Lach
- **Outreach**: Maya Zuckerman and Ali Muzaffar
- **Communications**: Leanne Seeto and Mark Halverson
- **High School**: Tess Posner
- **Global Coordination**: Victoria Wang, Arisa Ema, Pavel Gotovtsev

## IEEE 글로벌 이니셔티브에 따른 프로그램 및 프로젝트

- ***Ethically Aligned Design* University Consortium**: Hagit Messer, *Chair*
- ***Ethically Aligned Design* Community**: Lisa Morgan, Program Director, Content and Community
- **Ethics Certification Program for Autonomous and Intelligent Systems**: Meeri Haataja, Chair; Ali Hessami, *Vice-Chair*
- **Glossary**: Sara M. Jordan, *Chair*

## 그 밖의 공헌자들

자율지능시스템의 윤리에 대한 IEEE 글로벌 이니셔티브의 일원으로 아낌없이 지원을 해준 IEEE 표준협회(IEEE Standards Association)의 Managing Director Dr. Ing. Konstantinos Karachalios에게 감사드린다.

또한 본 책자의 발간과 IEEE 글로벌 이니셔티브를 지원해준 IEEE 사무총장(Chief Operating Officer)인 Stephen Welby께도 감사드린다.

특별히 IEEE 전(前) 법률고문 및 최고준법감시자(Chief Compliance Officer) Eileen M. Lach께도 감사드린다. 이 분은 자율지능시스템의 개발에서 윤리적 이슈들을 고려하는 것이 전 세계적으로 매우 시급한 일이라는 확신을 가지고 있으며, 이러한 확신은 IEEE 글로벌 이니셔티브의 발전에 강력한 촉매제로 작용하였다.

시간적인 이유로 인하여 본 『**윤리적 설계**』 제1판에는 아직 포함되지 못한 내용을 작성하고 있는 IEEE 글로벌 이니셔티브의 3개 위원회에도 감사의 마음을 전한다. 이 위원회들은 자율무기시스템(autonomous weapons system)의 재구성, 확장 현실 [전(前) 혼합현실], 범용 인공지능(AGI)과 초인공지능(ASI)의 안전 및 혜택 등을 다루고 있다. 이 위원회들을 이끄는 Peter Asaro, Monique Morrow, Jay Iorio, Malo Bourgon, Richard Mallah를 비롯한 모든 위원들께 감사드린다. 이 3개 위원회에서 작성 중인 내용은 감수와 IEEE의 승인이 끝나는 대로 IEEE 글로벌 이니셔티브가 발간하는 『**윤리적 설계**』, 또는 IEEE의 다른 발간물들로 발간될 수 있다.

본 『**윤리적 설계**』 제1판의 권리 포기에 대한 고지사항은 "*How the Document Was Prepared*"를 참조하기 바란다.

# 원칙에서 실행까지
# 윤리적 설계의 개념적 프레임워크

**윤리적 설계** 제1판은 종합보고서 이상의 내용을 담은 책자로, 수많은 자율지능시스템 개발자들 사이에 형성되어 있는 공감대를 기반으로 상위 수준의 윤리적 원칙, 주요 이슈, 실용적 권고안을 도출한 것이다. 또한 본 책자는 중요하고 특별한 심층 세미나 결과물로서, 일반대중에게 정보를 제공하는 한편, 학자들, 엔지니어들, 정책 결정자들, 그리고 자율지능시스템(A/IS)[1]의 제조자들에게 능동적인 참여를 유도하기 위하여 작성되었다.

본 장(章)인 '원칙에서 실행까지'는 **윤리적 설계**의 기본적인 개념을 설명한 것이다. 우선, 본 책자의 근간이 되는 '3개 중심 축(軸)'에 대한 논리를 제시하고, 이를 A/IS의 **윤리적 설계**에 대한 상위의 일반 원칙들로 연계하고 있다. 또한 본 책자의 장(章)들을 이 일반 원칙들에 연계시키고, 이미 실행되고 있는 관련 사례들을 기술하고 있다.

## 세부 내용

- **윤리적 설계**의 개념적 프레임워크를 이루는 3개 중심 축
- **윤리적 설계**의 일반 원칙들
- 3개 중심 축과 일반 원칙들의 연계
- 일반 원칙들과 각 장(章) 내용의 연계
- 원칙에서 실행까지
- 실행 중인 **윤리적 설계**

# 윤리적 설계의 개념적 프레임워크를 이루는 3개 중심 축

**윤리적 설계**의 개념적 프레임워크를 이루는 중심 축들은 인류학적, 정치적, 기술적인 측면을 반영하여 다음과 같이 크게 세 가지로 구분된다.

1. **보편적인 인간의 가치**: A/IS(Autonomous and Intelligent Systems)는 인간의 권리를 존중하고 인간의 가치들을 따르며, 웰빙을 증진하기 위하여 설계될 경우, 사회 발전에 매우 큰 힘이 되고 수많은 사람들에게 도움이 될 수 있다. 또한 A/IS는 우리의 환경과 천연자원을 보호하기 위하여 설계되어야 한다. 이러한 가치들은 엔지니어, 설계자, 개발자들뿐만 아니라 정책결정자들을 안내하는 지침이 되어야 한다. A/IS의 진화는 단순히 소규모 집단들, 특정 국가, 특정 기업보다는 모든 사람들에게 유익한 것이 되어야 한다.

2. **정치적 자기 결정권과 데이터 관리(Data Agency)**: A/IS는 적절하게 설계되고 실행될 경우, 사람들이 자신의 정체성을 구성·표현하는 데이터에 대한 집속권과 통제권을 가지고 있는 환경에서 각 사회의 문화적 원칙에 따라 정치적 자유와 민주주의를 향상시킬 수 있는 대단한 잠재력을 가지고 있다. 이러한 A/IS는 정부의 효과성과 책임성을 강화하고 신뢰를 높이며, 우리의 사적 영역을 보호할 수 있다. 다만, 이는 사람들이 자신의 디지털 신원(digital identity)에 대한 자율적 관리기능을 가지고 있으며, 자신의 데이터가 보호받고 있다는 사실이 입증될 수 있는 경우에만 가능하다.

3. **기술적 신뢰성**: 궁극적으로, A/IS는 신뢰 가능한 서비스를 제공해야 한다.[2] 이는 A/IS가 신뢰성, 안전성, 적극성을 기반으로 설계 목적을 달성하는 한편, 인간의 가치들을 향상시켜야 한다는 것을 의미한다. A/IS의 운영이 인간의 가치들과 성문화된 권리들에 따라 미리 정해진 윤리적 목적에 부합하는지에 대한 기술적인 감

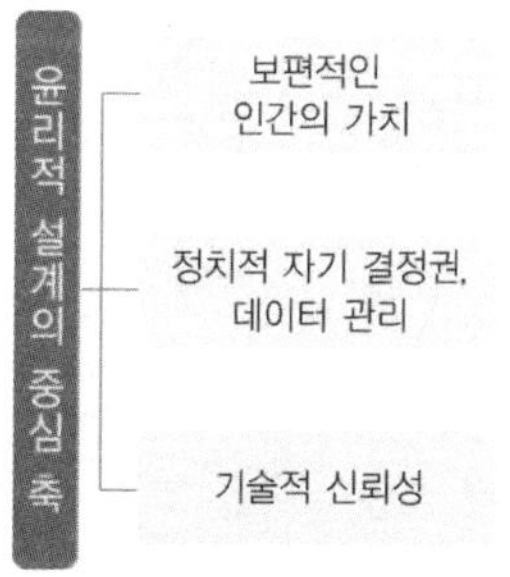

독도 병행되어야 한다. 또한 A/IS의 감사(監査), 인증을 위하여 적절한 확인·검증 과정들이 개발되어야 하며, 이러한 과정들을 통하여 A/IS에 대한 설명이 충분히 제공될 수 있어야 한다.[3]

# 윤리적 설계의 일반 원칙들

**윤리적 설계**의 일반 원칙은 모든 종류의 A/IS에 적용되어야 하는 상위 수준의 원칙들로, 전용 오픈 커뮤니티들이 수년 간에 걸쳐 지속적·창조적으로 합의를 형성해 나가는 과정을 담고 있다. 그 목적은 A/IS 업계 관계자들의 행동지침과 A/IS 관련 표준 및 정책을 결정하는 데 유용한 정보를 제공하기 위한 것이다. 이러한 일반 원칙들은 A/IS의 윤리적 설계, 개발, 배치, 채택, 폐기를 위하여 지켜야 할 사항들을 정의하고 있다. 여기에는 A/IS 개발자들(A/IS를 설계·제조하는 사람들), A/IS 운영자들(A/IS의 이용에 대한 전문지식을 보유한 사람들), 그 밖의 A/IS 이용자들, 그리고 이해관계자들 또는 A/IS의 영향을 받는 사람들의 역할이 고려되어 있다.

## 윤리적 설계의 일반 원칙들[4]

1. **인권**–A/IS는 국제적으로 인정받은 인간의 권리들을 존중, 증진, 보호하기 위하여 개발·운영되어야 한다.
2. **웰빙**–A/IS 개발자들은 A/IS 개발을 위한 성공 여부를 판단하는 데 있어 인간의 웰빙 증진을 가장 중요한 기준으로 삼아야 한다.
3. **데이터 관리(Data Agency)**–A/IS 개발자들은 사람들로 하여금 자신의 개인정보를 접속하고 안전하게 공유하며, 신원을 관리하는 역량을 유지할 수 있는 능력을 부여해야 한다.
4. **효과성**–A/IS 개발자들과 운영자들은 A/IS의 목적에 맞는 효과와 적합성에 대한 증거를 제공해야 한다.
5. **투명성**–A/IS가 내린 특정 결정의 근거를 항상 찾을 수 있어야 한다.
6. **책임성**–A/IS는 모든 결정들에 대해 분명한 근거를 제시할 수 있도록 개발·운영되어야 한다.

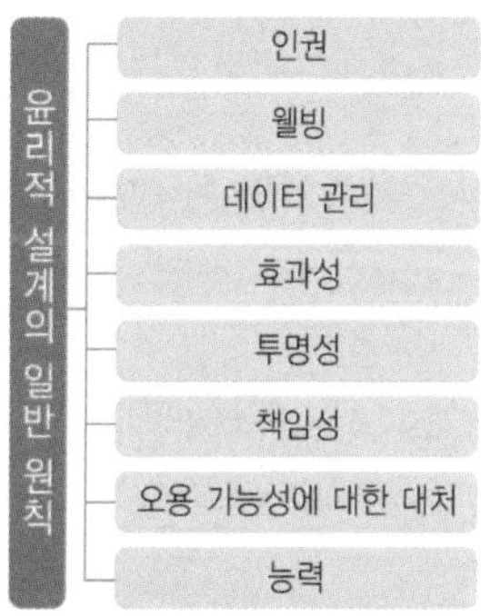

7. **오용 가능성에 대한 대처**–A/IS 개발자들은 운영 중인 A/IS의 모든 오용 가능성과 위험에 대하여 유의해야 한다.

8. **역량**–A/IS 개발자들은 A/IS의 안전하고 효과적인 운영을 위하여 요구되는 지식과 기술을 구체적으로 제시해야 하며, A/IS 운영자들은 이를 충실히 준수해야 한다.

# 3개 중심 축과 일반 원칙들의 연계

**윤리적 설계**의 개념적 프레임워크를 이루는 3개 중심 축들은 A/IS와 관련된 광범위한 인류학적, 정치적, 기술적 측면들을 반영하고 있다. 반면에, **윤리적 설계**의 일반 원칙들은 더 심도 깊은 분석과 실제적인 실행을 위하여 각각의 상황에 따라 고려해야 할 사항들을 제시하고 있다.

또한 일반 원칙들과 **윤리적 설계**의 3개 중심 축 사이에는 서로 밀접한 연관성이 존재한다. 예를 들어, '투명성'에 대한 일반 원칙에는 특정 자율시스템 또는 지능시스템의 설계에 대한 사항이 제시되어 있지만, A/IS는 보편적인 인간의 가치들, 정치적 자기 결정권, 데이터 관리에 대해서도 설명되어야 한다. 또한 투명성은 기술적인 특성 이상의 것으로, 정치와 입법 과정에서도 요구되는 중요한 조건이다. 본 책자에서 다루어지는 **윤리적 설계**의 3개 중심 축은 일반 원칙들의 전체적인 윤리적 근간을 형성하며, 일반 원칙들은 인간 활동의 다양한 분야들에 적용될 수 있다.

## 일반 원칙에 연계된 3개 중심 축

| | | 윤리적 설계의 중심 축 | | |
|---|---|---|---|---|
| | | 보편적인 인간의 가치 | 정치적 자기 결정권, 데이터 관리 | 기술적 신뢰성 |
| 윤리적 설계의 일반 원칙 | 인권 | ■ | ■ | |
| | 웰빙 | ■ | ■ | |
| | 데이터 관리 | ■ | ■ | ■ |
| | 효과성 | | | ■ |
| | 투명성 | ■ | ■ | ■ |
| | 책임성 | ■ | ■ | ■ |
| | 오용 가능성에 대한 대처 | | | ■ |
| | 능력 | | | ■ |

■중심 축에 연계된 일반 원칙

# 일반 원칙들과 각 장(章) 내용의 연계

**윤리적 설계**의 각 장(章)에는 독자들이 일반 원칙들을 이해한 후에 A/IS의 윤리적인 이슈들을 보다 심도 깊게 분석할 수 있게 해주는 전문적인 내용이 담겨 있다.

다음 표는 이러한 분석의 첫걸음을 내딛는 데 도움이 되는 방향을 제시하고 있다. 예를 들어, 일반 원칙 중에서 "역량(Competence)"은 본 책자의 일부 장(章)과 관련되어 있다. 또한 다음 표는 일부 장(章)에서 핵심주제들을 다룰 경우에도 활용되었다.

## 각 장(章)에 연계된 일반 원칙들

| | | 윤리적 설계의 각 장(章) | | | | | | | | | |
|---|---|---|---|---|---|---|---|---|---|---|---|
| | | 일반 원칙 | A/IS의 고전적 윤리 | 웰빙 | 감성 컴퓨팅 | 정보와 개별 기관 | A/IS의 설계 방법 | 지속 가능한 발전을 위한 A/IS | A/IS의 가치 부여 | 정책 | 법 |
| 윤리적 설계의 일반 원칙 | 인권 | ■ | ■ | ■ | ■ | ■ | ■ | ■ | ■ | ■ | ■ |
| | 웰빙 | ■ | ■ | ■ ▪ | ■ | ■ | | ■ | ■ | ■ | ■ |
| | 데이터 관리 | ■ | | ■ | ■ | ■ ▪ | ■ | ■ | ■ | ■ | |
| | 효과성 | ■ | | | ■ | | ■ | | ■ | ■ | ■ |
| | 투명성 | ■ | | | ■ | | ■ | | ■ | ■ | ■ |
| | 책임성 | ■ | | | ■ | | ■ | ■ | ■ | ■ | ■ |
| | 오용 가능성에 대한 대처 | ■ | ■ | | ■ | | ■ | | ■ | ■ | ■ |
| | 능력 | ■ | | | ■ | | ■ | | ■ | ■ | ■ |

■ 각 장(章)에 연계된 일반 원칙
▪ 일반 원칙에 대한 윤리적 설계의 주요 장(章)

# 원칙에서 실행까지

이제 독자들은 일반 원칙들과 주요 장(章)들이 무엇인지를 알 수 있을 것이다. 각 장(章)들의 내용은 오늘날 A/IS의 설계와 관련하여 가장 핵심적으로 다루어져야 할 윤리적 '이슈'들과 A/IS의 설계가 어떻게 이루어져야 하는지에 대한 '권고안'들을 담고 있다. 독자들은 A/IS의 특정 제품, 서비스, 시스템의 설계와 관련된 이러한 이슈들과 권고안들을 검토함으로써 간단한 영향 평가 및 실사(實査) 과정들을 터득하고, 이를 통해 원칙들을 직접 실제 상황에 적용할 수 있다. 물론, 본 책자의 내용을 특정 분야에 적용하기 위해서는 더 정밀하게 최적화하고 조정하는 것도 가능하며, 이러한 시도가 조만간 추진될 예정이다. 다음 그림은 이미 실행되고 있는 일부 사례들을 제시한 것이다.

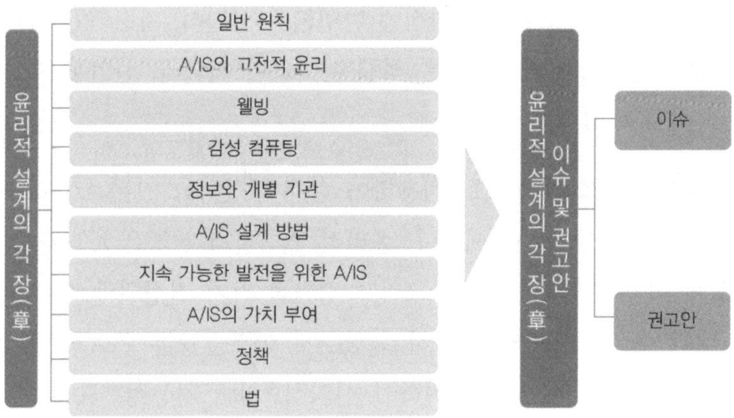

# 실행 중인 윤리적 설계

**윤리적 설계** 제1판은 전 세계 수백 명의 전문가들이 2015년부터 3년 간에 걸쳐 논의한 노력의 결과물로, 엔지니어링 업계의 엄격성과 표준들이 반영되어 있다. 이 결과물에 포함된 원칙, 이슈, 권고안들에 대한 분석은 이미 IEEE 표준화 프로젝트 14개, 인증 프로그램, A/IS 윤리 강좌의 탄생으로 이어졌으며, 이해관계자들의 적극적인 행동을 유도하는 다른 프로그램들도 다수 개발 중이다.

**윤리적 설계**는 초기에는 A/IS의 거버넌스 측면에서 광범위한 정부조직 및 시민사회 단체들과의 협업에 영향을 미쳤다. 해당 조직 및 단체는 국제연합(UN: United Nations), 유럽연합(EU) 집행위원회(European Commission), 경제협력개발기구(OECD: Organization for Economic Cooperation and Development), 각국 정부 및 지방정부와 관련 기관들을 포함한다.[5] 또한 이러한 협업을 통하여 IEEE 글로벌 이니셔티브의 공유 지식과 창의성이 글로벌 정책결정에 반영되어 실질적, 가시적인 결과들이 창출되었다. 이 밖에 **윤리적 설계** 제1판은 정책 분야뿐만 아니라, 산업용 자원들의 개발에도 영향을 미치고 있다.[6]

이제는 원칙들을 사회에 실제로 적용하여 현재 부상하고 있는 A/IS의 거버넌스가 확립될 수 있도록 노력해야 할 때이다. 윤리적 원칙들의 실행은 A/IS가 신뢰 가능한 수준으로 실제 적용이 되고 있는지, 그리고 정치적 자기 결정권과 데이터 관리(data agency)에 대한 우리의 바램을 존중하고 있는지 여부를 기준으로 하여 입증되어야 한다. 또한 A/IS는 사회의 발전을 위하여 신뢰성, 입증 가능성, 책임성을 기반으로 개발되어야 하며, 명백하게 표현된 인간의 가치들을 따라야 한다.

**윤리적 설계**와 이에 대한 기본 개념이 독자들에게 유익한 행동지침으로 활용될 수 있기를 바란다.

## 윤리적 설계의 개념적 프레임워크-원칙에서 실행까지

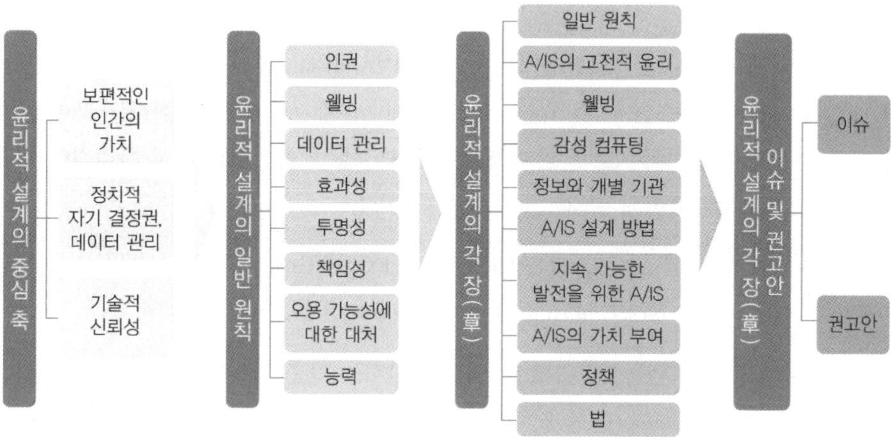


**윤리적 설계** 제1판의 권리 포기에 대한 고지사항은 본 책자의 출판 유의사항에 기재되어 있다.

# 미주

1 윤리적 설계 제1판에서는 가능한 한 '인공지능(AI: Artificial Intelligence)'이라는 막연한 용어 대신에 자율지능시스템(A/IS: Autonomous and Intelligent Systems)이라는 용어를 사용하기로 한다. 이는 본 책자에서 다루어진 기술들과 시스템들의 설계에서 윤리적인 이슈들이 최대한 광범위하게 고려되도록 하기 위한 것이다.

2 EU 집행위원회 AI 고급 전문가 그룹(High-Level Expert Group)의 신뢰성 있는 AI를 위한 윤리지침 초안(*Draft Ethics Guidelines for Trustworthy AI*)도 참고할 것.

3 A/IS는 다른 기술 시스템들처럼 합당한 역량과 자격을 갖춘 기관들로부터 인증을 받는 절차를 따라야 한다. IEEE가 런칭한 A/IS 윤리 인증 프로그램(ECPAIS: Ethics Certification Program for Autonomous and Intelligent Systems)은 세계 최초의 A/IS 인증 전용 프로그램 중 하나이다. A/IS 업계 관계자들은 ECPAIS를 통하여 A/IS 관련 제품, 시스템, 서비스를 인증받을 수 있다. 이 프로그램은 광범위하고 개방적인 민관협력을 통하여 개발되고 있다.

4 전체적인 내용은 '일반 원칙' 장(章)을 참고할 것.

5 예를 들면, 최근에 발간된 EU 집행위원회 AI 고급 전문가 그룹의 신뢰성 있는 AI를 위한 윤리지침 초안(*Draft Ethics Guidelines for Trustworthy AI*)은 윤리적 설계로부터 가장 큰 영향을 받아 작성된 것이라고 분명히 언급되어 있다. 또한 윤리적 설계는 UN과 OECD를 위한 정책개발지침으로도 활용되고 있다.

6 인공지능을 위한 일상 윤리: 설계자와 개발자를 위한 실무지침(Everyday Ethics for Artificial Intelligence: A Practical Guide for Designers and Developers).

# 일반 원칙

**윤리적 설계**의 일반 원칙은 A/IS에 대한 상위 수준의 원칙들이다. 이 원칙들은 다양한 환경(예: 실제 환경, 가상 환경, 상황적 환경, 혼합 현실 환경)에서 모든 종류의 A/IS－로봇[예: 케어 로봇(care robot), 무인 자동차], 소프트웨어 시스템[예: 의료진단 시스템, 지능형 개인 비서, 알고리즘 기반 챗봇(chat bot) 등]－에 적용된다.

일반 원칙들은 A/IS의 설계, 개발, 배치, 채택, 폐기 등을 위하여 지켜야 할 사항들을 정의하고 있다. 이 원칙들에는 A/IS 개발자들(A/IS를 설계하고 제조하는 사람들), A/IS 운영자들(A/IS의 이용에 대한 전문지식을 보유한 사람들), 그 밖의 A/IS의 이용자들, 그리고 이해관계자들 또는 A/IS의 영향을 받는 사람들의 역할이 고려되어 있다.

## A/IS를 위한 윤리적 일반 원칙

A/IS를 위한 윤리적 일반 원칙의 성격은 다음과 같다.

- 인권이 존중되는 범위 내에서 인간에게 제공할 수 있는 최고의 이상적인 혜택을 구현한다.
- A/IS의 이용에 따른 혜택으로서, 상업적 이익이나 그 어떤 것보다도 인류와 자연환경에 대한 것을 가장 중요하게 여긴다. 인류의 삶은 자연환경에 의해 좌우된다는 점을 고려할 때, 인류에 대한 A/IS의 혜택과 자연환경에 대한 A/IS의 혜택은 서로 조화를 이루어야 한다.
- A/IS가 사회적·기술적 시스템으로서 진화해 나가는 과정에서 A/IS의 위험과 오용 등으로 인한 부정적인 영향을 경감시킨다. 이를 위하여 특히, A/IS를 통해 이루어지는 행위들이 책임성, 투명성을 갖도록 한다.

본 장(章)에는 이러한 일반 원칙들과 함께, 일반 원칙들의 실행에 영향을 끼치는 상황적, 문화적, 실제적 요소들이 구체적으로 설명되어 있다.

# 반드시 지켜야 할 일반 원칙들

인간의 가치들을 높이고 신뢰성을 보장하는 A/IS를 제작·운영하기 위하여 지켜야 할 상위 수준의 일반 원칙들은 다음과 같다.

1. **인권**－A/IS는 국제적으로 인정받은 인간의 권리들을 존중, 증진, 보호하기 위하여 제작되고 운영되어야 한다.
2. **웰빙**－A/IS 개발자들은 A/IS 개발을 위한 성공 여부를 판단하는 데 있어 인간의 웰빙 증진을 가장 중요한 기준으로 삼아야 한다.
3. **데이터 관리(Data Agency)**－A/IS 개발자들은 사람들에게 자신의 개인정보를 접속하고 안전하게 공유하며, 신원을 관리하는 역량을 유지할 수 있는 능력을 부여해야 한다.
4. **효과성**－A/IS 개발자들과 운영자들은 A/IS의 목적에 맞는 효과성과 적합성에 대한 증거를 제공해야 한다.
5. **투명성**－A/IS가 내린 특정 결정의 근거를 항상 찾을 수 있어야 한다.
6. **책임성**－A/IS는 모든 결정들에 대해 분명한 근거를 제시할 수 있도록 제작되고 운영되어야 한다.
7. **오용 가능성에 대한 대처**－A/IS 개발자들은 운영 중인 A/IS의 모든 오용 가능성과 위험에 대하여 유의해야 한다.
8. **역량**－A/IS 개발자들은 A/IS의 안전하고 효과적인 운영을 위하여 요구되는 지식과 기술을 구체적으로 제시해야 하며, A/IS 운영자들은 이를 충실히 준수해야 한다.

PRINCIPLE

# 01 인권

A/IS는 국제적으로 인정받은 인간의 권리들을 존중, 증진, 보호하기 위하여 개발되고 운영되어야 한다.

## 배경

인간을 위한 혜택은 A/IS의 중요한 목표이다. 인권 존중 역시 A/IS의 중요한 목표인데, 세계인권선언(Universal Declaration of Human Rights), 시민적 · 정치적 권리에 관한 국제규약(International Covenant on Civil and Political Rights), 아동권리협약(Convention on the Rights of the Child), 여성차별철폐협약(Convention on the Elimination of all forms of Discrimination against Women), 장애인권리협약(Convention on the Rights of Persons with Disabilities), 제네바협약(Geneva Conventions) 등의 문서들에 인권에 관한 사항들이이 언급되어 있다.

개인, 기업, 전문기구, 연구기관, 정부 등은 상기와 같은 권리들을 충분히 고려하고, A/IS가 인권, 자유, 인간의 존엄성, 문화적 다양성을 존중, 이행하는 방식으로 설계, 운영되어야 한다는 원칙을 반영할 필요가 있다.

'인권'의 의미는 시대의 흐름에 따라 달리 해석될 수 있다. 그러나 국제법에서 정의된 인권은 A/IS 개발의 가장 중요한 근간이 된다. A/IS는 인간, 인간의 정서, 데이터, 또는 관리자에게 영향을 끼치기 때문이다. A/IS는 주어진 상황에 따라 용도가 다양하기 때문에 직접적으로 부호화하는 것이 어렵거나 불가능할 수 있다. 하지만 UN의 최근 지침들은 엔지니어와 기술 전문가들이 인권에 대한 이상을 사업적 환경, 기업적 환경 내에서 현실적으로 실행할 수 있는 방법들을 제시하고 있다. 이를 통하여 기술 전문가들은 A/IS를 개발, 운영, 테스트, 검증하는 방법에 인권을 반영할 수 있다. 즉, 인권은 A/IS의 윤리적 위험 평가 요소에 포함되어야 한다.

## 권고안

사회는 인권을 존중하기 위한 최선의 노력으로, A/IS의 안전과 보안을 보장함으로써 A/IS가 인간에게 혜택을 제공하는 방식으로 설계되고 운영될 수 있도록 해야 한다. 이에 대한 권고안은 다음과 같다.

- 관련 표준, 규제기관 등 A/IS의 거버넌스 체계가 수립되어야 한다. 그리고 이러한 거버넌스 체계를 통하여 A/IS의 이용으로 인해 인권, 자유, 인간의 존엄성, 프라이버시가 침해되는 경우를 방지하는 과정에 대한 감독이 이루어져야 한다. 이를 통하여 A/IS에 대한 일반대중의 신뢰가 쌓이는 효과를 얻을 수 있다.
- 현재와 미래의 법적 의무사항들을 정보에 입각한 정책과 기술적 고려사항들에 반영할 수 있는 방법이 마련될 필요가 있다. 이러한 방법은 다양한 법적, 규제적 체계뿐만 아니라 다양한 문화적 기준들을 고려해야 한다.
- A/IS는 항상 인간의 판단과 통제를 따라야 한다.
- A/IS는 지금으로서는 인권과 동일한 수준의 권리와 특권을 부여받아서는 안 된다.

## 기타 참고자료

인권을 가장 잘 존중하기 위하여 A/IS 관련 모범 윤리지침에 대해 모방, 조정, 확산 가능한 참고자료와 사례들은 다음과 같다.

- 세계인권선언(The Universal Declaration of Human Rights), 1947.
- N. Wiener, 인간의 인간적인 이용(*The Human Use of Human Beings*), New York: Houghton Mifflin, 1954.
- 시민적 · 정치적 권리에 관한 국제규약(The International Covenant on Civil and

Political Rights), 1966.

- 경제적, 사회적, 문화적 권리에 관한 국제규약(The International Covenant on Economic, Social and Cultural Rights), 1966.
- 인종차별의 철폐에 관한 국제협약(The International Convention on the Elimination of All Forms of Racial Discrimination), 1965.
- 아동권리협약(The Convention on the Rights of the Child), 1990.
- 여성차별철폐협약(The Convention on the Elimination of All forms of Discrimination against Women), 1979.
- 장애인권리협약(The Convention on the Rights of Persons with Disabilities), 2006.
- 제네바협약 및 추가 의정서(The Geneva Conventions and Additional Protocols), 1949.
- 국제인터넷표준화기구(IRTF: Internet Engineering Task Force)의 인권 관련 조약에 대한 고려사항 연구(Research into Human Rights Protocol Considerations), 2018.
- UN 기업과 인권 이행원칙(The UN Guiding Principles on Business and Human Rights), 2011.
- 영국표준협회(British Standards Institute) BS8611:2016, 로봇과 로봇 기기. 로봇과 로봇 시스템의 윤리적 설계와 적용에 대한 지침(Robots and Robotic Devices. Guide to the Ethical Design and Application of Robots and Robotic Systems).

PRINCIPLE

# 02 웰빙

A/IS 개발자들은 A/IS 개발을 위한 성공 여부를 판단하는 데 있어 인간의 웰빙 증진을 가장 중요한 기준으로 삼아야 한다.

## 배경

A/IS 기술이 인류에게 더 많은 혜택을 제공할 수 있게 하기 위해서는 우선 그러한 혜택의 의미와 정도를 정의할 필요가 있다. 그러나 A/IS를 위한 성공 여부를 판단하는 데 사용되는 단순한 지표들은 의도하지 않은 부정적인 결과들이 초래되는 것을 피하고자 하면서도 고객과 사회를 위하여 생산성을 높이고 경제 성장을 촉진하는 경우가 많다. 이는 오늘날 대개 국내총생산(GDP: gross domestic product), 이익, 소비 수준 등으로 측정된다.

**윤리적 설계**에서 의미하는 복지는 OECD의 "주관적인 복지의 측정에 대한 지침(Guidelines on Measuring Subjective Well-being)"에 근간을 두고 있다. 이에 따르면, "인간의 삶의 질에 대한 측정은 사회의 발전을 평가하는 데 있어 근본적인 요소"이다. 너스바움-센의 역량 접근법(Nassbaum-Sen's capability approach)에 따르면, 주관적인 복지의 측정은 삶의 질과 함께 기타 사회적 · 경제적 측면들을 평가할 때 반드시 필요한 요소이며, 좋은 삶은 기능 수행과 번영에 필요한 인간의 역량을 기준으로 정의된다.

현대 사회는 주로 A/IS 이용자들에 의해 구성될 것이기 때문에, A/IS 이용자들의 복지를 고려하는 것은 A/IS 개발자들에게 매우 중요한 일이다.

A/IS 기술들은 윤리적 관점에서 보면 범위가 좁게 여겨질 수 있다. A/IS 기술들은 합법적이고 유익하며 안전하게 이용될 수 있으나, 인간의 좋은 삶(Well-being)과 환경에 대해서는 아직 긍정적으로 기여하지 못하고 있다. 이는 아무리 좋은 의도로 만들어진 기술들이라 해도 좋은 삶이 고려되지 않으면 인간의 정신 건강, 정서, 지각, 자율성, 목표를 달성하는 능력, 기타 웰빙의 요소들에 매우 부정적인 결과를 초래할 수 있다는 것을 의미한다.

## 권고안

A/IS는 모든 시스템 설계의 결과로 인간의 웰빙을 가장 우선시해야 하며, 웰빙을 측정하는 데 있어 널리 통용되는 최선의 기준들을 참고해야 한다.

## 기타 참고자료

- IEEE P7010TM, 자율지능시스템을 위한 웰빙 측정 기준(Well-being Metric for Autonomous and Intelligent Systems).
- 경제적 성과 및 사회적 발전의 측정(The Measurement of Economic Performance and Social Progress), 일명 "스티글리츠 보고서(The Stiglitz Report)", 2009(프랑스 대통령의 요청으로 작성). 이 보고서에는 다음과 같이 기술되어 있다. "… 이제는 측정 시스템의 기준으로 경제적 생산성 대신 국민의 웰빙을 강조해야 한다 … 웰빙을 강조하는 것은 중요하다. 그 이유는 GDP의 지표들이 반드시 인간의 웰빙을 의미하는 것은 아닌 경우가 늘어나고 있는 것으로 보이기 때문이다."
- OECD의 주관적인 웰빙의 측정에 대한 지침(Guidelines on Measuring Subjective Well-being), 2013.
- OECD의 웰빙지수(Better Life Index), 2017.
- 세계행복보고서(World Happiness Reports), 2012-2018.

- UN의 지속가능발전목표지표[Sustainable Development Goal(SDG) Indicators], 2018.
- GDP를 넘어(Beyond GDP), EU 집행위원회(European Commission), 2018. 해당 웹사이트에는 다음과 같이 기술되어 있다. "Beyond GDP 이니셔티브는 명확하고 호소력 있으면서도, 환경적 · 사회적 발전의 측면들까지 고려된 보다 포괄적인 GDP 지표들을 개발하는 것이다."
- 진정한 발전 지표(Genuine Progress Indicator), State of Maryland[처음에는 발전의 재정의를 위한 단체(Redefining Progress)가 개발], 2015.
- 사회 발전에 대한 국제 패널(The International Panel on Social Progress), 사회 정의, 웰빙, 경제를 위한 조직(Social Justice, Well-Being and Economic Organization), 2018.
- R. Veenhoven, 세계 행복 데이터베이스(World Database of Happiness), 네덜란드 로테르담 에라스무스 대학교(Erasmus University Rotterdam), http://worlddatabaseofhappiness.eur.nl(2018년 현재).
- 부탄 정부(Royal Government of Bhutan), 웰빙과 행복에 대한 고위급 회담 보고서: 새로운 경제 패러다임의 정의(The Report of the High-Level Meeting on Wellbeing and Happiness: Defining a New Economic Paradigm), New York: UN 부탄 대표부(The Permanent Mission of the Kingdom of Bhutan to the United Nations), 2012.

PRINCIPLE

# 03 데이터 관리 (Data Agency)

A/IS 개발자들은 사람들에게 자신의 개인정보를 접속하고 안전하게 공유하며, 신원을 관리하는 역량을 유지할 수 있는 능력을 부여해야 한다.

## 배경

디지털 동의(digital consent)란 단어는 부적절한 표현이다. 약관(terms and conditions)이나 프라이버시 정책은 주로 기관과 기업의 이해관계 보호를 목적으로 개인정보를 이용하는 것에 대해 정확한 법적 정보를 제공하기 위하여 만들어진 것이다. 그러나 해당 정보를 보유한 사람들이 무엇을 필요로 하는지에 대해서는 간과되는 경우가 많다. 또한 정보이용 조건들은 장황하고 난해하게 명시되어 있다. 따라서 대부분의 정보 이용자들은 “동의 피로(consent fatigue)”, 즉 이러한 조건들에 대한 동의를 계속 요구받는 것에 따른 피로를 겪지 않고 원하는 서비스에 접속하기 위하여 단순한 클릭 한 번으로 정보이용 조건을 받아들이게 된다. 한편, 일반적으로 프라이버시 정책을 이해하지 못하는 사람들이 많고, 2018년에는 데이터 분석업체 Cambridge Analytica의 페이스북 개인정보 부정 이용 사건이 발생한 바 있다. 이는 개인정보의 가치와 개인정보 보안의 중요성을 제대로 이해하지 못한 상태에서 개인정보 이용에 동의하는 사람들이 많다는 것을 의미한다.

이러한 데이터 교환 모델은 오늘날과 같은 알고리즘 중심의 시대에 인간의 데이터 관리(data agency)를 약화시키는 결과를 초래했다. 사람들은 자신의 개인정보가 어떻게 이용되고 있는지를 모르고 있으며, 언제 자동완성 메시지 기능(predictive messaging)을 통해 자신의 기호가 파악되거나 새로운 행동을 하도록 조종되는지도 모르고 있다.

EU의 일반개인정보보호법(GDPR: General Data Protection Regulation)과 같은 규정들은 이처럼 개인정보 교환이 불투명하게 이루어지고 있는 상황을 개선해 줄 것이다. 그러나 개인정보 이용에 대한 기존의 동의 모델은 인간의 개인정보 관리권을 충분히 보호하기에 적합한 것이 아니다. A/IS 시대의 정부는 개인정보의 오용을 규제하는 것만으로는 충분하지 않다는 것을 인정해야 한다.

사회는 디지털 영역에서의 인권은 사람들이 전 세계적으로 신원과 개인정보에 대한 자주권, 관리(agency), 균형, 통제권의 형태를 통하여 자신의 존엄성을 보장해 주는 수단들(도구와 정책 등)을 부여받아야만 지켜줄 수 있다는 것도 인정해야 한다. 이러한 권리들은 편파적인 알고리즘을 기반으로 한 메시지나 악인으로부터 아무런 영향을 받지 않고 스스로 선택을 할 수 있는 사람들만이 누릴 수 있다. 또한 사회는 미성년자와 정보에 입각한 결정을 내리는 능력이 부족한 자 등 법적 정보 고지(告知)에 입각한 동의를 제공할 수 없는 사람들이라 할지라도 존엄성을 가진다는 것을 확실히 이해할 필요가 있다.

## 권고안

정부 등 조직들은 사람들이 자신의 개인정보를 누가, 어떤 목적으로 처리할 수 있는지를 사안별로 결정, 허가할 수 있게 온라인 대리인을 명시하도록 하는 기술들과 정책들을 즉시 연구, 시험, 실행해야 한다. 미성년자와 정보에 입각한 결정을 내리는 능력이 부족한 사람들에 대해서는 이러한 권고안을 적용하는 것이 적절한지를 보호자와의 관계를 참고하여 결정해야 한다.

개인에게 데이터 관리(agency)를 부여하기 위한 일반적인 해결방안은 외부 관계자들과 서비스 제공자들의 데이터 이용 요청을 평가할 수 있으며, 학습이 가능한 자율지능 기술을 개인이 보유하고 완전히 제어할 수 있도록 하는 것이다. 이러한 기술은 호환 가능한 시스템이 있는 곳이면 어디서나 일종의 "디지털 자주권(digital sovereignty)”을 부여하고, 개인정보의 처리를 위한 제한적, 구체적인 허가증을 발급할 수 있다.

## 기타 참고자료

다음 참고자료들은 정부와 기타 조직들－기업, 영리, 비영리, 사회적 기업, 공공기관 등－을 위한 것으로, 이용자 관리권(agency), 개인정보에 대한 자주권을 부여하는 서비스와 관련된 기본적인 정보를 제공한다.

- 유럽 개인정보보호 감독기구(European Data Protection Supervisor)는 개인정보 관리 시스템(PIMS: personal information management systems)을 다음과 같이 정의하고 있다.
- “… 사람들이 자신의 개인정보에 대하여 더 확실한 통제권을 가질 수 있도록 돕고… 사람들이 자신의 개인정보를 안전한 로컬 시스템 또는 온라인 시스템에 저장하고 관리하며, 자신이 원하는 시기에 자신이 선택한 상대방과 공유할 수 있게 해주는 시스템. 온라인 서비스 제공자들과 광고주들은 사람들의 개인정보를 처리하고자 할 때에는 PIMS를 이용할 필요가 있다. 이를 통하여 개인정보를 인간 중심적인 방식으로 처리하고 새로운 비즈니스 모델을 발굴할 수 있다.” 관련 상세정보와 연구 내용은 개인정보 기반의 마케팅 전략에 대한 컨설팅 사이트 “Crtl-Shift’s PIMS monthly archive”에서 찾을 수 있다.
- 개인정보 AI 에이전트를 위한 IEEE 표준 프로젝트[IEEE P7006™, IEEE Standards Project for Personal Data Artificial Intelligence(AI) Agent]는 개인 맞춤형 AI의 제작과 접속권 부여를 위하여 요구되는 기술적인 요소들을 제시하고 있다. 여기에는 개인이 제어하는 입력, 학습, 윤리, 규칙, 가치들이 포함된다.
- 기계 판독이 가능한 개인 프라이버시 약관에 대한 IEEE 표준 프로젝트(IEEE P7012™, IEEE Standards Project for Machine Readable Personal Privacy Terms)는 자신의 개인 프라이버시 약관을 판독, 승인이 가능한 형태로 제시하는 방법을 알려주기 위한 것이다. 또한 여기에는 네트워크 환경에서 타인이

운영하는 기계들에 의해 동의를 받을 수 있는 방식으로 개인 프라이버시 약관을 제시하는 방법도 포함되어 있다.

PRINCIPLE

# 04 효과성

A/IS 개발자들과 운영자들은 A/IS의 목적에 맞는 효과성과 적합성에 대한 증거를 제공해야 한다.

## 배경

A/IS를 통하여 인간과 사회적 웰빙을 증진하는 데 도움이 되는 다양한 혜택을 얻기 위해서는 A/IS의 채택과 배치에 대하여 반드시 책임을 져야 한다. A/IS는 실제 이용에 대한 효과가 입증되지 못하면 신뢰를 받을 수 없다. A/IS로 인하여 개인과 시스템에 초래되는 피해는 이미 알려진 A/IS의 가치를 훼손하고, 사람들이 A/IS의 채택을 연기하거나 기피하는 결과로 이어질 수 있다.

따라서 A/IS의 효과성을 측정하는 것은 A/IS의 운영자들과 기타 이용자들에게 이로운 일이 될 수 있다. 그러나 A/IS의 효과성 측정은 타당하고 정확해야 하며, 의미 있고 실행 가능해야 한다. 또한 측정 결과의 해석, 대응 방법에 대하여 실용적인 지침이 필요하다.

## 권고안

1. A/IS 개발자들은 A/IS가 목적에 부합하는 효과를 낼 수 있는지를 판단할 수 있는 타당하고 유의미한 척도나 기준을 정해야 하며, A/IS 관련 표준과 위험성 허용 한도를 준수해야 한다. A/IS 구축자들은 이용자, 보안 인증업체, 규제기관 등 A/IS 이해관계자들이 기꺼이 수용할 수 있는 결과물들을 정해진 기준에 따

라 도출해야 한다.

2. A/IS 개발자들은 A/IS 측정 기준의 해석, 대응 방법에 대한 지침을 제공해야 한다.

3. A/IS 운영자들은 정해진 환경에 따라 허용되는 한도 내에서 A/IS 측정지침을 따라야 한다. A/IS 측정지침은 습득해야 하는 구체적 측정 기준, 즉 측정 기준을 습득하는 방법 및 시기, 측정 결과에 대응하는 방법 등을 의미한다.

4. 표본을 사용하는 측정의 경우, 표본 추출 오차의 범위—즉, 신뢰 구간—가 제시되어야 한다. A/IS 운영자들에게는 측정 결과의 해석 방법이 제시되어야 한다.

5. A/IS 개발자들은 A/IS를 설계할 때, 배치되는 각각의 A/IS에 대한 측정 기준들을 축적하여 다양한 A/IS의 효과에 대한 정보를 제공해야 한다. 예컨대, 자율주행 차량의 경우, 특정 차량의 사례에 대한 기준과 함께 이 차량과 동일한 종류의 차량과 관련된 다수 사례들에 대한 기준이 마련되어야 한다.

6. A/IS 측정은 각각의 A/IS가 지닌 다양한 목적과 환경을 고려하여 유연하게 해석하고 대응하는 것이 허용되어야 한다.

7. IEEE, ISO(International Organization for Standardization, 국제표준화기구) 등 관련 업계 협회 및 기타 단체들은 가능한 한 A/IS의 효과성을 측정하고 보고하기 위한 표준을 개발하기 위하여 노력해야 한다.

## 기타 참고자료


- R. Dillmann, KA 1.10 로봇공학 연구를 위한 기준(Benchmarks for Robotics Research), 2010.
- A. Steinfeld, T. W. Fong, D. Kaber, J. Scholtz, A. Schultz, and M. Goodrich, "인간과 로봇의 상호작용을 위한 공통기준(Common Metrics for Human-Robot Interaction)," 인간-로봇 상호작용 국제회의(2006)(2006 Human-Robot

Interaction Conference), 2006.3.

- R. Madhavan, E. Messina, and E. Tunstel, Eds., 지능형 시스템의 성능 평가 및 벤치마킹(Performance Evaluation and Benchmarking of Intelligent Systems), Boston, MA: Springer, 2009.
- IEEE 로봇공학 및 자동화 매거진(IEEE Robotics & Automation Magazine), 복제 및 측정 가능한 로봇공학 연구에 대한 특별판(Special Issue on Replicable and Measurable Robotics Research), vol. 22, no. 3, 2015.9.
- C. Flanagin, 로봇 시스템 및 성능 분석에 대한 조사(A Survey on Robotics Systems and Performance Analysis), 2011.
- 트랜잭션 처리 성능 평의회(TPC: Transaction Processing Performance Council), AI 워킹그룹(TPC-AI) 설치, BusinessWire, 2017.12. TPC-AI는 AI 기반 작업의 운영과 관련된 하드웨어 및 소프트웨어 플랫폼을 위한 산업 표준의 개발을 목적으로 설치된 것이다.

PRINCIPLE

# 05 투명성

A/IS가 내린 특정 결정의 근거를 항상 찾을 수 있어야 한다.

## 배경

A/IS에 대한 주요 이슈 중 하나는 A/IS 운영이 광범위한 이해관계자들에게 다양한 이유들로 납득될 수 있도록 투명하게 이루어져야 한다는 것이다. 이 투명성의 정도는 해당 이해관계자가 누구인지에 따라 각각 다를 수 있다. 투명한 A/IS란 A/IS가 내린 특정 결정의 방법과 이유, 즉 로봇의 경우에는 로봇이 수행한 행동의 방법과 이유를 발견 가능하다는 것을 의미한다. 또한 A/IS와 관련하여 "투명성(transparency)" 이란 용어는 추적 가능성, 설명 가능성, 해석 가능성을 의미하기도 한다.

A/IS가 수행하게 될 작업들은 이전의 기술들이 수행한 것들보다 훨씬 더 복잡하고 훨씬 더 큰 영향을 끼치는 작업들이다. 이 중에서 분명하게 결정하기 어려운 방식으로 수행되는 작업은 간단하게 설명될 수 없을 것이다. 특히 물리적인 세계와 상호작용하는 A/IS의 경우에 더욱 그러하며, 이로 인해 매우 심각한 피해가 발생할 수 있다. 예를 들어, 의료진단 시스템이나 무인 자동차 자동조종장치 등 일부 A/IS는 이미 인간의 안전이나 웰빙에 실제로 영향을 끼친 바 있다. 이러한 A/IS는 안전과 밀접하게 관련된 것들이다.

뿐만 아니라, A/IS는 기술과 운영방식이 복잡할 수 있기 때문에 A/IS를 이용하거나 A/IS와 상호작용하는 사람들이 A/IS의 작용들을 이해하기가 어려울 수도 있다. 게다가 A/IS는 광범위한 방식으로 개발되는 경우가 많다. 따라서 어떤 문제가 발생했을 때 이에 대한 책임을 결정하고 분담하기가 쉽지 않다. 이처럼 투명성이 보장되지 않은 상황에서는 A/IS에 대한 이용자들의 이해가 부족하거나 사고 발생 후 A/IS를 수리하고 개선하는 데 실패할 경우에 더욱 큰 위험과 피해가 발생할 수 있다. 또한 투명성 부족은 A/IS에 대한 책임이 제대로 이행되지 못하는 결과로 이어지기도 한다(원칙 6. 책임성 참고).

투명성 보장은 A/IS 개발에 필요한 자원의 상당 부분이 할애되는 것으로, 다음과 같이 각각의 이해관계자에게 중요한 의미를 지닌다.

1. 이용자들에게는 A/IS가 어떤 작업을 왜 하는지가 중요하다.
2. 개발자들(A/IS의 검증, 인증을 수행하는 사람들 포함)에게는 시스템 프로세스와 입력 데이터가 중요하다.
3. 사고 발생 시, 사고 조사관에게 중요하다.
4. 법적 절차에 관여하는 사람들에게는 증거와 결정에 대한 정보를 제공하기 위해 중요하다.
5. 일반대중에게는 A/IS 기술에 대한 신뢰를 쌓기 위해 중요하다.

## 권고안

A/IS의 투명성 정도를 측정하고 테스트하기 위한 새로운 표준들을 개발함으로써, A/IS에 대한 객관적인 평가와 A/IS가 투명성 관련 표준을 얼마나 잘 준수하고 있는지에 대한 판단이 이루어질 수 있도록 해야 한다. 이러한 표준들은 A/IS 설계자들에게 A/IS 개발기간 동안 자체적으로 투명성을 평가할 수 있는 지침과 함께 투명성 강화를 위한 방안을 제공한다. 투명성 강화 방안들은 매우 다양한데, 이에 대한 일부 활용사례들을 살펴보면 다음과 같다.

1. 케어 로봇이나 가정용 로봇의 이용자들을 위한 경우: “왜 그 버튼을 눌렀는가?(why-did-you-do-that button)” 이 버튼을 누르면 로봇은 방금 왜 그렇게 행동했는지를 설명하게 된다.

2. 검증 기관 또는 인증 기관들을 위한 경우: A/IS에 대한 기본 알고리즘과 A/IS의 검증 방법.

3. 사고 조사관들을 위한 경우: 비행기록장치 또는 블랙박스와 유사한 것으로, 센서 및 내부상태에 대한 데이터 저장장치를 확보.

IEEE P7001TM "자율시스템의 투명성을 위한 IEEE 표준(IEEE Standard for Transparency of Autonomous Systems)"은 이러한 권고안에 따라 개발된 표준이다.

## 기타 참고자료

- C. Cappelli, P. Engiel, R. Mendes de Araujo, and J. C. Sampaio do Prado Leite, "성숙도 모델에 따른 투명성 관리지침(Managing Transparency Guided by a Maturity Model)," 투명성 연구에 대한 제3차 국제회의(*3rd Global Conference on Transparency Research*) 1 no. 3, pp. 1-17, Jouy-en-Josas, France: HEC Paris, 2013.
- J. C. Sampaio do Prado Leite and C. Cappelli, "소프트웨어 투명성(Software Transparency)," 비즈니스와 정보 시스템 엔지니어링(*Business & Information Systems Engineering*) 2, no. 3, pp. 127-139, 2010.
- A. Winfield and M. Jirotka, "윤리적 블랙박스의 사례(The Case for an Ethical Black Box)," 인공지능 강의록(*Lecture Notes in Artificial Intelligence*) 10454, pp. 262-273, 2017.
- R. R. Wortham, A. Theodorou, and J. J. Bryson, "로봇이 생각하는 것은 무엇인가? 지능형 시스템을 위한 기본적인 설계 요구사항으로서의 투명성(What Does the Robot Think? Transparency as a Fundamental Design Requirement for Intelligent Systems)," 국제인공지능공동학술대회(*IJCAI: International Joint Conferences on Artificial Intelligence*)–2016 인공지능 윤리 워크숍(*Ethics for Artificial Intelligence Workshop*), New York, 2016.
- 기계지능연구기관(Machine Intelligence Research Institute), "안전 중심 시스템

의 투명성(Transparency in Safety-Critical Systems)," 2013.8.25.

- M. Scherer, "인공지능시스템의 규제: 위험, 도전, 역량, 전략(Regulating Artificial Intelligence Systems: Risks, Challenges, Competencies, and Strategies)," *Harvard Journal of Law & Technology* 29, no. 2, 2015.
- 영국 하원(U.K. House of Commons), "의사결정의 투명성(Decision Making Transparency)," 영국 하원의 로봇공학과 인공지능에 대한 과학기술위원회 보고서(Report of the U.K. House of Commons Science and Technology Committee on Robotics and Artificial Intelligence), pp. 17-18, 2016.9.13.

PRINCIPLE

# 06 책임성

A/IS는 결정들에 대해 분명한 근거를 제시할 수 있도록 제작되고 운영되어야 한다.

## 배경

일반인들은 A/IS의 프로그래밍, 산출물, 목적을 식별할 수 없는 경우가 많다. A/IS의 문화적 환경, 적용, 이용을 고려할 때, 사람들과 기관들은 A/IS의 제조, 배치와 관련된 사항들을 명확하게 알 필요가 있다. 이는 A/IS에 대한 의무와 책임을 설정하고 A/IS로 인한 피해를 방지하기 위해서이다. 또한 A/IS 개발자들은 과실을 범했을 때 법적 절차에 따른 책임을 져야 한다. 필요시 과실에 대한 책임을 A/IS 개발자들(설계자들, 제조자들)과 운영자들 사이에 적절히 분담하는 것이 가능해야 한다. 이는 일반대중을 A/IS로 인한 혼란이나 두려움에 빠뜨리게 되는 경우를 방지하기 위해서이다.

하지만 투명성이 보장되지 않으면 책임이 제대로 이행될 수 없다. 따라서 책임에 대한 원칙은 투명성에 대한 원칙(원칙 5)과 밀접한 관계가 있다.

## 권고안

A/IS와 관련된 책무와 책임에 대한 문제들을 가장 잘 해결하기 위한 권고안들은 다음과 같다.

1. 입법 기관들 및 법원들은 가능한 한 A/IS의 개발, 배치 전에 A/IS와 관련된 책

무, 과실, 의무, 책임을 분명하게 설정하여 A/IS의 개발자들과 이용자들이 자신의 권리와 의무를 이해할 수 있도록 해야 한다.

2. A/IS의 설계자들과 개발자들은 A/IS의 이용자 집단들 간에 다양한 문화적 기준들이 존재한다는 사실을 인지, 고려해야 한다.

3. 개발자, 정부, 민간인, 기업 등 다양한 이해관계자들로 구성된 A/IS 생태계들이 개발되어야 한다. 이는 A/IS에 대한 기준들을 설정하는 데 도움이 되도록 하기 위해서이다. A/IS와 관련된 기술과 영향은 너무나도 새로운 것이기 때문에, A/IS에 대한 기준이 필요하다. A/IS 생태계들의 구성원들을 구체적으로 살펴보면 시민사회 대표자, 법률 집행기관, 보험회사, 투자자, A/IS 제조자, A/IS 엔지니어, 변호사, 이용자 등이 포함될 수 있다. A/IS에 대한 기준들은 성숙도가 높아지면 A/IS와 관련된 모범사례, 법의 형태로 발전할 수 있다.

4. 특정 A/IS와 관련하여 법적으로 책임을 져야 할 사람이 누구인지를 알아내기 위해서는 A/IS의 등록, 기록 보관을 할 수 있는 시스템이 수립되어야 한다. 제조자 등 A/IS 개발자들과 운영자들은 다음과 같은 주요 고급 변수들을 등록해야 한다.
   - 용도
   - 훈련 데이터, 훈련 환경(해당 사항이 있을 경우)
   - 센서, 실제 데이터 출처
   - 알고리즘
   - 절차도
   - 다양한 수준의 모델 특징
   - 이용자 인터페이스
   - 구동자, 출력값
   - 최적화 목표, 손실함수, 보상함수

## 기타 참고자료


- B. Shneiderman, "자율적 주체에 대한 인간의 책임(Human Responsibility for Autonomous Agents)," IEEE 지능형 시스템(*IEEE Intelligent Systems*) 22, no. 2, pp. 60-61, 2007.
- A. Matthias, "책임 격차: 학습 자동화 행위에 대한 책임 설정(The Responsibility Gap: Ascribing Responsibility for the Actions of Learning Automata)," 윤리와 정보기술(*Ethics and Information Technology*) 6, no. 3, pp. 175-183, 2004.
- A. Hevelke and J. Nida-Rümelin, "자율주행 차량 사고에 대한 책임: 윤리적 분석(Responsibility for Crashes of Autonomous Vehicles: An Ethical Analysis)," 과학과 엔지니어링 윤리(*Science and Engineering Ethics*) 21, no. 3, pp. 619-630, 2015.

- 모범사례(권고안 3 관련)는 영국 정부에서 만든 프로그램인 Sciencewise를 통해 찾을 수 있다. Sciencewise의 목적은 과학적, 기술적 이슈들과 관련된 정책 결정을 위한 공공의 대화를 촉진하는 것이다.

PRINCIPLE

# 07 오용 가능성에 대한 대처

A/IS 개발자들은 운영 중인 A/IS의 모든 오용 가능성과 위험에 대하여 유의해야 한다.

## 배경

새로운 기술들은 고의 또는 사고로 인해 오용될 우려가 더 크며, 이는 특히 A/IS의 경우에 더욱 그러하다. 즉, A/IS로 인하여 해킹, 개인정보 오용, 시스템 조작, 부도덕한 이해관계자에 의한 이용자 악용 등의 위험에 따른 영향이 더 커질 수 있는 것이다. 무인 자동차 등 A/IS에 대한 해킹 사례들은 이미 널리 알려져 있다. 또한 마이크로소프트(Microsoft)의 챗봇 Tay는 이용자들의 공격적인 언사까지 모방할 수 있도록 설계되었다는 사실이 알려져 논란을 일으킨 바 있다. 이처럼 강력한 도구들을 쉽게 이용할 수 있는 시대에서는 시민들에게 교육을 통하여 A/IS의 오용 위험에 대한 경각심을 불러일으킬 필요가 있다. 이에 EU의 일반개인정보보호법(GDPR)은 개인정보의 오용 문제를 해소하기 위한 방안들을 제시하고 있다.

책임이 수반된 혁신을 일으키기 위해서는 A/IS 개발자들은 A/IS 이용자들의 반응을 예상하고 반영해야 하고, A/IS 이용자들과 소통해야 한다. 따라서 시민, 변호사, 정부 등 모든 이해관계자들은 A/IS와 같은 새로운 기술의 발전을 인류에게 유익한 방향으로 이끄는 한편, 교육과 홍보를 통해 A/IS에 대한 책임 이행 체계(원칙 6 참고)를 개발하기 위하여 주도적으로 노력해야 한다.

## 권고안

1. A/IS 개발자들은 어떤 방법으로 A/IS가 오용되는지를 알고 있어야 하며, 오용 가능성을 최소화하는 방식으로 A/IS를 설계해야 한다.

2. A/IS 기술의 잠재적인 오용 가능성을 둘러싼 이슈들에 대한 공공의 인식 제고를 위하여 노력한다. 이러한 노력은 다음과 같이 정보에 입각한 방식으로 신중하게 이루어져야 한다.
   - 윤리와 보안에 대한 교육을 제공하여 A/IS 기술의 오용 가능성과 위험을 사회 전체에 널리 알린다. 예를 들어, "정보 프라이버시에 대한 경고(data privacy warnings)"는 일부 스마트 기기에서 이용자의 개인정보가 수집될 수 있다는 점에 대한 경각심을 불러일으키는 기회가 될 수 있다.
   - 이러한 교육을 유연하고 효과적인 방식으로 제공한다. 예를 들어, 신뢰도와 영향력이 높아 A/IS에 대한 근거 없는 두려움을 최소화할 수 있는 사람을 교육 전문가로 활용한다.
   - 정부, 입법자들, 법률 집행 기관들에게 A/IS의 잠재적인 오용 가능성과 위험을 알림으로써 이들이 시민과 함께 A/IS의 안전한 이용에 대한 이해도를 높이기 위하여 노력할 수 있도록 한다. 예를 들어, 경찰관들은 학교에서 공공안전에 대하여 강의한 경험을 살려 A/IS의 안전한 이용 및 A/IS와의 상호작용에 대한 워크숍을 개최할 수 있다.

## 기타 참고자료


- A. Greenberg, "테슬라 모델 S의 자율주행 관련 해킹 실험, 장애물 은폐 및 위장 시도(Hackers Fool Tesla S's Autopilot to Hide and Spoof Obstacles)," Wired, 2016.8.
- C. Wilkinson and E. Weitkamp, 창의적인 연구와 커뮤니케이션: 이론과 실제(*Creative Research and Communication: Theory and Practice*), Manchester, UK:

Manchester University Press, 2016 (두 번째 권고안 관련).

- 공학 및 물리과학연구위원회(Engineering and Physical Sciences Research Council), “예측, 반영, 소통, 행동[Anticipate, Reflect, Engage and Act(AREA)],” 책임이 수반된 연구와 혁신을 위한 기본체계(Framework for Responsible Research and Innovation), 2018.

PRINCIPLE

# 08 역량

A/IS 개발자들은 A/IS의 안전하고 효과적인 운영을 위하여 요구되는 지식과 기술을 구체적으로 제시해야 하며, A/IS 운영자들은 이를 충실히 준수해야 한다.

## 배경

A/IS는 예전에는 인간의 지식, 전문성, 추론이 필요했던 결정들을 내릴 수 있으며, 실제로 이러한 결정을 내리는 경우도 많다. 인간과 달리, A/IS의 알고리즘들은 더 많은 정보에 더 빠르게 접속하여 오류, 모순, 편견 없이 더 훌륭한 결정을 내릴 수도 있다. 그러나 알고리즘의 이용이 보편화되고 알고리즘에 따른 결정들이 더 복잡해질수록, 이러한 결정들은 더 일상화되고 자연스러워 보인다.

A/IS 운영자들은 알고리즘들을 기반으로 내려지는 결정들에 대하여 의문을 제기하는 경우가 줄어들고, 어쩌면 의문을 제기할 수 있는 능력 자체가 약해질 수 있다. 또한 운영자들이 A/IS 적용의 근원, 규모, 정확성, 불확실성을 반드시 알아야 할 필요가 없어질 수도 있다. A/IS 이용이 확대될수록, 동작 내용이 미리 입력되어 있지 않은 기계학습에 의존하는 시스템들이 많아지고, 이에 따라 시스템의 운영 과정을 보여주는 분명한 기록도 남지 않게 될 것이다. 설령 이러한 기록이 존재할지라도, A/IS 운영자들은 기록 접속에 필요한 권한이나 암호 해독에 필요한 전문적인 능력이 없을 수도 있다.

따라서 A/IS 운영자들이 갖추어야 할 역량에 대한 기준이 반드시 필요하다. A/IS 운영자들은 A/IS가 어떤 정보와 로직을 근거로 어떻게 해서 그런 결정을 내리게 되었는지, 그리고 이 결정이 어떤 영향을 끼치게 될 것인지를 이해할 수 있어야 한다. 더욱 중요한 사실은, A/IS 운영자들이 언제 A/IS에 의문을 제기할 필요가 있는지와 언제 A/IS의 결정을 무효화할 필요가 있는지를 알아야 한다는 것이다.

A/IS 개발자들은 A/IS 운영자들이 A/IS를 안전하고 적절하게 이용하여 소기의 목적을 달성하는 데 필요한 지식, 전문성, 기량을 갖출 수 있도록 적극적인 조치를 취해야 한다. 또한 A/IS 개발자들은 A/IS 운영자들이 적절한 환경에서 A/IS의 작동을 중단시킬 수 있도록 지원해야 한다.

A/IS 운영자의 역량에 대한 기준은 A/IS를 효과적이고 안전하며 윤리적으로 적용하는 데 필요한 것이지만, 모든 종류의 A/IS에 대해 동일한 것은 아니다. A/IS의 안전하고 효과적인 운영을 위하여 요구되는 A/IS 운영자의 역량 수준은 초보−예컨대, 설계에 따라 A/IS를 이용할 수 있는 "직관적인(intuitive)" 수준−부터 고급−예컨대, 통계를 능숙하게 해석할 수 있는 수준−에 이르기까지 다양하다.

### 권고안

1. A/IS 개발자들은 A/IS의 적용을 이해, 운영하는 데 필요한 지식의 종류와 수준을 구체적으로 제시해야 한다. 또한 A/IS 개발자들은 A/IS의 각 요소들과 시스템 전체에 대하여 요구되는 전문성의 종류와 수준을 제시해야 한다.

2. A/IS 개발자들은 역량이 부족한 사람이 A/IS를 운영할 경우 발생할 수 있는 문제들에 대한 안전 대비책을 마련해 두어야 한다. 안전 대비책에는 필요시 운영자들에게 통보/경보 메시지를 전송하거나, 운영자들의 역량 수준(예: 초보, 고급)별로 A/IS의 기능을 제한하거나, 위험한 상황이 발생할 수 있는 경우에는 A/IS 시스템을 정지시키는 것 등이 포함된다.

3. A/IS 개발자들은 A/IS의 결과에 따라 영향을 받는 사람들에게 A/IS 운영자의 역할, A/IS 운영자에게 요구되는 역량, A/IS 운영자의 실수로 초래되는 영향에 대한 정보를 제공해야 한다. 이러한 정보에 대한 문서는 전문가와 일반인이 모

두 접근, 이해 가능한 것이어야 한다.

4. A/IS를 운영하는 주체들은 A/IS 운영방법에 대한 정책들을 문서화해야 한다. 이러한 정책들에는 A/IS의 실제 적용, A/IS 효과적인 이용을 위한 전제조건, A/IS 운영자의 자격요건, A/IS 운영자에게 요구되는 교육, A/IS의 성능 측정방법, A/IS의 기대효과에 대한 내용이 포함된다. 또한 A/IS 운영자가 어떤 경우에 A/IS의 결정을 무효화할 필요가 있는지에 대한 내용도 포함된다.

5. A/IS 운영자들은 A/IS를 운영하기 전에 자신에게 요구되는 역량들을 쌓을 수 있는 방안들을 마련해야 한다. A/IS 운영자는 모든 관련 분야에서 전문가가 될 필요는 없지만, 전문성을 갖추는 데 도움이 될 수 있는 사람들을 알고 있어야 한다.

## 기타 참고자료


- S. Barocas and A. D. Selbst, 설명 가능한 기계학습의 직관적인 매력(The Intuitive Appeal of Explainable Machines), *Fordham Law Review*, 2018.
- W. Smart, C. Grimm, and W. Hartzog, "자율시스템의 장애에 대한 교육이론(An Education Theory of Fault for Autonomous Systems)," 2017.

# 기고자들에 대한 감사의 말

본 장의 작성에 기여한 아래의 모든 분들에게 감사드린다.

## 일반 원칙 위원회

- **Alan Winfield** (Founding Chair) – Professor, Bristol Robotics Laboratory, University of the West of England; Visiting Professor, University of York
- **Mark Halverson** (Co-Chair) – Founder and CEO at Precision Autonomy
- **Peet van Biljon** (Co-Chair) – Founder and CEO at BMNP Strategies LLC, advisor on strategy, innovation, and business transformation; Adjunct professor at Georgetown University; Business ethics author
- **Shahar Avin** – Research Associate, Centre for the Study of Existential Risk, University of Cambridge
- **Bijilash Babu** – Senior Manager, Ernst and Young, EY Global Delivery Services India LLP
- **Richard Bartley** – Senior Director-Analyst, Security & Risk Management, Gartner, Toronto, Canada Security Principal Director, Accenture, Toronto, Canada
- **R. R. Brooks** – Professor, Holcombe Department of Electrical and Computer Engineering, Clemson University
- **Nicolas Economou** – Chief Executive Officer, H5; Chair, Science, Law and Society Initiative at The Future Society Chair, Law Committee, Global Governance of AI Roundtable; Member, Council on Extended Intelligence (CXI)
- **Hugo Giordano** – Engineering Student at Texas A&M University
- **Alexei Grinbaum** – Researcher at CEA (French Alternative Energies and Atomic Energy Commission) and Member of the French Commission on the Ethics of Digital Sciences and Technologies CERNA
- **Jia He** – Independent Researcher, Graduate Delft University of Technology in Engineering and Public Policy, project member within United Nations,

ICANN, and ITU Executive Director of Toutiao Research (Think Tank), Bytedance Inc.

- **Bruce Hedin**—Principal Scientist, H5
- **Cyrus Hodes**—Advisor AI Office, UAE Prime Minister's Office, Co-founder and Senior Advisor, AI Initiatives@The Future Society; Member, AI Expert Group at the OECD, Member, Global Council on Extended Intelligence; Co-founder and Senior Advisor, The AI Initiative@The Future Society
- **Nathan F. Hutchins**—Applied Assistant Professor, Department of Electrical and Computer Engineering, The University of Tulsa
- **Narayana GPL. Mandaleeka ("MGPL")**—Vice President & Chief Scientist, Head, Business Systems & Cybernetics Centre, Tata Consultancy Services Ltd.
- **Vidushi Marda**—Programme Officer, ARTICLE 19
- **George T. Matthew**—Chief Medical Officer, North America, DXC Technology
- **Nicolas Miailhe**—Co-Founder & President, The Future Society; Member, AI Expert Group at the OECD; Member, Global Council on Extended Intelligence; Senior Visiting Research Fellow, Program on Science Technology and Society at Harvard Kennedy School. Lecturer, Paris School of International Affairs (Sciences Po); Visiting Professor, IE School of Global and Public Affairs
- **Rupak Rathore**—Principal Consultant at ATCS for Telematics, Connected Car and Internet of Things; Advisor on strategy, innovation and transformation journey management; Senior Member, IEEE
- **Peter Teneriello**—Investment Analyst, Private Equity and Venture Capital, TMRS
- **Niels ten Oever**—Head of Digital, Article 19, Co-chair Research Group on Human Rights Protocol Considerations in the Internet Research Taskforce (IRTF)
- **Alan R. Wagner**—Assistant Professor, Department of Aerospace Engineering,

Research Associate, The Rock Ethics Institute, The Pennsylvania State University

* IEEE 글로벌 이니셔티브 회원들에 대한 전체 목록은 standards.ieee.org/content/dam/ieee-standards/standards/web/documents/other/ec_bios.pdf에서 볼 수 있다.

** **윤리적 설계** 제1판의 권리 포기(disclaimers)에 관한 상세사항은 책자 맨 뒤에 실린 "본 책자가 어떻게 만들어졌는가(*How the Document Was Prepared*)" 부분을 참조하기 바란다.

# A/IS에 있어서의 고전적 윤리

A/IS의 알고리즘 설계에서 기계학습은 인간의 의사결정을 모방한 윤리적 결과를 반영할 수도, 반영하지 않을 수도 있다. 본 책자의 집필진은 이와 같은 A/IS의 알고리즘 설계를 고찰함에 있어서 고전적 윤리의 방법론을 채택하였다. 또한 이를 위하여 고전적 윤리 이론과 함께 기계 윤리의 원칙, 정보 윤리, 기술 윤리를 활용하였다.

이제는 기술적 도구들을 직접 통제하지 않는 것이 일반적인 추세가 되고 있다. 따라서 자율시스템 개발자들은 자기 스스로 '문화적·윤리적 추정들이 자율시스템의 개발에 얼마나 편파적인 영향을 끼치게 되는가?'에 대하여 진지하게 생각해 보아야 한다. 이러한 자기성찰은 그 어느 때보다 더 필요성이 높아지고 있다. 정확하고 정교한 알고리즘 설계를 통해 어느 한쪽에 치우치지 않고 자립적으로 성장할 수 있게 만들어진 디지털 시스템은 역시 정확하고 정교한 결과물을 낳게 되기 때문이다.

본 책자에서는 2,000여 년 간 이어져 온 고전적 윤리의 전통을 기반으로 다양한 윤리 시스템들을 검토하고 있다. 여기에는 철학적 전통(공리주의, 덕 윤리, 의무론적 윤리)과 종교적, 문화적 윤리 시스템[불교, 유교, 아프리카 우분투(Ubuntu), 일본 신도(神道)], 그리고 디지털 시대를 살아가는 인간의 도덕성이 포함된다.[1] 또한 본 책자에서는 선과 악, 옳고 그름 등의 개념들에 대한 가정들을 탐색하고 있으며, 이러한 연구 내용을 인공적 시스템의 의사결정 과정에 연계하는 것을 시도하고 있다.

한편, 본 책자에서는 자율성과 존재론을 정의하는 철학적 기반들을 기반을 검토함으로써 인공지능시스템의 자율적 능력에 대한 잠재적 가능성과 도덕관념이 없는 시스템의 도덕성을 다루고 있다. 또한 본 책자에서는 도덕관념이 없는 시스템에서 내려진 결정들이 도덕적인 결과들을 가져올 수 있는지 묻고 있다. 이와 함께 본 책자에서는 자율시스템들과 기타 인공지능 기술들이 내린 결정들에 대한 책무와 책임의 개념을 검토하고 있다.

SECTION

# 01 자율지능시스템 연구에서의 고전적 윤리에 대한 정의

## 이슈 : 도덕성, 자율성, 지능에 대한 기반 설정

### 배경

전통적인 서양 경제의 고전적 윤리는 플라톤(Plato)과 아리스토텔레스(Aristotle)가 창시하였으며, 개인, 가족, **국가**(*polis*)라는 3개 영역을 기반으로 발전하였다. 개인의 **성격**(*ethos*) 형성은 본질적으로 타인과 관련되어 있으며, **가족**(*oikos*) 내에서 이루어지는 일들과도 관련되어 있다. 이는 결국 **국가**, 또는 공적인 영역(**국가들**)으로 확대된다. 이러한 3개 영역들은 A/IS의 윤리적 이슈들을 논의할 때 반드시 고려되어야 한다. 서양의 고전적 윤리는 이 3개 영역들을 기반으로 시작되었으며, 현대 사회에 이르러서는 경제, 정치와 단절된 개인의 도덕성으로 진화하였기 때문이다. 경제, 정치와 개인 도덕성의 단절은 애덤 스미스(Adam Smith), 헤겔(Georg W. F. Hegel), 마르크스(Karl Marx) 등 사상가들이 연구한 주제이기도 하다. 특히 칸트(Immanuel Kant)의 윤리학은 이러한 단절성을 강조하였으며[정언명령(定言命令, categorical imperative) 참고], 도덕성을 외부세계는 물론 외부세계에 속함으로써 발생하는 결과들과 분리하였다. 따라서 현대 사회의 도덕적 자율성은 그 어떤 세계에도 속하지 않는 고립성을 의미하게 되었다. 이러한 과정을 살펴보는 것은 A/IS 윤리를 이해하는데 있어 중요하다. 인류가 디지털 네트워크를 통해 연결된 존재로 진화함에 따라, 지능형 기계의 핵심요건으로 자율성이 주목받게 되었기 때문이다.

인간과 유사한 자율성의 고전적 개념을 아무 비판 없이 기계에 부여하는 것은 위험한 일이다. 예를 들어, 기계를 묘사할 때 "인공지능(artificial intelligence)"이라는 용어를 함부로 쓰면 안 된다. 기계의 행동에 도덕적인 규칙들을 프로그래밍함으로써 기계를 "도덕적인(moral)" 존재로 만들려고 할 경우, 실제로 존재하지 않거나 현대의 인간사회와 무관한 경제적 · 정치적 요소들까지 개입시키는 결과로 이어질 우려가 있기 때문이다. 인공지능과 자율성에 대한 개념들은 컴퓨터 공학 및 기술 분야의 기술적 용어들을 위하여 주로 비유적으로 사용된다. 그러나 일반적 · 대중적인 담론에서는 그렇지 않을 수 있으며, 심지어 정치적 · 사회적인 담론이 왜곡되거나 거짓된 것일 수도 있다. A/IS와 관련 용어가 자율성에 대한 우리의 개념에 어떤 영향을 끼칠 것인지는 정책에 따라 달려 있다. 예컨대, A/IS는 인류를 단순한 방관자나 노예로 전락시킬 것이라는 일반적인 두려움은 사실 여부와 관계 없이 A/IS에 대한 우리의 관점과 용어에 의해 영향을 받은 것이다. 이러한 태도들은 얼마든지 변하거나 조정될 수 있다. 전술한 바와 같이, 현대의 인간사회에서는 온라인 소셜 네트워크에서 부여된 디지털 시민권을 통하여 재정의되고 있다. 오늘날 인간의 노동을 "지능형(intelligent)" 기계로 대체할 수 있는지 여부에 대하여 논란이 분분한데, 이는 고전적 윤리에서 정의된 경제적 · 정치적 영역들에 대한 이해가 부족하여 윤리적 사고의 범위가 단순히 어느 세계에도 속하지 않은 고립된 기계의 "도덕성(morality)"으로 축소되었다는 것을 의미한다.

하지만 "A/IS 개발자들을 위한 윤리 제시(presenting ethics to the creators of A/IS)"라는 이슈에서 언급된 바와 같이, 서양의 윤리적 전통을 A/IS에 대한 홍보 캠페인이나 공학 및 과학 교육 프로그램에 어떻게 접목시킬 수 있는지를 생각해 보는 것은 나름대로 가치 있는 일이다. 다음은 네 가지 전통들을 통하여 높은 가치를 얻을 수 있는 방법을 기술한 것이다.

- **덕 윤리**: 아리스토텔레스(Aristotle)가 **목적인**(目的因, *telos*) 또는 목표(goals)라는 개념을 사용하여 주장한 바에 따르면, 인류의 궁극적인 목표는 "행복(eudaimonia)"이며, 이는 "번영(flourishing)"이라 바꿔 말할 수 있다. 도덕적인 주체들은 사회적 환경, 물질적 공급, 친구, 가족, 자기 자신 등의 요소들 간에 끊임없이 균형을 취함으로써 "번영"을 달성—"번영"은 상태가 아니라 행위이기 때문—한다. 어떤 사람은 일상생활 속에서 선행(善行)을 계속 연습, 강화하면서 "중용(golden mean)"(합리성의 원칙)을 생활화함으로써 자신을 발전시킨다. 이

를 위해서는 초과와 결핍이라는 양 극단, 즉 아리스토텔레스가 악(惡)이라고 정의한 것들 사이에서 적절한 균형을 취해야 한다. A/IS의 경우, 덕 윤리는 두 가지의 직접적인 가치를 제공한다. 첫째, 덕 윤리는 반복적인 학습과 성장, 그리고 상황과 실제에 맞는 도덕적 가치를 위한 모델을 제공한다. 이는 단순히 정해진 규칙을 따르도록 하는 것과는 다르다. 둘째, 덕 윤리는 A/IS를 개발·실행하는 사람들에게 경제적으로 치우친 상황에서 흔히 나타나는 과도한 상태로 기울지 않게 도와주는 균형 체계를 제공한다.

- **의무론적 윤리학**: 18세기 독일 철학자 칸트(Immanuel Kant)가 개발한 의무론적 윤리학 기본 전제는 의무에 대한 개념에 기초하고 있다. 인간은 의무 기반 윤리를 만들고 그러한 규칙들을 만들고 준수하는 합리적인 능력을 가지고 있다. 의무를 정한 규칙들은 굳이 거창한 정당화를 거칠 필요 없이 자체적인 가치를 갖고 있는 것으로 알려져 있다. 이러한 규칙들은 인간의 존재와 자존감을 향상시키고, 평화로운 공존과 상호작용의 실현을 위한 전제조건들, 즉 타인을 해치지 않을 의무, 물건을 훔치지 않을 의무 등을 정하는 데 반드시 필요한 근간이 된다. 칸트는 보편화·의무화될 수 있는 규칙들을 정하기 위하여 정언명령(categorical imperative)이라는 개념, 즉 "그대가 할 수 있고, 하고자 하는 것이 보편적인 법이 될 수 있도록 행동하라(Act only on that maxim through which you can at the same time will that it should become a universal law)"를 활용하였다. 이는 의무에 대한 규칙들은 본질적으로 바람직하고 실행 가능하며, 남들도 이해하고 준수할 수 있어야 한다는 것을 의미한다. 별다른 호소력 없이 단지 개인의 선택에만 기반을 둔 규칙들은 보편화될 수 없다. 규칙을 만드는 것과 규칙을 따르는 것은 호혜적 관계에 있다. 즉, 우리가 보편적인 법이 되어야 하는 규칙을 "실행하려 하는 것"은 규칙을 만드는 데 기여한다는 것을 의미할 뿐 아니라, 동일한 규칙을 따르기로 동의하는 것을 의미한다. 규칙은 권고, 지시, 제한, 금지 등의 형태로 실제적인 행동지침이 되어야 한다. 또한 칸트는 "항상 그대 자신과 타인을 수단인 동시에 목적으로 존중하는 방식으로 행동하라"는 정언명령을 통하여 인간 존중의 중요성을 역설하였다. 이러한 명령은 인간과 인간의 존엄성을 존중해야 한다는 의무와 함께, 인간을

어떤 목적을 달성하기 위한 수단으로 간주해서는 안 된다는 의무를 내포하고 있다.

- 의무론적 윤리를 A/IS에 적용해 본다면, A/IS 개발자들이 인간과 인간의 존엄성을 가장 중시하는 마음가짐으로 행동하고 있는지를 살펴보아야 한다. 이는 비록 신경망 기반 기계학습 또는 일련의 프로토콜임에도 불구하고, 의사결정 능력에 영향을 미치는 행동수단으로서 아마도 인류를 돕는 A/IS의 개발로 확대될 수 있을 것이다. 인간 존중의 중요성을 강조한 정언명령은 다양한 상황들에 적용될 수 있다. 인간의 존엄성을 존중해야 하는 의무를 실행하기 위해서는 A/IS의 기능과 능력을 일부 제한함으로써 인간과 인간의 역할, 그리고/또는 "인간의 주요한 사고활동(human central thinking activities)" – 판단, 분별력, 추론 등 – 이 A/IS로 완전히 대체되어 버리지 않도록 할 필요가 있다. 헬스케어 로봇 등 인간을 돕는 A/IS와 관련된 프라이버시와 안전대책 문제들과 관련해서는 A/IS가 개인정보를 제3자에게 유출하거나 인간의 신체적, 정신적 안녕을 해치지 않도록 특별한 프로그램이 필요할 수도 있다. 이는 인간을 속이거나 조종하려는 A/IS를 방지하는 것도 포함할 수 있다.
- A/IS를 통해 얻을 수 있는 혜택과 금전적 인센티브는 A/IS 이용에 대한 목적과 수단을 정당화하는 근거가 될 수 있으나, 이에 너무 집착하다 보면 인간은 그 자체가 목적으로 존중되어야 한다는 중요한 사실을 간과하고 마는 우(愚) – 예: A/IS가 시장과 사회에 나오기 전에 A/IS를 엄격하게 테스트하는 데 필요한 자금을 삭감하는 행위 – 를 범할 수 있다. 인간과 기계의 상호작용에 있어서는 인간의 자율적 관리가 유지되어야 하며, 이는 곧 인간 존중의 의무가 지켜져야 한다는 것을 의미한다. 예를 들어, 인간은 언제 A/IS와 상호작용하고 있는지를 알 권리가 있고 A/IS와의 상호작용을 위한 동의권을 요구할 수 있다.
- **공리주의적 윤리**: 이는 결과주의적 윤리라고도 하며, 개인의 결정과 행동에 따른 결과를 중시한다. 공리주의적 원칙에 따르면, 올바른 행동은 최대 다수의 사람들을 위한 공공의 이익(공리주의) 또는 즐거움(쾌락주의)을 최대화하는 것이다. 그러나 공리주의적 윤리는 공공의 이익 또는 즐거움을 피상적, 단기적으로 평가해서는 안 된다고 주장한다. 따라서 A/IS 개발자들은 A/IS의 영향을

장기적 관점에서 고려해야 한다. 이 경우, 사회 정의가 가장 중요하기 때문에 A/IS의 실행이 인류에 기여하게 될 것인지, 아니면 인력 고용 및 기타 측면들에 부정적인 영향을 끼치게 될 것인지를 반드시 확인해야 한다. 그리고 A/IS가 인류를 도울 수 있는 것으로 판단될 경우, A/IS는 모든 이해관계자들에게 확실한 혜택을 줄 수 있는 방향으로 설계되어야 한다.

- **배려의 윤리**: 일반적으로, 페미니스트 윤리의 일종으로 간주되며, 상황에 따른 관계의 중요성을 강조한다. 페미니스트이자 교육철학자인 나딩스(Nel Noddings)에 따르면, 관계는 존재론적으로 인간성의 기본적인 것이기 때문에, 타인을 배려하는 것은 인간의 기본적인 특성들 중 하나이다. 이러한 맥락에서 본 이론이 적절성을 갖기 위해서는 두 가지 기준이 고려될 필요가 있다. 첫째, 다른 사람이나 독립적인 개체와의 관계는 이미 존재해야 하거나 앞으로 반드시 존재할 수 있어야 한다. 둘째, 그러한 관계는 배려하는 관계로 발전할 수 있어야 한다. 즉, 배려의 윤리를 A/IS에 적용할 경우, 다음과 같은 질문들에 대하여 생각해 볼 필요가 있다. 인간과 인간의 이익을 우리가 인간이 아닌 개체들과 협력하여 돌볼 수 있을까? 즉, 고령자들을 돌봐주는 로봇처럼 A/IS가 인간에게 혜택을 줄 것으로 기대한다. 장차 인간도 A/IS를 돌봐줄 것으로 기대할 수 있을까? 만약 그렇다면, 사회 정의의 원칙을 A/IS에 적용할 수 있을까?

### 권고안

고전적 윤리 기반으로 돌아가서, A/IS 윤리에 관한 논의를 A/IS에 대한 윤리 및 도덕 규칙의 의인화적 추정에 대한 비판적 평가를 포함하는 것으로 확대해보자. 고전적 자율성의 측면에서 볼 때, 기계는 도덕적 또는 법적 규칙들을 이해하지 못한 채로 그냥 따르게 된다는 것을 유념해야 한다. 즉, 기계는 프로그램에 따라 움직이며, 인간이 설계한 도덕적 규칙들을 따르는 것이다.

A/IS 윤리의 논의 범위에는 앞에서 언급된 경제적 차원의 고전적 윤리를 검토하는 것도 포함되어야 한다. 경제적 차원의 고전적 윤리는 독립적 자율성을 따르는 기계에 대한 오늘날의 관점들과 가정들에 잠정적으로 영향을 끼치게 될 것이다.

## 기타 참고자료


- J. Bielby, Ed., "디지털 글로벌 시민권(Digital Global Citizenship)," *International Review of Information Ethics*, vol. 23, pp. 2-3, Nov. 2015.
- O. Bendel, "기계 윤리에 대하여(Towards Machine Ethics)," in Technology Assessment and Policy Areas of Great Transitions: Proceedings from the PACITA 2013 Conference in Prague, PACITA 2013, Prague, March 13-15, 2013, T. Michalek, L. Hebáková, L. Hennen, C. Scherz, L. Nierling, J. Hahn, Eds., Prague: Technology Centre ASCR, 2014. pp. 321-326.
- O. Bendel, "동물과 기계 윤리의 관계에 대한 고찰(Considerations about the Relationship between Animal and Machine Ethics)," *AI & Society*, vol. 31, no. 1, pp. 103-108, Feb. 2016.
- N. Berberich and K. Diepold, "도덕적인 기계-새로운 기술을 위한 고전적 윤리의 고찰(The Virtuous Machine-Old Ethics for New Technology?)" arXiv: 1806.10322 [cs.AI], June 2018.
- R. Capurro, M. Eldred, and D. Nagel, 디지털 정체성: 사이버 세계의 신원, 프라이버시, 자유(Digital Whoness: Identity, Privacy and Freedom in the Cyberworld). Berlin: Walter de Gruyter, 2013.
- D. Chalmers, "특이성에 대한 철학적 분석(The Singularity: A Philosophical Analysis)," *Journal of Consciousness Studies*, vol. 17, pp. 7-65, 2010.
- D. Davidson, "표현과 해석(Representation and Interpretation)," in Modelling the Mind), K. A. M. Said, W. H. Newton-Smith, R. Viale, and K. V. Wilkes, Eds., New York: Oxford University Press, 1990, pp. 13-26.
- N. Noddings, 배려: 윤리와 도덕교육에 대한 관계적 접근법(Caring: A Relational Approach to Ethics and Moral Education). Oakland, CA: University of California Press, 2013.
- O. Ulgen, "인공지능 및 로봇 시대의 칸트 윤리(Kantian Ethics in the Age of Artificial Intelligence and Robotics)," *QIL*, vol. 43, pp. 59-83, Oct. 2017.

- O. Ulgen, “민간용 · 군용 인공지능과 로봇의 개발 및 이용에 대한 윤리적 시사점(The Ethical Implications of Developing and Using Artificial Intelligence and Robotics in the Civilian and Military Spheres),” House of Lords Select Committee, Sept. 6, 2017, UK.
- O. Ulgen, “자율무기 시대의 인간의 존엄성: 우리는 ‘인간성에 대한 기본적인 고려’를 잃어버릴 위험에 처해 있는가?(Human Dignity in an Age of Autonomous Weapons: Are We in Danger of Losing an ‘Elementary Consideration of Humanity’?” in How International Law Works in Times of Crisis, I. Ziemele and G. Ulrich, Eds., Oxford: Oxford University Press, 2018.

## 이슈 : 동작 주체와 피동작주의 구분

### 배경

인간과 A/IS의 관계를 이해하는 데 있어 유의해야 할 점 중 하나는 오늘날 수많은 기업들과 정책결정자들이 이용하고 있는 A/IS에 인간과 유사한 접근법이 무비판적으로 적용되고 있다는 것이다. 이러한 접근법은 도덕적인 동작 주체들(agents)과 도덕적인 피동작주들(patients), 즉 동작 대상들 간의 구분–달리 말하면, “자연적인(natural)” 자기조직화 시스템들과 인공적인 비(非)자기조직화 기기들 간 구분–을 모호하게 만들어버린다는 단점이 있다. 앞에서 언급된 바와 같이, A/IS는 그 의미를 고려할 때 인간이나 생물체와 동일한 자율성을 가질 수 없다. 따라서 기계의 자율성은 엄밀히 정의하자면 법과 규칙에 따라 구현된 명령에 따라서 주어진 상황에 따라 독립적으로 기계의 동작, 운영 방식을 정하는 것이다. 이러한 관점에서 볼 때, A/IS는 특히 유전 알고리즘과 진화적 전략을 기반으로 자율성을 가질 수 있다고 볼 수 있다. 그러나 A/IS에 진짜 도덕성, 정서, 책임–즉, 자율성–을 주입하려고 시도하는 것은 동작 주체들과 피동작주들의 구분을 모호하게 만들 뿐 아니라, 인간이 A/IS를 설계하고 A/IS와 상호작용할 때 기계에 인간과 유사한 것들을 기대하게끔 부추기는 결과로 이어질 수 있다.

따라서 정밀한 분석이 요구되는 A/IS 개발 초기 단계에는 인간과 A/IS의 관계를 묘사하는데 사용되는 언어와 기대에 대한 적절한 평가가 중요해진다. A/IS의 자율성과 인간의 자율성도 명확하게 정의될 필요가 있다. 어떤 경우에는 A/IS가 윤리적, 도덕적으로 보이는 결정들을 보여주며, 의도와 목적에 들어맞는 효율적이고 흡족한 도덕적 결과물들을 내놓는 것처럼 보일 수 있다. 한편, 인간의 전통적 윤리들은 도덕성으로 가장한 근본주의로 보일 수 있다. 즉, 수많은 종교적, 도덕적 윤리에서 이미 절대적인 진리로 간주되어 온 문화적 관습들은 어느 누구도 감히 의심을 품거나 평가하려 들지 않는 것이다. 여기서 우리가 생각해 봐야 할 문제는 종교적, 전통적, 습관적 관습을 맹목적으로 따르는 사람이 과연 A/IS의 자율성 수준과 인간-선택 능력을 가진 행동 주체-의 자율성 수준을 실질적으로 구분할 수 있을까 하는 것이다. 통상적인 도덕적 관습과 이러한 관습에 대한 윤리적인 비판, 그리고 법과의 관계를 구분하는 것은 중요한 일이다.

인간은 어떤 대상의 이미지를 자신만의 관념에 따라 인위적으로 규정하는 경향이 있으며, 인공지능시스템을 직접 만들어 보고 싶은 마음을 갖고 있다. 앞에서 언급된 자율성의 정의에 대한 오해는 바로 이 때문에 생겨나는 것이다. 자율성이란 용어는 경우에 따라 비유적으로 사용될 수도 있다. 그러나 A/IS가 인간을 점점 더 많이 닮아가는 추세를 고려할 때, A/IS의 자율성과 인간의 자율성은 언제나 명확하게 구분되어야 한다. 물론, "인공지능(artificial intelligence)"이나 "기계의 도덕성(morality of machines)"과 같은 용어들이 오해를 불러일으키지 않고 사용될 수도 있다. 이는 언어가 어떻게 작용하는가, 그리고 인간이 어떻게 자신의 자연적, 인위적 환경을 이해하려고 노력하는가에 따라 달려 있다.

그러나 인간의 자율성과 자율시스템의 명확한 차이는 자유의지와 숙명론, 그리고 존재(의무론)의 문제들과 관련되어 있다. 현재 기계에 적용되고 있는 비판적 의무론의 문제들은 윤리적 담론과 철학에서도 찾아볼 수 있는 문제들이다. 이 문제들은 인간이라는 **존재**의 본성에도 그대로 적용되어 왔다. 예컨대, 결정론자인 밀(John Stuart Mill)은 인간은 이미 정해진 법에 따라 행동하게 된다고 주장하였다. 하지만 그는 적합성 이론에 따라, 인간의 자유의지와 결정론은 서로 절충될 수 있다고도 주장하였다. 이와 같은 밀의 윤리는 자율성의 정의를 위한 상세하고도 정보에 입각한 기반을 제시하고 있다. 이러한 기반은 A/IS를 인간과 유사한 것으로 추정하려는 경향을 극복하고, A/IS에 대한 불확실성을 해소하는 데 도움이 될 수 있다(Mill, 1999).

### 권고안

자율시스템의 “자율성(autonomy)”을 이해하려면, 우선 자율성을 더 정확하게 정의하고 A/IS를 인간과 유사한 것으로 추정하려는 경향을 극복하기 위하여 밀의 관점에 따라 자유의지, 시민의 자유, 사회에 대하여 고찰할 필요가 있다.

### 기타 참고자료


- R. Capurro, “주체 비교이론에 대하여(Toward a Comparative Theory of Agents),” *AI & Society*, vol. 27, no. 4, pp. 479-488, Nov. 2012.
- W. J. King and J. Ohya, “주체의 표현: 의인화, 주체권, 지능(The Representation of Agents: Anthropomorphism, Agency, and Intelligence),” in Conference Companion on Human Factors in Computing Systems. Vancouver: ACM, 1996, pp. 289-290.
- W. Hofkirchner, “컴퓨팅에는 자가 조직화가 포함되는가?(Does Computing Embrace Self-Organisation?)” in Information and Computation: Essays on Scientific and Philosophical Understanding of Foundations of Information and Computation, G. Dodig-Crnkovic and M. Burgin, Eds., London: World Scientific, 2011, pp. 185-202.
- 국제정보윤리센터(International Center for Information Ethics), 2018.
- J. S. Mill, 자유에 대하여(*On Liberty*). London: Longman, Roberts & Green, 1869.
- P. P. Verbeek, 사물들의 작용: 기술, 주체권, 설계에 대한 철학적 고찰(What

Things Do: Philosophical Reflections on Technology, Agency, and Design). University Park, PA: Pennsylvania State University Press, 2005.

## 이슈 : 접근 가능한 고전적 윤리 어휘의 필요성

### 배경

철학자들과 윤리학자들은 철학적 개념들과 용어들에 대한 어휘를 습득할 수 있도록 훈련을 받게 된다. 윤리와 A/IS에 대한 논의에서 철학적 개념들과 용어들은 본질적인 가치를 지닌다. 관련 용어들의 의미는 윤리와 A/IS를 논의하는 데 있어 기본적인 요건이 되며, 향후 확고한 가치들을 형성할 수 있기 때문이다. 유감스럽게도, 여러 학문 분야가 관련된 상황–예: 기술 전문가들과 정책입안자들의 대화–에는 철학 용어를 사용하는 것이 효과적이지 않은 경우가 많다. 모든 사람들이 철학 용어에 담긴 추상적 의미를 이해할 수 있도록 교육을 받은 것은 아니기 때문이다.

그러나 철학적 용어를 이해하지 못하는 것과 공익의 필요성은 별개의 문제이다. 윤리적, 철학적 이론들은 일반대중이 이해하기 쉬워야 한다는 이유로 지나치게 단순화되어서는 안 되지만, 오랜 역사를 가진 윤리의 본질을 적절히 해석할 수 있다면 윤리와 A/IS에 대한 건설적인 논의에 큰 도움이 될 것이다. 사회는 지역공동체들과 중등교육 및 고등교육 기관들에서의 교육 접근성을 높이는 한편, 정부 공무원들과 지방 공동체들, 그리고 학교 교사들의 인식을 제고하는 데 각별한 노력을 기울일 필요가 있다. 보다 "이용자 친화적인(user-friendly)" 용어가 만들어질 경우, 고전적 윤리를 디지털 사회에 적용해야 할 필요성에 대한 인식도가 높아지는 효과가 있다.

모든 이해관계자들이 이해할 수 있는 용어들을 발굴해 내는 것은 실용주의적인 일이긴 하지만, 도덕 철학자들과 윤리학자들에게 익숙한 개념들을 희석시키거나 잘못 표현하는 경우가 발생하지 않도록 주의해야 한다. 이를 위한 방안 중 하나는 응용 윤리를 접목하는 것을 생각해 볼 수 있다. 즉, 어떤 특정 개념이 A/IS와 관련된 상황이나 환경에서 어떻게 작용할 것인지를 설명하는 것이다. 또 다른 방안은 다양한 분야들에 걸쳐 사용되는 용어가 동일하거나 유사하며, 표현 가능한 의미와 효과를 가지고 있는지를 이해하는 것이다.

## 권고안

사회적 위원회들과 윤리 위원회들의 인식도 제고를 위해 노력하는 단체들을 지원하고 격려할 필요가 있다. 이러한 위원회들의 역할은 윤리에 대한 논의가 활발히 이루어지도록 지원하고, 이러한 논의를 위한 미래 지향적, 가치 중심적인 접근법들을 모색하는 것이다. A/IS 기술 전문가들은 다양한 분야의 교류 활동에 참여하여 철학자들, 윤리학자들과 소통해야 한다. 이는 철학이 아닌 다른 분야의 학자들과 관련 업무 종사자들도 철학 용어에 대한 지식과 관심을 갖게 되는 결과로 이어질 것이다.

## 기타 참고자료


- R. T. Ames, 유교의 역할에 대한 윤리: 관련 어휘(Confucian Role Ethics: A Vocabulary). Hong Kong: Chinese University Press, 2011.
- R. Capurro, "정보윤리의 존재론적 기반(Towards an Ontological Foundation of Information Ethics)," *Ethics and Information Technology*, vol. 8, no. 4, pp. 175-186, 2006.
- S. Mattingly-Jordan, R. Day, B. Donaldson, P. Gray, and L. M. Ingram, "윤리적 설계 제1판 용어사전(Ethically Aligned Design, First Edition Glossary)," Prepared for The IEEE Global Initiative for Ethically Aligned Design, Feb. 2019.
- B. M. Lowe, 도덕에 대한 최신 어휘: 새로운 도덕적, 윤리적 의미들의 창조와 수립(Emerging Moral Vocabularies: The Creation and Establishment of New Forms of Moral and Ethical Meanings). Lanham, MD: Lexington Books, 2006.
- D. J. Flinders, "윤리적 지침을 위한 담론의 기반 조성(In Search of Ethical

Guidance: Constructing a Basis for Dialogue," *International Journal of Qualitative Studies in Education*, vol. 5, no. 2, pp. 101-115, 1992.

- G. S. Saldanha, "언어 차이의 폐해: 분열된 독일의 Rafael Capurro와 윤리, 그리고 언어(The Demon in the Gap of Language: Capurro, Ethics and Language in Divided Germany)," in Information Cultures in the Digital Age. Wiesbaden, Germany: Springer Fachmedien, 2016, pp. 253-268.
- J. Van Den Hoven and G. J. Lokhorst, "규범논리와 컴퓨터의 지원을 받는 컴퓨터 윤리(Deontic Logic and Computer Supported Computer Ethics)," *Metaphilosophy*, vol. 33, no. 3, pp. 376-386, April 2002.

## 이슈 : 자율지능시스템 개발자들을 위한 윤리의 제시

### 배경

고전적 윤리 이론들이 의사결정 과정에서 데이터 수집과 데이터 이용에 대한 본질적인 방향성을 정하는 데 이용될 수 있는지를 생각해 볼 필요가 있다. 철학적 윤리의 본분은 선과 악을 분석하는 데 있기에, 윤리는 가치들을 규정하는 것이 아니라 분석하는 것이 되어야 한다. 그리고 윤리에서 파생된 법은 비판적인 평가를 통해 옳고 그른 것을 규정하는 기준으로 확고하게 자리잡은 관습이다.

중요한 사실은 윤리를 공학 실무에 접목하되, 공학을 위한 수단으로서가 아니라 공학과 동등한 위치에서 상호보완적인 관계에 놓이도록 해야 한다는 것이다. 또한 학생들과 엔지니어들에게 발명을 위한 윤리적 방향성을 수립하는 데 도움이 되는 도구들을 제공할 경우, 윤리적 설계가 공학의 확고한 기준으로 자리잡는 결과로 이어질 수 있다. 하지만 윤리를 부호화된 형태로 변환하여 시스템에 입력시키는 것은 결코 말처럼 쉬운 일이 아니다. 이러한 문제는 체크리스트, 순서도, 매트릭스 등 학생들에게 실질적인 도움이 되는 자료들을 제공함으로써 해결할 수 있다. 학생들은 이러한 자료들을 활용하여 주요한 윤리적 기본체계를 선택하여 이용하고 복잡한 사례들을 실험할 수 있다. 그리고 학생들은 이러한 일들을 반복하는 과정을 통하여, 명확한 결정을 내리기 어렵고 윤리적 기본체계들 속에서 답을 찾아야 하는 사례들이 무엇인지 스스로 판단할 수 있는 능력을 길러 나가게 될 것이다. 한편, 학생들은 동영상, 논문, 프로젝트 기반의 학습활동 등 성과물들을 통하여 효과적인 인공지능 윤리 교육을 위한 교훈과 전략을 터득할 수 있다.

궁극적인 목표는 학생들에게 공학과 관련된 원리들과 도구들의 이용방법을 배우게 하고 유사한 방식으로 윤리를 이용하는 수단을 제공하는 것이다. 즉, 엔지니어들이 자신이 무슨 일을 하고 있는지에 대해 설명할 수 있도록 도와주는 것이다.

- 윤리학자들은 정보의 흐름을 이용하되, 어떤 정보가 흐르고 있는지, 자신이 어떤 일을 해야 하는지를 본질적으로 고려해야 한다.
- 엔지니어들은 자신이 제작하는 A/IS 설계에 대한 윤리적 고려의 반복적인 과정을 설명할 수 있도록 정리해야 한다. 설명 내용에는 자신의 의도와 그 근거가 포함되어야 한다.
- 상기 과정을 통하여 엔지니어들은 자신의 추정 내용을 더 잘 이해할 수 있으며, 이에 따라 자신의 의도와 설계 과정들을 조정할 수 있게 된다. 하지만 이러한 경지는 엔지니어 자신이 끊임없는 의문을 갖고 그 답을 찾기 위해 노력해야만 도달할 수 있다.

위와 같은 과정은 엔지니어들에게 이미 익숙한 것이며, 기본적으로 칸트와 밀의 윤리에 나타나 있다.

추구하려는 목표는 컴퓨터 프로그래밍 어휘 중 하나인 **매크로**(*macro*)라는 것을 생성하기 위한 것이다. 코드의 일종인 매크로는 다른 코드를 입력값으로 취하여 독특한 출력값을 만들어내는 것이며, 서양 윤리 중에서 덕 윤리를 이용하여 생성된다.

이는 A/IS의 윤리적 고려에 대한 교육과 훈련의 중요성을 의미한다. 즉, 앞에서 언급된 과정들은 공학, A/IS, 컴퓨터 공학, 기타 학문 분야들의 학생들에게 개발하여 알려주어야 하는 것이다. 이 과정들은 나중에 부가가치가 생기는 것은 아니지만, 교육 초기 단계부터 도입되어야 한다. 이를 통해 학생들은 근본적인 윤리적 고려를 습득하고 졸업할 때에는 비판적인 사고능력을 갖춘 사람으로 성장할 수 있도록 해준다. 고등교육 과정에서 시도해 볼 만한 방안들은 다음과 같다.

- 대학교 및 대학원에서 (정보) 윤리 강의 프로그램을 과학 강의 프로그램과 함께 병행한다.
- (정보) 윤리 과목들을 과학 강의 프로그램의 일환으로 제공한다(예: 1학기당 1개 과목).
- 과학 강의 프로그램을 위한 단기 (정보) 윤리 강의를 입문, 재교육, 특강 등의 형태로 제공하여 재학생들, 졸업생들, 교수들이 수강할 수 있도록 한다.

또한 위와 같은 강의들을 동일한 분야보다는 다양한 분야들과 관련된 학생들과 실무자들-예: 공학 전공 학생, 특정 전공을 위한 평생교육 프로그램 수강자 등-에게 제공하는 것이 바람직하다.

## 권고안

공학을 공부하는 학생들에게 익숙한 방법론들이 적용된 윤리들을 제시할 수 있는 방법들을 찾아야 한다. 공학은 과학기술, 논리, 수학이 집대성된 형태로 학습되는 것이고 객관성과 주관성이 혼재하는 학문이기 때문에, 윤리적 요소들을 세심하게 도입할 필요가 있다. 적절한 교육 과정을 개발하는 것도 중요하다. 연구 논문, 모범사례에 대한 교육뿐만 아니라, 엔지니어들, 업계 종사자들이 사회과학자들, 철학자들과 함께 모여 관련 사례와 체감형 가상현실 게임, 그리고 학생들에게 도움이 되는 추가적인 강의과정을 개발할 수 있는 기회들을 제공할 것을 권고한다.

## 기타 참고자료

- T. W. Bynum and S. Rogerson, 컴퓨터 윤리와 전문적 책임(Computer Ethics and Professional Responsibility). Malden, MA: Wiley-Blackwell, 2003.

- E. G. Seebauer and R. L. Barry, 과학자들과 엔지니어들을 위한 윤리적 근간(Fundamentals of Ethics for Scientists and Engineers). New York: Oxford University Press, 2001.
- C. Whitbeck, "과학자들과 엔지니어들을 위한 윤리 교육: 도덕적 에이전트들과 도덕적 문제들(Teaching Ethics to Scientists and Engineers: Moral Agents and Moral Problems)," *Science and Engineering Ethics*, vol. 1, no. 3, pp. 299-308, Sept. 1995.
- B. Zevenbergen, et al., "철학과 인터넷 공학의 만남: 네트워크 시스템 연구에 대한 윤리(Philosophy Meets Internet Engineering: Ethics in Networked Systems Research)," GTC Workshop Outcomes Paper. Oxford: Oxford Internet Institute, University of Oxford, 2015.
- M. Alvarez, "정보윤리 교육(Teaching Information Ethics)," *International Review of Information Ethics*, vol. 14, pp. 23-28, Dec. 2010.
- P. P. Verbeek, 기술의 도덕화: 사물의 도덕성에 대한 이해와 설계(Moralizing Technology: Understanding and Designing the Morality of Things). Chicago, IL: University of Chicago Press, 2011.
- K. A. Joyce, K. Darfler, D. George, J. Ludwig, and K. Unsworth, "과학/기술/공학/수학 윤리 교육(Engaging STEM Ethics Education)," *Engaging Science, Technology, and Society*, vol. 4, no. 1-7, 2018.


## 이슈 : 법인 및 기업의 고전적 윤리 접근

### 배경

수많은 기업들은 스타트업부터 대기업에 이르기까지 기술 설계에 대한 윤리적 고려의 중요성이 높아지고 있다는 사실을 잘 알고 있지만, 윤리를 어떻게 기술 설계에 접목시킬 수 있는가에 대해서는 정확히 알지 못하고 있다. 기술 설계에 대한 윤리적 고려는 기업들, 공공 프로젝트들, 연구협력단들의 사업내용에 어떻게 접목될 수 있을까? 여기서 유념해야 할 점은 윤리적 고려를 기업의 구조, 환경, 훈련, 개발에 접목시키기 위해서는 단순히 워크숍과 연수를 통하여 의견을 수집하는 데 그쳐서는 안 된다는 것이다.

사실, 고전적 윤리는 이해하기가 어렵기 때문에 사업에 접목시키는 것이 쉽지 않으며, 기술 프로젝트에 적용이 잘 안 되고 있다. 그리고 엔지니어들, 변호사들, 철학자들이 컴퓨터 공학과 관련된 이슈들을 다룰 경우, 그 결과들이 서로 크게 다른 경우가 많다. 뿐만 아니라, 다양한 학문들이 컴퓨터 공학과 관련된 이슈들에 접근하는 방법들도 서로 간에 크게 다르다. 물론, 예외적인 경우도 있으며, 로봇공학과 기계윤리 양쪽에 다 적용 가능한 접근법들도 개발되어 있다. 뿐만 아니라 복수 학위와 학제 간 융합 학위를 가진 과학자들이 늘어나고 있는 추세이다. 그러나 아직도 여전히 다양한 학문들 간에 고전적 윤리 이론들에 대한 이해가 서로 일치되지 않는 부분들이 많다. 윤리학에서 사용되는 철학 용어의 개념이 정립되지 않은 상태이며, 각 학문 분야마다 철학 용어가 서로 다르게 해석되고 있다.

예를 들어, 기술에서 "신뢰(trust)"란 용어는 철학, 법, 공학과 관련된 구체적인 의미들을 내포하고 있으며, 추상적인 개념이 아니다. 신뢰는 인간의 속성이며, 인간의 주장과 행위에 대한 것이다. 그러나 기계, 로봇, 알고리즘은 주장 능력이 없기 때문에 신뢰라는 속성을 가질 수 없으며, 어떤 대상의 신뢰성 여부를 판단할 수도 없다. 소프트웨어 엔지니어들은 "신뢰"라는 용어를 사용할 수 있으나, 이는 데이터의 진위 여부와 소프트웨어의 성능에 대한 것이다. A/IS의 경우, "신뢰"는 A/IS 기술이 예측 가능성과 신뢰성, 그리고 해커들이나 진짜 이용자들로 가장한 사기꾼들을 구분하는 데 필요한 보안 능력을 갖추고 있다는 것에 대한 "기능적 신뢰성(functional reliability)"을 의미한다.

## 권고안

기술자들, 철학자들, 정책입안자들은 특정 문화, 학문, 분야의 구분에 구애받지 말고 개방적인 대화를 나눌 필요가 있다. 이를 위해서는 우선 디지털 사회에 반드시 필요한 것으로서 사물인터넷(IoT: Internet of Things), 프라이버시, 사이버보안, 인터넷 거버넌스 관련 이슈들을 다룬 철학적, 기술적 언어의 미묘한 차이를 이해하는 데 도움이 되는 기준들을 만들어야 한다. 또한, 기술자들과 정책입안자들에게 철학적, 기술적 언어가 철학적, 법적, 공학적 환경에서 가지는 의미를 알려주어야 한다. 따라서 철학자들, 정책입안자들, 기타 이해관계자들의 비판적 사고가 반영된 A/IS 관련 용어를 표준화하여 기술자들에게 제공할 것을 권고한다.

## 기타 참고자료


- A. Bhimani, "기업 거버넌스의 가치 제고: 윤리와 경제적 합리성의 융합(Making Corporate Governance Count: The Fusion of Ethics and Economic Rationality)," *Journal of Management & Governance*, vol. 12, no. 2, pp. 135-147, June 2008.
- A. B. Carroll, "기업의 사회적 책임의 역사(A History of Corporate Social Responsibility)," in The Oxford Handbook of Corporate Social Responsibility, A. Chrisanthi, R. Mansell, D. Quah, and R. Silverstone, Eds., Oxford, U.K.: Oxford University Press, 2008.
- W. Lazonick, "ICT 노동력의 세계화(Globalization of the ICT Labor Force)," in The Oxford Handbook of Information and Communication Technologies, A. Chrisanthi, R. Mansell, D. Quah, and R. Silverstone, Eds., Oxford, U.K.: Oxford University Press, 2006.
- IEEE P7000™(시스템 설계 과정에서의 윤리적 문제 해결을 위한 모델 개발 과정, IEEE Standards Project for Model Process for Addressing Ethical Concerns During System Design)은 엔지니어들과 기술 전문가들에게 자신이 속한 조직

들, 이해관계자들, 최종 사용자들의 윤리적 위험을 최소화할 수 있는 실제적인 방안을 알려주고 있다. 이 방안에는 혁신관리 과정들, IT 시스템 설계에 대한 접근 방법들, 소프트웨어 엔지니어링 방법들이 포함되어 있다.

## 이슈 : 자동시스템이 직장에 끼치는 영향

### 배경

A/IS가 직장에 끼치는 영향, 노동자와 고용주의 권력 관계 변화에 대한 윤리적 지침이 필요하다. 고용주들이 자율시스템을 이용하기 시작하면서, 빅데이터 기반 데이터 보호와 프라이버시에 대한 이슈들이 증가하고 있다. 고용주들이 이용하는 자율시스템은 알고리즘들을 통하여 의사결정을 내리며, 이는 고용 가능성에 직접적으로 영향을 끼친다. A/IS를 무비판적으로 이용할 경우, 오류가 발생하고 결과가 왜곡될 가능성이 높아지므로 노동자와 고용주의 관계에 중대한 영향을 끼칠 수 있으며, 이는 매우 중요한 우려사항이다.

책임 있는 연구와 혁신(RRI: responsible research and innovation)의 개념이 특히 EU 내에서 크게 주목받고 있다. RRI는 직장에 대한 편견을 해소할 수 있는 방안들을 제시한 것으로, 공학 및 물리과학연구위원회(EPSRC: Engineering and Physical Sciences Research Council) 등 일부 연구기금 지원자들이 채택한 원칙들 중 하나이며, 특히 EPSRC는 RRI를 주요 임무로 삼고 있다. RRI는 고전적 윤리 이론에 기반을 두고 있으며, 프로젝트 시작이라 할 수 있는 설계 단계부터 윤리적 문제들을 해결하는 데 적용되는 상위 개념이다.

과학 및 기술 연구 전문가이자 철학자인 숌버그(Rene Von Schomberg)의 주장에 따르면, "RRI는 사회 운동가들과 혁신가들이 혁신 과정의 (윤리적) 수용 가능성, **지속 가능성, 사회적 타당성을 높이고 혁신을 통해 생산된 제품들이 시장에 나올 수 있도록 하기 위하여 (우리 사회에서 적절한 과학적, 기술적 발전이 이루어질 수 있**

**도록 하기 위하여)** 서로 책임을 질 수 있는 투명한 양방향 프로세스이다.[2]

특히 직장에서의 A/IS에 대한 편견을 해소하기 위하여 RRI 방법론들을 A/IS 설계에 대한 윤리적 고려에 적용할 때에는 이론적 결점이 드러나는 경우가 많다. 이는 아예 A/IS 개발 단계에서 설계를 개선할 수 있는 계기가 된다. 설계에 RRI를 적용할 경우, 윤리적 설계의 적절성과 영향력을 높일 수 있다.

이처럼 새롭고 흥미로운 RRI의 목표 중에는 책임 있는 연구에 대해 국제적으로 영향을 끼칠 수 있는 적절한 이해관계자들을 영입하는 것도 포함된다. RRI는 주로 직장이라는 환경에서 출발한 것이긴 하지만, 민간기업들뿐만 아니라 AI 연구기관들, 그리고 AI 설계를 주도하는 사람들이 적극적으로 참여해야만 성공할 수 있다. 또한 RRI는 세심한 연구와 함께 연구의 목적, 과정, 결과에 대한 수용 가능성, 지속 가능성, 타당성을 보장하는 혁신적 거버넌스가 뒷받침되어야 한다. RRI 전문가들은 민간기업들이 자율적으로 RRI를 채택할 수 있는 권한을 갖고 있다는 사실을 인지하고, RRI를 실행과 입법이 가능한 형태로 수용할 수 있도록 도와야 한다.

## 권고안

A/IS 설계에 대한 연구는 고전적 윤리 이론에 따른 RRI를 적용함으로써 설계 과정의 이해에 도움이 되는 도구들과 접근법들을 활용하고, 프로젝트의 설계 초기 단계부터 윤리적 문제들을 해결해야 하며, 또한 이를 통해 모든 방법론에 대하여 더욱 강력하고 효율적인 책임성을 유지하기를 권고한다.

## 기타 참고자료


- M. Burget, E. Bardone, and M. Pedaste, "책임 있는 연구와 혁신의 정의 및 개념: 문헌 검토(Definitions and Conceptual Dimensions of Responsible Research and Innovation: A Literature Review)," *Science and Engineering Ethics*, vol. 23, no. 1, pp. 1-9, 2016.

- European Commission Communication, "유럽을 위한 인공지능(Artificial Intelligence for Europe)," COM 237, April, 2018.
- R. Von Schomberg, "책임 있는 연구와 혁신의 기본체계에 대한 기술적 평가의 전망(Prospects for Technology Assessment in a Framework of Responsible Research and Innovation)," in Technikfolgen Abschätzen Lehren: Bildungspotenziale Transdisziplinärer Methode. Wiesbaden, Germany: Springer VS, 2011, pp. 39-61.
- B. C. Stahl, G. Eden, M. Jirotka, and M. Coeckelbergh, "컴퓨터 윤리 및 ICT 분야의 책임 있는 연구와 혁신: 정보시스템 윤리 연구에 대한 담론의 전환(From Computer Ethics to Responsible Research and Innovation in ICT: The Transition of Reference Discourses Informing Ethics-Related Research in Information Systems)," *Information & Management*, vol. 51, no. 6, pp. 810-818, September 2014.
- B. C. Stahl, M. Obach, E. Yaghmaei, V. Ikonen, K. Chatfield, and A. Brem, "책임 있는 연구와 혁신(RRI)의 성숙도 모델: 이론과 실제의 연계(The Responsible Research and Innovation (RRI) Maturity Model: Linking Theory and Practice)," *Sustainability*, vol. 9, no. 6, June 2017.
- 고용주 데이터 거버넌스의 투명성을 위한 표준 프로젝트(IEEE P7005™, Standards Project for Transparent Employer Data Governance)는 노동자 데이터를 윤리적이고 투명한 방식으로 저장, 보호, 활용하는 데 도움이 되는 명확한 지침들과 인증 방법들을 조직들에게 제시하고 있다.

SECTION

# 02 전 세계적으로 다양한 전통 기반의 고전적 윤리

## 이슈 : 서양 윤리 전통의 윤리학계 독점

### 배경

A/IS의 설계에는 개발자들이 중요시하는 가장 근본적인 가치들이 반영된다. 국제 사회는 어떤 가치들이 A/IS의 설계를 좌우하는지, A/IS에 서양의 가치들이 아닌 다른 가치들이 고려되지 않을 경우 차별 문제가 발생하지는 않을지를 인식하고 있어야 한다. 전통 윤리를 공리주의, 의무론, 덕 윤리 등 "서양(Western)"의 윤리보다 더 넓은 범위로 확대하여 오늘날 중요성이 높아지고 있는 "책임 있는 혁신(RI: responsible innovation)"의 근간이 형성될 수 있도록 시급히 노력해야 한다. 또한 RI에 불교, 유교, 우분투에 내재된 윤리들도 포함시킬 필요가 있다.

그러나 이러한 추정은 문제를 불러일으킬 수 있다. 우리는 서양의 가치들을 분류할 때, 수천 년 전 그리스·로마의 철학적 전통에서 비롯된 독립적, 이질적인 사상들을 기독교의 영향을 받은 문화들과 함께 짝지은 후에, 나머지 사상들은 계몽주의와 함께 짝지어 분류하고 있다. 그렇다면, "서양 윤리(Western ethics)"란 용어는 철학적 윤리(과학적 규율로서의 윤리)와 서양의 도덕성 중에서 어느 것을 의미하는가?

"서양(West)"이란 용어는 어떻게 정의되든 간에 전 세계에서 가장 개인주의적인 사회를 의미하므로 "동양(Eastern)"의 윤리들보다는 덜 집단적인 의미로 정의되어야 한다. 만약 누군가 서양의 가치들을 언급하고 싶다면, 그 사람은 그 가치들이 어떤 것들이고 어떤 사람들에게 속해 있는지를 정해야 할 것이다. 게다가 지능정보 윤리의 영역에는 무의식적으로, 또는 본능적으로 확산된 한 가지 위험이 존재한다. 이는 서양의 모든 전통들을 한 가지 범주로 분류할 뿐 아니라, 국제 사회에 대한 서양의 모든 영향력을 식민지 시대의 영향을 받은 폭력적 사상들에서 비롯된 부정적인 것으로 단정지을 우려가 있다는 점이다. 설령 하나의 시스템이 모든 영향력을 독점하고 있다고 해도 이러한 독점 현상은 나름대로의 가치를 갖고 있으며, 심지어 다른 시스템들에 대해서도 그러하다. 문화적으로 다양한 전통들은 서양의 전통들에 대해 제시하는 바가 많으며, 우리에게 많은 것들을 배우게 해줄 수 있다.

세계 각국의 다양한 전통들 간에 호혜적 관계가 성립되도록 하기 위해서는 우선 규율로서의 서양 윤리와, 서양 윤리의 목적 또는 주제로서의 도덕성의 미묘한 차이를 적절히 구분하는 것이 중요하다. 또한 철학적 또는 과학적 윤리와 신학적 윤리의 차이를 구분하는 것 역시 중요하다. 앞에서 언급된 바와 같이, 통용되는 도덕적 관습과 이에 대한 윤리적 비판, 그리고 법은 과학 공동체 안에 확고하게 자리잡은 일종의 방법론이다. 서양의 윤리와 동양의 윤리가 서로 크게 다른 것과 마찬가지로, 서양의 철학과 동양의 철학은 서로 크게 다르다. 서양의 철학적 윤리는 논리적이고 광범위하며 변증법적인 접근법(규범윤리의 모델)과 분석적, 해석학적 접근법들 등 과학적인 방법들을 사용한다. 서양의 전통은 사회적, 도덕적 가치들을 가르치는 것이라기보다는 기본원칙들, 기본체계들, 설명들을 적용하는 것이다. 하지만 오늘날 전 세계적으로 각 공동체에 중요한 영향을 끼치고 있는 관습들 중 일부는 전통적, 신학적인 도덕 체계에 기반을 두고 있다. 그러므로 다양한 윤리적 전통들 중에서 A/IS 윤리를 가장 잘 설계하고, 프로그래밍할 수 있는 최선의 협업방법을 찾기 위한 논의가 필요하다. 황백항(黃柏恒, Pak-Hang Wong) 등 다문화적 정보윤리 전문가들에 따르면, "서양(Western)"의 윤리가 A/IS 설계를 지배할 경우, 자유민주주의적 가치들을 제외한 다른 가치들은 배제될 우려가 있다. 그러나 자유민주주의적 가치들은 다양한 가치들의 차이를 수용하기 위해 만들어진 것임을 유념해야 한다. 물론, 다양한 가치들의 차이를 수용하는 것은 현실적으로는 쉬운 일이 아니며, 특히 표준화의 경우 서양의 윤리적 가치들이 독점적인 영향력을 끼치고 있다. 이에 대한 황백항의 주장은 다음과 같다.

표준화는 국제화를 위한 규범적인 기준을 정하는 것이기 때문에 본질적으로 가치 판단적이다. 하지만 가치 판단적인 표준으로 인하여 부정적인 결과가 초래될 우려가 있다. 예를 들어, 책임 있는 혁신(RI: responsible innovation)에 대하여 가치 판단적인 표준을 도입할 경우, 각 지역의 가치들에 기반을 둔 RI는 마치 타당하지 못한 것으로 간주될 수 있다. 이는 각 지역의 가치들이 자유민주주의적 가치들과 상충될 때 더욱 그러하다. 왜냐하면, 각 지역의 가치들(또는 각 지역의 가치들에 기반을 둔 RI)을 따르는 과학자들과 기술 개발자들은 RI에 대한 글로벌 네트워크의 일원으로 인정받을 수 없기 때문이다(Wong, 2016).

한편, 특정 가치 중심의 독점적 지배 구조 내에서 일하지 않는 사람들은 다양한 가치들의 수용이 가능한 대안을 찾을 필요가 있다. 자유민주주의적 가치들은 다양한 문화들의 갈등 속에서 생겨났으며, 다양한 문화들의 차이를 폭넓게 수용하는 방향으로 만들어졌다.

정책입안자들, 과학자들, 기술 개발자들, 일반인들은 RI를 통하여 새로운 기술들의 등장에 따른 사회적, 윤리적, 정책적인 문제들을 더 잘 이해하고 대응할 수 있다. RI라는 개념이 만들어진 역사적 상황을 살펴보면, 오늘날 RI에 대한 담론이 왜 주로 자유민주주의적 가치들에 기반을 두고 있는지를 쉽게 이해할 수 있다. 그러나 폭넓은 공감대가 아직 형성되지 않은 상태에서 자유민주주의적 가치들을 너무 많이 중시할 경우, RI에 대한 논의 범위가 부득이하게 제약되는 결과가 초래될 수 있다. 따라서 RI로 인한 부정적인 결과는 순전히 자유민주주의적 가치들과 밀접한 관계가 있다는 것을 인정해야 한다.

불교와 우분투(Ubuntu) 등 서양이 아닌 다른 지역의 수많은 윤리적 전통들은 "관계(relationship)"를 윤리에 대한 담론의 기본 개념으로 간주한다. 다문화 정보윤리와 RI 연구의 핵심과제 중 하나는 다양한 문화들 속에서 "관계"의 개념에 대한 주요 공통점을 밝혀내고, 이를 AI에 실제로 적용하여 서양의 고전적 윤리인 의무론적, 목적론적 윤리를 보완할 수 있는 방법을 찾아내는 것이다. 시간에 대한 인식은 각 문화마다 다른데, 이는 "관계"에 대한 개념들과 AI를 인식, 도입하는 방식에 영향을 끼칠 수 있다. 예를 들어, 서양 문화에서는 AI를 선형적(線形的) 발전 과정의 일부에 속하는 기술로 인식하는 반면, 중국 문화에서는 기술이 현재와 미래에 어떻게 사용될 것인지를 판단하는 데 중점을 두기 때문에 AI를 다양한 세대 간의 필요에 따라 발생한 존중과 자비의 원칙으로 인식한다.

### 권고안

다양한 문화를 수용하는 A/IS 윤리에 대한 논의가 활발하게 이루어지려면 우선 서양 고전적 윤리 중심의 가치들이 아닌 다양한 가치들의 관점에서 RI의 기본 개념을 살펴보아야 한다. 또한 다양한 문화들의 차이를 인정하고 다양한 문화들 속에서 "관계"에 대한 개념의 공통점을 찾아내야 한다.

### 기타 참고자료


- J. Bielby, "다문화 정보윤리에서의 비교철학(Comparative Philosophies in Intercultural Information Ethics)," *Confluence: Journal of World Philosophies*, vol. 2, 2016.
- W. B. Carlin and K. C. Strong, "서양 철학윤리에 대한 비평: 윤리적 딜레마의 정의를 위한 종합적 대안(A Critique of Western Philosophical Ethics: Multidisciplinary Alternatives for Framing Ethical Dilemmas)," *Journal of Business Ethics*, vol. 14, no. 5, pp. 387-396, May 1995.
- C. Ess, "프라이버시와 정보윤리에 대한 다문화적 담론의 해석(아시아의 프라이버시와 데이터 프라이버시 보호 관련 이슈에 대한 소개)["Lost in translation"?: Intercultural dialogues on privacy and information ethics(introduction to special issue on privacy and data privacy protection in Asia)]," *Ethics and Information Technology*, vol. 7, no. 1, pp. 1-6, March 2005.
- S. Hongladarom, "다문화적 정보윤리에 대한 실용적 고찰(Intercultural Information Ethics: A Pragmatic Consideration)," in Information Cultures in the Digital Age. Wiesbaden, Germany: Springer Fachmedien, 2016, pp. 191-206.
- L. G. Rodríguez and M. Á. P. Álvarez, 다문화적 윤리와 네트워크 사회(Ética

Multicultural y Sociedad en Red). Madrid: Fundación Telefónica, 2014.

- P. H. Wong, "다문화적 정보윤리의 목적에 대한 이해 공유(What Should We Share?: Understanding the Aim of Intercultural Information Ethics)," *ACM SIGCAS Computers and Society*, vol. 39, no. 3 pp. 50-58, Dec. 2009.
- S. A. Wilson, "적응, 개성, 미덕의 본성: 현대 윤리에 대한 고전 유교의 영향(Conformity, Individuality, and the Nature of Virtue: A Classical Confucian Contribution to Contemporary Ethical Reflection)," *The Journal of Religious Ethics*, vol. 23, no. 2, pp. 263-289, 1995.
- P. H. Wong, "품위 있는 비(非)자유주의자들을 위한 책임 있는 혁신의 딜레마(Responsible Innovation for Decent Nonliberal Peoples: A Dilemma?)" *Journal of Responsible Innovation*, vol. 3, no. 2, pp. 154-168, July 2016.
- R. B. Zeuschner, 비교분석적 관점에서의 동서양 고전적 윤리(Classical Ethics, East and West: Ethics from a Comparative Perspective). Boston, MA: McGraw-Hill, 2000.
- S. Mattingly-Jordan, "글로벌 윤리의 리더가 되는 방법(Becoming a Leader in Global Ethics)," IEEE, 2017.

## 이슈 : A/IS 설계에 대한 고전적 불교 윤리의 적용

### 배경

불교에서는 윤리란 궁극적으로 모든 속박에서 자유로워짐으로써 해탈이라는 목표를 실현하는 것을 의미한다. "어떻게 행동해야 하는가?"라는 질문에 대한 답은 "장차 해탈을 통하여 불교에서 "최고의 행복(supreme happiness)"이라고 부르는 경지에 도달할 수 있게 행동해야 한다(열반, nirvana)"로 축약될 수 있다. 따라서 불교 윤리는 분명히 목표 지향적이다. 불교 윤리에 따르면, 인간은 불만족스러운 상황들을 더 이상 견딜 필요가 없고 욕구, 분노, 망상 등 자신을 속박하는 정욕들로부터 완전히 자유로운 상태에 도달했을 때 해탈을 이룰 수 있다. 인간은 해탈하기 위해 의식적으로 조심스럽게 행동하고(윤리), 정신을 집중하며(명상), 불교에서의 "지혜(wisdom)"로 간주되는 것을 추구하게 된다. "지혜"는 서양 윤리에 대한 과학적 접근법에서는 아직 명확하게 정의되지 않은 용어이다.

따라서 불교 윤리는 오로지 해탈 또는 자유라는 목표를 어떻게 이룰지에 대한 것이라고 할 수 있다. 서양 윤리와 대조적으로, 불교 윤리는 근원적인 규범에 대한 이론적 문제들이나 올바른 삶은 어떤 것인가라는 문제를 논하지 않는다. 불교에서 "선량한(good)" 행동은 항상 그 행동이 결국 해탈에 이르게 되는 것인지 여부와 관련되어 있다. 또한 불교는 해탈을 당연히 선한 것으로 추정한다. 불교와 불교적 관점에서의 윤리적 고찰이 과학적 접근법에 기반을 둔 윤리적 담론이 아닌 관습의 영역에 속하며, 불교가 일종의 이념 또는 세계관으로 인식되고 있는 것도 바로 이 때문이다.

A/IS를 위하여 불교와 같은 기존 이념들을 고려, 이해, 적용하는 것은 물론 중요한 일이지만, 불교와 서양 윤리의 차이를 이해하는 것도 중요하다. 또한 불교를 과학이라는 잣대로 판단하려 들지 말고, 있는 그대로 존중할 필요가 있다. 해탈은 당연히 선한 것이라고 추정하는 불교의 윤리는 관습에 대한 서양 윤리의 관점과 근본적으로 다르다. 불교적 관점에서 볼 때, 최고의 행복이 선한 것이라는 명제는 그 누구도 의심할 여지 없이 당연한 진리이다. 불교에서 중요한 문제는 방법론적 고찰이 아니라, 어떻게 방법론적 고찰에 대한 욕구에서 벗어나 해탈을 이루는가이다.

따라서 불교 윤리는 도덕적, 인식론적 추정들에 대한 의문들로부터 출발하는 서양의 윤리적 가치 체계들과 상충될 수 있다. 예를 들어, 불교 윤리는 공리주의와 다르다. 공리주의는 최대 다수가 잘 살 수 있는 최선의 상황을 제공하기 위한 비판적인 분석에 기반을 두고 있기 때문이다. 다양한 문화들을 포용하는 A/IS 설계를 위해서는 우선 이러한 근본적인 차이점들을 이해하여 반영해야 한다.

불교 윤리와 서양 윤리의 주요 차이점은 불교는 관계 자체의 근본적인 성격을 탐구하는 데 기반을 두고 있다는 것이다. 불교 윤리는 어떻게 **행동**함으로써 궁극적인 **목표**를 이루게 되었는가를 강조한다. 즉, 목표를 실현하는 데 기여한 행동은 곧 선한 것으로 간주된다. 이처럼 어떤 행동의 가치가 목표를 이루었는지 여부와 관련되어 있을 경우, 행동과 목표 간에는 상관관계에 있다고 볼 수 있다. 여기서 목표는 고통을 줄이고 이를 영원히 끝내는 것을 의미한다. 불교에서 자아는 신체 각 부분들의 상호작용과 정신 활동들 간 관계를 통하여 형성되며, 혼자서만 단독으로 존재하는 것은 현실적으로 불가능하다. 해탈 또는 열반은 소위 자아란 것은 결국 다양한 사건들과 요소들의 연결을 통하여 형성된다는 점을 깨닫는 것이다. 이에 대한 구체적인 사례는 다문화적 정보윤리에서 자주 언급되는 프라이버시의 개념에서 찾아볼 수 있다. 불교적 관점에서 프라이버시의 개념은 자립적인 개인이 아니라, 사회의 원활한 운영과 국제적 번영에 필요한 가치들을 보호하는 것을 의미한다. 그 이유는 자립적인 개인이란 아예 존재하지 않기 때문이다.

앞에서 언급된 바와 같이, 세속적 관점에서 최고의 행복은 고통이나 고통에 대한 초인지적(超認知的) 상태의 감소를 의미한다. 이는 타인 및 세계와 적절한 관계들을 형성하기 위해 평생 수련하고 명상해야만 가능하다. 고통의 감소는 에피쿠로스(epicureanism) 철학 등 일부 서양 윤리에서 중시되는 정신적 평정 상태(ataraxia)－사유와 수련을 통한 두려움으로부터의 자유－와 결과주의적 윤리에서 중시되는 피해의 감소, 그리고 프로네시스(phronesis) 또는 덕 윤리에서 중시되는 실천적 지혜와 일맥상통한다.

관계 중심적 윤리는 단순히 과오로 인한 피해와 과오를 줄이는 데에만 집중하기보다는 창의성과 성장을 유도하는 윤리적 지침을 제시하는 데 의의를 두고 있다. 만약 고통의 감소라는 목표가 절대적이 아니라 복합적으로 정의되는 것이라면, 이러한 목표를 달성하기 위한 윤리와 방법도 다양하다고 볼 수 있다. 이처럼 윤리적 다원주의가 허용될 수 있는 여지를 의도적으로 남겨둘 경우, 윤리에 대한 담론이 자유주의적 사고와 이에 따른 서양 식민주의 중심으로 치우치는 현상을 예방할 수 있다.

## 권고안

불교 윤리에서의 "적절한 관계(proper relationships)"라는 개념을 적용할 경우, 인간과 자율시스템 간 상호작용의 특성을 절대론적이 아닌 상대론적 방식으로 정의하는 데 도움이 될 수 있다. 따라서 인간과 컴퓨터의 상호작용을 정의할 때 서양 윤리와 함께 불교 윤리도 참고하는 것이 바람직하다.

## 기타 참고자료


- R. Capurro, "다문화적 정보윤리의 근간과 적용(Intercultural Information Ethics: Foundations and Applications)," *Journal of Information, Communication & Ethics in Society*, vol. 6, no. 2, pp. 116-126, 2008.
- C. Ess, "윤리적 다원주의와 글로벌 정보윤리(Ethical Pluralism and Global Information Ethics)," *Ethics and Information Technology*, vol. 8, no. 4, pp. 215-226, Nov. 2006.
- S. Hongladarom, "다문화적 정보윤리에 대한 실용적 고찰(Intercultural Information Ethics: A Pragmatic Consideration)," in Information Cultures in the Digital Age, K. M. Bielby, Ed., Wiesbaden, Germany: Springer Fachmedien Wiesbaden, 2016, pp. 191-206.
- S. Hongladarom and J. Britz, "다문화적 정보윤리(Intercultural Information Ethics)," *International Review of Information Ethics*, vol. 13, pp. 2-5, Oct. 2010.
- M. Nakada, "다양한 상황에서의 로봇윤리와 정보윤리에 대한 논의(Different Discussions on Roboethics and Information Ethics Based on Different Contexts (Ba). Discussions on Robots, Informatics and Life in the Information Era in Japanese Bulletin Board Forums and Mass Media)," Proceedings Cultural Attitudes towards Communication and Technology, pp. 300-314, 2010.
- M. Mori, 로봇과 부처(The Buddha in the Robot). Suginamiku, Japan: Kosei

Publishing, 1989.

## 이슈 : A/IS 설계에 대한 우분투(Ubuntu) 전통 윤리의 적용

### 배경

메츠(Thaddeus Metz) 교수는 그의 논문 "아프리카 윤리와 저널리즘 윤리: 우분투(Ubuntu)의 관점에서 바라본 뉴스와 여론(African Ethics and Journalism Ethics: News and Opinion in Light of Ubuntu)"에서 "공동체의 선(善)을 중시하고 철학적 관점에서 도덕론으로 간주되는 사하라 사막 이남 지역의 윤리는 뉴스/여론 미디어와 관련하여 다양한 에이전트들에게 어떤 의무들을 요구하는가?(What does a sub-Saharan ethic focused on the good of community, interpreted philosophically as a moral theory, entail for the duties of various agents with respect to the news/opinion media?)"라는 질문을 던진 바 있다(Metz, 2015: 1). 이는 A/IS에 적용하자면 "공동체의 선(善)을 중시하고 철학적 관점에서 도덕론으로 간주되는 윤리는 A/IS와 관련하여 다양한 에이전트들에게 어떤 의무들을 요구하는가?(If an ethic focused on the good of community, interpreted philosophically as a moral theory, is applied to A/IS, what would the implications be on the duties of various agents?)"라는 질문으로 해석될 수 있다. 이러한 관점에서 볼 때 에이전트들이란 다음과 같은 주체들을 말하는 것으로 볼 수 있다.

- A/IS 연구자들
- A/IS 프로그래머들/컴퓨터 공학자들
- A/IS 최종 사용자들
- A/IS 자체

우분투는 사하라 사막 이남 지역의 윤리로, 인간은 타인 덕분에 존재한다는 이념을 기반으로 한다. 우분투 윤리에 따르면, 인간은 정체성과 소속감, 배려와 공유를 통하여 자신의 삶이 공동체와 밀접하게 연결되어 있다는 것을 체험하게 된다. 인간이 존재한다는 것은 곧 어딘가에 소속되어 있다는 것을 의미하므로 인간은 공동체와의 관계 속에서 정의된다. 따라서 공동체는 개인이 타인과 공유하는 경험들과 가치들을 기반으로 존재한다. 우분투 윤리에서는 "존재한다는 것은 공동체에 소속되고 참여한다는 것이다(to be is to belong to a community and participate)"라는 격언이 자주 인용되는데, 이는 남아프리카 반투어로 표기하면 "*motho ke motho ka batho babang*"이며, "인간은 타인이 있기에 존재한다(a person is a person because of other people)"라는 의미이다.

우분투 윤리와 A/IS의 관련성에 대하여 연구된 것은 아직 거의 없으나, 우분투 윤리를 A/IS에 적용해 볼 만한 대상은 다음과 같다.

1. A/IS 연구자들의 관계
2. A/IS 공동체/프로그래머들/컴퓨터 공학자들과 최종 사용자들 간의 관계
3. A/IS 공동체/프로그래머들/컴퓨터 공학자들과 최종 사용자들 간의 관계
4. 최종 사용자들과 A/IS 간의 관계
5. A/IS와 A/IS 간의 관계

향후 A/IS가 우리의 일상생활에 더욱 깊숙이 자리잡게 될 경우를 대비하여, 반드시 유념해야 할 점들이 있다. 첫째, A/IS는 인간이 자신의 경험들을 다른 사람들과 공유하고 다른 사람들이 행복할 수 있도록 배려하는 태도에 영향을 미치게 될 것이다. 둘째, 인간은 자신이 속한 공동체를 더 견고하게 만들기 위해 노력함으로써 자신이 살고 있는 세상이 어떤 구성요소들과 기기들로 이루어져 있는지를 알아내야 한다. 그렇다면, A/IS의 존재는 우리가 공동체에 참여하는 데 걸림돌이 될까, 아니면 도움이 될까? A/IS가 앞으로 계속 증가할 가능성이 높은 현시점에서는 A/IS를 부정적인 결과 또는 피해를 초래하는 요인으로 단정지을 수 없다. 우분투 윤리는 A/IS에 대한 논의와 이해의 장(場)을 마련함으로써 사람들이 A/IS를 더 잘 알 수 있게 도와주는 역할을 해야 한다. 특히 우분투는 인간 공동체의 존엄성을 중시하기 때문에 A/IS가 인간에게 어떤 영향을 미칠 것인지를 이해하는 데 도움이 될 수 있다. 즉, 우분투는 A/IS 시대에도 인간의 도덕적, 법적 자율권은 여전히 중요하며 인간의 생사

에 대한 결정은 A/IS가 아닌 인간이 내려야 한다는 것을 깨닫게 해줄 수 있다.

남아프리카공화국 진실화해위원회 전(前) 의장 투투(Desmond Tutu)는 아프리카인들의 윤리관에 대하여 "인간은 타인이 있기에 존재한다 … 내가 인간인 것은 공동체에 속해 있기 때문이다[(We say) a person is a person through other people … I am human because I belong]"라고 언급한 바 있다(Tutu, 1999). 또한 그는 "조화와 우정, 그리고 공동체는 위대한 선(善)이며, 사회적 조화는 우리에게 **최고의 선(善)**–가장 위대한 선(善)이다. 우리는 인간이 간절히 추구하는 이러한 선(善)을 파괴 또는 훼손하는 것들을 멀리해야 한다(Harmony, friendliness, and community are great goods. Social harmony is for us the *summum bonum*-the greatest good. Anything that subverts or undermines this soughtafter good is to be avoided)"라고 주장하였다(Tutu, 2015: 78).

앞에서 살펴본 바에 따르면, 우분투의 중심을 이루는 것은 바로 공동체라고 할 수 있다. 그리고 우분투를 A/IS에 적용해 본다면, A/IS는 원칙적으로 공동체와 정체성, 그리고 다른 사람들과의 결속을 중시해야 한다. 또한 A/IS는 공동체 기반의 윤리에서 특정 공동체의 기준에 속하지 않거나 부합하지 못하는 사람들은 배제될 수 있다는 것을 잘 알고 있어야 한다. 그렇다면, 공동체 기반의 윤리에서 배제된 사람들은 인간성이 부족하다는 것을 의미하기 때문에 공동체 기반의 A/IS 자주성을 통하여 혜택을 얻을 수 없는 것일까? 공동체 기반의 A/IS 프로그래밍은 이러한 우려를 어떻게 해소할 수 있을까?

덕 윤리가 A/IS의 목표나 목적을, 의무론적 윤리는 A/IS의 의무를 중요시하는 것과 달리, 우분투는 "A/IS는 소속되어 있는 공동체에 어떤 영향을 미치는가?"를 중요시한다. 이는 앞에서 제기된 질문, 즉 특정 공동체에 속하는 다양한 도덕적 주체들은 어떤 의무를 수행해야 하는가에 대한 질문과 관련되어 있다. 여기서 의무를 수행하게 만드는 동기가 매우 중요한데, 이와 관련하여 다음과 같은 두 가지 경우에 대해 살펴볼 필요가 있다. 첫 번째, A/IS가 소속 공동체의 가치를 떨어뜨리려 할 경우, 실업과 빈곤, 그리고 교육 및 기술훈련 부족의 결과로 이어져 공동체의 정체성을 위협할 수 있다. 두 번째, A/IS가 생활 편의 및 지원 시스템 등을 제공함으로써 소속 공동체의 가치를 높이려 할 경우, A/IS가 공동체에 피해를 끼친다고 할 수 없을 것이다. 전자(前者)의 상황을 예방하고 후자(後者)의 상황이 만들어지도록 하려면 모든 사람들이 공동체 기반의 A/IS 자주성에서 혜택을 얻을 수 있는 방안이 마련되어야 한다. 그러한 방안은 A/IS를 설계하는 모든 사람들이 윤리학자들, 해당 공동체 및 최종 사용자들과 긴밀하게 협업함으로써, 이들의 요구사항을 파악하여 충족될 수 있게 하는 것이다.

### 권고안

우분투를 비롯한 아프리카 윤리와 A/IS 가치 설계의 관계에 대한 연구와 문헌자료 출판을 위하여 협력해야 한다. A/IS 설계자들과 프로그래머들은 최종 사용자들과 해당 공동체들이 긴밀하게 협업함으로써 설계 목표, 제품 및 서비스들에 최종 사용자들과 해당 공동체들의 요구사항이 반영되도록 해야 한다.

### 기타 참고자료


- D. W. Lutz, "아프리카 우분투 철학과 글로벌 경영(African Ubuntu Philosophy and Global Management)," *Journal of Business Ethics*, vol. 84, pp. 313-328, Oct. 2009.
- T. Metz, "아프리카 윤리와 저널리즘 윤리: 우분투의 관점에서 바라본 뉴스와 여론(African Ethics and Journalism Ethics: News and Opinion in Light of Ubuntu)," *Journal of Media Ethics: Exploring Questions of Media Morality*, vol. 30 no. 2, pp. 74-90, April 2015.
- T. Metz, "도덕론으로서의 우분투와 남아프리카의 인권(Ubuntu as a moral theory and human rights in South Africa)," *African Human Rights Law Journal*, vol. 11, no. 2, pp. 532-559, 2011.
- R. Nicolson, 공동체의 인간: 글로벌 문화에서의 아프리카 윤리(Persons in Community: African Ethics in a Global Culture). Scottsville, South Africa:

University of KwaZulu-Natal Press, 2008.

- A. Shutte, 새로운 남아프리카를 위한 윤리로서의 우분투(Ubuntu: An Ethic for a New South Africa). Dorpspruit, South Africa: Cluster Publications, 2001.
- D. Tutu, 용서 없이는 미래도 없다(No Future without Forgiveness). London: Rider, 1999.
- O. Ulgen, "자율무기 시대의 인간의 존엄성: 우리는 '인간성에 대한 기본적인 고려'를 잃어버릴 위험에 처해 있는가?(Human Dignity in an Age of Autonomous Weapons: Are We in Danger of Losing an 'Elementary Consideration of Humanity'?)" in How International Law Works in Times of Crisis, I. Ziemele and G. Ulrich, Eds., Oxford: Oxford University Press, 2018, pp. 242-272.

## 이슈 : A/IS 설계에 대한 신도(神道) 윤리의 적용

### 배경

아프리카 우분투(Ubuntu)와 함께 A/IS와의 관련성을 살펴볼 수 있는 토착 윤리 중에는 일본의 신도(神道, *Kami no michi*)가 있다. 신도는 일본의 전통 자동인형, 즉 카라쿠리 인형(*karakuri ningyo*)의 개념으로부터 로봇과 자동 시스템에 대한 문화가 자연스럽게 파생되는 데 촉매제 역할을 한 것으로 간주되고 있다. 일본에서 인기를 얻고 있는 인공지능, 로봇, 비디오 게임 문화는 신도의 직접적인 영향을 받은 것으로, 영혼(*kami*)의 존재가 꼭두각시와 자동인형의 형태를 통해 표현된 것이다.

A/IS와 인간의 관계는 일본 문화에서의 개인적 관계이며, 매우 자연스러운 관계이다. 일본에서 인간과 자동 시스템의 "관계(relationship)"는 다른 문화들에서의 기술적 관계에 비해 매우 특이하다. 신도는 현대 디지털 문화와 A/IS에 직접 연계될 수 있는 물활론적(物活論的), 자연주의적 윤리이기 때문이다. 신도의 관점에 따르면,

A/IS의 존재는 로봇 등 기술적인 자동 시스템의 형태로 표현된 것이라 할지라도 강, 숲, 폭풍우처럼 이 세상에 속하는 자연의 일부이다. **로봇 개요**(*Roboethics: A Navigating Overview*)의 저자인 야페스타(Spyros G. Tzafestas)에 따르면, "지능형 기계와 로봇, 특히 휴머노이드 로봇에 대한 일본의 조화로운 감정(Japan's harmonious feeling for intelligent machines and robots, particularly for humanoid ones)" (Tzafestas, 2015: 155)은 일본의 기술 발전, 특히 로봇 문화에 특별한 영향을 끼치고 있다.

"신도(Shinto)"의 어원은 영혼을 의미하는 *Shin*과 철학적 방향을 의미하는 *to*에서 유래되었다. 한편, 현대적 개념인 안드로이드(android, 인간의 모습을 본떠 만든 로봇)의 어원은 세 가지로 살펴볼 수 있다. 첫째, 그리스 어원학에 따르면, 남자(andras 또는 man)를 의미하는 άνδρας와 여자(gynoids/gyni 또는 woman)를 의미하는 γυνή가 결합된 것이다. 둘째, 1800년대 미국 특허 개발자들이 사용한 단어인 자동화기기(automatons)와 장난감(toys)이다. 셋째, 1970년대 이후로 안드로이드 개발을 위한 역사적, 기술적 기반이 형성된 일본이다. 이 안드로이드와 함께, 신도의 영향을 받은 일본의 기술 문화는 인간과 자동화 시스템의 접점이 가장 잘 표현된 것이라 할 수 있다.

신도는 모든 것이 영혼(*kami*)을 갖고 창조되고 유지되며, 이 영혼에 따라 살아 움직인다고 믿는 물활론적 종교이다. 이러한 사상은 일본 문화의 관점에서 자율 로봇을 정의하는 데 실마리가 된다. 신도는 서양 문화가 자연의 일부라고 간주하는 모든 것들-강, 나무, 바위 등-과 인위적으로 만들어진 모든 것들-자동차, 집, 자동 시스템(로봇)-에 적용된다. 따라서 인위적으로 만들어진 것들도 동물들처럼 자연의 일부이며, 억지로 꾸민 것이 아닌 자연스럽게 아름다운 것으로 간주된다.

자연과 인공물에 대한 서양의 개념과 일본의 개념은 특히 인공지능 분야에서 상충될 수 있다. 신도에서 "인위적으로 만들어진(artificial)" 인공물은 창조와 진정한 존재를 의미하며, 이는 자율 로봇에 대한 정의와 일맥상통한다. 그러나 서양의 윤리적, 철학적 전통에서 인공물은 진정성이 낮고 부자연스러운 가짜 모조품으로 간주되는 경우가 많다. 플라톤 철학과 기독교 사상에서 형태와 영혼이 구분되는 것도 이 때문이다. 하지만 동양 윤리와 서양 윤리 둘 다 인간과 기술의 관계에 영향을 끼쳤다고 볼 수 있다. 서양의 고전적 윤리와 신도 윤리는 기원과 근간은 서로 다르지만, A/IS 윤리에 대해서는 서로 비슷한 목표-"관계(relationship)" 중심적인 목표-와 관점을 가지고 있기 때문이다.

## 권고안

일본 문화는 전통적 가치 체계들과 기술의 결합에 영향을 미쳤다고 볼 수 있다. 따라서 A/IS 윤리의 정립을 위해 노력하는 사람들은 A/IS와 관련하여 이해하고 직접적·간접적으로 적용할 필요가 있는 전통적·고전적 윤리들 중에 신도를 포함시키는 것을 고려해야 한다.

## 기타 참고자료


- R. M. Geraci, "영혼을 가진 로봇: 종교와 자연세계에 대한 우리의 과학적 관점(Spiritual Robots: Religion and Our Scientific View of the Natural World)," *Theology and Science*, vol. 4, no. 3, pp. 229-246, 2006.
- D. F. Holland-Minkley, "기계의 신: 일본 애니메이션에서 기계의 신에 대한 인식과 묘사(God in the Machine: Perceptions and Portrayals of Mechanical Kami in Japanese Anime)," Ph.D. dissertation, University of Pittsburgh, Pittsburgh, PA, 2010.
- C. B. Jensen and A. Blok, "일본의 테크노 애니미즘: 우주를 나타낸 신도의 기호적 표현과 행위자-연결망 이론, 그리고 인간이 아닌 주체들을 움직이는 힘(Techno-Animism in Japan: Shinto Cosmograms, Actor-Network Theory, and the Enabling Powers of Non-Human Agencies)," *Theory, Culture & Society*, vol. 30, no. 2, pp. 84-115, March 2013.
- F. Kaplan, "누가 휴머노이드를 두려워하는가? 로봇 수용에 대한 문화적 차이 연구(Who Is Afraid of the Humanoid? Investigating Cultural Differences in

the Acceptance of Robots)," *International Journal of Humanoid Robotics*, vol. 1, no. 3, pp. 465-480, 2004.

- S. G. Tzafestas, 로봇 개요(*Roboethics: A Navigating Overview*). Cham, Switzerland: Springer, 2015.
- G. Veruggio and K. Abney, "22가지 로봇윤리: 새로운 과학에 적용된 윤리(22 Roboethics: The Applied Ethics for a New Science)," in Robot Ethics: The Ethical and Social Implications of Robotics. Cambridge, MA: MIT Press, 2011, p. 347.

SECTION

# 03 기술 분야를 위한 고전적 윤리

## 이슈 : 인간의 자율성 유지

### 배경

A/IS는 향후 디지털 네트워크로 연결된 지능형 시스템이 일반적 기능, 발견, 계산 등 인간의 지능적 능력을 거의 동일한 수준까지 모방하고 결국 뛰어넘을 수 있다는 것을 의미한다. 또한 인간과 사회의 전유물로만 간주되어 왔던 분야들에서의 능력을 언젠가는 A/IS가 갖게 될 수도 있다. 물론, 윤리와 A/IS에 대해 더 중요한 문제는 자율 시스템이 인간과 사회의 전유물로만 간주되어 왔던 분야들에 어떤 영향을 끼칠 것인가이다. 자율시스템이 인간의 자율성을 모방하고 인간의 자율성에 영향을 끼치며, 나중에는 인간의 자율성에 대한 기준을 결정할 수 있게 된다는 것에 대해서도

매우 진지하게 생각해 볼 필요가 있다. 자율시스템의 이러한 기능은 궁극적으로 인간의 독립적인 사고와 의사결정 능력을 부정하고 알고리즘들에 따라 결정을 내리는 과정을 통하여 수행되어진다. 즉, 자율시스템의 알고리즘들이 타깃화된 피드백 순환을 통하여 인간이 어떤 존재이고, 인간이 무엇을 결정해야 하는지에 대한 정보를 제공하는 것이다. 그렇다면, 전통 윤리는 알고리즘 기반 의사결정 과정에서 인간의 자율성을 유지하는 방법이 무엇인지에 대하여 어떤 답을 제공해 줄 수 있는가? A/IS는 인간의 자율성에 어떤 영향을 끼칠 것인가? 즉, A/IS가 선량한 삶에 도움이 될 것인가, 아니면 선량한 삶에 도움이 된다 해도 이와 동시에 피해도 초래할 수 있는가? 알고리즘들이 타깃화된 피드백 순환을 통해 정보를 제공할 때, A/IS는 그러한 알고리즘들을 사용함으로써 인간의 자율성과 의사결정에 어떤 영향을 끼치는가?

이와 관련하여 구글의 자동완성 기능을 떠올려볼 필요가 있다. 사용자가 키워드의 첫 글자만 입력하면 알고리즘들이 검색 파라미터들을 결정하고, 검색 패턴 등 몇 가지 기준들을 토대로 검색 결과들을 제공한다. 이러한 기능은 사용자가 처음에 무엇을 검색하고 있었는지에 대한 인식을 원래 의도와 다르게 재구성함으로써 사용자의 검색어 입력에 대한 파라미터들에 실시간으로 영향을 끼친다.

한편, 사물인터넷(IoT)의 경우, 타깃화된 알고리즘들은 사용자가 실제 생활에서 매일 어떤 일과를 수행하고 어떤 습관이 있는지를 모니터링하는 애플리케이션들에 대한 정보를 제공한다. 자율시스템이 인간의 생체정보를 해석하고 있거나, 곧 해석하게 될 상황에 대해서도 생각해 보자. 자율시스템이 사용자의 생체정보를 표적 광고들에 이용함으로써 사용자가 모르는 상태에서 그 사용자에게 누군가의 정보를 제공할 수 있다면, 어떤 일이 벌어질까? 표적 광고들은 동공의 확장, 체온, 감정 반응 등 사용자의 생체 반응들을 토대로 한 실시간 피드백 순환 과정을 통해 사용자에게 영향을 미치는 것을 목적으로 한다. 이러한 광고들은 우리들에 대한 정보를 이용함으로써 우리의 존재를 형성하고 변형시키게 된다. 그러나 한편으로는 자율시스템이 인간의 자율성을 위협하게 될 것이라는 극단적인 비관주의에 빠져서도 안 된다.

인간에게는 최악의 시나리오만을 상상하는 경향이 있는데, 이는 자율시스템과 인간의 상호작용에 대한 가정에서도 찾아볼 수 있으며, 때로는 아무 근거가 없는 것일 수도 있다. 즉, A/IS의 알고리즘들은 순전히 A/IS가 설계된 대로 작용하며, A/IS의 설계는 순전히 A/IS를 설계한 사람의 손에 달려 있는 것이다. 그러나 더욱 중요한 문제는, 사용자와 알고리즘의 상호작용을 어떻게 선택할지는 사용자의 몫이라는 것이다. 사용자는 자신과 알고리즘의 직접적인 상호작용, 또는 자신의 신원에 대한 정보와 알고리즘의 상호작용이 언제 이루어지고 있는지를 모르는 경우가 많다. 그렇다면, A/IS 사용자는 사전에 자신과 알고리즘의 상호작용이 언제 이루어지고 있는지를 알아야 하는 것인가? 또한 이 상호작용에 대한 동의는 어떻게 성립되어야 하는 것인가?

알고리즘의 작용에 대한 책임은 설계자와 사용자의 몫이며, 사용자와 A/IS의 상호작용에서 인간의 자율성을 보장하는 지침들에 따라 이행되어야 한다. 기계들이 더 강력한 자율성을 행사하고 기계들의 운영 범위가 더 넓어지기 시작할 경우, 이 기계들이 과연 인간에게 이로운 것인지를 판단하기 위하여 다음과 같은 문제들에 대한 논란이 발생하게 된다. 이 기계는 특정 개인을 위한 것인가, 아니면 특정 단체를 위한 것인가? 누가 파라미터들을 결정할 것인가? 기계 자체가 결정할 것인가? 이러한 문제들은 윤리적 기준들에 대한 논의를 이루는 핵심적인 요소들이다.

### 권고안

A/IS 관련하여 인간의 자율성을 유지하기 위한 방안은 다음과 같이 두 가지 단계로 설명될 수 있다. 첫 번째 단계는 자율시스템이 어느 경우에 어떤 방식으로 인간의 자율성을 훼손하거나 훼손하지 않을 것인가를 미리 예상하고, 이에 상응하는 윤리적 설계를 A/IS에 엄격히 적용하는 것이다. 두 번째 단계는 일목요연하고 초등학교부터 대학교까지 광범위하게 적용할 수 있는 교육 과정을 개발하는 것이다. 이 교육과정은 고전적 윤리에 근간을 두어야 하며, 핵심내용은 정보사회와 지식사회에서 디지털 시스템과 관련하여 어떤 선택과 책임이 주어지는지에 대한 것이어야 한다.

## 기타 참고자료


- B. van den Berg and J. de Mul, "원격제어. 컴퓨터 시대의 인간의 자율성(Remote Control. Human Autonomy in the Age of Computer-Mediated Agency)," in Law, Human Agency and Autonomic Computing: The Philosophy of Law Meets the Philosophy of Technology, M. Hildebrandt and A. Rouvroy, Eds., London: Routledge, 2011, pp. 46-63.
- L. Costa, "지능시스템의 세계(A World of Ambient Intelligence)," in Virtuality and Capabilities in a World of Ambient Intelligence. Cham, Switzerland: Springer International, 2016, pp. 15-41.
- P. P. Verbeek, "자율 컴퓨팅과 인간의 자율성에 대한 기술의 지배(Subject to Technology on Autonomic Computing and Human Autonomy)," in The Philosophy of Law Meets the Philosophy of Technology: Autonomic Computing and Transformations of Human Agency, M. Hildebrandt and A. Rouvroy, Eds., New York: Routledge, 2011.
- D. Reisman, J. Schultz, K. Crawford, and M. Whittaker, "알고리즘의 영향에 대한 평가: 공공기관들의 책임 이행을 위한 기본 실용지침(Algorithmic Impact Assessments: A practical Framework for Public Agency Accountability)," AI NOW, April 2018.
- A. Chaudhuri, "IoT 기술의 정보와 윤리에 대한 철학적 분석(Philosophical Dimensions of Information and Ethics in the Internet of Things (IoT) Technology," *EDPACS*, vol. 56, no. 4, pp. 7-18, Nov. 2017.

## 이슈 : A/IS 관련 문화적 이동의 함의(含意)

### 배경

다양한 문화들을 통하여 A/IS를 더 잘 이해하는 것도 중요하지만, 인간이 이주하는 과정에서 A/IS가 인간의 이동 및 문화적 다양성과 서로 어떻게 영향을 끼치는지를 이해하는 것 역시 중요하다. 인간의 이동이 A/IS에 의존하는 국가의 시스템에 미치는 영향은 국가의 구조 자체와 국가 구조가 의존하는 시스템에 영향을 미치며, 결국 민주주의와 시민권에 이르기까지 모든 것들에 영향을 미친다. 국가가 국민, 특히 이민자들을 등록하고 신원을 확인하는 시스템에 A/IS를 적용하여 빅데이터를 수집하고 이에 투자할 경우, 인간의 이동은 인간의 존엄성을 유지하기 위한 시스템의 기본적인 구성요소가 된다.

정보와 관련된 국가적 이슈들은 주로 인권을 위하여 생산된 정보와 국가의 통치권을 위하여 생산된 정보에 대한 것들이다. 이 중 후자의 경우, 국경의 범위에 따라 국가 안보를 위한 통치권의 범위가 결정된다. 국가의 통치권을 유지하는 것은 지식의 생산과 관리에 따라 좌우된다. 이주 정책의 경우, 이주자들의 수에 대한 지식이 생산되며, 영토와 사회에 대한 지식이 수집, 처리, 전송된다.

인류의 문명이 문서화되기 시작하면서 지식의 조직화는 과학 사상 및 활동의 핵심 축으로 자리잡아 왔다. 과학적, 기술적 발전은 오로지 정보 정책을 통해서만 가능했으며, 정보 정책에는 정보 체계화를 위한 정보관리 절차들의 수립, 언어의 성문화(成文化) 등과 관련된 것들이 포함되었다. 예컨대, 그리스에서 정보관리 절차는 **국가**(*polis*)의 정치에 대한 **개인의 탁월함**(*arete*)과 밀접한 관계가 있는 것으로 간주되었다. **국가**라는 개념은 특히 디지털 기술의 발전과 A/IS의 도덕성에 대한 논의가 이루어지고 있는 디지털 시대에 매우 중요하다. 그런데 지식이 자유롭게 체계화될 수 있는 환경에서는 인터넷의 출현과 확대를 통제하기가 어렵다. 따라서 정보 생산에 대한 윤리적 이슈들은 디지털 사회에서 가장 중요한 화두로 부상하고 있다.

과학과 기술이 발전한 후에도 정치의 혁신은 이루어지지 않았다. 또한 기술 분야에서는 정치에 대한 기술의 지배적 영향력을 계속 강조하면서 정치의 영역을 제한하고, 인간의 문제들에 대한 해결책으로 기술의 가치를 과대평가하는 경향이 높아졌다. 이처럼 기술에 모든 영향력과 가치를 독점적으로 부여하는 태도는 도덕성의 개념과 칸트의 “정언명령(categorical imperative)”에 혼란을 초래하고 사회적 · 정치적 갈등들이 만연하는 결과로 이어진다.

오늘날 세계 곳곳에서 일어나고 있는 이주 현상들은 위기와 비상사태를 불러일으킨다는 비난을 받아왔으나, 통계조사 결과에 따르면 이러한 부정적 반응은 현실에 맞지 않는 부분들이 많다. 따라서 A/IS는 인권과 안보 정책 양쪽을 평가, 검토, 확인, 등록, 체계화, 표준화하고 관련 기본지침을 마련하기 위해 설계되어 적용되고 있다. 이미 과거의 식민주의 시대부터 이러한 일들이 있어 왔는데, 여기에는 고대 기술들과 새로운 기술들의 개발 및 실행이 포함된다. 따라서 인류는 아주 오래전부터 두 가지 메커니즘을 만들어 왔다고 볼 수 있다. 첫째는 생물학적 특성들이 비슷한 사람들을 확인하고 선별하기 위한 메커니즘이며, 둘째는 사람들의 생물학적 특성들과 함께 개인과 사회적 집단들을 확인하고 선별하기 위한 메커니즘이다.

정보는 관념들이 반영된 인프라의 형태로 구체화될 때에만 “의사소통 행위(communicative act)”에 영향을 미칠 수 있다. 철학자 하버마스(Habermas, 1968)가 헤겔(Georg W. F. Hegel)의 저서를 인용한 바에 따르면, 의사소통 행위는 인간과 세상의 관계를 구성하는 세 가지 요소들－상징, 언어, 노동－이 결합된 것이다. 정보 정책은 기술이 경제적, 사회적, 문화적, 윤리적 상호작용들과 정체성에 얼마나 중요한 영향을 끼치는가를 알 수 있게 해준다.

여권과 같이 인간의 이동을 통제하는 데 사용되는 전통적인 메커니즘들은 세계 곳곳에 세워진 장벽들, 장애물들과 관련되어 있다. 인간의 이동이 활발해질수록 이를 저지하기 위한 논의가 확대되고 이주 활동이 제한되며, 시민권에 대한 윤리의 중요성이 높아진다. 국경, 건물, 도로를 관찰하고 감시하기 위한 원격기술들이 개발되고 있으며, 이는 시민권에 대한 관념과 도덕관에 영향을 끼치고 있다. 폐쇄회로 TV(CCTV: Closed Circuit Television)와 무인항공기(UAVs: Unmanned Aerial Vehicles),

그리고 위성을 통하여 정보를 A/IS 기간망(backbone)과 연결된 데이터베이스에 실시간으로 전송하는 것이 가능하게 되었는데, 전송 데이터에는 선진국들의 편견이 들어간 경우가 많다. 이러한 중앙집중형 A/IS 데이터 시스템은 특히 난민은 말할 것도 없고 선진국들과 후진국들 사이에 괴리가 존재한다는 것을 보여준다.

정보는 언어, 습관, 관습, 신원 확인 및 등록 기술 등과 관련되어 있으며, 이민자들과 난민들의 시민권과 인간으로서의 가치가 시민권을 기준으로 재정의되는 결과를 초래하였다. 그리고 이민자들과 난민들은 더 광범위하고 복잡한 국제 도시라는 환경 속에서 A/IS의 감시, 관찰로부터 살아남기 위한 힘겨운 노력을 계속하고 있다.

국가 시스템에서 A/IS가 인간의 이주와 이주민들에게 미치는 영향을 이해하는 것은 A/IS가 특히 인간의 깊은 사고를 유도하는 수준 이상의 진정한 자율성과 지능을 가지려면 어떤 조건을 갖추어야 하는지를 결정하는 데 있어 가장 먼저 필요한 일이다. 난민들, 유민들을 포함한 인간의 이동을 등록하고 확인하는 데 이용되는 디지털 기술 시스템은 자율지능시스템이라 할 수 없으며, 이민에 대한 세계관과 편견에 따라 많은 영향을 받는다. 그리고 언어는 다양한 문화들 속에 존재하는 다양한 도덕관들을 이해하기 위하여 이러한 이분법적 사고가 재검토되어야 하는 영역이라 할 수 있다.

## 권고안

국가는 인간의 이주와 이주자들을 위한 A/IS의 글로벌 프로세스를 주도적으로 개발해야 한다. 이를 위하여 국가는 사회적 공간들과 집단들의 차별을 제한하고 감시와 통제에 내재하는 편견들을 고려하는 메커니즘들을 도입할 필요가 있다.

## 기타 참고자료


- I. About and V. Denis, 신원 확인의 역사(Histoire de l'identification des personnes). Paris: La Découverte, 2010.

- I. About, J. Brown, and G. Lonergan, 다국적 관점에서의 신원 확인 및 등록(Identification and Registration Practices in Transnational Perspective: People, Papers and Practices). London: Palgrave Macmillan, 2013, pp. 1-13.
- D. Bigo, "안보와 이민: 불안의 통치성에 대한 비판에 대하여(Security and Immigration: Toward a Critique of the Governmentality of Unease)," in Alternatives, Special Issue, no. 27, pp. 63-92, 2002.
- R. Capurro, "디지털 시대의 시민권(Citizenship in the Digital Age)," in Information Ethics, Globalization and Citizenship, T. Samek and L. Schultz, Eds., Jefferson NC: McFarland, 2017, pp. 11-30.
- R. Capurro, "다문화적 정보윤리(Intercultural Information Ethics)," in Localizing the Internet: Ethical Aspects in Intercultural Perspective, R. Capurro, J. Frühbauer, and T. Hausmanninger, Eds., Munich: Fink, 2007, pp. 21-38.
- UN High Commissioner for Refugees(UNHCR), UN 난민기구와 관련된 사람들의 개인정보 보호 정책(Policy on the Protection of Personal Data of Persons of Concern to UNHCR), May 2015.


## 이슈 : A/IS에 대한 목표 지향적인 행동(덕 윤리)의 적용

### 배경

A/IS에 대하여 가장 먼저 제기되는 우려는 기능, 목적, 정체, 에이전시, 가장 원시적으로 표현되는 기능을 가진 연속적인 목표 지향적 행동(a continuum of goal-directed behavior with function being the most primitive expression)에 대한 것들이다. 고전적 윤리들은 어떻게 자율 기술들을 규제할 수 있는가? 즉, 운영자들에 의해 외적으로 규정된 자율 기술들의 목표 지향적 행동을 어떻게 내재화할 수 있는가?를 포함한다. 이 질문은 안전성뿐만 아니라 인간과 A/IS의 상호 생산성을 높이기 위한 것이다. 자율시스템이 우리에게 신뢰성과 창의성을 갖춘 파트너가 될 수 있으려

면, 우리는 우리가 다양한 환경에서 A/IS에게 목표 지향적 행동을 기대한다는 것을 믿을 필요가 있다.

덕 윤리는 자율 기술에 굳이 "성격(character)"이라는 것을 부여하지 않아도 목표 지향적 행동을 유도하는 것이 가능하다는 장점이 있다. 덕 윤리는 습관적이고 반복적인 행동을 통하여 선택된 영역이나 목적에 따라 탁월함을 달성하는 것을 중시하기 때문이다. 따라서 덕 윤리는 자율시스템의 목적에 따라 신중하게 의사를 결정하는 데 매우 유용한 기본지침을 제시한다. 또한 덕 윤리는 자율시스템의 목적을 달성하는 방식에 대하여 예측 가능한 범위 내에서 창의성을 발휘하는 것을 허용한다. 이처럼 기존의 것에 대한 도전을 두려워하지 않고 확고한 정체성에 따라 신중하게 목적을 추구하기 위한 결정을 중시하는 윤리는 자율시스템의 목적 지향적 활동에 대하여 한층 심오한 통찰을 가능하게 해 준다.

## 권고안

자율시스템의 프로그램은 사용자의 행동을 인식함으로써 예측과 추적, 그리고 책임 이행이 가능하도록 개발되어야 한다. 또한 자율시스템의 프로그램은 운영자와 협력자의 기대를 반영함으로써 사용자와 자율시스템 모두가 자율시스템의 의사결정을 덕 윤리에 따른 것으로 인식할 수 있게 해야 한다.

## 기타 참고자료


- M. A. Boden, Ed., 인공적인 삶의 철학(The Philosophy of Artificial Life). Oxford, U.K.: Oxford University Press, 1996.
- C. Castelfranchi, "AI 에이전트들을 위한 사회적 행동 모델(Modelling Social Action for AI Agents)," *Artificial Intelligence*, vol. 103, no.1-2, pp. 157-182, 1998.
- W. D. Christensen and C. A. Hooker, "자율시스템에 대한 기대: 에이전트 형

상화 이론의 근간(Anticipation in Autonomous Systems: Foundations for a Theory of Embodied Agents," *International Journal of Computing Anticipatory Systems*, vol. 5, pp. 135-154, Dec. 2000.

- K. G. Coleman, "안드로이드의 탁월함: 컴퓨터 기반 에이전트를 위한 덕 윤리(Android Arete: Toward a Virtue Ethic for Computational Agents)," *Ethics and Information Technology*, vol. 3, no. 4, pp. 247-265, 2001.
- J. G. Lennox, "덕의 생물학적 근간에 대한 아리스토텔레스 철학(Aristotle on the Biological Roots of Virtue)," Biology and the Foundations of Ethics, J. Maienschein and M. Ruse, Eds., Cambridge, U.K.: Cambridge University Press, 1999, pp. 405-438.
- L. Muehlhauser and L. Helm, "기술의 특이성과 기계 윤리(The Singularity and Machine Ethics)," in Singularity Hypotheses, A. H. Eden, J. H. Moor, J. H. Soraker, and E. Steinhart, Eds., Berlin: Springer, 2012, pp. 101-126.
- D. Vernon, G. Metta, and G. Sandini, "인공 인지 시스템 연구: 컴퓨터 기반 에이전트의 정신 능력의 자율적 개발에 대한 시사점(A Survey of Artificial Cognitive Systems: Implications for the Autonomous Development of Mental Capabilities in Computational Agents)," *IEEE Transactions on Evolutionary Computation*, vol. 11, no. 2, pp. 151-180, April 2007.

## 이슈 : 실제 프로그래밍에서 규칙 기반의 윤리를 위한 요건

### 배경

기계 윤리에 대한 연구는 단순한 도덕적 기계에 대해 집중되고 있다. 단순한 도덕적 기계의 프로그램을 개발하는 데 적용하기에 가장 적합한 윤리는 의무론적, 목적론적 윤리이다. 이러한 윤리들은 매우 추상적이므로 인간이 아닌 주체에 대한 사상들까지 폭넓게 다룰 수 있기 때문이다. 반면, 대부분의 현대 윤리들은 너무 인간 중심적이므로 단순한 도덕적 기계의 프로그램을 개발하는 데 적용하기에 적합하지 않다.

의무론적 윤리는 의무에 대한 개념으로부터 출발하는데, 의무는 규칙으로도 정의될 수 있다. 좀 더 구체적으로 살펴보면, 의무는 규칙과 메타 규칙으로 구분 가능하다. 규칙은 "거짓말하지 마라!(Don't lie!)"와 같은 형태로 표현된다. 그러나 메타 규칙은 칸트의 정언명령처럼 "그대가 할 수 있고, 하고자 하는 것이 보편적인 법이 될 수 있도록 행동하라(Act only according to that maxim whereby you can, at the same time, will that it should become a universal law)"와 같이 표현된다. 기계는 단순한 규칙들을 따를 수 있다. 규칙 기반의 시스템은 "공리 체제(axiomatic systems)"와 같이 공식적인 시스템으로서 실행될 수 있다. 그리고 기계 윤리에서는 규칙들을 이용하여 어떤 행동들이 도덕적으로 허용 가능하고, 어떤 행동들이 그렇지 않은지를 결정한다. 하나의 규칙을 모든 상황들에 적용하는 것은 불가능하기 때문에 추론 엔진(interference engine)을 이용하여 몇 가지 단순한 규칙들, 즉 공리들(axioms)을 결합하여 새로운 규칙들을 이끌어낸다. 기계의 도덕성은 공리들을 통해 추론 가능한 규칙들의 집합으로 구성된다.

공식적 시스템들의 장점은 결정 가능성, 일관성 등 해당 시스템의 특성들을 효과적으로 검토할 수 있다는 것이다. 만약 어떤 공식적 시스템이 결정 가능성을 가진다면, 이 시스템의 모든 규칙은 도덕적으로 허용 가능한지 여부에 관한 것이며, "알 수 없음(unknown)"은 제거된다. 어떤 공식적 시스템의 특성이 일관성이라면, 이 시스템에서는 상충되는 규칙들은 추론이 불가능하다는 것을 의미한다. 즉, 기계는 어떤 행동의 도덕성에 대하여 의심하지 않으며, 고민하지도 않는다.

한편, 공식적 시스템들의 단점은 대개 컴퓨터 게임과 같이 폐쇄된 세계에서만 작동된다는 것이다. 폐쇄된 세계에서 알 수 없는 것은 거짓으로 추정된다. 이는 현실 세계와 크게 다른데, 현실 세계에서는 규칙들이 상충되는 경우도 있고 전체적인 상황을 완벽하게 고려하는 것이 불가능하기 때문이다. 그러므로 폐쇄된 세계에 의존하면서 일관성, 결정 가능성을 가진 공식적 시스템들은 이상적인 기계 도덕의 실행을 위하여 이용할 수는 있지만, 현실 세계에 적용하는 것은 불가능하다.

폐쇄성으로 인한 공식적 시스템의 단점을 극복하기 위한 방법은 사례 기반 추론 등을 통한 자체 학습(self-learning) 알고리즘을 활용하는 것이다. 이 경우, 기계는 과거의 유사 사례들에서 축적된 "경험(experience)"이나 데이터베이스에 수집된 사례들을 이용한다.

**목적론적 윤리**는 어떤 행동의 결과들을 평가한다. 이에 따르면, 기계는 어떤 행동의 결과들과 이 결과들이 관련 환경 속에서 인간들과 동물들, 사물들, 기계에 무엇을 의미하는지를 알아야 한다. 또한 기계는 이 결과들의 선악 또는 수용 가능성을 평가할 수 있어야 하는데, 이 평가는 절대적인 것은 아니다. 누군가에게 선한 결정이라 할지라도 다른 사람에게는 악한 것이 될 수 있고, 다수 또는 인류 전체에게 선한 결정이라 할지라도 소수에게는 악한 것이 될 수 있다. 모순 가능성과 주관성을 허용하는 윤리는 해당 주체에 따라 개별적인 추론을 적용함으로써 실현 가능하다. 한편, 절대적 판단을 중시하는 윤리는 모든 이해관계자들에 대한 전체적인 결과들을 평가하는 데 이용될 수 있다.

## 권고안

기계 학습에 의무론적, 목적론적 고전적 윤리들을 적용함으로써 규칙 기반의 A/IS를 보완하고, 일관성, 결정 가능성을 갖춘 공식적 시스템들에 대한 이론과 실용성을 제시할 필요가 있다.

## 기타 참고자료


- C. Allen, I. Smit, and W. Wallach, "인위적 도덕성에 대한 하향적, 상향적, 복합적 접근법(Artificial Morality: Top-Down, Bottom-Up, and Hybrid Approaches)," *Ethics and Information Technology*, vol. 7, no. 3, pp. 149-155, 2005.
- O. Bendel, 기계의 도덕성: 로봇과 기계 윤리에 대한 기여(Die Moral in der

Maschine: Beiträge zu Roboter-und Maschinenethik). Heise Medien, 2016.

- O. Bendel, Oliver, 기계 윤리 매뉴얼(Handbuch Maschinenethik). Wiesbaden, Germany: Springer VS, 2018.
- M. Fisher, L. Dennis, and M. Webster, "자율시스템의 인증(Verifying Autonomous Systems)," *Communications of the ACM*, vol. 56, no. 9, pp. 84-93, Sept. 2013.
- B. M. McLaren, "윤리적 추론의 컴퓨터 기반 모델을 위한 도전과 시작, 그리고 미래(Computational Models of Ethical Reasoning: Challenges, Initial Steps, and Future Directions)," *IEEE Intelligent Systems*, vol. 21, no. 4, pp. 29-37, July 2006.
- M. A. Perez Alvarez, "정신 기술과 엑소브레인(Tecnologías de la Mente y Exocerebro o las Mediaciones del Aprendizaje)," 2015.
- E. L. Rissland and D. B. Skalak, "사례 기반 추론과 규칙 기반 추론의 결합을 위한 경험적 접근법(Combining Case-Based and Rule-Based Reasoning: A Heuristic Approach)," Proceedings of the 11th International Joint Conference on Artificial Intelligence, IJCAI 1989, Detroit, MI, August 20-25, 1989, San Francisco, CA: Morgan Kaufmann Publishers Inc., 1989. pp. 524-530.



# 감사의 말

본 장의 작성에 기여한 아래의 모든 분들에게 감사드린다.

## A/IS 고전적 윤리 위원회

- **Jared Bielby**(의장)—Netizen Consulting Ltd. 사장; 국제정보윤리센터(International Center for Information Ethics) 센터장; 디지털 시대의 정보문화(Information Cultures in the Digital Age) 편집자

- **Soraj Hongladarom**(공동의장) – 태국 철학종교협회(Philosophy and Religion Society) 협회장
- **Miguel Á. Pérez Álvarez** – Professor of Technology in Education, Colegio de Pedagogía, Facultad de Filosofía y Letras, Universidad Nacional Autónoma de México
- **Oliver Bendel** – Professor of Information Systems, Information Ethics and Machine Ethics, University of Applied Sciences and Arts Northwestern Switzerland FHNW
- **Dr. John T. F. Burgess** – Assistant Professor/Coordinator for Distance Education, School of Library and Information Studies, The University of Alabama
- **Rafael Capurro** – Founder, International Center for Information Ethics
- **Corinne Cath-Speth** – PhD student at Oxford Internet Institute, The University of Oxford, Doctoral student at the Alan Turing Institute, Digital Consultant at ARTICLE 19
- **Dr. Paola Di Maio** – Center for Technology Ethics, ISTCS.org UK and NCKU Taiwan
- **Robert Donaldson** – Independent Computer Scientist, BMRILLC, Hershey, PA
- **Rachel Fischer** – Research Officer: African Centre of Excellence for Information Ethics, Information Science Department, University of Pretoria, South Africa
- **Dr. D. Michael Franklin** – Assistant Professor, Kennesaw State University, Marietta Campus, Marietta, GA
- **Wolfgang Hofkirchner** – Associate Professor, Institute for Design and Technology Assessment, Vienna University of Technology
- **Dr. Tae Wan Kim** – Associate Professor of Business Ethics, Tepper School of Business Carnegie Mellon University
- **Kai Kimppa** – University Research Fellow, Information Systems, Turku School of Economics, University of Turku

- **Sara R. Mattingly-Jordan**–Assistant Professor Center for Public Administration & Policy, Virginia Tech
- **Dr Neil McBride**–Reader in IT Management, School of Computer Science and Informatics, Centre for Computing and Social Responsibility, De Montfort University
- **Bruno Macedo Nathansohn**–Perspectivas Filosóficas em Informação (Perfil-i); Brazilian Institute of Information in Science and Technology (IBICT)
- **Marie-Therese Png**–PhD Student, Oxford Internet Institute, PhD Intern, DeepMind Ethics & Society
- **Derek Poitras**–Independent Consultant, Object Oriented Software Development
- **Samuel T. Segun**–PhD Candidate, Department of Philosophy, University of Johannesburg. Fellow, Philosophy Node of the Centre for Artificial Intelligence Research (CAIR) at the University of Pretoria and Research fellow at the Conversational School of Philosophy (CSP)
- **Dr. Ozlem Ulgen**–Reader in International Law and Ethics, School of Law, Birmingham City University
- **Kristene Unsworth**–Assistant Professor, The College of Computing & Informatics, Drexel University
- **Dr. Xiaowei Wang**–Associate professor of Philosophy, Renmin University of China
- **Dr Sara Wilford**–Senior Lecturer, Research Fellow, School of Computer Science and Informatics, Centre for Computing and Social Responsibility, De Montfort University
- **Pak-Hang Wong**–Research Associate, Department of Informatics, University of Hamburg
- **Bendert Zevenbergen**–Oxford Internet Institute, University of Oxford & Center for Information Technology Policy, Princeton University

* IEEE 글로벌 이니셔티브 회원들에 관한 전체 목록은 standards.ieee.org/content/dam/ieee-standards/standards/web/documents/other/ec_bios.pdf에서 볼 수 있다.

** **윤리적 설계** 제1판의 권리 포기(disclaimers)에 관한 상세사항은 책자 맨 뒤에 실린 "본 책자가 어떻게 만들어졌는가(*How the Document Was Prepared*)" 부분을 참조하기 바란다.

## 미주

1 윤리적 설계 제1판에 수록된 "A/IS에 있어서의 고전적 윤리"는 전 세계에 존재하는 모든 전통 윤리들을 다루고자 하는 것이 아니며, 그렇게 할 수도 없다. 향후 발간될 윤리적 설계에서는 유대교, 이슬람교 등 다른 전통 윤리들도 다룰 예정이다.

2 R. Von Schomberg, "책임감 있는 연구와 혁신의 기본체계에 대한 기술 평가의 전망(Prospects for Technology Assessment in a Framework of Responsible Research and Innovation)," in Technikfolgen Abschätzen Lehren: Bildungspotenziale Transdisziplinärer Methode. Wiesbaden, Germany: Springer VS, 2011, pp. 39-61.

# 웰빙

윤리적이고 책임감 있는 인공지능을 만드는 것은 일종의 사회적 목표로 확대되고 있다. A/IS의 설계와 실행에서는 투명성, 책임, 알고리즘상의 편견, 가치 시스템 등이 중요한 이슈들로 직접 검토되고 있다. 이러한 추세는 희망적이긴 하지만, 기술 전문가들과 개발자들, 그리고 입안자들이 공통적으로 직면해 있는 문제는 아직 해결되지 않았다. 그것은 바로 A/IS가 인간의 웰빙에 끼치는 영향을 어떻게 평가, 이해, 측정, 관찰하며, 이 중에서 부정적인 영향은 어떻게 방지하여 개선할 수 있는가이다. 특히 개인의 웰빙이 사회적, 경제적, 환경적 시스템들과 불가분의 관계에 있는 상황에서는 위와 같은 문제에 대한 답을 찾기가 더욱 복잡해진다.

A/IS가 인간의 웰빙에 확실하게 기여할 수 있으려면 우리의 미래를 만들어 나아가는 개발자들, 엔지니어들, 설계자들이 쉽게 실행 가능한 일관적이고 다차원적인 지표들이 마련되어야 한다. 본 장(章)은 바로 개발자들, 엔지니어들, 설계자들－A/IS 개발자들(A/IS creators)이라 지칭－을 위해 작성된 것이다. 한편, A/IS의 영향을 받는 사람들은 A/IS 이해관계자들(A/IS stakeholders)이라 지칭하기로 한다.

A/IS 기술들은 인간의 주체적 활동(agency), 정체성, 정서, 생태계에 새롭고 심오한 영향을 끼친다. 그러나 A/IS의 성공 여부에 대한 전통적인 판단 기준을 통해서는 알고리즘 시대의 A/IS 개발자들이 의도하지 않은 결과들을 방지하거나 뜻밖의 혁신으로부터 혜택을 얻는 것이 불가능하다. A/IS 개발자들에게는 제품들, 서비스들, 또는 시스템들이 인간의 웰빙에 끼치는 영향을 평가할 수 있는 다양한 방법들이 필요하다. 또한 이러한 영향에 대한 평가는 인간의 웰빙과 사회, 경제, 생태계의 밀접한 관계에 대한 깊은 이해를 기반으로 이루어져야 한다.

오늘날 A/IS 개발자들은 주로 이윤, GDP, 소비 수준, 직업 안전 등을 기준으로 A/IS의 성공 여부를 판단한다. 하지만 이와 같은 전통적인 기준들은 A/IS가 인간과 사회의 웰빙에 끼치는 전반적인 영향을 측정하기에는 부족한데, 그 이유는 심리적,

사회적, 환경적 요소들이 포함되지 않았기 때문이다. 이러한 요소들이 경제적 측면 중심의 전통적인 기준들과 동일하게 중요시되지 않을 경우, A/IS 개발자들은 인간과 지구에 결코 돌이킬 수 없는 피해를 끼치거나 그러한 피해를 더 가중시키는 결과를 초래할 수 있다.

전통적인 기준들뿐만 아니라, 웰빙에 대한 기준들은 A/IS 개발을 위한 지침이 될 수 있다. A/IS 개발자들이 이러한 사실을 모른다면, 웰빙과 사회적 가치를 증진하는 혁신을 일으킬 기회를 놓치게 될 것이다. 예를 들어, 자율주행차의 경우를 생각해 보자. 안전하게 개발된 자율주행차가 인간의 생명을 구할 수 있다는 것은 널리 알려져 있지만, 온실가스 감축과 녹지 증대를 통한 자율주행차의 환경 보호 효과에 대해 이야기하는 사람들은 그리 많지 않다. 또한 자율주행차는 일과 삶의 균형, 통근시간의 질을 높임으로써 웰빙에도 긍정적인 영향을 끼칠 수 있다.

A/IS 개발자들이 A/IS의 성공 여부에 대한 대안적인 측정 기준들과 이러한 기준들의 가치, 그리고 이러한 기준들이 A/IS 개발에 적용될 수 있는 방식을 모를 경우, 기술과 사회의 발전 여부는 전통적인 기준에 따라 판단될 수밖에 없다. 오늘날과 같이 혁신의 의미가 다양한 요소들을 고려하여 정의되는 시대에서는 A/IS의 성공에 대하여 과거와 다른 판단 기준들이 절실히 필요하다. 경제적 성과 및 사회적 발전 측정 위원회(Commission on the Measurement of Economic Performance and Social Progress)의 2009년 보고서는 웰빙과 관련된 광범위한 측정 기준들을 사용함으로써 세계 각국 정부들의 발전에 크게 기여했는데, 이 보고서는 "우리가 측정하는 것은 우리가 하는 일에 영향을 끼친다. 그리고 잘못된 측정은 의사결정의 왜곡을 초래할 수 있다(What we measure affects what we do; and if our measurements are flawed, decisions may be distorted)"라고 주장한 바 있다.

A/IS 설계의 결과물 중에서 웰빙을 가장 중요시하는 A/IS 개발자들은 인간과 환경의 지속적인 번영에 크게 기여할 수 있다. 본 장은 긍정 심리학과 행복학에서 사용되는 "웰빙(*well-being*)"이란 용어의 의미를 잘 모르는 A/IS 개발자들을 위하여 작성되었다. 본 장의 주요 목표는 A/IS 개발자들이 웰빙의 정량적, 정성적 측정 및 적용을 쉽게 이해하고 수행할 수 있도록 돕기 위한 것이나, 특정 측정 지표나 방법론이

강조되지는 않았다. 웰빙의 구체적인 정의는 본 장의 제1절에 제시되어 있다.

**본 장의 내용은 다음과 같이 2개의 절로 구성되어 있다.**

- A/IS 개발자들을 위한 웰빙 측정 기준들의 가치
- A/IS 개발자들을 위한 웰빙 측정 기준들의 실행

웰빙에 대한 기존의 측정 기준 및 방법들은 다음 URL에 접속하여 찾을 수 있다.

- 웰빙에 대한 측정 기준들: https://standards.ieee.org/content/dam/ieee-standards/standards/web/documents/other/ead1e_state_wellbeing_metrics.pdf
- 비즈니스 의사결정을 위한 웰빙 측정 방법들: https://standards.ieee.org/content/dam/ieee-standards/standards/web/documents/other/ead1e_happiness_screening_tool.pdf
- 추가 자료: 표준개발 모델과 기본체계: https://standards.ieee.org/content/dam/ieee-standards/standards/web/documents/other/ead1e_standards_development_models_frameworks.pdf

SECTION

# 01 A/IS 개발자들을 위한 웰빙 측정 기준들의 가치

A/IS 제품의 평가에서 웰빙에 대한 측정 기준들은 A/IS 개발자들이 아는 것보다 더 폭넓은 의미를 가지고 있기 때문에, A/IS가 인간의 웰빙에 긍정적인 영향을 끼칠 수 있는 가능성은 더 높이고 의도하지 않은 부정적인 결과들은 최소화할 수 있다. 본 절(節)에서는 웰빙의 정의, A/IS 개발자들을 위한 웰빙 측정 기준들의 가치, 지속 가능성과 인권 등의 요소들이 어떻게 웰빙 측정 기준들에 포함될 수 있는지를 다루기로 한다.

## 웰빙의 정의

**윤리적 설계**에서 "웰빙(well-being)"이란 개인의 삶의 전반적인 질과 외부 환경의 상황에 대한 평가를 의미한다. 웰빙의 개념에는 인간의 삶의 질을 향상시키고 인간의 삶을 좌우하는 개인적, 사회적, 환경적 요소들이 모두 포함된다. 또한 웰빙의 개념은 도덕적 또는 법적인 평가와 구분되어야 한다.

**이슈** : 국제기관들과 국가기관들의 웰빙 측정 기준 이용에 대해서는 건실한 지침이 충분히 존재한다. 그러나 A/IS 개발자들은 웰빙 측정 기준들이 존재한다는 사실이나 기술의 계획, 개발, 평가에 웰빙 측정 기준들을 이용할 수 있다는 사실을 모르는 경우가 많다.

### 배경

웰빙의 개념은 개인이나 공동체의 상태가 전반적으로 양호한지에 대한 평가를 의미하는 것으로, 도덕적 또는 법적 평가와는 다르다. 웰빙에 대한 평가는 기쁨, 목표 달성, 주어진 환경에 대한 긍정적인 기여 등 개인의 삶의 중요한 측면들을 고려하는 것이다. 오늘날 인간의 웰빙을 좌우하는 심리적, 사회적, 행동적, 경제적, 환경적인 요소들을 과학적으로 연구하는 학문이 발전하고 있다.

"웰빙(well-being)"이란 용어는 다양한 상황들과 분야들에 걸쳐 정의, 사용되고 있다. 예를 들면, 경제학에서는 소비와 경제 발전의 수준에 따른 경제적 복지를, 심리학에서는 주관적인 경험을, 그리고 사회학에서는 생활, 노동, 정치, 사회, 환경에 대한 조건들을 의미한다. 본 절(節)은 웰빙을 측정하는 특정 기준들을 규정한 것이 아니라, 웰빙 측정에 대한 연구를 시작하는 데 도움이 되는 기준들을 권고한 것이다. 여기에는 웰빙에 대한 주관적인 지표들, 삶의 질과 사회의 발전 및 기능들에 대한 지표들이 포함된다.

웰빙에 대한 신빙성 있는 측정이 가능하다는 것에 대해서는 과학자들 간에 이미 충분한 공감대가 형성되어 있다. 다만, 과학자들이 웰빙을 측정하는 데 사용하는 지표들은 매우 다양하고 복잡하다. 이 중에서 특히 삶의 만족도에 대한 짧은 설문조사는 웰빙의 모든 측면들을 다룬 것은 아니지만, 수많은 과학자들 사이에서 즐겨 사용되고 있다. 웰빙의 개념 역시 매우 다양한데, 여기에는 인간의 생활을 향상시키는 개인적, 사회적, 환경적 요소들이 포함된다.

A/IS 개발자들은 다양한 웰빙 측정 지표들을 고려하는 한편, A/IS 기술의 수명 주기(life cycle)를 구성하는 각 단계와 A/IS 기술의 이용 및 평가에 대한 각 상황에 가장 적합하고 유의미한 웰빙 측정 지표를 선정할 필요가 있다. 예를 들어, 산업화 수준이 높은 부유한 국가들에 적합한 웰빙 측정 지표들은 소득이 낮거나 중간 수준인 국가들에는 적합하지 않을 수 있다.

**웰빙 측정 지표들 중에서 가장 중요하고 잘 알려진 것들은 다음과 같다.**

- 공동체: 소유물, 범죄와 안전, 차별과 포용, 참여, 사회적 지원
- 문화: 정체성, 가치
- 경제: 경제 정책, 평등과 환경, 혁신, 직업, 지속 가능한 천연자원들과 이들의 소비 및 생산, 생활 수준

- 교육: 정규 교육, 평생 학습, 교사 양성
- 환경: 공기, 생물의 다양성, 기후 변화, 토양, 물
- 정부: 신뢰성, 참여, 인권, 제도
- 주민 생활의 안정성: 에너지, 음식, 주거, 정보 및 통신 기술, 교통
- 육체적 건강: 건강 상태, 위험 요인, 의료서비스 범위
- 심리적 건강: 애정(감정), 성취, 정신적 질병 및 건강, 삶에 대한 만족
- 일: 근태관리, 근로 시간과 개인 시간의 균형, 직장 환경

웰빙 측정을 위한 기본적인 지표들은 다음과 같이 네 가지로 구분될 수 있다.

### 1. 주관적 지표 또는 연구 기반 지표

국가기관들, 국제기관들, 정부들은 국민의 심리적 웰빙 수준과 국민 생활의 상태를 더 잘 이해하기 위하여 연구 기반의 웰빙 지표들, 주관적인 웰빙(SWB: subjective well-being) 지표들, 다차원적 웰빙 지표들을 사용하고 있다. 이러한 지표들은 삶의 특정 측면에 대한 만족도를 이해하는 데 사용되기도 한다. 연구 기반 웰빙 지표들과 SWB 지표들은 유럽 사회 연구(European Social Survey), 부탄의 국민 총웰빙 지표(Gross National Happiness Indicators), 영국 통계청의 웰빙에 대한 연구(well-being surveys) 등에 사용되고 있다.

연구 기반 웰빙 지표들은 긍정 심리학과 세계행복보고서(World Happiness Report)에도 사용된다. 이 지표들의 사용 목적은 웰빙의 원인, 결과, 인과관계를 이해하기 위한 것이다. 이 지표들이 사용된 연구들은 일상생활의 경험, 삶에 대한 전반적인 만족도, 성취감 등에 대한 내용을 다루고 있다. 이러한 연구들의 결과는 경제 성장 등 기존의 웰빙 측정 기준들에서 벗어난 대안적인 기준들에 따른 것으로, 매우 유의미하고 중요한 지침을 제공한다.

### 2. 객관적 지표

삶의 질에 대한 객관적 지표들은 주로 소득, 소비, 건강, 교육, 범죄, 주거 등에 대한 것들이다. 이러한 지표들은 국가들과 국민들의 웰빙을 증진할 수 있는 조건들을 파악하고 기업들이 사회와 환경에 끼치는 영향을 측정하는 데 사용되어 왔다. 이러

한 지표들은 OECD의 웰빙지수(Better Life Index)에 반영되어 있는데, 이 웰빙지수에는 연구 기반 지표들과 SWB 지표들도 포함되어 있다. 또한 UN의 지속가능발전목표지표(Sustainable Development Goals Indicators)－전(前) 새천년 개발 목표(Millennium Development Goals)－에도 삶의 질에 대한 객관적 지표들이 사용되고 있다. 비즈니스 분야에서는 이러한 지표들이 글로벌 리포팅 이니셔티브(GRI: Global Reporting Initiative), 지속가능발전목표지표 연계지침(SDG Compass), B-Corp 인증에 사용되고 있다.

### 3. 다양한 지표들이 합쳐진 종합 지표

종합 지표들은 주관적 지표들과 객관적 지표들이 합쳐진 것들로, 인간의 삶의 질에 대한 객관적 측면들과 인간에 대한 주관적 측면들을 평가하기 위해 사용된다. 이러한 지표들은 UN의 인간개발지수(Human Development Index), 사회발전지수(Social Progress Index), 영국 통계청의 국민웰빙보고서(Measures of National Well-being)에 사용되고 있다. 또한 부탄의 국민 총웰빙 지표, OECD의 웰빙지수에도 사용되고 있다.

### 4. 소셜 미디어 데이터

소셜 미디어는 공개적으로 제공된 데이터의 감정 분석을 통하여 어떤 지역이나 인구 집단의 웰빙을 측정하는 데 사용될 수 있다. 소셜 미디어 데이터는 웰빙이나 기쁨을 측정하는 도구인 헤도노미터(hedonometer), 웰빙을 측정하는 기술의 개발을 위한 세계 웰빙 프로젝트(World Well-being Project)에 사용된다.

## 권고안

A/IS 개발자들은 A/IS 기술의 개발, 보급, 시장화, 모니터링 방식에 영향을 끼치는 핵심요소로 웰빙의 개념, 과학적 학습, 연구 결과, 웰빙 측정 기준에 대한 학습을 중요시해야 하며, A/IS 이해관계자들도 이에 대한 학습이 필요하다. 이러한 학습은 IEEE 표준협회(IEEE Standards Association) 등 표준개발기구들(SDOs: Standards Development Organizations)이나 GRI, B-Corp 등 기타 기관들이 A/IS를 위한 총체적인 웰

빙 측정 기준들의 사용을 위한 인증들, 가이드라인들, 표준들을 개발할 경우 더 촉진될 수 있다. 또한 이와 같은 기관들의 노력은 A/IS를 위한 웰빙 측정 기준들의 사용이 공공 분야와 민간 분야 양쪽으로 촉진되는 효과를 얻을 수 있다.

## 기타 참고자료

- IEEE의 A/IS를 위한 웰빙 측정 기준 개발 프로젝트(IEEE P7010TM)는 현재와 미래의 A/IS 적용에 도움이 되는 웰빙 측정 기준들을 마련하기 위한 것이다. 원하는 사람은 누구나 이 프로젝트에 참여할 수 있다.
- IEEE는 2017년 4월 11일 브뤼셀에서 개최된 유럽 의회 만찬을 통하여 지능자율 시스템이 인간의 웰빙을 어떻게 방해 또는 증진할 수 있는지를 총체적으로 측정하기 위해 기존의 국제적인 가치 측정 기준인 GDP 이외에 어떤 기준을 사용해야 하는지를 논의한 바 있다.
- 인공지능 시대와 인간의 웰빙(Prioritizing Human Well-being in the Age of Artificial Intelligence)(보고서).
- 인공지능 시대와 인간의 웰빙(*Prioritizing Human Well-being in the Age of Artificial Intelligence*)(동영상).

**이슈** : 알고리즘 시대에 A/IS 개발자들이 웰빙 측정 기준들을 더 많이 이해하고 적용할수록 기업 공동체들과 기타 조직들의 가치, 안전, 중요성이 더욱 강화될 수 있다.

## 배경

웰빙 측정 기준의 도입 필요성을 인식하는 공공 기관과 민간 기업들이 늘어나고 있다. 그러나 현실적으로는 여전히 분기별 실적이 조직의 성장을 평가하는 데 있어 가장 중요한 기준으로 사용되고 있다. 이처럼 민간 분야와 공공 분야에서는 단기적 성장이 우선시되는 경우가 많다. 기업들은 재정적 성공이 가장 중시되는 사회 시스템 내에 존재하는 한, 사회와 환경에 대한 영향, 평가, 핵심과제들이 충분히 반영되지 않은 불완전한 실적을 달성하도록 강요받는 상태에서 벗어날 수 없을 것이다.

본 책자는 A/IS가 인간과 환경에 끼칠 수 있는 부정적인 영향에만 집중하는 것이 아니라, 웰빙 측정 기준들을 어떻게 실행하면 A/IS가 시스템과 조직, 그리고 인간에게 긍정적이고 측정 가능한 영향을 끼치는 데 도움이 될 수 있는지에 대해서도 검토하고 있다. 웰빙을 주요 목표로 삼고 이에 대한 측정 기준을 마련하는 것은 민간 기업들과 공공 기관들이 안정성, 명성, 신뢰도를 높이고 재정적 기반을 강화하며 혁신을 주도하는 데 도움이 될 수 있다. 예를 들어, 미국 실리콘 밸리(Silicon Valley)의 기술 개발자들 사이에서 유행한 모토인 "빨리 만들어라. 실수할 경우에는 깨버리고 다시 만들면 된다(move fast and break things)"에 따라 고령자들의 생활을 돕는 동반자 로봇(companion robot)을 만들었다고 가정해 보자. A/IS 개발자가 웰빙 측정 기준을 모른 채 이 로봇을 무조건 빨리 시장화하기 위해서만 서두른다면, 그는 고령자들에게 가장 필요한 것이 무엇인지를 간과할 수 있다. 그리고 이와 같은 개발자가 만든 로봇은 고령자의 생활을 돕는 것이 아니라, 고령자를 더 깊은 고립감이나 외로움, 무기력함에 빠뜨림으로써 결국 피해를 초래하게 될 것이다. 이러한 예시는 물론 가정이긴 하지만, A/IS 설계에서 웰빙 측정 기준이 얼마나 중요한지를 상기시켜 준다.

A/IS의 성공 여부를 판단하는 기준으로 재정적 이익을 가장 중요시할 경우, 시장에서 A/IS의 수용과 채택이 저조하여 실패하는 결과로 이어질 수 있다. 그러나 A/IS 이용의 성공 여부를 웰빙에 끼치는 영향에 따라 판단할 경우, 개발자들과 연구자들은 투자와 대중적인 지지를 더 많이 받을 수 있다. A/IS 제품의 웰빙 측정 기준은 제작 의도에 따라 다양하게 적용될 수 있는데, 예를 들면 정서적 안정감이나 스트레스, 심리적 성취감이나 우울함, 공동체 활동에 대한 참여도, 식생활, 운동, 소비 습관 등이다. A/IS는 삶의 질에 중대한 영향을 끼칠 수 있으므로 세계보건기구(WHO: World Health Organization), 유럽 사회 연구, UN의 지속가능발전목표지표 등에 사용된 신빙성 있는 웰빙 측정 기준들을 참고하여 제작할 필요가 있다.

기업 분야의 주요 사상가들은 재정 실적뿐만 아니라 다양한 기준들을 활용할 필요가 있다고 주장해 왔다. 유명 회계컨설팅 기업 PricewaterhouseCoopers에 따르면, "총 영향(total impact)"은 "사회적, 환경적, 재정적, 경제적 요소들을 총체적으로 고려한 큰 그림(holistic view of social, environmental, fiscal and economic dimensions—the big picture)"을 의미한다. 또한 OECD 등 공공 분야의 사상을 이끄는 기관들은 비즈니스 리더에게 성공을 판단하는 기준으로 재정 실적뿐만 아니라 다양한 지표들을 고려할 것을 권고하고 있으며, 2017년 '비즈니스가 인간의 웰빙에 끼치는 영향의 측정(Measuring Business Impacts on People's Well-Being)'을 주제로 워크숍을 개최한 바 있다. B-Corporation 인증에는 "사회적 · 환경적 문제들의 해결을 위하여 노력하는 기업(a new type of company that uses the power of business to solve social and environmental problems)"에 대한 평가지표가 도입되었다. B-Corporation 인증을 받은 기업들은 주주의 수익보다 주주의 가치를 중요하게 여기며, 실제 기업 운영에 다양한 웰빙 측정 기준들을 적용함으로써 자사 브랜드의 가치를 높여나가고 있다.

## 권고안

알고리즘 시대의 A/IS 개발자들은 웰빙 측정 기준들의 이해와 적용을 위하여 다음과 같이 노력해야 한다.

- A/IS 개발자들은 웰빙의 개념과 측정 기준들에 대한 전문가들, 연구자들, 실무자들과 직접 협력하여 기존의 지표들과 웰빙에 대한 지표들을 결합하여 "삼중 기반(triple bottom line)", 즉 경제, 사회, 환경에 대한 영향을 기준으로 기업의 성과를 측정하는 경영 원칙을 따를 수 있는 방안을 모색해야 한다. 그러나 웰빙 측정 기준들을 사용하기 위해서는 관련 정보의 수집과 이용에 대한 이해관계자들의 동의, 프라이버시 존중, 엄격한 기준이 전제되어야 한다.
- A/IS가 인간의 웰빙에 기여할 수 있으려면 A/IS의 영향을 가장 많이 받는 사람들, 즉 A/IS 이해관계자들—A/IS의 최종 사용자 또는 수혜자, A/IS로 인해 자

신의 삶에 의도치 않은 변화가 일어난 사람들–과 협력하여 웰빙 측정 기준들을 선별해야 한다. 그리고 이러한 과정이 계속 반복, 학습, 개선되어야 한다. 또한 "웰빙의 측정 기준들(metrics of well-being)"은 이러한 학습 및 개선 효과를 높이는 수단으로 간주되어야 한다. A/IS가 인간에게 끼치는 영향은 A/IS의 수명 주기 전반에 걸쳐 지속적으로 관찰되어야 한다. 이를 위해 개발자들과 이해관계자들은 이해관계자들이 인간의 웰빙을 감소시키는 것으로 간주하는 기술을 대폭 수정하거나 철회할 준비가 되어 있어야 한다.

- 비즈니스, 학문, 엔지니어링, 정책 분야의 A/IS 개발자들은 본 절(節)의 말미에 수록된 표준 개발 모델 및 기본체계에 대한 추가 참고자료들을 참고하여 자신의 업무와 관련된 기존 측정 지표들을 파악할 필요가 있다.

## 기타 참고자료


- PricewaterhouseCoopers (PwC), 총 영향의 관리와 측정: 비즈니스 의사결정을 위한 새로운 언어(Managing and Measuring Total Impact: A New Language for Business Decisions), 2017.
- World Economic Forum, 2017년 종합성장개발보고서(The Inclusive Growth and Development Report 2017), Geneva, Switzerland: World Economic Forum, January 16, 2017.
- 주관적 웰빙의 측정에 대한 OECD 가이드라인(OECD Guidelines on Measuring Subjective Well-being, 2013).
- National Research Council, 주관적 웰빙: 기쁨과 고통, 그리고 기타 경험들의 측정(Subjective Well-Being: Measuring Happiness, Suffering, and Other Dimensions of Experience). DC: The National Academies Press, 2013.

**이슈** A/IS 개발자들은 A/IS가 지구의 자연을 파괴하지 않도록 하거나, A/IS가 지구의 자연을 지속적으로 관리, 보존, 복구하는 데 기여하도록 함으로써 인간의 웰빙을 지킬 수 있다. 또한 A/IS 개발자들은 A/IS가 지구의 자연을 파괴함으로써 인간의 웰빙을 해치는 것을 방지할 수 있다.

## 배경

자연환경의 웰빙과 인간의 웰빙을 별개로 간주하는 것은 어리석은 일이다. 또한 이 둘을 분리하는 것은 실제로 불가능하다. 연구 결과에 따르면, 생태계의 파괴는 인간의 존재 자체를 위험에 빠뜨리는 결과를 초래한다. 따라서 웰빙의 개념에는 자연의 웰빙까지 포함되어야 한다. 또한 생물의 다양성과 생태계의 보존은 본질적으로 인간에게 웰빙의 실현을 위한 수단 이상의 가치를 지닌다.

기술의 발전은 아주 오래전부터 자원 추출과 환경 오염에 따른 생태계 파괴를 초래해 왔다. 예를 들면, 대규모 전력 공급이 필요한 네트워크 컴퓨팅은 기후 변화, 수자원 고갈, 토양 오염, 동식물의 멸종, 삼림 파괴, 생물의 다양성 감소, 생태계 파괴로 이어졌으며, 이는 결국 인류의 생존에 위협이 되고 있다. 이러한 손실에 따른 비용들은 외부 효과(externalities)로 간주되며, 의사결정이나 사전계획에 반영되지 않는 경우가 많다. 한편, 태양광 발전과 스마트 그리드(smart grid technology) 기술은 경제 개발과 환경 개발의 지속 가능성을 중시하는 시스템을 통하여 도입될 경우에는 생태계 복구에 기여할 수 있다.

환경적 정의(environmental justice)에 대한 연구 결과들에 따르면, 기술이 환경에 끼치는 부정적 영향은 주로 중산층, 근로 빈곤층, 극빈층, 난민, 생활에 필요한 기본적인 물품들이 부족한 사람들에게 집중되는 경향이 있다. 따라서 생태계 파괴는 가난한 사람들을 환경적 불평등의 늪에 빠뜨리고 빈부격차를 확대함으로써 인간의 웰빙에 경제적 · 사회학적으로 큰 피해를 입힐 수 있다. 또한 웰빙에 대한 연구 결과들에 따르면 경제적 · 사회적 불평등은 경제적 · 사회적 계층을 막론하고 모든 사람들에게 부정적인 영향을 끼친다.

A/IS 역시 마찬가지로, 지구의 생태계 보존에 긍정적으로 기여하거나 피해를 입힐 수 있다. 따라서 미래의 생태계 보존과 인간의 웰빙은 A/IS 개발자들의 손에 달린 것이라 해도 과언이 아니다. A/IS 개발자들과 이해관계자들은 A/IS에 따른 피해를 방지하고, A/IS의 이용에 따른 경제 성장이 환경에 끼치는 부정적 영향을 줄이며, A/IS를 통하여 생태계를 되살리고 인간의 웰빙을 보호할 수 있는 방법들을 모색해야 한다. A/IS가 환경 보호와 인간의 웰빙 증진에 기여하기 위해서는 A/IS 개발자들의 노력만 필요한 것이 아니다. A/IS 이해관계자들도 인간의 웰빙은 사회, 경제, 환경의 건전한 발전과 불가분의 관계에 있다는 것을 이해하고 인간의 웰빙을 보호할 수 있는 방법들을 찾아야 한다.

## 권고안

A/IS 개발자들은 인간과 생태계의 웰빙을 증진하기 위하여 다음과 같이 지구의 자연 시스템의 관리에 있어 그 중요성을 인식하고 우선순위를 정할 필요가 있다.

- 인간의 웰빙은 생태계 보존, 자연과의 친화성, 기후 변화 예방 및 자연 보호, 생물의 다양성 등 자연환경의 지속 가능성을 위한 여러 가지 요소들을 고려하여 정의되어야 한다.
- A/IS 시스템의 설계는 '에너지 및 환경 설계 리더십(LEED: Leadership in Energy and Environmental Design)', 에너지 스타(Energy Star), 산림관리협의회(FSC: Forest Stewardship Council) 등 생태계의 지속 가능성을 위한 기존의 인증 시스템 및 표준들을 이용, 지원, 강화하는 방향으로 이루어져야 한다. 이를 통하여 자동화 시스템과 지능형 기계가 환경, 사회, 경제를 파괴하지 않고 보호하는 결과로 이어질 수 있다.
- A/IS 개발자들은 의도적이든 의도하지 않았든 간에 자연을 해치지 않는 것을 가장 중요하게 생각해야 한다.
- 기업들, 비정부 기구들(NGOs: Non-Governmental Organizations), 정부기관들

이 A/IS를 이용하여 자연 생태계를 관리하여 복구하고 경제 발전이 생태계의 지속 가능성과 환경적 정의에 끼치는 부정적 영향을 줄일 수 있는 방법들을 모색하기 위한 위원회를 만들어야 한다.

## 기타 참고자료


- D. Austin and M. Macauley, "환경 문제에 대한 고찰: 기술의 양면적 영향(Cutting Through Environmental Issues: Technology as a double-edged sword)." The Brookings Institution, Dec. 2001 [Online]. Available: https://www.brookings.edu/articles/cuttingthrough-environmental-issues-technology-asa-double-edged-sword/. [Accessed Dec. 1, 2018].
- J. Newton, 웰빙과 자연환경의 관련성에 대한 증명(*Well-being and the Natural Environment: An Overview of the Evidence*). August 20, 2007.
- P. Dasgupta, 인간의 웰빙과 자연환경(Human Well-Being and the Natural Environment). Oxford, U.K.: Oxford University Press, 2001.
- R. Haines-Young and M. Potschin, "생물의 다양성, 생태계 작용, 인간의 웰빙의 관계(The Links Between Biodiversity, Ecosystem Services and Human Well-Being)," in *Ecosystem Ecology: A New Synthesis*, D. Raffaelli and C. Frid, Eds., Cambridge, U.K.: Cambridge University Press, 2010.
- S. Hart, 갈림길에 놓인 자본주의: 위기 후의 세계를 위한 차세대 비즈니스 전략(*Capitalism at the Crossroads: Next Generation Business Strategies for a Post-Crisis World*). Upper Saddle River, NJ: Pearson Education, 2010.
- United Nations Department of Economic and Social Affairs, "생태계 파괴를 방지하기 위한 새로운 기술의 중요성(Call for New Technologies to Avoid Ecological Destruction)." Geneva, Switzerland, July 5, 2011.
- Pope Francis, 우리의 공동의 집을 보호하기 위한 회칙(Encyclical Letter Laudato Si' of the Holy Father Francis On the Care for Our Common Home). May 24, 2015.

- "환경(Environment)," The 14th Dalai Lama. Accessed Dec. 9, 2018. https://www.dalailama.com/messages/environment.
- Why Islam.org, 환경과 이슬람(Environment and Islam), 2018.


**이슈** : 인권법은 웰빙의 추구와 관련되어 있지만, 이와 구분되는 것이다. A/IS 개발자들이 따라야 할 기본원칙에 인권을 포함시키는 것은 A/IS 개발자들이 기존의 인권법에 따라 웰빙을 분석하고 실현해야 한다는 것을 의미한다.

## 배경

국제 인권법은 수십 년 전부터 UN 세계인권선언(Universal Declaration of Human Rights), 유럽 회의 인권협약(Convention on Human Rights) 등의 헌장들에 명시된 다양한 약속들과 자유를 지키기 위하여 제정되었다. 2018년 발표된 기계학습 표준에 대한 토론토 선언문(Toronto Declaration)은 정부들과 기술업체들에게 평등과 비(非)차별을 기본원칙으로 하는 알고리즘을 따를 것을 요청하고 있다. 또한 이 선언문은 기계학습으로 인한 차별과 인권법 위반을 방지하는 것을 의무화하고 있다.

웰빙 추구를 위한 노력들은 대개 공공의 이익을 위한 것이다. 그러나 일부 기준들－웰빙 측정 기준 포함－은 인권 침해를 정당화하는 도구로 오용될 수 있다. 일각에서는 한 국가의 문화(웰빙의 한 측면)를 보호하기 위해서라는 미명으로 난민들에 대한 집단 수용 및 학대와 특정 인종의 퇴치를 자행한 바 있다. 또한 정부 질서 유지라는 명분을 내세워 기자들이나 연구자들을 감금하고 암살한 적도 있다. 인권 침해를 정당화하기 위해 웰빙 측정 기준을 이용하는 것은 웰빙 측정 기준의 본질적 의미를 훼손하는 비양심적 행위이다. 오늘날에도 이와 유사한 행위들이 GDP와 관련하여 일어나고 있다. 2012년 국제노동기구(ILO: International Labour Organization)에 따르면, 약 2,100만 명이 강제 노동(노예 제도)의 희생양이 되고 있으며, 이들의 노동은 세계 각국 GDP에서 9~56%를 차지한다. 성매매, 소년병 징집, 농장 및 공장에서의 부당 노동계약 등 명백한 인권침해 행위들은 분명히 인간의 웰빙을 해치는 것이지만, 한 국가의 GDP를 증대하는 데 이용될 수 있다.

웰빙에 대한 측정 기준들은 개인과 사회의 번영과 관련된 노력들의 효과를 측정하기 위한 것이다. 가치로서의 웰빙은 정의, 평등, 자유를 확대하는 데 기여할 수 있다. A/IS 개발자들은 인권이나 윤리를 보완하는 웰빙의 측정 기준들을 마련하고 적용해야 한다.

## 권고안

인권 보호는 A/IS 개발자들이 따라야 하는 표준들의 근간이 되어야 한다. 웰빙 측정 기준들을 개발하거나 사용하는 사람들은 이러한 기준들이 인권 보호에 항상 적합한 것은 아니라는 점을 유념해야 한다.

## 기타 참고자료

- UN 세계인권선언(United Nations Universal Declaration of Human Rights), 1948.
- 유럽 회의 인권협약(Council of Europe's Convention on Human Rights), 2018.
- 국제노동기구의 노동에 대한 기본적인 원칙과 권리[International Labor Organization (ILO)] Declaration on Fundamental Principles and Rights at Work, 1998.
- 미네소타 대학 인권 도서관(University of Minnesota Human Rights Library)은 인권법의 내용과 역사, 인권법의 발전에 참여한 조직들을 다룬 방대한 자료들을 제공하고 있다.
- 옥스퍼드 인권 허브(Oxford Human Rights Hub)는 인공지능에 대한 기술들이 어떻게, 왜 인권 문제들을 야기하는지에 대한 보고서들을 제공하고 있다.

SECTION

# 02 A/IS 개발자들을 위한 웰빙 측정 기준의 실행

A/IS 개발자들이 웰빙 측정 기준들의 혜택을 얻기 위해서는 이 기준들을 실제 업무에 어떻게 가장 잘 적용하는지가 가장 중요하다. 본 절(節)에서는 웰빙 측정 기준들의 효과적인 적용 방법을 다루기로 한다.

**이슈** A/IS 개발자들은 웰빙 측정 기준들을 그들의 업무에 어떻게 적용할 수 있는가?

## 배경

A/IS를 통하여 인간의 웰빙을 보호하고 증진하기 위해서는 A/IS의 영향을 웰빙 측정 기준들에 따라 긍정적인 방향으로 이끌고 측정하고 관찰할 수 있는 실질적인 방법이 필요하다. 웰빙 측정 기준들은 설계, 시제품 제작, 마케팅 등의 활동에 다양한 방법으로 고려될 수 있다.

A/IS를 제작하는 조직들과 A/IS 개발자들은 개발 중인 A/IS 제품이나 서비스의 종류와 이해관계자들, 그리고 용도를 분명히 정의해야 한다. 또한 A/IS 개발자들은 해당 제품이나 서비스를 이용하는 주요 용도 및 기타 용도와 함께 어떤 용도로 이용하면 안 되는지를 정해야 한다. 이를 통하여 A/IS가 웰빙의 증진에 기여하도록 도울 수 있으며, A/IS가 각각의 용도와 최종 사용자에 따라 초래할 수 있는 피해와 위험, 긍정적 결과－미리 의도한 결과와 의도하지 않은 결과－를 예측할 수 있다.

내부와 외부의 이해관계자들은 A/IS의 영향이 종합적으로 고려될 수 있는 방법을 다양한 전문가들과의 협업을 통하여 지속적으로 모색하고 학습해야 한다. 이러한 과정이 끝나면 A/IS 개발자들은 A/IS 제품이나 서비스의 가용 범위와 영향에 따라, 유사 지표들을 준용 또는 조정하여 웰빙 측정 지표들을 정해야 한다. 웰빙 측정 지표들은 A/IS 제품이나 서비스에 대한 이용자 및 영향 예측, 사후 평가에 적용 가능하다. 이와 함께 웰빙 측정 지표에 따른 A/IS 평가 및 관련 데이터 확보를 위한 계획의 수립이 병행될 경우, A/IS를 통한 웰빙의 실현에 큰 도움이 될 수 있다. 아예 A/IS 모델의 훈련 과정에 하위 목표로 웰빙 측정 지표의 달성을 포함시키는 것도 좋은 방법이다.

A/IS가 웰빙에 끼치는 영향에 대한 데이터와 논의는 기존 A/IS 제품과 서비스의 수명 주기 전반에 걸쳐 유용한 개선 및 수정 계획을 세우는 데 도움이 될 수 있다. 예를 들면, 휠체어의 이용을 통해 인간의 웰빙을 증진할 수 있는 방법에 대한 연구 결과에 따르면, 스마트 휠체어 이용자들의 반응이 제각기 다르게 나타난 것으로 알려졌다. 일부 이용자들은 이동하기가 편해져서 좋다고 응답한 반면, 어떤 이용자들은 오히려 다른 사람들과 접촉할 기회가 줄어들어 더 외롭고 전반적으로 그들의 웰빙이 감소하는 것으로 느낀다고 응답했다. 이는 특정 지표나 이해관계자들의 관점에서 웰빙이 증진될 수 있다는 단편적인 이유로 A/IS 제품을 함부로 수정해서는 안 된다는 것을 의미한다.

A/IS를 개발하는 조직들은 위와 같은 전략들을 반영하여 A/IS 개발 과정들을 수정할 수 있다. 이를 위한 책임자—예: 웰빙 담당자, 옴부즈맨, 담당관—를 지정하면 A/IS가 웰빙을 고려하도록 하는 데 도움이 된다.

### 권고안

A/IS 개발자들은 개발, 마케팅, 평가 등 A/IS의 제작 과정 전반에 걸쳐 웰빙에 대한 영향이 고려되도록 노력해야 한다. 그 일환으로 관련 업무를 위한 옴부즈맨 또는 담당관을 지정할 필요가 있다. 또한 A/IS의 이해관계자들과 최종 사용자들, 용도, 피해와 위험을 분명히 정의하고 이해관계자들과 긴밀히 협력해야 한다. 이와 함께 웰빙 측정 지표들을 선정하고 이 지표들에 따라 A/IS를 평가하는 계획을 세우며, A/IS

제품과 서비스를 수명 주기 전반에 걸쳐 지속적으로 개선하는 노력도 필요하다.

## 기타 참고자료

- Peter Senge와 조직학습(Peter Senge and the Learning Organization)－(synopsis) Purdue University.
- 이해관계자 참여: 이머징 마켓의 기업들을 위한 모범 실무지침(Stakeholder Engagement: A Good Practice Handbook for Companies Doing Business in Emerging Markets). International Finance Corporation, May 2007.
- 글로벌 리포팅 이니셔티브(Global Reporting Initiative).
- 총행복 인증(GNH Certification), Centre for Bhutan and GNH Studies, 2018.
- J. Helliwell, R. Layard, and J. Sachs, Eds., "주관적 웰빙의 객관적 혜택(The Objective Benefits of Subjective Well-Being)," in World Happiness Report 2013. New York: UN Sustainable Development Solutions Network, pp. 54-79, 2013.
- 글로벌 행복 및 웰빙 정책 보고서(Global Happiness and Well-being Policy Report) by the Global Happiness Council, 2018.

**이슈** : A/IS 개발자들이 A/IS의 목표를 통해 웰빙이 실현되도록 할 수 있는 방법은 무엇인가? 또한 A/IS 개발자들은 웰빙 등에 대한 기존 모델들을 통해 무엇을 학습 또는 활용할 수 있는가?

## 배경

A/IS에 웰빙에 대한 고려가 반영될 수 있도록 하는 또 다른 방법은 A/IS 시스템 자체의 개발, 목표 설정, 훈련에 웰빙 측정 기준들을 적용하는 것이다.

웰빙의 실현은 A/IS의 하위 목표들에 포함될 수 있다. 이러한 하위 목표들은 A/IS의 목표들 중 일부에 해당하므로 다른 목표들과 균형을 맞출 필요가 있다. 각각의 하위 목표들은 목표, 규칙들, 가치들, 선호사항들로 지칭될 수 있으며, 지능시스템 엔지니어링을 위한 기존의 방법론들을 사용하여 평가, 결합될 수 있다.

예를 들어, 교육용 A/IS 도구는 학습 결과를 최적화하는 것뿐만 아니라 학생의 사회적·정서적인 교육, 학습, 발전을 평가하는 데 사용 가능하다.

A/IS 데이터는 개인과 사회에 관련된 것인데, 이 중 개인과 관련된 데이터는 개인별 맞춤형 알고리즘에 따라 감정 센서들이 정서적 측면 등 웰빙의 다양한 측면들에 대해 측정하고 영향을 끼침으로써 형성된다. 사회와 관련된 A/IS 데이터는 좀 더 규모가 큰 것으로, 개인에 대한 주관적 데이터와 주관적 데이터가 축적됨으로써 형성된다. 이러한 데이터는 다양한 데이터 추적 방법론들의 확립을 통하여 교환 범위가 더욱 넓어지고 있으며, A/IS 제품과 서비스를 통하여 인간의 웰빙을 증진하는 데 기여할 수 있다. 특히 Pepper와 같은 A/IS 기반 로봇들은 이용행태 및 인간과의 상호작용에 대한 정보를 클라우드에 공유함으로써 빠른 혁신을 불러일으킨 사례에 해당한다. Pepper 로봇 1개의 어떤 동작이 유익한 것으로 판단되는 즉시, 이 동작에 대한 데이터의 실시간 공유를 통해 다른 Pepper 로봇들(그리고 표면적으로는 Pepper 로봇의 주인들)도 유익하게 될 수 있기 때문이다. 물론, 데이터 교환에 대한 로봇 주인들의 동의가 필요하겠지만, 이러한 A/IS 모델을 적용한다면 기존의 웰빙 측정 기준들에 대한 정보를 대규모로 축적할 수 있을 것이다.

A/IS 개발자들은 A/IS의 기대 효과 또는 실제 효과, A/IS의 가치와 목표에 대한 보고서들을 이해관계자들에게 제공함으로써 웰빙 측정 기준들의 실행에 기여할 수 있다. 이처럼 투명한 환경은 A/IS 개발자들, 이용자들, 제3자들이 A/IS를 통해 실현된 웰빙의 상태를 평가하고 A/IS를 개선하는 데 도움이 될 수 있다. 또한 A/IS 개발자들은 최종 사용자들의 기호를 반영하는 방안을 고려해야 한다. 예를 들어, 스트레스와 고립감이 심해지거나 건강이나 웰빙의 손상이 발생할 경우, 이용자가 A/IS의 이용을 제한할 수 있게 하는 것이다.

A/IS를 제작하는 조직들의 가치들과 A/IS 개발 과정들에 웰빙에 대한 목표들과 측정 기준들이 고려될 경우, 조직적 차원에서 웰빙 측정 기준들의 사용을 위한 지원을 받을 수 있다. 산업, 기업, 사회의 발전은 여러 개념들과 모델들이 다양한 분야들에 걸쳐 교환하거나 전파되는 과정을 통하여 이루어져 왔다. 그 결과, 오늘날까지 지속가능성, 경제학, 산업 설계, 제조업, 건축 및 도시 개발, 정부 정책과 관련하여 수많은 개념들과 모델들이 성공적인 발전을 이루게 되었다. 이 중에서 특히 마케팅, 제품 업데이트, 이용자 경험의 향상에 대한 개념과 설계는 A/IS 개발자들이 웰빙 측정 기준들의 표준을 개발하고 웰빙 측정 기준들을 사용하는 데 유용한 참고자료가 될 수 있다.

## 권고안

A/IS의 목표들과 성공 측정 기준들에 대한 기술 표준, 웰빙 측정 기준들과 선행제품들 및 부품들에 대한 평가지침이 다음과 같이 개발되어야 한다.

- 기술적 요구사항들에 대한 온톨로지(Ontologies)
- 자율지능시스템의 웰빙 측정 기준에 대한 표준 개발 프로젝트(IEEE P7010™ Standards Project for Wellbeing Metric for Autonomous and Intelligent Systems)와 같이 웰빙 측정 기준들과 윤리적 원칙들의 준수 여부를 평가하기 위한 테스트 기본체계
- A/IS 개발자들을 위한 웰빙 측정 기준들의 표준을 개발하는 데 도움이 되는 모델들과 개념들에 대한 연구(추가 참고자료: 표준 개발 모델 및 기본체계 참고)
- 웰빙과 사회, 경제, 생태계의 총체적 연관성이 반영된 A/IS 웰빙 측정 기준들의 표준 개발

## 기타 참고자료

- A. F. T Winfield, C. Blum, and W. Liu, "윤리적 로봇을 위하여: 내부 모델과

결과, 그리고 윤리적 행위의 선정(Towards an Ethical Robot: Internal Models, Consequences and Ethical Action Selection)," in Advances in Autonomous Robotics Systems. Springer, 2014, pp. 85-96.

- R. A. Calvo and D. Peters, 포지티브 컴퓨팅: 웰빙과 인간의 잠재력을 위한 기술(Positive Computing: Technology for Well-Being and Human Potential). Cambridge MA: MIT Press, 2014.
- Y. Collette and P. Slarry, 다목적 최적화의 원칙과 사례연구(Multiobjective Optimization: Principles and Case Studies) (Decision Engineering Series). Berlin, Germany: Springer, 2004. doi:10.1007/978-3-662-08883-8.
- J. Greene, et al., "집단적 결정 지원 시스템에 대한 윤리적 원칙의 적용(Embedding Ethical Principles in Collective Decision Support Systems)," in Proceedings of the Thirtieth AAAI Conference on Artificial Intelligence, 4147-4151. Palo Alto, CA: AAAI Press, 2016.
- L. Li, I. Yevseyeva, V. Basto-Fernandes, H. Trautmann, N. Jing, and M. Emmerich, "선호도 기반 다목적 진화 알고리즘의 온톨로지 개발 및 사용(Building and Using an Ontology of Preference-Based Multiobjective Evolutionary Algorithms)." In 9th International Conference on Evolutionary Multi-Criterion Optimization-Volume 10173 (EMO 2017), H. Trautmann, G. Rudolph, K. Klamroth, O. Schütze, M. Wiecek, Y. Jin, and C. Grimme, Eds., vol. 10173. Springer-Verlag, Berlin, Heidelberg, pp. 406-421, 2017.
- 긍정적인 사회적 영향: 정보와 지식을 통하여 사람, 조직, 지구에 지속 가능한 발전을 위한 영향력을 부여하는 방법(PositiveSocialImpact: Empowering people, organizations and planet with information and knowledge to make a positive impact to sustainable development), 2017.
- D. K. Ura, 부탄의 국민 총행복 정책에 대한 평가 도구(Bhutan's Gross National Happiness Policy Screening Tool).

**이슈** : 이해관계자들의 검토를 통하여 적절한 웰빙 측정 지표들을 결정하는 절차가 필요하다.

## 배경

적절한 웰빙 측정 지표들을 결정하는 데 A/IS 이해관계자들이 참여할 필요가 있으며, 그 이유는 다음과 같다.

- "웰빙(Well-being)"의 의미는 A/IS의 영향을 받는 집단의 종류에 따라 각각 다르다. 가장 적절한 웰빙 측정 지표가 무엇인지는 해당 국가의 상태에 따라 좌우되는데, 부유한 국가들의 경우와 소득이 낮거나 중간 수준인 국가들의 경우가 서로 다르다. 웰빙 측정 지표들은 지역과 환경, 그리고 사회집단의 특성-성별, 인종, 민족, 장애 상태 등-에 따라서도 다를 수 있다.
- 일반적인 웰빙 측정 지표들은 삶에 대한 만족도, 건강 수명, 경제적 생활 수준, 정부에 대한 신뢰도, 사회적 지원, 생사 결정의 자유, 소득 평등, 교육 접근성, 빈곤도 등이다. 웰빙에 대한 평가가 해당 상황에 적합하고 해당 집단의 생활 상태를 반영한 것이 되기 위해서는 이와 같은 일반적인 웰빙 측정 지표들을 특정 환경에 적용하는 것이 과연 적합한지를 판단해야 한다.
- 웰빙의 모든 측면들이 쉽게 정량화될 수 있는 것은 아니다. 특정 환경에서 A/IS로부터 더 직접적인 영향을 받는 사람들과의 상호작용에 대한 경우에는 더욱 그렇다.
- 엔지니어들과 기업 노동자들은 이해관계자들의 요구사항과 기대사항들을 잘못 이해하는 경우가 많다. 특히 교육적·문화적 배경, 사회적 지위, 경제적 생활 수준의 측면에서 이해관계자들과의 괴리가 매우 클 경우에 더욱 그렇다.

적절한 웰빙 측정 지표들의 결정을 위한 이해관계자들의 참여 과정들은 선정하여 평가되는 웰빙 측정 지표들의 질에 영향을 끼친다. 이해관계자들은 웰빙을 정의하고 기존 지표들의 적합성을 평가하며 새로운 지표들을 제안하는 권한이 주어져야 한다.

또한 이해관계자들은 각각의 상황에 따라 웰빙에 영향을 끼치는 요인들이 무엇이고 그 영향이 이미 예전에 파악된 것인지, 아니면 측정 가능한 것인지를 판단하는 권한도 주어져야 한다. 다양한 이해관계자들, 시스템 설계자들과 서로 개방적인 대화 또는 검토 과정을 거칠수록 웰빙의 의미와 각 상황에 적합한 웰빙 측정 방법에 대하여 더욱 폭넓은 공감대를 형성할 수 있다. 하지만 폐쇄적이거나 너무 완고한 이해관계자 참여 방식은 시스템 설계자들이 미처 예상하지 못했던 중요한 정보를 놓치는 결과를 초래할 우려가 있다.

이해관계자들의 참여 및 검토 과정은 집단적 의사결정 모델에 해당한다. 이러한 모델은 참여자들을 모두 동등한 존재로 간주하며 즉각적 · 개인적 이익보다 공공의 선(善)을 실현하는 것을 목표로 한다. 참여자들은 다양한 관점들과 경험들을 서로 배우게 된다.

**이해관계자들의 참여와 검토는 실제로 다음과 같은 문제들에 부딪힐 수 있다.**

- 교육 수준, 권력, 사회적 지위가 더 높은 사람들이 고의적, 또는 비의도적으로 웰빙 측정 지표들에 대한 논의를 주도함으로써 약자들에게서 배울 수 있는 기회를 놓칠 수 있다.
- 어떤 주제들은 미리 "논외의 것(out of bounds)"으로 배제됨으로써 집단적인 문제 해결이 실현되지 못하는 결과로 이어질 수 있다. 예를 들면, 웰빙과 A/IS에 대해 검토하는 자리에서 참여자들이 의료보험비에 대한 우려는 A/IS와 무관한 주제라는 말을 듣게 된다면, 이에 대한 논의는 이루어질 수 없을 것이다.
- 엔지니어들과 과학자들이 기술적 이슈들은 자신들의 고유 권한 영역에 속한다고 주장하며 사회적 이슈들에 대해서만 검토하려 들 수 있다. 이 경우, 기술적 이슈들과 사회적 이슈들의 상호연관성이 간과될 우려가 있다.
- 논의가 격렬해짐에 따라, 권력이 약한 집단들은 권력이 강한 집단들을 진정시키는 것이 불가능해질 우려가 있다. 또는 이와 반대의 경우가 발생할 수 있다.
- 참여자들이 논의 과정에 관여할 수 있는 정당한 권리를 가진 사람들은 누구인가에 대하여 동의하지 않을 수 있다. 예를 들면, 해당 이슈에 대하여 이미 권위를 갖고 있는 활동가들일지라도 신중한 검토를 거쳐 합의를 도출해야 한다

는 명분으로 때로는 논의에서 배제되기도 한다.

**이해관계자들의 참여 및 검토 과정들은 다음과 같은 경우에 더욱 효과적일 수 있다.**

- 전문가들 또는 검토 모델에 대한 실무 경험을 가진 사람들의 도움을 받는다.
- 권력 문제에 민감한 사람들이 협조적으로 참여하고 논쟁 발생 시 중재가 원활하게 이루어진다.
- 권력이 약한 참여자들의 목소리를 높여줄 수 있는 단체들이 협조한다.
- 권력이 강한 참여자들이 자신의 권력이 어떤 것인지를 잘 알고 있으며, 겸손한 태도와 호기심, 그리고 열린 마음으로 다른 사람들의 말에 귀를 기울인다.
- 모든 참여자들의 신뢰와 존경을 받고 모든 사람들에게 건설적인 참여에 대한 책임을 촉구할 수 있는 단체들이나 사람들이 검토 회의를 개최한다.

웰빙에 대하여 각 상황에 따른 특수성이 고려된 신중한 검토와 웰빙 측정을 위한 최선의 지표들은 A/IS를 위한 윤리적 설계의 질을 높일 수 있는 근간이 된다.

## 권고안

A/IS 개발자들이 이해관계자 기반의 과정들을 통하여 웰빙 측정 지표들을 설정할 수 있도록, 이해관계자 참여를 활성화하는 데 중심적 역할을 할 수 있는 팀이나 담당자를 지정한다.

- 지정된 팀이나 담당자는 이해관계자들의 참여와 검토를 위한 지침을 지속적으로 개선하기 위하여, 이해관계자들의 참여와 검토를 통해 학습된 교훈들을 요청하여 수집해야 한다.
- 지정된 팀이나 담당자는 웰빙 측정 지표들의 결정 과정에서 전문가들에게 공개적인 참여 및 검토를 도와줄 것을 요청해야 한다. 전문가들의 도움을 받을 경우, 조력자들은 이해관계자의 참여 및 검토 방법을 제시할 수 있고, 권력의 불평등 현상에 따른 이해관계자 간 분쟁을 줄이는 조치들을 취할 수 있다. 또

한 적절한 훈련을 받은 조력자들과 조언을 제공할 수 있는 참여자들을 이해관계자의 검토 과정에 투입할 수 있고, 권력이 강한 집단들이 검토 과정을 지배하는 현상을 인지하여 통제할 수 있으며, 적절한 방법들을 사용하여 권력이 약한 집단들의 목소리를 높일 수 있다.

- 지정된 팀이나 담당자는 회의 소집권을 이용하여 A/IS 개발자들과 이해관계자들－비평가들을 포함－을 한자리에 모아 웰빙 측정 지표들, 웰빙에 대한 영향, 특정 상황 및 환경에 따른 고려사항들이 논의되도록 해야 한다. 이처럼 지정된 팀이나 담당자가 관여할 경우, 권력이 강한 집단들만 논의에 소집되는 것을 방지하고, 모든 참여자들의 상호 합의를 기반으로 건전한 결정을 내리는 데 도움이 될 수 있다.

## 기타 참고자료


- D. E. Booher and J. E. Innes, 공공정책 계획 과정에서 복잡한 문제들을 극복하기 위한 협력적 합리성(Planning with Complexity: An Introduction to Collaborative Rationality for Public Policy). London: Routledge, 2010.
- J. A. Leydens and J. C. Lucena, 공학의 정의(正義): 공학 교육 및 실무의 변혁(Engineering Justice: Transforming Engineering Education and Practice). Wiley-IEEE Press, 2018.
- G. Ottinger, 공동체 기반 자문집단에 대한 평가: Louisiana 주(州)의 관련 사례 연구(Assessing Community Advisory Panels: A Case Study from Louisiana's Industrial Corridor). Center for Contemporary History and Policy, 2008.
- 전문가들과 시민들의 과학 및 기술 평가를 위한 네트워크[Expert and Citizen Assessment of Science and Technology (ECAST) Network].

**이슈** A/IS의 부정적 영향을 예측·측정하고, 긍정적 영향을 촉진·유지하는 메커니즘이 충분하지 않다.

## 배경

A/IS 기술들은 사회 전반에 긍정적 영향을 끼칠 수 있으나 고의적, 또는 비의도적으로 피해를 줄 수도 있다. 따라서 A/IS 기술들의 긍정적 혜택과 피해, 그리고 중립적 성격을 고려하여 이해하는 것이 중요하다. 하지만 A/IS 기술들과 관련된 직접적·간접적 영향을 모두 예측하는 것은 매우 어려운 일이다.

그러나 유사한 A/IS 제품들과 이 제품들이 웰빙에 끼친 영향에 대한 사례연구 내용들을 검토하고, 이 제품들로 인해 향후 발생할 수 있는 영향을 고려할 필요가 있다. 관련 이슈들은 다음과 같다.

- 해고, 실업, 불평등 등 경제와 일자리에 대한 영향
- 책임, 투명성, 설명 가능성
- 감시, 프라이버시, 시민의 자유
- 공정성, 윤리, 인권
- 정치적 조작, 기만, "회유(nudging)", 선전
- 인간의 신체적, 정신적 건강
- 환경에 대한 영향
- 인간의 존엄성과 자율성, 인간과 A/IS의 역할
- 보안, 사이버보안, 자율 무기
- 존재적 위험, 초인공지능

다음과 같이 A/IS의 영향에 대한 사례연구 내용들을 이해, 검토하는 것도 중요하다.

- A/IS와 관련하여 가장 우려되는 문제는 실업, 경제적·사회적 영향 등 개인과 사회 모두에 대한 것이다. 인간의 노동, 행동, 감정을 모방한 A/IS 기술들은 인

간의 웰빙을 증진하거나 감소시킬 수 있다. A/IS는 인간의 작업을 보완하고 생산성과 임금을 높이며, 여가시간을 늘릴 수 있다. 또는 노동자들을 충원, 대체하는 데 이용되어 실업, 불평등, 사회적 갈등을 초래할 수 있다. 따라서 A/IS 제작자들은 A/IS가 이용될 수 있는 용도를 신중히 고려하는 한편, A/IS의 부정적 영향을 최소화하는 쪽으로 A/IS를 설계할 의향이 있는지를 생각해 봐야 한다.

- A/IS가 이용된 정교한 조작기술은 콘텐츠 소비자들의 심리와 행동을 은연중에 조작함으로써 인간의 선택에 대한 기본적 자유를 제한할 수 있다. 소프트웨어 플랫폼들은 과거에는 콘텐츠를 타깃팅하여 맞춤화하는 데 그쳤지만, 이제 심리적 데이터와 방법을 이용하는 "설득적 컴퓨팅(persuasive computing)" 기술과 결합하여 더 큰 영향과 위험을 초래할 수 있게 되었다. 이를 통하여 소비자들에게 특정 제품의 이용을 유도하는 효과는 있겠지만, 여기에는 상당한 심리적·사회적 비용이 수반될 수 있다.
- A/IS는 마치 인간처럼 행동함으로써 인간을 기만하거나 인간에게 피해를 입힐 수 있다. 인공지능시스템의 튜링 테스트(Turing test)－인간과 컴퓨터의 대화를 통하여 컴퓨터가 인공지능을 갖추었는지를 판별하는 테스트－통과 능력이 향상됨에 따라, 부도덕한 운영자들이 A/IS를 비윤리적인 상업 행위나 명백한 범죄 행위에 악용할 우려가 커졌다. 이를 예방하는 조치를 취하지 않을 경우, A/IS는 다양한 상황들과 수단들을 통해 마치 인간인 것처럼 가장함으로써 인간을 속이는 데 이용될 가능성이 높다.

이처럼 의도하지 않은 부정적 결과들을 검토하는 데 있어 가장 먼저 이해해야 할 것은 컴퓨터적인 지속 가능성(computational sustainability)이다.

관련 커뮤니티 웹사이트 'Computational-Sustainability.org'에 따르면, 컴퓨터의 지속 가능성은 "컴퓨터 공학, 정보과학, 운영 과학, 응용수학, 통계학 등 다양한 학문들을 지속 가능한 발전을 위한 환경적, 경제적, 사회적 요구사항에 따라 균형 있게 적용하는 것을 목적으로 하는 다학제적 연구 분야(interdisciplinary field that aims to apply techniques from computer science, information science, operations research, applied mathematics, and statistics for balancing environmental, economic, and societal needs for sustainable development)"를 의미한다. 또한 컴퓨터 지속 가능성 연구소(Institute of Computational Sustainability)에 따르면, 컴퓨터적인 지속 가능성의 의도는 "지속 가능한 환경, 경제, 사회를 위한 컴퓨팅 모델(computational models for a sustainable environment, economy, and society)"을 제공하는 것이다. 컴퓨터적인 지속 가능성의 적용사례는 미국 스탠퍼드대학교 공학부의 관련 강의 내용을 참고하면 될 것이다. 사회적 선(善)의 증진을 위한 컴퓨터적인 지속 가능성 기술들은 기존의 웰빙 측정 기준들에도 적용될 수 있다.

## 권고안

- A/IS 개발자들, 최종 사용자들, 이해관계자들은 A/IS가 끼칠 수 있는 부정적, 비의도적 결과들을 방지하고 긍정적 영향들을 유지하여 보존하기 위하여, A/IS 시스템을 설계, 이용, 관찰할 때 발생할 수 있는 웰빙에 대한 영향이 어떤 것인지를 잘 알아야 한다. 즉, 지금까지 발생한 영향에 대한 기존 사례들과 앞으로 발생할 수 있는 영향을 알고 있어야 하고, 웰빙에 대한 영향을 측정해야 하며, A/IS의 이용에 따른 혜택을 촉진할 수 있는 규정들을 만들어야 한다. 이를 위한 노력들은 다음과 같다.
- A/IS 개발자들은 A/IS로 인하여 직접적 · 간접적으로 영향을 받는 사람들의 존엄성, 자율성, 권리, 웰빙을 보호해야 한다. 그 일환으로 다양한 이해관계자들, 소수자들, 소외계층들, 권력을 행사하거나 의견을 제시할 역량이 부족한 사람들의 의견을 고려하는 것이 중요하다.
- 정책입안자들, 규제기관들, 감독자들, 연구자들은 업무의 투명성 · 신뢰성 · 설명 가능성을 높이기 위하여 A/IS가 어떤 일을 해야 하는지, 인간과 A/IS의 역할 분담을 어떻게 해야 적절한지에 대한 지침을 제시하는 것을 고려해야 한다. 이와 함께 조작과 기만, A/IS와 관련하여 대두되고 있는 기타 이슈들 등에 대한 지침에 대해서도 고려할 필요가 있다.
- 연구자들과 관련 커뮤니티들은 A/IS의 긍정적 · 부정적 영향에 대한 정보와 A/IS의 긍정적 영향을 촉진하고, 부정적 영향은 개선할 수 있는 검증된 방안들

을 분류하여 축적하기 위한 문헌 검토 및 분석을 계속해야 한다.

- 컴퓨터적인 지속 가능성을 추구하는 A/IS 개발자들은 웰빙에 대한 개념들, 과학적 연구 결과들, 측정 지표들을 기존의 컴퓨터적인 지속 가능성 모델에 포함시켜야 한다. 뿐만 아니라 웰빙과 관련된 전문가들, 연구자들, 실무자들과 협력하여 인간의 웰빙을 가장 중요시하고 증진하는 A/IS를 위한 연구와 개발을 수행하고 관련 모델을 적용해야 한다.
- 컴퓨터적인 지속 가능성과 웰빙의 상호연계를 위하여 관련 전문가들이 서로 협력해야 한다. 실행 가능성과 합리적 이유가 존재할 경우, 도넛 경제학(dough-nut economics)과 시스템적 사고(systems thinking) 역시 연계될 필요가 있다.

## 기타 참고자료


- AI의 안전성에 대한 연구(AI Safety Research by The Future of Life Institute).
- D. Helbing, et al., "민주주의는 빅데이터와 인공지능의 시대에 살아남을 수 있을 것인가?(Will Democracy Survive Big Data and Artificial Intelligence?)" *Scientific American*, February 25, 2017.
- J. L. Schenker, "인간의 윤리와 인공지능의 균형 가능성(Can We Balance Human Ethics with Artificial Intelligence)?" *Techonomy*, January 23, 2017.
- M. Bulman, "EU, 로봇을 '전자인간'으로 인정(EU to Vote on Declaring Robots To Be 'Electronic Persons')." *Independent*, January 14, 2017.
- N. Nevejan, for the European Parliament, "로봇에 대한 유럽 민법 규정(European Civil Law Rules in Robotics)." October 2016.
- University of Oxford, "소셜 미디어 조작의 전 세계적 증가 추세(Social media manipulation rising globally, new report warns)," https://phys.org/news/2018-07-social-media-globally.html. July 20, 2018.
- "인간을 가장한 AI(The AI That Pretends To Be Human)," *LessWrong* blog post, February 2, 2016.
- C. Chan, "원숭이들, 로봇 친구의 죽음에 애도(Monkeys Grieve When Their

Robot Friend Dies)." *Gizmodo*, January 11, 2017.

- Partnership on AI, "AI와 노동, 그리고 경제(AI, Labor, and the Economy)" Working Group launches in New York City," https://www.partnershiponai.org/aile-wg-launch/. April 25, 2018.
- C. Y. Johnson, "어린이는 로봇 친구의 영향 쉽게 받아(Children can be swayed by robot peer pressure,study says)," The Washington Post, August 15, 2018. [Online]. Available: www.WashingtonPost.com. [Accessed 2018].

## 컴퓨터 지속 가능성에 대한 기타 참고자료

- Stanford Engineering Department, 컴퓨터를 사용한 지속 가능성에 대한 강의 주제(Topics in Computational Sustainability Course Presentation), 2016.
- Computational Sustainability, 컴퓨터를 사용한 지속 가능성: 지속 가능한 환경, 경제, 사회를 위한 컴퓨팅 방법(Computational Sustainability: Computational Methods for a Sustainable Environment, Economy, and Society Project Summary).
- C. P. Gomes, "컴퓨터를 사용한 지속 가능성: 지속 가능한 환경, 경제, 사회를 위한 컴퓨팅 방법(Computational Sustainability: Computational Methods for a Sustainable Environment, Economy, and Society)" in The Bridge: Linking Engineering and Society. Washington, DC: National Academy of Engineering of the National Academies, 2009.
- S. J. Gershman, E. J. Horvitz, and J. B. Tenenbaum, "컴퓨터 합리성: 두뇌, 정신, 기계의 지능에 대한 융합 패러다임(Computational rationality: A converging paradigm for intelligence in brains, minds, and machines)," *Science*, vol. 349, no. 6245, pp. 273-278, July 2015.
- 공정성, 책임, 투명성에 대한 컴퓨터 학회(ACM: Association for Computing Machinery) 컨퍼런스(ACM Fairness, Accountability and Transparency Conference).

# 기고자들에 대한 감사의 말

본 장의 작성에 기여한 아래의 모든 분들에게 감사드린다.

## 웰빙 위원회

- **John C. Havens** (Co-Chair) – Executive Director, The IEEE Global Initiative on Ethics of Autonomous and Intelligent Systems; Executive Director, The Council on Extended Intelligence; Author, *Heartificial Intelligence: Embracing Our Humanity to Maximize Machines*
- **Laura Musikanski** (Co-Chair) – Executive Director at The Happiness Alliance-home of The Happiness Initiative & Gross National Happiness Index
- **Liz Alexander** – PhD Futurist
- **Anna Alexandrova** – Senior Lecturer in Philosophy of Science at Cambridge University and Fellow of Kings College
- **Christina Berkley** – Executive Coach to leaders in exponential technologies, cuttingedge science, and aerospace
- **Catalina Butnaru** – UK AI Ambassador for global community City. AI, and Founder of HAI, the first methodology for applications of AI in cognitive businesses
- **Celina Beatriz** – Project Director at the Institute for Technology & Society of Rio de Janeiro (ITS Rio)
- **Peet van Biljon** – Founder and CEO at BMNP Strategies LLC, advisor on strategy, innovation, and business transformation; Adjunct faculty at Georgetown University; Business ethics author
- **Amy Blankson** – Author of The Future of Happiness and Founder of TechWell, a research and consulting firm that aims to help organizations to create more positive digital cultures
- **Marc Bohlen** – Professor, University at Buffalo, Emerging Practices in Com-

putational Media. www.realtechsupport.org

- **Rafael A. Calvo**—Professor and ARC Future Fellow at The University of Sydney. Co-author of Positive Computing: Technology for Well-Being and Human Potential
- **Rumman Chowdhury**—PhD Senior Principal, Artificial Intelligence, and Strategic Growth Initiative Responsible AI Lead, Accenture
- **Dr. Aymee Coget**—CEO and Founder of Happiness For HumanKind
- **Danny W. Devriendt**—Managing director of Mediabrands Dynamic (IPG) in Brussels, and the CEO of the Eye of Horus, a global think-tank for communication-technology related topics
- **Eimear Farrell**—Eimear Farrell, independent expert/consultant on technology and human rights (formerly at OHCHR)
- **Danit Gal**—Project Assistant Professor, Keio University; Chair, IEEE Standard P7009 on the Fail-Safe Design of Autonomous and Semi-Autonomous Systems
- **Marek Havrda**—PhD Strategy Advisor, GoodAI
- **Andra Keay**—Managing Director of Silicon Valley Robotics, cofounder of Robohub
- **Dr. Peggy Kern**—Senior Lecturer, Centre for Positive Psychology at the University of Melbourne's Graduate School of Education
- **Michael Lennon**—Senior Fellow, Center for Excellence in Public Leadership, George Washington University; Co-Founder, Govpreneur.org; Principal, CAIPP.org (Consortium for Action Intelligence and Positive Performance); Member, Well-being Metrics Standard for Ethical Artificial Intelligence and Autonomous Systems Committee
- **Alan Mackworth**—Professor of Computer Science, University of British Columbia; Former President, AAAI; Co-author of "Artificial Intelligence: Foundations of Computational Agents"

- **Richard Mallah** – Director of AI Project, Future of Life Institute
- **Fabrice Murtin** – Senior Economist, OECD Statistics and Data Directorate
- **Gwen Ottinger** – Associate Professor, Center for Science, Technology, and Society and Department of Politics, Drexel University; Director, Fair Tech Collective
- **Eleonore Pauwels** – Research Fellow on AI and Emerging Cybertechnologies, United Nations University (NY) and Director of the AI Lab, Woodrow Wilson International Center for Scholars (DC)
- **Venerable Tenzin Priyadarshi** – MIT Media Lab, Director, Ethics Initiative
- **Gideon Rosenblatt** – Writer, focused on work and the human experience in an era of machine intelligence, at The Vital Edge
- **Daniel Schiff** – PhD Student, Georgia Institute of Technology; Chair, Sub-Group for Autonomous and Intelligent Systems Implementation, IEEE P7010™ Standards Project for Well-being Metric for Autonomous and Intelligent Systems
- **Madalena Sula** – Undergraduate student of Electrical and Computer Engineering, University of Thessaly, Greece, x-PR Manager of IEEE Student Branch of University of Thessaly, Data Scientist & Business Analyst in a multinational company
- **Vincent Siegerink** – Analyst, OECD Statistics and Data Directorate
- **Andy Townsend** – Emerging and Disruptive Technology, PwC UK
- **Andre Uhl** – Research Associate, Director's Office, MIT Media Lab
- **Ramón Villasante** – Founder of PositiveSocialImpact. Software designer, engineer, CTO & CPO in EdTech for sustainable development, social impact and innovation
- **Sarah Villeneuve** – Policy Analyst; Member, IEEE P7010™ Standards Project for Well-being Metric for Autonomous and Intelligent Systems

* IEEE 글로벌 이니셔티브 회원들에 관한 전체 목록은 standards.ieee.org/content/dam/ieee-standards/standards/web/documents/other/ec_bios.pdf에서 볼 수 있다.

** **윤리적 설계** 제1판의 권리 포기(disclaimers)에 관한 상세사항은 책자 맨 뒤에 실린 "본 책자가 어떻게 만들어졌는가(*How the Document Was Prepared*)" 부분을 참조하기 바란다.

# 감성 컴퓨팅

정서는 지능의 핵심요소이다. 흥분감, 우울함 등 정서적 동기와 감정은 지능을 가진 생물체－신경계가 없는 생물체까지 포함－들의 행동을 조정하는 데 이용된다. 인간은 감정을 통하여 자신의 욕구를 제한된 시간 내에 주어진 정보로 성취하고 만족시킬 수 있는 존재로 진화해 왔다. 감정은 이성을 방해하는 것이 아니라, 인간의 이성을 구성하는 필수적 요소이다. 인간은 긍정적·부정적 감정의 영향을 만들어내고 이에 반응하면서 타인에 맞추어 자신의 행동을 조정하고 사회를 형성한다. A/IS는 인간과의 상호작용에서 사회를 바꿀 수 있는 방향으로 감정을 자극하도록 설계되고 있다.

A/IS는 다양한 상황에서 인간을 최대한 많이 돕는 데 이용되어야 한다. A/IS는 긍정적 변화를 일으킬 수 있는 대단한 잠재력을 가지고 있으나, 사회에서 이용될 경우 인간의 감정적 경험을 확대하여 변경하거나 심지어 약화시킴으로써 피해를 입힐 수 있다. 넛지 시스템(nudging systems)에서 이용되고 있는 것과 같은 가장 기초적인 인공감정도 A/IS에 대한 일반대중과 공공정책 입안자들의 인식을 이미 바꿔 버렸다.

본 절(節)은 A/IS 설계와 인간과의 상호작용 측면에서 감정 및 감정적 통제와 관련된 이슈들을 다룬 것이다. 그 일환으로 인간의 다양한 문화권들에 나타난 정서적 차이, 인간을 보살피고 인간과 사적인 관계를 형성하도록 설계된 A/IS의 문제들, A/IS가 특정 행동의 “유도(nudging)”에 이용될 수 있는 방법, A/IS가 인간의 번영을 도울 수 있는 방법, 감성 컴퓨팅 시스템이 탑재된 A/IS를 위한 정책적 개입 등 다양한 주제들에 대한 권고안들이 제시되어 있다.

**본 장(章)의 내용은 다음과 같이 5개의 절(節)들로 구성되어 있다.**

- 제1절－다양한 문화권에 따른 감성 시스템
- 제2절－인간을 보살피는 데 이용되는 감성 시스템
- 제3절－감성 시스템을 통한 조작/유도/기만

- 제4절 – 인간의 잠재력 향상을 지원하는 감성 시스템
- 제5절 – 인공감정을 가진 감성 시스템

SECTION 01

# 다양한 문화권에 따른 감성 시스템

**이슈** 감성 시스템은 사회적 상호작용에서 해당 사회의 기준들에 부합하는 언어적·비언어적 소통 기준들을 사용해야 하는가?

## 배경

인간은 시선 접촉, 제스처, 침묵 등 다양한 방법으로 자신의 의도를 표현한다. 이러한 방법들은 메시지를 전달하는 수단으로서 개인과 사회의 문화, 감성 시스템에 반영된다. A/IS의 정서적 시스템이 어떤 특정 문화 내에서 효과적인 소통을 촉진하는 데 도움이 되기 위해서는 우선 감성 시스템이 이용되는 공동체의 기준들과 가치들을 이해해야 한다.

## 권고안

1. 설계가 잘된 감성 시스템은 해당 문화권 내에서 정해진 의도에 맞게 이용되는 데 반드시 필요한 기준들이 지식 베이스 내에 저장되어 있을 것이다. 연구 결과에 따르면, A/IS는 5개 이상의 신호들을 사용하여 사회적 상호작용들을 유도할 수 있다.

2. A/IS는 얼굴 표정을 일으키는 신체적 신호나[1] 유머 등 감정적 반응을 일으키는 심리적 신호, 언어 사용, 교대하기 등 사회적 역학관계의 이용, 교사나 의료 자문가 등 사회적 역할의 수행을 통하여 사회적 상호작용을 유도할 수 있다. 이 밖에 A/IS가 사회적 상호작용을 유도하는 또 다른 방법들은 다음과 같다.

   a. 설계가 잘된 감성 시스템은 해당 문화권 내에서 요구되는 기준에 따라 관련 언어와 감성 콘텐츠를 신중히 사용할 것이다. 그 대표적인 예가 스몰 토크(small talk)이다. 대부분의 공동체에서 스몰 토크는 친밀한 관계를 형성하는 데 유용한 것으로 간주된다. 그러나 일부 공동체들은 스몰 토크를 이용하는 사람들을 진실되지 못하고 위선적인 존재로 간주하는 경향이 있다. 한편, 어떤 문화권에서는 스몰 토크를 이용하지 않는 사람들은 비우호적, 비협조적이고, 무례, 오만, 무지한 것으로 간주된다. 또한 스몰 토크는 적절한 어휘, 문법, 문장 구조를 사용하여 말하는 일상적인 대화 방식과 어긋나는 경우도 있다. 특히 최근에는 TV 등 미디어가 적절한 어휘와 상호작용의 형태에 대한 개념에 지대한 영향을 끼칠 수 있다.

   b. 설계가 잘된 감성 시스템은 각 문화권 내에서 발생하는 인간의 상호작용에서 개인적 공간적 범위(전달자와 수용자 사이의 물리적 거리)를 중요하게 인식할 것이다. 사람들은 원활한 대화를 위하여 문화권에 따라 서로 다른 공간적 거리를 유지하고 있으며, 이는 무의식적으로 이루어지는 경우가 많다. 이러한 공간적 거리의 경계를 넘어서기 위해서는 명백한, 또는 암묵적인 동의가 필요할 수 있다. 따라서 A/IS는 상대방과의 협상을 통하여 동의를 이끌어내는 방법을 학습함으로써 원래 의도했던 바와는 무관한 메시지를 잘못 전달하는 경우가 발생하지 않도록 해야 한다.

   c. 시선 접촉은 각 문화권의 사회적 상호작용에 매우 중요한 영향을 끼치는 요소이다. 어떤 상호작용에서는 시선 접촉이 필요하지만, 어떤 상호작용에서는 시선 접촉이 불필요할 뿐 아니라 오해를 불러일으킬 수 있다. A/IS는 정서적 상호작용에서 시선 접촉이 어떤 역할을 하는지에 대해 잘 알고 있어야 한다.

d. 손짓과 같은 비언어적 의사소통 방법은 사회적 상호작용에서 매우 중요하다. 소통을 위한 제스처는 문화권에 따라 서로 다르므로 다양한 문화들이 공존하는 환경에서는 매우 신중하게 사용해야 한다. 기능성 감성 시스템의 설계에는 의사소통을 위한 신체적 제스처들의 특성이 반영되어야 한다. 예를 들면, "엄지손가락을 올리는 동작(thumbs-up)"은 일반적으로 상대방에 대한 인정을 의미하지만, 일부 국가에서는 모욕적 행위로 간주될 수 있다.

e. 인간은 상대방의 감정을 읽어내고 의사소통을 원활히 하기 위하여 얼굴 표정을 사용한다. 그러나 일부 문화권에서는 얼굴 표정이 사용되지 않는 경우도 있다. 또한 특정 문화권에만 최적화된 데이터를 통해 훈련받은 A/IS는 다른 문화권에서는 이용이 불가능할 수도 있다. 잘 개발된 A/IS는 각 문화권의 사회적 상호작용에 사용되는 다양한 얼굴 표정들을 인식, 분석, 표현할 수 있을 것이다.

3. 엔지니어들은 다양한 문화권에서 이용 가능한 감성 시스템이 필요하다는 것을 고려해야 한다. 설계가 잘된 시스템은 문화적 다양성이 반영된 프로그래밍을 통하여 각 문화권에 따라 유연하게 이용될 수 있는 옵션들을 제공할 것이다. A/IS 개발에서는 다양한 문화권에 적합한 "부가적 기능들(add-ons)"을 실행, 해제하는 시스템이 필수요소로 고려되어야 한다.

## 기타 참고자료


- G. Cotton, "다문화적 비즈니스 환경에서 지양해야 할 동작들(Gestures to Avoid in Cross-Cultural Business: In Other Words, 'Keep Your Fingers to Yourself!')" *Huffington Post*, June 13, 2013.
- "문화권별 유사언어(Paralanguage Across Cultures)," Sydney, Australia: Culture Plus Consulting, 2016.
- G. Cotton, "다문화적 의사소통을 위한 대화 방법(*Say Anything to Anyone, Say Anything to Anyone, Anywhere: 5 Keys to Successful Cross-Cultural Communi-*

*cation*)." Hoboken, NJ: Wiley, 2013.

- D. Elmer, "다문화적 연계를 위한 방법(*Cross-Cultural Connections: Stepping Out and Fitting In Around the World*). Westmont, IL: InterVarsity Press, 2002.
- B. J. Fogg, 설득적 기술(Persuasive Technology). *Ubiquity*, December 2, 2002.
- A. McStay, 정서적 AI를 통한 공감매체의 출현(Emotional AI: The Rise of Empathic Media). London: Sage, 2018.
- M. Price, "얼굴 표정의 비(非)보편성(Facial Expressions—Including Fear—May Not Be as Universal as We Thought)." *Science*, October 17, 2016.

**이슈 :** 문화적 특수성이 반영되지 않은 감성 컴퓨팅 시스템과의 장기적 상호작용이 인간의 사회적 상호작용에 변화를 가져올지는 아직 알 수 없다.

## 배경

지식 베이스에 문화적 지식이 저장되지 않은 A/IS는 정서와 문화를 중요하게 여기는 사람들과 효과적으로 상호작용할 수도 있고, 경우에 따라서는 그렇지 않을 수도 있다. A/IS와의 상호작용은 개인과 사회에 영향을 줄 수 있기 때문에, 인간과 A/IS의 정서적 상호작용을 통하여 혜택을 얻을 수 있는 방안들을 진지하게 고려해야 한다. 인간은 미러링(mirroring)을 통하여 자신의 행동 기준들을 이해, 개발하는 경우가 많다. 일부 기계학습에서는 A/IS와 인간의 상호작용을 개선하기 위하여 인간의 행동을 투영하는 미러링 방식이 사용되기도 한다. 따라서 미러링을 통한 학습은 긍정적 영향과 부정적 영향을 둘 다 초래할 수 있으며, 기계와의 상호작용은 인간의 행동 기준들과 사회적, 문화적 기준들에 영향을 끼칠 수 있다는 것을 유념해야 한다. 감성 컴퓨팅 시스템은 감수성이 예민한 인간과 상호작용할 경우, 다양한 문화권의 특성들에 대한 지식 베이스의 수준이나 이 지식 베이스의 저장 여부와 무관하게 사회적, 문화적 신호들과 가치들에 대한 인간의 반응에 변화를 일으킬 수 있다. A/IS

가 강력한 문화적 영향력을 광범위하게 행사할 수 있을지는 실질적인 우려의 영역이라 할 수 있다.

## 권고안

1. 다양한 이해관계자들이 협력하여 인간과 감성 시스템의 장기적 상호작용으로 인한 영향을 연구해야 한다. 이를 위하여 다양한 규칙들, 학문적 접근들, 측정 방법들을 적용하여 행동, 기준, 원칙의 변화를 측정하고 문화적 · 사회적 영향을 신중히 평가해야 한다.

2. 개인이나 공동체의 생활을 위한 감성 시스템의 배치를 담당하는 사람들은 적절한 훈련을 통해 A/IS의 영향을 파악하고, A/IS의 악영향을 줄이기 위한 기술을 활용하며, 유해한 A/IS를 폐쇄할 수 있는 역량을 쌓아야 한다.

## 기타 참고자료


- T. Nishida and C. Faucher, Eds., 인공지능의 실현을 위한 감정 모델링의 기반과 적용(Modelling Machine Emotions for Realizing Intelligence: Foundations and Applications). Berlin, Germany: Springer-Verlag, 2010.
- D. J. Pauleen, et al., "정보시스템의 연구와 실제에 대한 문화적 편견(Cultural Bias in Information Systems Research and Practice: Are You Coming from the Same Place I Am?)" *Communications of the Association for Information Systems*, vol. 17, pp. 1-36, 2006. J. Bielby, "다문화적 정보윤리에 대한 비교철학(Comparative Philosophies in Intercultural Information Ethics)." *Confluence: Online Journal of World Philosophies* 2, no. 1, pp. 233-253, 2015.
- J. Bryson, "아이를 돌보는 로봇이 심리적으로 끼치는 피해가 크지 않은 이유(Why Robot Nannies Probably Won't Do Much Psychological Damage)." A commentary on an article by N. Sharkey and A. Sharkey, *The Crying Shame*

*of Robot Nannies. Interaction Studies*, vol. 11, no. 2 pp. 161-190, July 2010.

- A. Sharkey and N. Sharkey, "어린이와 고령자, 그리고 인터랙티브 로봇(Children, the Elderly, and Interactive Robots)." *IEEE Robotics & Automation Magazine*, vol. 18, no. 1, pp. 32-38, March 2011.

**이슈** : 감성 시스템은 다양한 문화권에서 이용될 경우, 소속 공동체의 문화적, 사회적, 종교적 가치들에 부정적인 영향을 끼칠 수 있다.

## 배경

일부 철학자들은 보편적인 윤리적 원칙은 없으며, 각각의 사회마다 윤리적 기준들이 서로 다르다고 주장한다. 감성 시스템은 윤리적 원칙의 보편성이나 상대성과 무관하게 해당 문화권의 가치들을 존중할 필요가 있다. 감성 시스템이 설계자들이나 이용자들의 가치들을 어떻게 효과적으로 반영해야 하는지에 대해서 아직 결론이 나지 않았다. 다만, 감성 시스템과 상호작용하는 사람들의 가치들이 감성 시스템에 반영되어야 한다는 것을 개발자들이 중요하게 고려해야 한다는 것에 대해서는 일반적인 공감대가 형성되어 있다. 서로 다른 집단들이 존재하는 것과 마찬가지로, 개발자가 감성 시스템에 반영하는 가치들은 운영자나 고객이 감성 시스템에 반영하는 가치들과 다를 가능성이 높다. 또한 최종 사용자들의 가치들을 적극적으로 고려할 필요성 역시 높다. 감성 시스템이 사회적 가치들을 제대로 반영하지 못할 경우, 갈등이 초래되어 바람직하지 못한 결과들로 이어질 우려가 있다. 즉, 제스처나 시선 접촉이 무례하거나 위협적인 행위로 오해받을 수 있는 것이다. 따라서 감성 시스템은 해당 공동체와 구성원들의 가치들을 잘 반영하여 불필요한 오해가 발생하지 않도록 개발되어야 한다.

## 권고안

설계가 잘된 감성 시스템은 설정 가능한 기준들에 대한 최소한의 데이터가 지식 베이스에 저장되어 있으며, 이러한 시스템을 위하여 충족되어야 할 요건들은 다음과 같다.

1. 감성 시스템은 해당 시스템에 반영된 가치들, 해당 시스템과 상호작용하고 있는 사람들이 중요시하는 가치들의 차이를 구별할 수 있어야 한다.

2. 감성 시스템은 이용자들이 중요하게 여기는 기준들을 더욱 잘 반영하기 위해 필요하다고 판단될 경우, 시간의 경과에 따라 적절한 업데이트를 실시해야 한다. 사회적 가치들은 점점 변하기 때문에 이러한 변화에 대한 정보를 감성 시스템에서 파악하고 축적하는 방법이 필요하다.

3. 감정적 반응을 유발할 가능성이 가장 높은 감성 시스템은 이용자가 악의적 해킹을 당할 위험 없이 동작을 쉽고 적절하게 변경할 수 있도록 설계되어야 한다. 오늘날의 소프트웨어는 장소에 따라 변경이 용이하도록 관련 언어와 어휘를 표출하고 있다. 이와 마찬가지로, 감성 시스템의 핵심적 동작들도 표출되어야 한다.

## 기타 참고자료


- J. Bielby, "다문화 정보윤리의 비교철학(Comparative Philosophies in Intercultural Information Ethics)." *Confluence: Online Journal of World Philosophies* 2, no. 1, pp. 233-253, 2015.
- M. Velasquez, C. Andre, T. Shanks, and M. J. Meyer, "윤리적 상대주의(Ethical Relativism)." Markkula Center for Applied Ethics, Santa Clara, CA: Santa Clara University, August 1, 1992.
- 문화는 사람들의 행동과 상호작용을 지배하는 도덕적 가치들과 윤리적 기준들을 반영한다(Culture reflects the moral values and ethical norms governing

how people should behave and interact with others). "윤리 개론(Ethics, an Overview)." Boundless Management.

- T. Donaldson, "타향에서 겪게 되는 가치 갈등(Values in Tension: Ethics Away from Home Away from Home)." *Harvard Business Review*. September-October 1996.

SECTION

## 02 인간을 보살피는 데 이용되는 감성 시스템

**이슈** : 이용자들과의 친밀한 관계 형성이 가능하도록 설계된 감성 시스템은 도덕적·윤리적 갈등을 초래할 것인가?

### 배경

어린이, 성인, 고령자를 가까이에서 보살피는 기능에 초점을 둔 로봇들이 다수 개발, 생산되고 있다.[2] 인간과의 친밀한 관계 형성만을 목적으로 하는 로봇들은 아직 나와 있지 않으나, 언론에서는 이러한 로봇들의 이용 가능성에 항상 주목하고 있다. 따라서 관련 커뮤니티들, 정책입안자들, 일반인들이 협력하여 이러한 로봇들의 적절한 이용을 위한 지침들을 개발하는 것이 중요하다. 그리고 이 지침들은 감성 시스템과 이용자 간에 친밀한 상호작용이 발생할 경우 초래될 수 있는 윤리적 편익과 위험에 대한 기본적 인권들을 반영해야 한다.

인간을 돌보는 A/IS와 관련된 문제에는 돌봄의 방법, 이러한 A/IS의 구현, 인간과 A/IS의 친밀한 관계에서 형성되는 데이터의 관리에 대한 것들이 포함된다. 관련 문헌자료에 따르면, 인간을 돌보는 A/IS를 이용할 경우 긍정적 편익을 얻을 수 있다. 다만, 이러한 A/IS의 이용으로 인하여 인간과 인간의 친밀한 관계에 부정적 영향이 발생하지 않도록 적절하고 세심한 주의를 기울여야 한다.[3]

## 권고안

A/IS 기술이 발전할수록, A/IS와 인간의 친밀한 관계 형성에 대한 연구 결과를 검토하는 것이 중요하다. 특히 A/IS의 긍정적·치료적 활용을 촉진하고 A/IS로 인한 개인적·사회적 관계의 파괴를 방지할 수 있는 기술과 기준의 개발에 대한 연구 결과를 주의 깊게 살펴보아야 한다.

1. 고정관념, 성차별, 인종차별, 인간의 고통스러운 상황을 악화시키는 시스템이 설계되어서는 안 된다.

2. 이용자 심리를 명백히 조작하는 시스템이 설계되어서는 안 된다. 다만, 이용자가 인지하고 동의한 경우는 예외이다. 모든 조작은 옵트인 시스템(opt-in system)을 통해서만 이루어져야 한다.

3. 인간을 보살피는 A/IS는 이용자의 사회적 고립을 방지하는 방향으로 설계되어야 한다.

4. 감성 로봇을 설계하는 사람들은 제품의 부작용을 이용자들에게 분명히 고지하여야 한다. 예를 들어, 해당 제품으로 인하여 이용자와 A/IS 간에 지나치게 친밀한 애착 관계가 형성됨으로써 이용자가 정상적인 인간관계를 맺지 못하는 부정적 결과가 초래될 수 있다는 것을 제품 안내문 등을 통하여 널리 알려야 한다.

5. 인간을 보살피는 용도의 A/IS는 상업적으로 출시될 경우, 법률상 인간으로 정의되거나, 광고에서 인간으로 표현되어서는 안 된다. 이러한 A/IS는 인위적으로 계획, 설계, 제작되었다는 사실이 최소한 매장에서라도 안내문을 통하여 최대한 투명하게 공지되어야 한다. 관련 사항은 본 책자의 제4절 '인간의 잠재력

향상을 지원하는 시스템'을 참고하면 된다.

6. 인간의 이미지에 대한 기존 법들을 인간을 보살피는 A/IS의 관점에서 재고해야 한다. 그리고 이러한 A/IS의 윤리적 고려와 함께, 각 지역의 관련 법 및 관습들과 조화를 이룰 수 있는 방안들을 마련할 필요가 있다.

## 기타 참고자료


- M. Boden, J. Bryson, D. Caldwell, K. Dautenhahn, L. Edwards, S. Kember, P. Newman, V. Parry, G. Pegman, T. Rodden, and T. Sorrell, 로봇의 규제를 위한 실제적 원칙(Principles of robotics: regulating robots in the real world). *Connection Science*, vol. 29, no. 2, pp. 124-129, April 2017.
- J. J. Bryson, M. E. Diamantis, and T. D. Grant, "인간의, 인간을 위한, 인간에 의한: 인공지능에 대한 법적 허점(Of, For, and By the People: The Legal Lacuna of Synthetic Persons)." *Artificial Intelligence & Law*, vol. 25, no. 3, pp. 273-291, Sept. 2017.
- M. Scheutz, "인간과 사회적 로봇의 일방적인 정서적 유대관계로 인한 위험(The Inherent Dangers of Unidirectional Emotional Bonds between Humans and Social Robots)," in *Robot Ethics: The Ethical and Social Implications of Robotics*, P. Lin, K. Abney, and G. Bekey, Eds., p. 205. Cambridge, MA: MIT Press, 2011.

SECTION

# 03 감성 시스템을 통한 조작/유도/기만

**이슈** 감성 시스템은 이용자와/또는 다른 사람들을 위한 편익을 유도하기 위해 설계되어야 하는가?

## 배경

조작(manipulation)은 어떤 사람 또는 집단이 다른 사람 또는 집단의 행동을 통제하거나 바꾸기 위해 영향력을 행사하는 것으로 정의될 수 있다. 한 연구 결과에서는 다른 사람의 행동을 전략적으로 교묘하게 바꾸는 것을 "넛지(nudge)[4]"로 지칭하고 있다(Thaler and Sunstein, 2008). 넛지는 주로 정서적 인간관계를 통하여 이루어지는데, 아동 교육이나 약물 의존 치료를 비롯한 의료 서비스 등에 적절하게 이용될 경우 대상자가 공동체에 유익한 행동을 하도록 유도할 수 있다. 그러나 대상자의 배경에 대한 정보가 제대로 반영되지 않은 넛지 시스템은 미처 예상치 못한 부정적 결과를 초래할 수 있다.[5] 또한 넛지는 개인/또는 사회에 오랫동안 긍정적・부정적 영향을 끼치는 행동을 유도할 수 있다. A/IS 설계에는 인간에게 개인의 자유를 침해 또는 증진하는 행동이나 타인에게 이로운 행동을 유도하는 A/IS의 효과가 잘 고려되어야 한다.

## 권고안

1. 인간의 행동을 유도하는 감성 시스템은 배치 전에 우선 이러한 시스템의 설계에 대한 윤리와 영향이 체계적으로 분석되어야 한다.

2. 이용자는 확실한 옵트인(opt-in) 시스템과 이해하기 쉬운 안내를 통하여 A/IS

넛지−그 목적이 유익한 사회적 조작을 유도하기 위해서든지, 아니면 소비자가 A/IS의 상업적 목적을 받아들이도록 유도하기 위해서든지 간에−의 다양한 형태들을 식별할 수 있는 권한이 주어져야 한다. 또한 이용자는 A/IS 넛지에 대한 사실들을 찾아 확인하고, A/IS 넛지의 허용 또는 거부에 대한 의사를 결정할 수 있어야 한다. 넛지 시스템은 투명해야 하며, 책임 소재−인간 포함−가 분명해야 한다. 예를 들어, 데이터 로깅(data logging)을 통하여 이용자에게 넛지의 방법과 이유, 그리고 주체에 대한 정보를 제공하는 것이 필요하다.

3. A/IS 넛지는 강요되어서는 안 되며, 이용자 동의 기반의 옵트인 시스템에 대한 정책이 항상 제공되어야 한다.

4. 어린이 등 취약자들이 관련되어 있거나 정보에 입각한 이용자 동의를 얻는 것이 불가능할 경우, 원치 않는 넛지가 발생하지 않도록 방지하는 추가적인 조치들이 취해져야 한다. 또한 넛지가 인간의 행동에 장기적 영향을 끼치거나 이용자 동의만으로는 넛지의 강요 또는 악용을 막기 어려운 경우, 원치 않는 넛지에 대한 방지 조치들이 적용되어야 한다.

5. 넛지에 대한 개인이나 집단들의 취약성 또는 감정적 반응을 노출할 우려가 있는 정보는 옵트인 시스템을 통한 이용자 동의 없이 수집되거나 유포되어서는 안 된다. 이러한 정보의 보관은 투명성이 유지되어야 하며, 이러한 정보의 접속은 데이터 프라이버시와 법에 따른 최상위 규범을 통하여 엄격히 통제되어야 한다.

## 기타 참고자료


- R. Thaler and C. R. Sunstein, 넛지: 건강, 부, 행복에 대한 의사결정을 향상시키는 힘(*Nudge: Improving Decision about Health, Wealth and Happiness*), New Haven, CT: Yale University Press, 2008.
- L. Bovens, "The Ethics of Nudge," 취향을 변화시키는 철학적, 경제학적, 심리학적 방법(in *Preference change: Approaches from Philosophy, Economics and*

*Psychology*), T. Grüne-Yanoff and S. O. Hansson, Eds., Berlin, Germany: Springer, 2008 pp. 207-219.

- S. D. Hunt and S. Vitell, "마케팅 윤리의 일반 이론(A General Theory of Marketing Ethics)." *Journal of Macromarketing*, vol. 6, no. 1, pp. 5-16, June 1986.
- A. McStay, 산업, 정책, 법, 시민의 관점에서 바라본 공감적 미디어와 광고(Empathic Media and Advertising: Industry, Policy, Legal and Citizen Perspectives) (the Case for Intimacy), *Big Data & Society*, pp. 1-11, December 2016.
- J. de Quintana Medina and P. Hermida Justo, "넛지에 대한 선택의 자유와 유익함(Not All Nudges Are Automatic: Freedom of Choice and Informative Nudges)." Working paper presented to the European Consortium for Political Research, Joint Session of Workshops, 2016 Behavioral Change and Public Policy, Pisa, Italy, 2016.
- M. D. White, 선택의 조작. 윤리와 자유의지적 온정주의(*The Manipulation of Choice. Ethics and Libertarian Paternalism*). New York: Palgrave Macmillan, 2013.
- C. R. Sunstein, 행동과학 시대의 정부를 위한 영향 윤리(The Ethics of Influence: Government in the Age of Behavioral Science). New York: Cambridge, 2016.
- M. Scheutz, "인공지능 로봇의 감성 딜레마: 우리는 감성적인 인공지능 로봇을 개발해야 하는가?(The Affect Dilemma for Artificial Agents: Should We Develop Affective Artificial Agents?)" *IEEE Transactions on Affective Computing*, vol. 3, no. 4, pp. 424-433, Sept. 2012.
- A. Grinbaum, R. Chatila, L. Devillers, J.-G. Ganascia, C. Tessier, and M. Dauchet, "로봇 연구의 윤리: 정보 과학 및 기술의 연구에 대한 윤리 위원회의 권고(*Ethics in Robotics Research: CERNA Recommendations*)," *IEEE Robotics and Automation Magazine*, vol. 24, no. 3, pp. 139-145, Sept. 2017.

- "도덕적 기술의 설계에 대한 이론적, 실제적, 윤리적 이슈(Designing Moral Technologies: Theoretical, Practical, and Ethical Issues" Conference July 10-15, 2016, Monte Verità, Switzerland.

**이슈** : 정부 기관들은 자선활동 유도 등을 위하여 넛지 전략을 이용할 수 있다. 감성 시스템 기반의 넛지 등을 이용하여 사회에 유익한 행동을 유도하는 것은 윤리적 문제를 초래할 것인가?

## 배경

일부 학자들은 로봇이나 감성 시스템을 통하여 인간에게 사회에 유익한 행동을 하도록 유도할 경우, 장차 논란이 일어날 수 있다고 주장해 왔다.[6] 예컨대, 설계가 잘된 로봇을 이용하여 인간의 자선 행위를 효과적으로 유도할 수 있다면, 그렇게 하는 것이 윤리적으로 적절한지에 대한 논란이 발생할 수 있는 것이다. 사실 로봇은 이와 같은 자선 행위뿐만 아니라 훨씬 다양한 행위들을 이용자로부터 이끌어낼 수 있다.

감성 시스템은 이용자에게 매우 강력한 설득력을 행사할 수 있으므로 넛지와 관련된 윤리적 문제들이 검토되어야 한다. 특히 넛지가 오용될 위험은 매우 크다.

## 권고안

1. 인간의 행동에 공공연하게 교묘한 영향을 끼치는 컴퓨터 기기들이 늘어나고 있다. 따라서 이러한 컴퓨터 기기들을 설계하여 정부 활동에 이용하는 것이 윤리적으로 적절한지 여부를 주의 깊게 살펴볼 필요가 있다.
2. 이러한 컴퓨터 기기는 누구를 위한 것이며, 목표 달성을 위하여 기만이나 조작이 이용될 것인지가 투명하게 공개될 필요가 있다.

## 기타 참고자료

- J. Borenstein and R. Arkin, "로봇을 이용한 넛지: 사회적으로 더 올바른 인간의 양성을 위한 윤리(Robotic Nudges: Robotic Nudges: The Ethics of Engineering a More Socially Just Human Being Just Human Being)." *Science and Engineering Ethics*, vol. 22, no. 1, pp. 31-46, Feb. 2016.
- J. Borenstein and R. Arkin, "선량한 넛지: 로봇이 유도하는 공감과 자선행위의 윤리적 적절성(Nudging for Good: Robots and the Ethical Appropriateness of Nurturing Empathy and Charitable Behavior)." *AI and Society*, vol. 32, no. 4, pp. 499-507, Nov. 2016.

## 이슈 : 사회기술적 환경이 제대로 고려되지 않은 A/IS 넛지 시스템은 의도하지 않은 부정적 결과를 초래하는가?

## 배경

설계가 잘된 넛지 또는 제안 시스템이라면, 어떤 환경에서 인간의 행동을 유도하고 있는지를 판단하는 기능을 충분히 갖추고 있을 것이다. 환경에 대한 판단을 내리기 위해서는 장차 유도될 행동의 범위나 영향, 부정확하거나 불완전한 넛지로 인해 발생할 수 있는 결과, 넛지의 영향이 장기적으로 지속될 경우 혼란이 발생할 수 있다는 점에 대한 인식이 필요하다.[7]

## 권고안

1. 이용자들이 일상생활에서 A/IS 넛지를 더 잘 이해할 수 있게 도와주는 기술에 대하여 정부 또는 NGO들이 허가 또는 인증을 부여하는 방안이 고려되어야 한다.

2. 인간의 행동을 유도하는 감성 시스템의 허용 여부를 판단하는 과정에서는 이용자의 자율성이 반드시 고려되어야 한다.

3. 인간의 행동을 유도하는 감성 시스템은 이용자들을 정확히 구별할 수 있도록 설계되어야 한다. 예컨대, 이용자의 특성을 파악하여 해당 이용자가 성인인지, 아니면 어린이인지를 판단할 수 있어야 한다.

4. 넛지 전략을 구사하는 감성 시스템은 의도하지 않은 결과를 평가, 관찰, 통제할 수 있도록 설계되어야 한다.

## 기타 참고자료


- J. Borenstein and R. Arkin, "로봇을 이용한 넛지: 사회적으로 올바른 인간의 양성을 위한 윤리(Robotic Nudges: Robotic Nudges: The Ethics of Engineering a More Socially Just Human Being Just Human Being)." *Science and Engineering Ethics*, vol. 22, no. 1, pp. 31-46, Feb. 2016.
- R. C. Arkin, M. Fujita, T. Takagi, and R. Hasegawa, "인간과 로봇의 상호작용을 위한 행동학적, 정서적 기반(An Ethological and Emotional Basis for Human-Robot Interaction)." *Robotics and Autonomous Systems*, vol. 42, no. 3-4, pp. 191-201, March 2003.
- S. Omohundro, "자율기술과 더욱 위대한 인간의 선(善)(Autonomous Technology and the Greater Human Good)." *Journal of Experimental and Theoretical Artificial Intelligence*, vol. 26, no. 3, pp. 303-315, 2014.

## 이슈 : 감성 시스템을 이용한 기만은 언제, 어떤 상황에서 허용될 수 있는가?

### 배경

인간은 일상생활에서 남을 속이는 경우가 많다. 칸트 학파에서 거짓말은 윤리적으로 결코 적절하지 않은 것으로 간주된다. 그러나 공리주의적 관점에서 보면 거짓말은 최대 다수의 최대 행복을 증진할 수 있다면 허용 가능하다. 이처럼 윤리와 기만의 적절성에 대한 관점들은 매우 다양하다. 여기서 우리는 감성 시스템과 관련하여 다음과 같은 문제들에 대해 생각할 필요가 있다. 첫째, 감성 시스템은 기만을 위하여 설계되어야 하는가? 둘째, 기만은 본질적으로 상대방의 동의 없이 일방적으로 이루어진다는 점을 고려할 때, 기만이 필요할 수 있는 상황에서 함부로 A/IS를 이용하면 안 되는 것인가?

### 권고안

A/IS를 이용한 기만이 허용될 수 있는지에 대한 권고안들이 필요하다. 특히 언제, 어떤 상황에서 기만이 허용될 수 있는지가 고려되어야 한다.

1. 일반적으로, 기만은 감성적 주체가 자신이 아닌 상대방을 위하여 행할 때 허용될 수 있다. 예를 들어, 수색 및 구조 또는 고령자나 어린이를 돌보는 상황에서는 기만이 필요할 수 있다.

2. 기만을 이용하려면 항상 감성 시스템의 설계자가 논리적·합리적 근거를 제시해야 한다. 이러한 근거는 허가기관, 규제기관 등 외부 기관의 인정을 받아야 한다.

## 기타 참고자료


- R. C. Arkin, "거짓말을 위한 로봇(Robots That Need to Mislead: Biologically-inspired Machine Deception)." *IEEE Intelligent Systems* 27, no. 6, pp. 60-75, 2012.
- J. Shim and R. C. Arkin, "인간과 로봇의 상호작용에서 로봇의 거짓말은 인간을 어떻게 도울 수 있는가?(Other-Oriented Robot Deception: How Can a Robot's Deceptive Feedback Help Humans in HRI?)" *Eighth International Conference on Social Robotics (ICSR 2016)*, Kansas, MO., November 2016.
- J. Shim and R. C. Arkin, "수색 및 구조 작업에서 로봇의 거짓말을 통해 얻을 수 있는 혜택(The Benefits of Robot Deception in Search and Rescue: Computational Approach for Deceptive Action Selection via Case-based Reasoning)." *2015 IEEE International Symposium on Safety, Security, and Rescue Robotics (SSRR 2015)*, West Lafayette, IN, October 2015.
- J. Shim and R. C. Arkin, "인간과 로봇의 상호작용에서 로봇의 거짓말을 통해 얻을 수 있는 혜택(A Taxonomy of Robot Deception and its Benefits in HRI)." *Proceedings of IEEE Systems, Man and Cybernetics Conference*, Manchester England, October 2013.

SECTION

# 04 인간의 잠재력 향상을 지원하는 감성 시스템

**이슈** : 사회에서 A/IS의 이용 범위가 확대될 경우, 조직구성원들의 자율성이 낮아지고 창의력, 감성, 공감 능력을 통해 조직을 관리하는 인력들이 A/IS로 대체되어 조직이 더욱 불안정해지는 결과로 이어지는가?

## 배경

일터에서 A/IS가 인간을 대체하게 된다면 기업들, 정부들, 노동자들, 고객들은 과거의 조직 지도자들이 예측했던 것 이상의 변화를 발견하는 일이 거의 불가능해질 것이다. 조직들과 고객들이 무엇을 원하고, 어떤 능력을 가지고 있으며, 어떤 어려움을 겪고 있는지에 대한 정보를 서로 공유, 공감하지 않으면 개인들과 기업들, 그리고 이들을 돕기 위해 존재하는 정부들 간에 불균형이 초래될 수 있다. 이는 A/IS로 인하여 유용한 혁신의 기회를 잃어버리는 결과로 이어질 수 있다. 따라서 상호 간의 협력이 필요하며, 협력을 위해서는 이해관계자들 간에 공감을 기반으로 하는 보편적 유대관계가 충분히 형성되어야 한다. 공감이란 감정 이입을 통하여 타인의 목표를 이해할 수 있는 능력을 의미한다.

일부 과학자들에 따르면, 자율성은 인간에게 필요한 심리적 촉매제이다. 이는 인간의 번영, 창조, 혁신은 자율성 없이는 결코 이루어질 수 없다. 윤리적 설계는 인간의 자율성 또는 자율성 표현을 방해하는 것이 아니라, 지원하는 것이 되어야 한다.

## 권고안

1. 감성 시스템(또는 다른 기술)이 인간 노동자들의 상호작용에 개입하여 자율성, 혁신, 소통을 제한하는 경우가 발생하지 않도록 유의해야 한다.

2. A/IS를 이용할 때에는 고객들과 조직들이 필요시 담당자에게 직접 연락할 수 있도록 해야 한다.

3. 감성 시스템은 인간의 번영을 위하여 자율성, 자신감, 소중한 인간관계를 지원하도록 설계되어야 한다.

4. A/IS는 경제적 효율성, 예측 가능성, 통제 가능성이 인간 노동자보다 더 높을 수 있다. 그러나 이러한 경우라 할지라도, 인간 노동자들이 모든 의사결정 단계에서 핵심적 역할을 수행함으로써 인간의 자율성, 소통, 혁신이 유지되도록 해야 한다.

5. 경영 및 조직 이론을 연구하는 사람들은 감성 시스템과 자율시스템의 이용을 통하여 비즈니스 모델과 노동의 효과를 높이면서도 인간의 자율성은 유지할 수 있는 방안들을 고려해야 한다.

## 기타 참고자료


- J. J. Bryson, "인공지능과 사회 친화적 행동(Artificial Intelligence and Pro-Social Behavior)," in *Collective Agency and Cooperation in Natural and Artificial Systems*, C. Misselhorn, Ed., pp. 281-306, Springer, 2015.
- D. Peters, R. A. Calvo, and R. M. Ryan, "디지털 경험 기반의 동기 부여, 참여, 웰빙을 위한 설계(Designing for Motivation, Engagement and Wellbeing in Digital Experience)," *Frontiers in Psychology*-Human Media Interaction, vol. 9, p. 797, 2018.

**이슈** : A/IS를 이용하여 다른 사회구성원들의 개인정보에 접속하는 것이 쉬워질 경우, 인간의 감성적 경험에 변화가 일어날 것인가? 그리고 이는 인간의 자율성에 변화가 일어나는 결과로 이어질 수 있는가?

## 배경

이론생물학에 따르면, 활발한 소통—A/IS의 도움을 받은—이 이루어져야만 집단적 차원의 투자를 촉진할 수 있다.[8] A/IS의 이용 확대는 개인의 자율성 표현을 변화시키고 A/IS가 속한 집단 내 구성원들 간에 동질감을 높임으로써 다음과 같은 사회적 변화를 가져올 수 있다.

1. 부모들이 자녀들의 삶을 감독하고 통제하는 범위가 변하게 된다.
2. 의견을 표현하면 나중에 그 의도가 왜곡되어 장기적 영향을 받거나 감시를 당할까 봐 두려워서 의견 표현을 주저하게 될 수 있다.
3. 가격 인하 또는 접근성 향상을 위하여 데이터 입력 등 기본적인 기업 비즈니스 절차의 수행에 고객들이나 기타 최종 사용자들이 활용됨으로써 세입(歲入)이 줄어들 수 있다.
4. 개인의 자율성 표현에 대한 변화는 사회의 다양성, 창의성, 응집력에 변화를 초래할 수 있다. 또한 프라이버시와 보안의 개념, 자율성 표현에 대한 사회적·법적 책임에 대해서도 변화가 일어날 수 있다.

## 권고안

1. 정부를 비롯한 조직들은 개인의 프라이버시와 자율성을 존중해야 한다. 특히 개인정보의 보유량과 보유 기간을 엄격히 제한해야 한다.
2. 개별성과 자율성 유지의 중요성 및 A/IS의 적절한 이용과 제한에 대한 교육을

제공해야 한다.[9]

## 기타 참고자료

- J. J. Bryson, "인공지능과 사회 친화적 행동(Artificial Intelligence and Pro-Social Behavior)," in *Collective Agency and Cooperation in Natural and Artificial Systems*, C. Misselhorn, Ed., pp. 281-306, Springer, 2015.
- M. Cooke, "개인을 위한 영역: 자율성, 프라이버시, 자유(A Space of One's Own: Autonomy, Privacy, Liberty)," *Philosophy & Social Criticism*, vol. 25, no. 1, pp. 22-53, 1999.
- D. Peters, R. A. Calvo, and R. M. Ryan, "디지털 경험 기반의 동기 부여, 참여, 웰빙을 위한 설계(Designing for Motivation, Engagement and Wellbeing in Digital Experience)" *Frontiers in Psychology-Human Media Interaction*, vol. 9, p. 797, 2018.
- J. Roughgarden, M. Oishi, and E. Akçay, "사회적 행동의 재생산: 성(性) 선택의 대체를 위한 협력적 게임(Reproductive Social Behavior: Cooperative Games to Replace Sexual Selection)." *Science* 311, no. 5763, pp. 965-969, 2006.

**이슈** A/IS의 이용은 인간의 심리적·정서적 웰빙에 예기치 못한 부정적 영향을 끼치게 될 것인가?

## 배경

A/IS는 인간의 문화와 인간의 신체적 · 지능적 영역에 대한 새로운 비밀을 밝혀낼 수 있다. 또한 A/IS는 자연어로 의사소통이 가능하고 인간처럼 움직일 수 있으며, 인간처럼 의견을 표현할 수 있다. 그러나 A/IS는 인간이 아니며, 인간으로 간주되어서도 안 된다. 우리의 일상생활에 A/IS가 이용될 경우, 인간의 웰빙에 예상치 못한 영

향이 발생할 수 있다. 뿐만 아니라, A/IS의 이용은 인간 사이, 그리고 인간과 A/IS 사이의 신뢰와 능력에 대한 개념에 변화를 가져올 수 있다.

## 권고안

1. A/IS가 인간의 웰빙에 긍정적 · 부정적 영향을 끼치는 상황들에 유념하고, 이에 대하여 다학제적 · 지속적으로 충실히 연구해야 한다. 또한 A/IS의 이용 확대로 인하여 개인 또는 사회에 긍정적 · 부정적 결과가 초래되는지에 대해서도 검토해야 한다.

2. A/IS는 A/IS를 통한 의사결정이 인간의 삶에 예기치 못한 변화를 초래하는 것을 방지할 수 있는 방향으로 설계되어야 한다. 인간의 웰빙에 영향을 끼칠 수 있는 A/IS에 대한 설명이 요구될 경우, 이에 합당한 답변이 제시되어야 한다.

## 기타 참고자료


- K. Kamewari, M. Kato, T. Kanda, H. Ishiguro, and K. Hiraki, "생후 6.5개월 유아가 인간의 행동과 휴머노이드 로봇의 동작에 긍정적으로 목표를 부여하는지에 대한 연구(Six-and-a-Half-Month-Old Children Positively Attribute Goals to Human Action and to Humanoid-Robot Motion)," *Cognitive Development*, vol. 20, no. 2, pp. 303-320, 2005.
- R. A. Calvo and D. Peters, 긍정적 컴퓨팅: 웰빙과 인간의 잠재력 향상을 위한 기술(Positive Computing: Technology for Wellbeing and Human Potential). Cambridge, MA: MIT Press, 2014.

SECTION

# 05 인공감정을 가진 감성 시스템

**이슈** : 감성 시스템에 인공감정을 부여할 경우, A/IS의 접근성이 높아지게 될 것인가? A/IS의 접근성이 높아지면 A/IS에 대한 인식 패턴에 예기치 못한 변화가 발생하게 될 것인가?

## 배경

인공감정은 인간과 인공물 사이에 공감을 형성하기 위하여 설계되는 것으로, 인간과 A/IS의 협력에 유용하거나 필수적이라 할 수 있다. 그러나 인공감정을 이용하는 인간과 A/IS의 협력에서 인공감정은 종류에 따라 구분되거나 완전히 제거될 수 있다는 사실을 간과할 우려가 있다. 인공감정은 인간과 A/IS 또는 인간 사이의 유대관계, 책임, 신뢰에 변화를 가져올 수 있다. A/IS가 어떤 감각을 통해 정서적 상실감을 느끼도록 만들어질 수 있는지 여부는 정확하게 알 수 없다. 왜냐하면, A/IS의 설계 또는 재설계 과정에서 이러한 감정을 아예 배제해 버리는 경우도 존재할 수 있기 때문이다. 인간의 정서적 유대관계와 사회를 위하여 개발된 감각들에 도덕적 영향력이나 책임을 부여하는 것 역시 불가능하다.

## 권고안

1. A/IS는 상업적으로 출시될 경우, 법률상 인간으로 정의되거나, 광고에서 인간으로 표현되어서는 안 된다. 이러한 A/IS는 인위적으로 계획, 설계, 제작되었다는 사실이 최소한 매장에서라도 안내문을 통하여 가급적 투명하게 공지되어야 한다. 관련 사항은 본 책자의 제4절(Section 4) '인간의 잠재력 향상을 지원하는

감성 시스템'을 참고하면 된다.

2. 정서적 치료 등에 이용되는 일부 A/IS는 상황에 따라 비밀 유지가 필요할 것이다. 이러한 A/IS는 만약 조사를 받게 되면 해당 담당자들에게 투명하게 공개되어야 하나, 이 밖의 경우에는 A/IS의 적절한 운영을 위하여 예외가 허용될 수 있다.

## 기타 참고자료


- R. C. Arkin, P. Ulam, and A. R. Wagner, "자율시스템의 도덕적 의사결정(Moral Decision-making in Autonomous Systems: Enforcement, Moral Emotions, Dignity, Trust and Deception)," *Proceedings of the IEEE*, vol. 100, no. 3, pp. 571-589, 2012.
- R. Arkin, M. Fujita, T. Takagi, and R. Hasegawa, "인간과 로봇의 상호작용을 위한 행동학적, 정서적 기반(An Ethological and Emotional Basis for Human-Robot Interaction)." *Robotics and Autonomous Systems*, vol. 42, no. 3-4, pp. 191-201, March 2003.
- R. C. Arkin, "먹이사슬 오르기: 행동 기반 로봇의 동기 부여와 감정(Moving up the Food Chain: Motivation and Emotion in Behavior-based Robots)," in *Who Needs Emotions: The Brain Meets the Robot*, J. Fellous and M. Arbib., Eds., New York: Oxford University Press, 2005.
- M. Boden, J. Bryson, D. Caldwell, et al., "현실세계에서 로봇을 규제하는 원칙(Principles of Robotics: Regulating Robots in the Real World)." *Connection Science*, vol. 29, no. 2, pp. 124-129, 2017.
- J. J. Bryson, M. E. Diamantis, and T. D. Grant, "인간의, 인간을 위한, 인간에 의한: 인공지능에 대한 법적 허점(Of, For, and By the People: The Legal Lacuna of Synthetic Persons)." *Artificial Intelligence & Law*, vol. 25, no. 3, pp. 273-291, Sept. 2017.

- J. Novikova and L. Watts, "인간과 로봇의 상호작용에서 사회적 협력을 지원하기 위한 인공감정(Towards Artificial Emotions to Assist Social Coordination in HRI)," *International Journal of Social Robotics*, vol. 7, no. 1, pp. 77-88, 2015.
- M. Scheutz, "인공지능의 감성 딜레마: 우리는 감성을 가진 인공지능을 개발해야 하는가?(The Affect Dilemma for Artificial Agents: Should We Develop Affective Artificial Agents?)" *IEEE Transactions on Affective Computing*, vol. 3, no. 4, pp. 424-433, 2012.
- A. Sharkey and N. Sharkey, "어린이와 고령자, 그리고 인터랙티브 로봇(Children, the Elderly, and Interactive Robots)." *IEEE Robotics & Automation Magazine*, vol. 18, no. 1, pp. 32-38, March 2011.


## 기고자들에 대한 감사의 말


본 장의 작성에 기여한 아래의 모든 분들에게 감사드린다.

### 감성 컴퓨팅 위원회

- **Ronald C. Arkin** (Founding Co-Chair)—Regents' Professor & Director of the Mobile Robot Laboratory; College of Computing Georgia Institute of Technology
- **Joanna J. Bryson** (Co-Chair)—Reader (Associate Professor), University of Bath, Intelligent Systems Research Group, Department of Computer Science
- **John P. Sullins** (Co-Chair)—Professor of Philosophy, Chair of the Center for Ethics Law and Society (CELS), Sonoma State University
- **Genevieve Bell**—Intel Senior Fellow Vice President, Corporate Strategy Office Corporate Sensing and Insights

- **Jason Borenstein**—Director of Graduate Research Ethics Programs, School of Public Policy and Office of Graduate Studies, Georgia Institute of Technology
- **Cynthia Breazeal**—Associate Professor of Media Arts and Sciences, MIT Media Lab; Founder & Chief Scientist of Jibo, Inc.
- **Joost Broekens**—Assistant Professor Affective Computing, Interactive Intelligence group; Department of Intelligent Systems, Delft University of Technology
- **Rafael Calvo**—Professor & ARC Future Fellow, School of Electrical and Information Engineering, The University of Sydney
- **Laurence Devillers**—Professor of Computer Sciences, University Paris Sorbonne, LIMSICNRS 'Affective and social dimensions inspoken interactions'—member of the French Commission on the Ethics of Research in Digital Sciences and Technologies (CERNA)
- **Jonathan Gratch**—Research Professor of Computer Science and Psychology, Director for Virtual Human Research, USC Institute for Creative Technologie
- **Mark Halverson**—Founder and CEO at Human Ecology Holdings and Precision Autonomy
- **John C. Havens**—Executive Director, The IEEE Global Initiative on Ethics of Autonomous and Intelligent Systems; Executive Director, The Council on Extended Intelligence; Author, *Heartificial Intelligence: Embracing Our Humanity to Maximize Machines*
- **Noreen Herzfeld**—Reuter Professor of Science and Religion, St. John's University
- **Chihyung Jeon**—Assistant Professor, Graduate School of Science and Technology Policy, Korea Advanced Institute of Science and Technology (KAIST)
- **Preeti Mohan**—Software Engineer at Microsoft and Computational Linguistics Master's Student at the University of Washington

- **Bjoern Niehaves**－Professor, Chair of Information Systems, University of Siegen
- **Rosalind Picard**－Rosalind Picard, (Sc.D,FIEEE) Professor, MIT Media Laboratory, Director of Affective Computing Research; Faculty Chair, MIT Mind+Hand+Heart; Cofounder & Chief Scientist, Empatica Inc.; Cofounder, Affectiva Inc.
- **Edson Prestes**－Professor, Institute of Informatics, Federal University of Rio Grande do Sul (UFRGS), Brazil; Head, Phi Robotics Research Group, UFRGS; CNPq Fellow
- **Matthias Scheutz**－Professor, Bernard M. Gordon Senior Faculty Fellow, Tufts University School of Engineering
- **Robert Sparrow**－Professor, Monash University, Australian Research Council "Future Fellow", 2010-15
- **Cherry Tom**－Emerging Technologies Intelligence Manager, IEEE Standards Association

* IEEE 글로벌 이니셔티브 회원들에 관한 전체 목록은 standards.ieee.org/content/dam/ieee-standards/standards/web/documents/other/ec_bios.pdf에서 볼 수 있다.

** **윤리적 설계** 제1판의 권리 포기(disclaimers)에 관한 상세사항은 책자 맨 뒤에 실린 "본 책자가 어떻게 만들어졌는가(*How the Document Was Prepared*)" 부분을 참조하기 바란다.

# 미주

[1] 참고자료는 다음과 같다. B. J. Fogg, 설득적 기술(Persuasive Technology). *Ubiquity*, December: 2, 2002.

2 참고자료는 다음과 같다. S. Turkle, W. Taggart, C. D. Kidd, and O. Daste, "어린이, 고령자와 인공지능의 관계: 사이버 동반자의 복잡성(Relational artifacts with children and elders: the complexities of cybercompanionship), *Connection Science*, vol. 18, no. 4, 2006.

3 치료와 사적 용도를 목적으로 인간과 친밀한 관계를 맺는 로봇은 윤리적 설계 제1판에서 다루고자 하는 범위에 포함되지 않으며, 이에 대한 참고자료는 다음과 같다. J. P. Sullins, "로봇과 사랑, 그리고 성(性): 러브 머신에 대한 윤리(Robots, Love, and Sex: The Ethics of Building a Love Machine)." *IEEE Transactions on Affective Computing* 3, no. 4 (2012): 398-409.

4 관련 참고자료는 다음과 같다. R. Thaler and C. R. Sunstein, 넛지: 건강, 부, 행복에 대한 의사결정을 향상시키는 힘(*Nudge: Improving Decision about Health, Wealth and Happiness*), New Haven, CT: Yale University Press, 2008.

5 관련 참고자료는 다음과 같다. J. de Quintana Medina and P. Hermida Justo. "넛지에 대한 선택의 자유와 유익함(Not All Nudges Are Automatic: Freedom of Choice and Informative Nudges)." Working paper presented to the European Consortium for Political Research, Joint Session of Workshops, 2016 Behavioral Change and Public Policy, Pisa, Italy, 2016; M. D. White, 선택의 조작. 윤리와 자유의지적 온정주의(*The Manipulation of Choice. Ethics and Libertarian Paternalism*). New York: Palgrave Macmillan, 2013.

6 관련 참고자료는 다음과 같다. J. Borenstein and R. Arkin. "로봇을 이용한 넛지: 사회적으로 더 올바른 인간의 양성을 위한 윤리(Robotic Nudges: The Ethics of Engineering a More Socially Just Human Being)." *Science and Engineering Ethics*, vol. 22, no. 1 (2016): 31-46.

7 관련 참고자료는 다음과 같다. S. Omohundro, "자율기술과 더욱 위대한 인간의 선(善)(Autonomous Technology and the Greater Human Good)." *Journal of Experimental and Theoretical Artificial Intelligence* 26, no. 3 (2014): 303-315.

8 관련 참고자료는 다음과 같다. J. Roughgarden, M. Oishi, and E. Akçay. "사회적 행동의 재생산: 성(性) 선택의 대체를 위한 협력적 게임(Reproductive Social Behavior: Cooperative Games to Replace Sexual Selection)." *Science* 311, no. 5763 (2006): 965-969.

9 윤리적 설계 제1판에서 웰빙에 대한 장(章)을 참고할 것.

# 개인정보와 개인의 주체적 능력

EU 일반개인정보보호법(GDPR), 캘리포니아 소비자보호법(CCPA: California Consumer Privacy Act of 2018)과 같은 규정들은 개인정보 보호를 강화하는 데 도움이 된다. 그러나 법적 장치만으로는 알고리즘 기반의 행동추적 기술 또는 설득적 컴퓨팅으로 인하여 윤리적 부작용이 발생하고 인간의 주체적 능력이 크게 약화되는 문제를 해소할 수 없다. 이 문제의 핵심은 동등성 중 하나이다.

인간은 정책에 따라 허용된 기술적 도구(tool) 없이 개인의 행동을 추적하는 알고리즘들에 혼자 힘으로는 일일이 대응할 수 없다. 또한 인간은 개인정보 이용에 대한 약관 내용을 충분히 이해하지 못한 상태에서도 개인정보 이용에 동의하는 경우가 있다. 그러나 인간은 자신에 대한 정보가 개인 맞춤형 알고리즘의 실행에 교묘하게 이용됨으로써 어떻게 자신의 선택에 영향을 끼치고 자신의 주체적 능력을 약화시키는지에 대해서도 충분히 알지 못하고 있다.

여기서 주체적 능력(agency)이란 인간이 자신의 삶을 문화적, 사회적 환경에 맞게 만들어 나아갈 수 있는 능력을 의미한다. 그리고 디지털 환경에서 주체적 능력을 가진 인간은 온라인 개인정보 이용 약관의 인정과 실행을 어떤 경우에 허용 가능한지를 직접 결정할 수 있다.

개인의 주체적 능력을 강화하기 위하여, 정부들과 조직들은 개인이 온라인 활동에 대한 정보를 자신의 신원에 따라 생성, 분류, 통제할 수 있는 기술들과 정책들을 테스트, 실행해야 한다. 한편, 정보 거래는 적정 수준 내에서 이루어져야 하며 누가, 어떤 개인정보를, 무슨 목적으로 처리할 수 있는지를 개인 당사자가 직접 결정할 수 있어야 한다.

정부들 및 조직들에게 권고하는 사항들은 다음과 같다.

- **생성**: 누구나 자신의 개인정보에 대한 이용 약관을 직접 만들고 계획할 수 있어야 한다. 또한 이 약관은 기계적으로 읽을 수 있는 수준으로 읽고 동의할 수 있는 것이어야 한다.
- **선별**: 알고리즘 시대의 인간이 주체적 능력을 유지하기 위해서는 적절한 개인정보 에이전트 또는 알고리즘 에이전트를 선별하여 자신의 개인정보에 대한 이용 약관을 실제와 디지털 및 가상 환경에서 표시할 수 있어야 한다.
- **통제**: 모든 사람이 적절한 인증 서비스에 접속하여 보안 ID를 생성함으로써 자신의 개인정보가 적정 한도 내에서 안전하고 정확하게 거래되도록 통제할 수 있어야 한다.

본 장(章)에서 제1, 2, 3절은 상기 권고안들과 같이 인간의 주체적 능력에 대한 내용을 다루고 있다. 그리고 제4절은 아동의 개인정보와 주체적 능력에 대한 것을 다루고 있다.

SECTION

# 01 생성

알고리즘 시대의 인간은 주체적 능력을 유지하기 위하여 자신의 개인정보에 대한 이용 약관을 직접 만들고 계획할 수 있는 적절한 방법이 반드시 필요하다. 이 약관은 인간과 기계 둘 다 판독과 이용이 가능한 것이어야 한다.

**이슈** 인간이 자신의 개인정보 이용 약관을 직접 통제할 수 있다는 것은 무엇을 의미하는가?

## 배경

한 개인에게 본인이 직접 통제할 수 있는 개인정보 이용 약관을 제공한다는 것은 그 개인으로 하여금 개인정보와 자신이 원하는 개인정보 공유 방법의 결정에 대한 취향을 고려할 수 있게 도와 준다는 것을 의미한다. 이러한 취향의 문제는 개인 프라이버시와 관련된 것이지만, 한편으로는 개인이 더 중요하게 여기는 가치들과 관련된 것이기도 하다.

개인이 중요시하는 가치들에 대한 분석을 통하여 상기와 같은 개인의 취향을 알아내는 것은 개인정보에 대한 주체적 능력을 회복시킬 수 있는 매우 효과적인 방법이다. 그리고 개인정보에 대한 주체적 능력의 회복을 위해서는 개인정보가 보호되어야 하는 것은 물론, 인간이 개인정보에 대한 자신의 취향을 검토함으로써 개인정보 공유 방법의 중요성을 깨닫도록 하는 것이 중요하다.

사람들은 대개 개인정보의 통제는 자신이 가입한 웹사이트나 소셜 네트워크상에서만 이루어지는 것으로 믿고 있으며, 자신의 개인정보가 타인에 의해 이용될 경우,

그 이용방법에 따라 장차 어떤 결과가 초래될 수 있는지를 모르고 있다. 일반적으로, 웹사이트의 개인정보 이용 약관에 동의하는 행위는 이용자가 개인정보 이용에 대한 규칙을 주도적으로 정의하고 선별하는 것이 아니라, 개인정보 통제권을 포기하는 것에 대한 동의를 의미한다.

개인이 자신에 대한 정보의 이용을 얼마나 오랫동안 통제해야 하는지, 또는 통제할 수 있는지를 정하는 것은 어려운 일이 될 수 있다. 이용자 동의 기반의 개인정보 이용 약관 모델들은 이용자들이 서비스, 제조업체, 협력업체들에게 개인정보를 전적으로 제공하고, 개인정보의 이용에 대해 주장할 수 있는 권리들을 모두 넘겨주도록 길들여져 왔기 때문이다. 그러나 유튜브의 콘텐츠 ID 등에 대한 개인정보 이용 약관 모델들은 만약 개인정보가 개인이 통제할 수 있고, 저작권을 보유할 수 있는 자산으로 간주될 경우, 이러한 개인정보를 기술적으로 어떻게 보호받을 수 있는지를 고려한 대표적인 사례라 할 수 있다. 유튜브 사이트는 서비스에 대하여 다음과 같은 안내문을 제공하고 있다. "저작권 보유자들은 유튜브에서 콘텐츠 ID 시스템을 이용하여 ID를 쉽게 생성하고 콘텐츠를 제공하는 것이 가능하다. 유튜브에 업로드된 동영상들은 콘텐츠 보유자들이 콘텐츠 ID로 유튜브에 등록한 동영상 파일들과 일치하는 것인지 여부에 대한 비교대조 작업을 거치게 된다." 따라서 개인정보가 얼마나 오래, 또는 어느 범위까지 보호되어야 하는가의 문제는 기업의 지식 재산권이나 저작권이 최초의 법적 계약조건들에 따라 얼마나 오래 보호될 수 있는가의 문제와 같은 맥락에 있다고 볼 수 있다.

여기서 중요한 것은 개인에게 직접적인 영향을 끼칠 수 있는 정보의 이용을 축적된 정보의 이용과 어떻게 구분하는가이다. 예컨대, 지하철 이용자의 이동 경로들을 추적하는 교통카드는 지하철 이용자의 신원이나 프로필을 파악하여 개인적 취향이나 현재 위치를 알아내는 데 이용되지 못하도록 보호되어야 한다. 그러나 이용자가 제공하는 정보는 민감한 개인정보가 삭제된 상태에서 종합 교통 시스템의 관리 DB에 저장, 축적되어 차량 운영 일정 및 유지보수에 반영될 수 있다. 이용자가 개인정보 이용 약관을 통하여 개인정보를 교통 시스템과 기꺼이 공유하기로 미리 결정한 경우, 이용자는 개인정보 공유 방법을 주도적으로 정할 수 있다.

현재의 비즈니스 모델에서는 사람들이 신용카드 거래 정보, 테스트 질문에 대한 답변, 걸음 수 등 각각의 개별 정보를 공유하는 데 동의하는 것이 일반적이다. 그러나 이러한 개별 정보들이 함께 축적되고 분석될 경우, 개인에 대하여 복잡하고 민감한 사항들이 도출될 수 있다. 하지만 이용자가 처음에 동의한 약관에는 개인정보가 결국 이렇게 이용된다는 것에 대한 안내문이 포함되어 있지 않을 것이다. 따라서 이용자가 직접 통제할 수 있는 개인정보 이용 약관 모델들은 이용자가 약관을 통해 미리 결정한 사항들이 지켜지지 않고 있을 경우, 스크린에 경고문을 띄우는 방식 등을 통하여 이용자들에게 알려주는 것이 일반적이다.

## 권고안

각 개인은 기계 판독이 가능한 형태의 개인정보 이용 약관을 만들 수 있는 툴들을 제공받아야 한다. 개인정보 이용 약관은 역동적이고 개인정보를 보호해야 하며, 개인정보 이용에 대한 개인의 취향을 존중해야 한다. 이를 위한 구체적인 권고사항들은 다음과 같다.

- 개인정보에 대한 접속과 동의는 개인이 직접 만들고 선별된 개인정보 이용 약관을 통하여 관리되어야 한다. 개인정보 이용 약관은 개인정보 거래 동의에 대한 공지사항이 포함되어야 하며, 이 동의 여부를 개인이 결정할 수 있도록 해야 한다. 또한 개인정보 약관은 개인이 모르고 있거나 통제하지 않는 상태에서 타인의 개인정보 접속을 허용할 것인지 여부에 대한 내용도 포함되어야 한다.
- 개인정보 이용 약관은 이용자가 쉽게 읽고, 해석하고, 이해하며, A/IS의 개입 여부를 선택할 수 있는 것이어야 한다. 개인정보 이용 약관에 대한 동의는 조건부적, 역동적이어야 한다. "역동적(dynamic)"이란 개인정보의 이용이 명시적 조항에 따라 이루어지며, 개인정보 거래를 위하여 쌍방이 합의한 "스마트 컨트랙트(Smart Contract)" 또는 약관의 구체적인 조항들에 따라 서비스 가입을 취소하고, 이 서비스와 지금까지 공유해 왔던 정보를 철회 또는 "삭제

(kill)"할 수 있어야 한다는 것을 의미한다.

- 관련 알고리즘의 적용에 대해서는 제2절을 참고하면 된다.

## 기타 참고자료


- IEEE P7012™ – 기계 판독이 가능한 개인 프라이버시 약관을 위한 IEEE 표준 프로젝트(IEEE Standards Project for Machine Readable Personal Privacy Terms). 본 책자에 제시된 목표들을 달성하기 위한 표준을 개발하고 있다.
- 개인 맞춤형 프라이버시 어시스턴트를 위한 프로젝트(The Personalized Privacy Assistant Project) Carnegie Mellon University. https://privacyassistant.org, 2019.
- M. Orcutt, "개인 프라이버시 보호를 위한 AI와 개인정보 통제권의 회복(Personal AI Privacy Watchdog Could Help You Regain Control of Your Data)" MIT Technology Review, May 11, 2017.
- M. Hintze, 프라이버시의 목적, 요건, 모범사례(Privacy Statements: Purposes, Requirements, and Best Practices). Cambridge, U.K.: Cambridge University Press, 2017.
- D. J. Solove, "프라이버시 자체적 관리와 동의에 대한 딜레마(Privacy self-management and the consent dilemma), *Harvard Law Review*, vol. 126, no. 7, pp. 1880-1903, May 2013.
- N. Sadeh, M. Degeling, A. Das, A. S. Zhang, A. Acquisti, L. Bauer, L. Cranor, A. Datta, and D. Smullen, 사물인터넷을 위한 프라이버시 어시스턴트(A Privacy Assistant for the Internet of Things): https://www.usenix.org/sites/default/files/soups17_poster_sadeh.pdf
- H. Lee, R. Chow, M. R. Haghighat, H. M. Patterson, and A. Kobsa, "IoT 서비스 스토어: 프라이버시를 인식하는 IoT 서비스의 검색과 상호작용을 위한 웹 기반 시스템(IoT Service Store: A Web-based System for Privacy-aware IoT Service Discovery and Interaction)," *2018 IEEE International Conference on*

*Pervasive Computing and Communications Workshops (PerCom Workshops)*, Athens, pp. 107-112, 2018.

- L. Cranor, M. Langheinrich, M. Marchiori, M. Presler-Marshall, and J. Reagle, "프라이버시 선호도 플랫폼 1.0을 위한 규격[The Platform for Privacy Preferences 1.0 (P3P1.0) Specification]," W3C Recommendation, [Online]. Available: www.w3.org/TR/P3P/, Apr. 2002.
- L. F. Cranor, "IoT 시대의 개인 프라이버시 어시스턴트(Personal Privacy Assistants in the Age of the Internet of Things)," in World Economic Forum Annual Meeting, 2016.

SECTION

# 02 선별

알고리즘 시대의 인간이 주체적 능력을 유지하기 위해서는 적절한 개인정보 에이전트 또는 알고리즘 에이전트를 선별하여 자신의 개인정보에 대한 이용 약관을 실제와 디지털 및 가상 환경에서 표시할 수 있어야 한다. 여기서 "에이전트(agent)"는 디지털 및 가상 환경에서 한 개인을 위한 법적 대리인으로서의 권한을 갖게 될 것이다. 에이전트의 기능은 미리 지정된 알고리즘들이 이용자 정보에 접속하는 것을 막아준다는 점에서 오늘날의 광고 차단 기능과 유사하다. 에이전트가 특이하거나 생소하게 느껴질 수 있는 다른 환경의 경우, 이용자가 안내문 전송 기능이나 업데이트를 통하여 어디에 문제가 발생할 우려가 있는지를 판단할 수 있도록 지정하면 된다.

**이슈** : 인간이 알고리즘 에이전트를 통하여 개인정보 이용 약관을 항상 적극적으로 표시, 선별할 수 있다는 것은 무엇을 의미하는가?

### 배경

인간이 자신의 취향에 맞는 개인정보 이용 약관을 만드는 것과 더불어 인간이 움직이는 속도나 수준은 알고리즘과 같지 않다는 사실을 인정하는 것 역시 매우 중요하다. 따라서 인간이 주체적 능력을 유지하기 위해서는 자신을 대신하여 자신의 정보에 대한 결정을 내릴 수 있는 믿을 만한 서비스를 찾아낼 수 있어야 한다.

하지만 그 무엇보다도 인간이 "자신의 정보에 대해 주도권을 행사하는 위치에(at the center of your data)" 있어야 한다. 인간의 주체적 능력을 유지하는 데 있어 가장 큰 문제는 인간은 일단 자신의 정보를 제공하고 나면, 이 정보가 어떻게, 또는 누구에 의해 이용되는지 모른다는 것이다. 그러나 인간의 기호를 존중하는 A/IS 에이전트를 통하여 모든 개인정보 거래가 이루어진다면, 인간은 자신의 정보가 어떻게 공유되는지에 대하여 더 큰 통제권을 가질 수 있을 것이다.

의료정보를 예로 들어 생각해 보자. 인간은 대부분 자신의 모든 의료정보를 배우자와 공유하는 것에 대해서는 거부감이 별로 없겠지만, 그렇게 많은 의료정보를 동네 체육관과 공유하려 들지는 않을 것이다. 이는 단순히 프라이버시뿐만 아니라, 어떤 개인정보를 공익을 위해 투명하게 공유해야 하는가에 대한 인간의 문화적 또는 개인적 취향과 관련된 문제이다. 또한 이러한 개인정보 공유는 개인정보를 제공받는 이용자들이나 조직들에게 도움이 된다. 예컨대, 동네 체육관의 경우, 심장 건강에 대한 기본정보나 일반적인 건강정보만 필요할 수 있으며, 암과 관련된 민감한 정보나 기타 개인적인 건강정보 등 법적 책임이 수반될 수 있는 정보는 취급 또는 저장하기를 원하지 않을 것이다.

상기와 같은 환자 또는 이용자 중심의 개인정보 공유 모델에 대한 선례는 의료정보 서비스 '그림스(Gliimpse)'에서 찾아볼 수 있다. Gliimpse는 IT 및 스타트업 전문

매체 테크크런치(*TechCrunch*)의 편집자 조단 크룩(Jordan Crook)이 "애플, 개인 건강정보 관리 스타트업 Gliimpse 인수(Apple acquired Gliimpse, a personal health data startup)"라는 제목으로 작성한 기사에도 등장한다. 이 서비스의 이용자들은 자신의 의료정보를 하나의 가상 공간에 저장하고 문서들과 그림들을 추가하여 프로필을 작성할 수 있다. 또한 이용자들은 자신의 의료정보를 (포괄적인 그림의 형태로) 희망자들에게 공유하는 것도 가능하다. 애플의 Gliimpse 인수는 이용자 중심의 개인정보 거래를 기반으로 한 비즈니스 모델이 성공을 거둔 직접적인 사례로, 인간이 자신의 정보에 대해 주도권을 행사할 필요가 있다는 것을 의미한다.

인간을 위한 A/IS 에이전트는 인간이 자신의 취향에 따라 정한 개인정보 이용 약관을 디지털과 가상 및 실제 환경에서 선제적으로 보호하는 알고리즘 툴이다. A/IS 에이전트의 도움을 받을 경우, 이용자는 공공장소에서 안면인식, 생체인식 등 개인정보를 추적, 저장, 활용할 수 있는 기술을 통해 감시받고 있다는 것을 미처 모르는 상황에서도 개인정보 거래에 대한 동의 여부를 선택할 수 있다. 또한 인간은 개인정보가 추적되고 있다는 것을 확실히 알지 못하는 경우에도 개인정보 이용 약관을 디지털 방식으로 표시하여 개인정보 거래에 대한 자신의 취향을 다른 사람들에게 알릴 수 있다. 블루투스 등의 기술을 이용하면 언제, 어디서나 개인정보 이용 약관을 인터넷에 올리고 확인할 수 있다. 이는 설령 개인정보 이용 약관이 지켜지지 않는 상황이라 할지라도, 인간은 개인정보 추적을 원하지 않는다는 의사를 분명히 표시하고 민주적 권리를 행사하여 평화로운 시위를 할 수 있다는 것을 의미한다. 한편, 개인정보 이용 약관이 지켜지지 않더라도 기술적으로 인정되는 경우에는 개인의 의견이 GPS와 타임스탬프(timestamp) 데이터를 통하여 정식으로 기록될 수 있다.

A/IS 에이전트는 이용자를 위하여 교육자, 협상가로서의 역할을 수행할 수 있다. 즉, 요청받은 데이터가 이미 제공된 다른 데이터와 결합되는 방식을 제안하거나, 허가되지 않은 방식으로 데이터가 이용되고 있는지 여부를 이용자에게 알려주거나, 이용자에게 개인 프로필 기반의 제안을 할 수 있는 것이다. A/IS 에이전트는 협상가로서 개인정보 공유 조건을 조정하거나, 개인정보 이용에 따른 대가에 관한 조항이 개인정보 이용 약관에 포함되도록 하거나, 개인정보 이용 약관의 위반 시 기존의 개인

정보 이용 동의를 철회할 수 있다.

## 권고안

인간이 자신의 개인정보를 선별하고 공유하기 위한 알고리즘 에이전트가 개발되어야 하며, 특히 다음과 같은 사항들에 유념할 필요가 있다.

- 인간은 프라이버시를 지키기 위하여 자신의 다양한 희망사항들에 따라 복합적인 개인정보 이용 허가 조건들을 설정할 수 있어야 한다.
- 에이전트는 인간이 특정 기계학습 데이터의 거래로 인한 윤리적 영향을 예측하고 완화하는 데 도움이 되어야 한다.
- 이용자가 제공받은 서비스는 개인정보 이용 약관이 적용될 가치가 있다는 판단이 내려질 경우, 에이전트의 판단을 무시할 수 있어야 한다.
- 에이전트는 서비스들과 이를 통한 혜택들을 비교하고, 추천 및 평가하기 위하여 M2M(machine-to-machine) 기반의 정보 처리를 실행해야 한다.
- 인간이 에이전트를 자유롭게 이용할 수 있는 능력에 대한 지원과 존중이 제도적으로 보장되어야 한다. 즉, 인간에게 보호자를 아예 허용하지 않거나, 보호자가 감시를 받도록 하는 제한이 가해져서는 안 된다.
- 취약계층은 개인정보 접속 허용 절차에서 보호받을 필요가 있다.

## 기타 참고자료

- 개인정보 AI 에이전트를 위한 IEEE 표준 프로젝트(IEEE P7006™ – IEEE Standards Project on Personal Data AI Agent Working Group). AI 에이전트는 인간이 자신의 개인정보에 대한 "이용 약관(terms and conditions)"을 만들 수 있게 하는 도구이다. 또한 AI 에이전트는 인간이 디지털, 현실 세계에서 자신의 ID를 관리하고 통제할 수 있는 기술적 툴을 제공할 것이다.
- 인간이 보호자 알고리즘(algorithmic guardian)을 생성하도록 하는 툴들은 PIMS,

또는 개인정보 관리 서비스(Personal Information Management Services)로 불리는 경우가 많다. 영국의 혁신 지원단체인 네스타(Nesta)는 개인정보 보안 전략 컨설팅 업체 CtrlShift가 수행한 PIMS 초기 연구에 자금을 지원한 바 있다.

SECTION 03

## 통제

알고리즘 시대의 인간이 주체적 능력을 유지하기 위해서는 모든 사람이 적절한 인증 서비스에 접속하여 보안 ID를 생성함으로써 자신의 개인정보가 적정 한도 내에서 안전하고 정확하게 거래되도록 통제할 수 있어야 한다.

**이슈** : 우리는 모든 사람이 적절한 인증 서비스에 접속하여 보안 ID를 생성하고, 자신의 개인정보가 적정 한도 내에서 안전하고 정확하게 거래되도록 통제할 수 있게 함으로써 어떻게 개인의 주체적 능력을 강화할 수 있는가?

### 배경

개인의 행동을 추적하는 기술은 광범위하게 이용될 경우, 인간의 주체적 능력에 부정적인 영향을 끼치게 된다. 인간이 온라인과 오프라인에서 취하는 모든 행동을 기반으로 개인의 신원이 노출될 수 있기 때문이다. 이처럼 신원은 개인정보와 밀접하게 관련되어 있으므로, A/IS를 위한 개인정보의 이용에 따른 위험과 기회를 논의할 때 가장 중요한 이슈가 되고 있다. 신원은 연합형 ID들과 다양한 개별 ID들로 구분 가능한데, 이 두 가지 형태의 ID를 각각 어떤 경우에 사용해야 하는지에 대한 논란이 더해지고 있다. 연합형 ID는 이 ID를 부여받은 한 자연인(natural person)의 모든 정보와 연결된 것이다. 한편, 개별 ID, 또는 개별 인격(personas)은 사용되는 각각의 상황에 따라 다양하게 결정될 수 있다. 최근에는 정부, 은행, 규제기관이 부여하는 법적 신원 외에 "자기 주권형 신원(Self-Sovereign Identity)"－개인이 자신의 신원을 결정하는 권리－을 비롯하여 새로운 형태의 신원들이 필요하다는 목소리가 높아지고 있다. 이러한 움직임은 알고리즘 시대에 개인이 자신의 정보에 대한 주도권을 가질 수 있도록 하기 위한 것이다.

대리인으로서의 자격을 갖는 개별 인격과 익명 역시 프라이버시 관리와 개인의 주체적 능력 유지에 반드시 필요하다. 이를 통하여 인간은 자신의 현재 상황 또는 자신이 원하는 상황에 적합한 ID를 선택할 수 있으며, 자신의 "근원(root)"이 되는 신원은 그대로 유지하면서 안전한 개인정보 거래가 이루어지도록 할 수 있다. 예를 들어, 이용자의 18세 이상 여부 또는 서비스 이용자격 유무에 대한 인증이 가능하다.

속성 인증(attribute verification)은 인간이 자신에게 필요한 ID를 선택함으로써 주체적 능력을 유지할 수 있도록 하는 데 매우 중요한 역할을 하게 될 것이다. 이러한 형태의 인증은 특히 수많은 알고리즘들이 좁은 범위의 신원 정보에 접속할 경우에 유용하다. 이와 같은 경우, 대부분의 사람들은 자신의 개인정보가 어떻게 이용될 것인지도 모를 가능성이 높다.

### 권고안

각각의 상황에 따라 적절한 ID를 승인, 증명, 지원하는 보안 ID 인증 서비스에 모든 사람이 접속할 수 있어야 한다.

### 기타 참고자료


- Sovrin Foundation, 자기 주권형 신원의 불가피한 도래(The Inevitable Rise of Self-Sovereign Identity), Sept. 29, 2016.
- T. Ruff, "디지털 ID 기반의 관계에 대한 세 가지 모델(Three Models of Digital Identity Relationships)," Evernym, Apr. 24, 2018.
- C. Pettey, 탈중앙화 ID의 입문자들을 위한 가이드(The Beginner's Guide to Decentralized Identity). Gartner, 2018.
- C. Allen, 자기 주권형 신원을 위한 길(The Path to Self-Sovereign Identity). GitHub, 2017.


SECTION

# 04 아동 정보 관련 이슈

본 절은 모든 사람이 개인정보에 대한 주체적 능력을 가질 수 있는 방안을 모색하기 위한 것이다. 그러나 "정신 능력(mental capacity)"이 없는 것으로 간주되는 일부 고령자들이나 정신질환자들과 형법상 처벌을 받고 있는 재소자들, 그리고 아직 미성숙한 존재로 간주되는 어린이들은 이러한 능력이 거의 없거나 아예 없다.

본 절에서는 특히 어린이들에 대한 이슈들을 살펴보고, 어린이들이 자신의 결정에 대해 스스로 책임질 수 있는 나이가 될 때까지 부당한 피해를 받지 않도록 보호하는 규정이나 기술적 장치를 권고하고 있다.

대부분의 국가에서 어린이는 법적으로 부모가 책임을 지고, 부모가 대신하여 결정을 내리게 되어 있다. 하지만 유럽에서는 국가가 "어린이를 위한 최선책(best interests of the child)"을 보장하는 역할을 수행한다.[12] 학교에서는 이러한 역할이 부모와 학교에 분담되어 있는데, 부모는 자녀의 교육에 일부 관여할 수 있고, 학교는 주로 학생에 대한 결정을 내린다.

앞에서 살펴본 이슈들은 개인정보의 선택과 개인정보의 수집과 공유에 따른 영향을 다루고 있다. 특히 어린이들은 개인정보를 수집과 공유하는 기술의 개발로 인하여 가장 직접적인 영향을 받게 된다. 장차 교육과 여가활동과 관련하여 개발될 기술들은 학교에서는 공부하는 어린이들로부터, 집에서는 어린이들이 가지고 노는 장난감들로부터 수시로 정보를 수집하게 될 것이기 때문이다.

어린이들이 콘텐츠를 포스팅, 클릭, 검색, 공유할 때마다 이 어린이들에 대한 정보는 다양한 프로필과 연결되고 분류되며, 기계학습 알고리즘에 반영된다. 일부 정보는 제품의 판매량, 소비자들의 감정, 온라인 게임 활동, 소셜 네트워크, 종교적·정치적 의견에 영향을 끼치는 표적 광고에 이용될 수 있다. 광고 알고리즘에 반영되는 정보는 어린이들의 온라인 활동뿐만 아니라 어린이들이 이용하는 기기를 통해서도 수집된다. 기기를 통한 정보 수집의 대표적인 예는 브라우저 핑거프린팅(browser fingerprinting)[3]으로, 어린이들이 이용하는 브라우저나 운영 체제(operating system)에 대한 정보까지 수집된다. 핑거프린팅은 기기 이용자를 추적하기 위한 것이므로 프라이버시 침해 우려가 높다.

어린이들이 무엇을 보고, 어떤 온라인 경험을 하는지가 어린이들의 신념과 사회적 기준들에 점점 더 많은 영향을 끼치고 있다. 어린이들의 행동은 자신이 무슨 일을 할 수 있고 어떤 기대를 받고 있는지에 대한 믿음을 반영한다. "온라인 정밀 광고 기술의 속임수(Digital Deceit: Technologies Behind Precision Propaganda on the Internet)"[4]는 기업들이 어떻게 개인의 취향, 사회경제적 지위, 두려움, 정치적·종교적 신념, 물리적 위치, 인터넷 이용 패턴에 대한 정보를 수집, 가공, 수익화하고 있는지를 설명하고 있다.

기업들, 정부들, 정당들, 철학·종교 단체들은 학생들과 어린이들에 대한 정보를 이용하여 이들이 시간과 돈을 소비하는 방식과 이들이 신뢰하고 함께 시간을 보내며 상호관계를 형성하는 사람들, 조직들에 영향을 끼친다.

어린이들의 생활은 상당 부분이 디지털화가 가능하다. 어린이들의 행동, 기기, 네트워크에 대한 정보는 서로 결합되어 기계학습 알고리즘에 반영되며, 이는 학교들의 교육적 목적, 광고주들과 플랫폼 업체들의 경제적 목적에 가장 적합한 정보와 콘텐츠를 결정하는 데 이용된다.

## 이슈 : 교육의 대량 맞춤화

### 배경

교육의 대량 맞춤화는 A/IS를 이용한 컴퓨터 기반의 교육을 통하여 교사들이 각각의 학생들과 자유롭게 소통하고 교육적 목표를 더욱 열정적으로 추구할 수 있게 함으로써 모두에게 저렴한 비용으로 양질의 교육을 제공할 수 있다. 이를 위해서는 기분, 사고(思考) 과정, 개인 이력, 생리적 상태 등에 대한 개인정보가 지속적으로 수집되어야 한다. 그리고 이러한 개인정보는 각 학생의 관심사, 이해력, 강점, 약점에 대한 컴퓨팅 모델을 구축하는 데 이용된다. 이 모델은 학생들이 어떻게 생각하고 무엇을 이해하며 어떻게 정보를 처리하거나 새로운 정보에 반응하는지에 대하여 정밀한 분석 결과를 제시하고, 이는 교육 콘텐츠의 개발과 피드백에 활용될 수 있다.

위와 같은 정보를 학급 간에 공유하여 학생들의 발달상황을 파악하는 데 활용할 경우, 학생들에게 더욱 효과적이고 유익한 교육을 제공할 수 있으나, 한편으로는 학생들과 이들의 가족들이 사회의 통제를 받는 결과로 이어질 우려가 있다. 학생의 성적에 대한 정보가 가족에 대한 사회적 정보와 결합되면, 규제기관들이 가족에 대한 결정을 내리는 데 이용될 수 있기 때문이다. 일례로, 2015~2018년 덴마크는 학생들을 대상으로 웰빙에 대한 디지털 테스트를 시행한 바 있다. 질문 내용은 학교에서의 괴롭힘, 외로움, 복통 등에 대한 것이었다. 그런데 최근에 밝혀진 바에 따르면, 이 테스트에서 정보 수집이 익명으로 이루어졌음에도 실제로는 익명성이 유지되지 않았다고 한다. 수집된 정보는 사회보장번호와 함께 저장되고 다른 테스트 정보와 연계되었으며, 심지어 일부 덴마크 지자체들의 사례 관리에도 이용되었다는 것이다.[5] 다양한 아동 정보를 상업적 목적으로 수집하여 결합할 경우, 해당 아동이 향후 성장하여 직업을 갖거나 고등교육을 받을 때 중대한 영향을 끼칠 수 있다.

## 권고안

교육 정보는 학생들의 사고(思考) 과정에 대한 모델을 구축하는 데 유용하며, 다양한 상황에서 학생들의 행동을 예측하거나 변화시키는 데 이용될 수 있다. 정부들과 조직들은 교육 정보를 민감한 것으로 분류하고, 교육 정보의 보호를 위하여 특별한 기준을 실행해야 한다.

아동 정보는 믿을 수 있는 "제3자 보증기관(escrow)"에 위탁되어야 하며, 해당 아동이 성인이 되어 자신이 선택한 방식에 따라 개인정보가 이용되도록 허가할 수 있을 때까지 상업적 목적으로 이용되어서는 안 된다.

## 기타 참고자료

- 교육용 인공지능에 대한 국제저널(The journal of the International Artificial Intelligence in Education Society): http://iaied.org/journal/
- AI 기반 교육의 미래 트렌드에 대한 심층 논의와 이용사례(Deeper discussion and bibliography of future trends of AI-based education with utopian and dystopian case scenarios): N. Pinkwart, "인공지능 기반 교육 기술의 과제와 기회(Another 25 Years of AIED? Challenges and Opportunities for Intelligent Educational Technologies of the Future)," *International Journal of Artificial Intelligence in Education*, vol. 26, no. 2, pp. 771-783, 2016. [Online]. Available: https://doi.org/10.1007/s40593-016-0099-7 [Accessed Dec. 2018].
- Information Commissioners Office (ico.), "어린이들에 대한 개인정보를 수집

하거나 자동 결정 시스템을 만들 경우, 어떤 일들이 발생할 것인가?(What if we want to profile children or make automated decisions about them?)" https://ico.org.uk/for-organisations/guide-to-the-general-data-protection-regulation-gdpr/children-and-the-gdpr/what-if-we-want-to-profile-children or-make-automated-decisions-about-them/

- K. Firth-Butterfield, "당신 자녀의 친구가 대화를 할 줄 아는 AI 장난감이라면, 어떤 일들이 발생할 것인가?(What happens when your child's friend is an AI toy that talks back?)" in World Economic Forum: Generation AI, https://www.weforum.org/agenda/2018/05/generation-ai-what-happens-when-your-childsinvisible-friend-is-an-ai-toy-that-talks-back/, May 22, 2018.

## 이슈 : 학교에서의 선택을 위한 기술

### 배경

어린이들은 미성년자이므로 자신의 개인정보 이용에 대하여 동의 또는 거절을 하거나 통제권을 행사할 수 없다. 부모들만 구글 앱, 보안용 안면인식, 앞에서 언급된 컴퓨터 기반 교육 등 학교에서 이용되는 교육 기술을 일부 선택할 수 있다. 자녀를 전학 보낼 학교에 대한 선택권은 대개 부모의 몫이지만, 부모가 실제로 이러한 선택권을 실행할 수 있는 경우는 드물다.

학교들은 이러한 선택들을 어떻게 해야 하는가? 부모들은 얼마나 많은 정보를 가져야 하는가? 부모들은 교육에 기술이 이용되지 않도록 요구할 수 있어야 하는가?

학생 정보에 대한 현행 규정들은 매우 다양하다. 2018년 6월, 포덤 법학대학원(Fordham Law School)의 법·정보정책센터(CLIP: Center on Law and Information Policy)가 "학생 정보의 투명성과 거래시장(Transparency and the Marketplace for Student Data)"[6]에 대해 발표한 연구 보고서는 "학생 명부들이 인종, 경제력, 종교,

생활 방식, 서투른 행동, 심지어 가족계획 서비스의 수요에 대한 정보를 기반으로 상업적 목적을 위하여 구매되고 있다(student lists are commercially available for purchase on the basis of ethnicity, affluence, religion, lifestyle, awkwardness, and even a perceived or predicted need for family planning services)"고 주장하고 있다. 또한 동 연구 결과에 따르면, 미국에서는 정보 시장이 가장 규모가 크고 수익성이 높은 시장 중 하나로 부상하고 있다. 정보 중개자들은 대부분의 미국 소비자들에 대한 수많은 개인정보가 저장된 데이터베이스를 가지고 있다. 그러나 교육적 목적을 위하여 수집된 학생 정보는 함부로 이용되거나 상업화되어서는 안 된다.

포덤 법학대학원(Fordham Law School)의 상기 연구 결과에서는 14명 이상의 정보 중개자들이 학생 정보 판매를 광고하고 있는 것으로 밝혀졌다. 이 중에는 두 살밖에 안 된 학생들의 정보를 판매한 중개자도 포함된다. 인종, 종교, 경제력, 심지어 서투른 행동에 대한 학생 정보를 판매한 중개자도 있다.

## 권고안

지방 교육기관들과 국가 교육기관들은 모든 이해관계자들과 협력하여 학생들의 개인정보에 대한 정책을 개발해야 한다. 즉, 행정가들, 교사들, 기술 공급자들, 학생들, 부모들과 함께 각 학생에게 최선의 교육을 제공하면서 개인정보를 보호할 수 있는 방안을 모색해야 하는 것이다. 이러한 노력은 모든 이해관계자들에게 새로운 교육기술들의 긍정적 영향과 부정적 영향을 알리는 데 도움이 될 것이다.

## 기타 참고자료

- Common Sense Mediad의 프라이버시 평가 프로젝트(Common Sense Media privacy evaluation project): https://www.commonsense.org/education/privacy
- D. T. Ritvo, L. Plunkett, and P. Haduong, "프라이버시와 학생 정보를 위한 동반자 학습 툴(Privacy and Student Data: Companion Learning Tools)."

Berkman Klein Center for Internet and Society at Harvard University, 2017. [Online]. Available: http://blogs.harvard.edu/youthandmediaalpha/files/2017/03/PrivacyStudentData_Companion_Learning_Tools.pdf [Accessed Dec. 2018].

- F. Alim, N. Cardozo, G. Gebhart, K. Gullo, and A. Kalia, "학생들을 감시하는 교육용 기기와 학생들의 프라이버시(Spying on Students: School-Issued Devices and Student Privacy)," Electronic Frontier Foundation, https://www.eff.org/wp/school-issued-devices-and-student-privacy, April 13, 2017.
- N. C. Russell, J. R. Reidenberg, E. Martin, and T. Norton, "학생 정보의 투명성과 거래시장(Transparency and the Marketplace for Student Data)," *Virginia Journal of Law and Technology*, Forthcoming. Available at SSRN: https://ssrn.com/abstract=3191436, June 6, 2018.

## 이슈 : 인공지능 장난감

### 배경

어린이들은 학교뿐만 아니라 집에서도 놀거나 잘 때 A/IS에 노출될 것이다. 이미 시중에는 어린이와 A/IS의 양방향 상호작용이 가능한 장난감들이 판매되고 있다. 이 중 대다수가 동영상 및 음성 데이터를 수집하고 있는데, 수집된 데이터는 업체 서버에 저장되어 개인정보나 마케팅 데이터를 추출하는 데 이용될 수 있다. 현재로서는 이를 규제하는 장치가 거의 없으나, 미국의 아동온라인프라이버시보호법(COPPA)[7]은 13세 미만 어린이의 정보를 어느 정도 보호하고 있다. 독일은 이와 같은 장난감들을 1981년 제정된 스파이 장비 금지법을 통하여 불법으로 규정하였다. A/IS는 이제 기업용 제품뿐만 아니라 장난감의 형태로도 등장하여 어린이들의 놀이 친구와 이야기 상대가 되고 있으며, 아동기의 개인 발달상황과 관련된 모든 문제들을 분석하는 데에도 이용되고 있다.

## 권고안

아동 정보는 믿을 수 있는 "제3자 보증기관(escrow)"에 위탁되어야 하며, 해당 아동이 성인이 되어 자신이 선택한 방식에 따라 개인정보가 이용되도록 허가할 수 있을 때까지 상업적 목적으로 이용되어서는 안 된다.

정부들과 조직들은 부모들에게 A/IS와 장난감을 이용한 정보 수집이 어떤 메커니즘으로 이루어지며, 이로 인해 어린이들이 어떤 영향을 받게 될 것인지를 알리는 교육을 실시해야 한다.

## 기타 참고자료


- K. Firth-Butterfield, "당신 자녀의 친구가 대화를 할 줄 아는 AI 장난감이라면, 어떤 일들이 발생할 것인가?(What happens when your child's friend is an AI toy that talks back?)" in World Economic Forum: Generation AI, https://www.weforum.org/agenda/2018/05/generation-ai-what-happens-when-your-childsinvisible-friend-is-an-ai-toy-that-talks-back/, May 22, 2018.
- D. Basulto, "AI가 연구소에서 어린이들의 방으로 어떻게 확대되고 있는가(How artificial intelligence is moving from the lab to your kid's playroom)," Washington Post, Oct. 15, 2015. [Online]. Available: https://www.washingtonpost.com/news/innovations/wp/2015/10/15/how-artificial-intelligence-is-moving-from-the-lab-to-your-kids-playroom/?utm_term=.89a1431a05a7 [Accessed Dec. 1, 2018].
- S. Chaudron, R. Di Gioia, M. Gemo, D. Holloway, J. Marsh, G. Mascheroni J. Peter, and D. Yamada-Rice, http://publications.jrc.ec.europa.eu/repository/handle/JRC105061, 2016.
- S. Chaudron, R. Di Gioia, M. Gemo, D. Holloway, J. Marsh, G. Mascheroni, J. Peter, and D. Yamada-Rice, 장난감 인터넷의 안전, 보안, 프라이버시, 사회적 이해(Kaleidoscope on the Internet of Toys-Safety, security, privacy and

societal insights), EUR 28397 EN, doi:10.2788/05383, Luxembourg: Publications Office of the European Union, 2017.

- Z. Kleinman, "아동용 장난감으로서의 Alexa(Alexa, are you friends with our kids?)" *BBC News*, July 16, 2018. [Online]. Available: https://www.bbc.com/news/technology-44847184.%5b. [Accessed Dec. 1, 2018].
- J. Wakefield, "독일, 아동용 스마트워치 금지(Germany bans children's smartwatches)." *BBC News*, Nov. 17, 2017. [Online]. Available: https://www.bbc.co.uk/news/technology-42030109. [Accessed Dec. 2018].

## 기고자들에 대한 감사의 말

본 장의 작성에 기여한 아래의 모든 분들에게 감사드린다.

### 개인정보와 개인의 주체적 능력을 위한 위원회

- **Katryna Dow** (Co-Chair)–CEO & Founder at Meeco
- **John C. Havens** (Co-Chair)–Executive Director, The IEEE Global Initiative on Ethics of Autonomous and Intelligent Systems; Executive Director, The Council on Extended Intelligence; Author, *Heartificial Intelligence: Embracing Our Humanity to Maximize Machines*
- **Mads Schaarup Andersen**–Senior Usable Security Expert in the Alexandra Institute's Security Lab
- **Ajay Bawa**–Technology Innovation Lead, Avanade Inc.
- **Ariel H. Brio**–Privacy and Data Counsel at Sony Interactive Entertainment
- **Walter Burrough**–Co-Founder, Augmented Choice; PhD Candidate (Computer Science)–Serious Games Institute
- **Danny W. Devriendt**–Managing director of Mediabrands Dynamic (IPG) in

Brussels, and the CEO of the Eye of Horus, a global thinktank for communication-technology related topics

- **Dr. D. Michael Franklin**-Assistant Professor, Kennesaw State University, Marietta Campus, Marietta, GA
- **Jean-Gabriel Ganascia**-Professor, University Pierre et Marie Curie; LIP6 Laboratory ACASA Group Leader
- **Bryant Joseph Gilot, MD CM DPhil MSc**-Center for Personalised Medicine, University of Tuebingen Medical Center, Germany & Chief Medical Officer, Blockchain Health Co., San Francisco
- **David Goldstein**-Seton Hall University
- **Adrian Gropper, M.D.**-CTO, Patient Privacy Rights Foundation; HIE of One Project
- **Marsali S. Hancock**-Chair, IEEE Standards for Child and Student Data governance, CEO and Co-Foundation EP3 Foundation.F
- **Gry Hasselbalch**-Founder DataEthics, Author, *Data Ethics-The New Competitive Advantage*
- **Yanqing Hong**-Graduate, University of Utrecht Researcher at Tsinghua University
- **Professor Meg Leta Jones**-Assistant Professor in the Communication, Culture & Technology program at Georgetown University
- **Mahsa Kiani**-Chair of Student Activities, IEEE Canada; Vice Editor, IEEE Canada Newsletter (ICN); PhD Candidate, Faculty of Computer Science, University of New Brunswick
- **Brenda Leong**-Senior Counsel, Director of Operations, The Future of Privacy Forum
- **Emma Lindley**-Founder, Innovate Identity
- **Ewa Luger**-Chancellor's Fellow at the University of Edinburgh, within the Design Informatics Group

- **Sean Martin McDonald** – CEO of FrontlineSMS, Fellow at Stanford's Digital Civil Society Lab, Principal at Digital Public
- **Hiroshi Nakagawa** – Professor, The University of Tokyo, and AI in Society Research Group Director at RIKEN Center for Advanced Intelligence Project (AIP)
- **Sofia C. Olhede** – Professor of Statistics and an Honorary Professor of Computer Science at University College London, London, U.K; Member of the Programme Committee of the International Centre for Mathematical Sciences
- **Ugo Pagallo** – University of Turin Law School; Center for Transnational Legal Studies, London; NEXA Center for Internet & Society, Politecnico of Turin
- **Dr. Juuso Parkkinen** – Senior Data Scientist, Nightingale Health; Programme Team Member, MyData 2017 conference
- **Eleonore Pauwels** – Research Fellow on AI and Emerging Cybertechnologies, United Nations University (NY) and Director of the AI Lab, Woodrow Wilson International Center for Scholars (DC)
- **Dr. Deborah C. Peel** – Founder, Patient Privacy Rights & Creator, the International Summits on the Future of Health Privacy
- **Walter Pienciak** – Principal Architect, Advanced Cognitive Architectures, Ltd.
- **Professor Serena Quattrocolo** – University of Turin Law School
- **Carolyn Robson** – Group Data Privacy Manager at Etihad Aviation Group
- **Gilad Rosner** – Internet of Things Privacy Forum; Horizon Digital Economy Research Institute, UK; UC Berkeley Information School
- **Prof. Dr.-Ing. Ahmad-Reza Sadeghi** – Director System Security Lab, Technische Universität Darmstadt / Director Intel Collaborative Research Institute for Secure Computing
- **Rose Shuman** – Partner at BrightFront Group & Founder, Question Box
- **Dr. Zoltán Szlavik** – Lead/Researcher, IBM Center for Advanced Studies Benelux

- Udbhav Tiwari – Centre for Internet and Society, India

* IEEE 글로벌 이니셔티브 회원들에 관한 전체 목록은 standards.ieee.org/content/dam/ieee-standards/standards/web/documents/other/ec_bios.pdf에서 볼 수 있다.

** **윤리적 설계** 제1판의 권리 포기(disclaimers)에 관한 상세사항은 책자 맨 뒤에 실린 "본 책자가 어떻게 만들어졌는가(*How the Document Was Prepared*)" 부분을 참조하기 바란다.

# 미주

1 Europäische Union, Europäischer Gerichtshof für Menschenrechte, & Europarat (Eds.). (2015). 아동 인권에 대한 유럽 법 안내(Handbook on European law relating to the rights of the child). Luxembourg: Publications Office of the European Union. https://www.echr.coe.int/Documents/Handbook_rights_child_ENG.PDF

2 아동법[Children Act(1989)]. Retrieved from https://www.legislation.gov.uk/ukpga/1989/41/section/1

3 "브라우저 핑거프린트의 삭제가 어려운 이유(Browser fingerprints, and why they are so hard to erase) | Network World." 17 Feb. 2015, https://www.networkworld.com/article/2884026/security0/browser-fingerprints-and-why-they-are-so-hard-to-erase.html. Accessed 25 July. 2018.

4 D. Gosh and B. Scott, "온라인 정밀 광고 기술의 속임수(Digital Deceit: The Technologies behind Precision Propaganda on the Internet)" 23 Jan. 2018, https://www.newamerica.org/public-interest-technology/policy-papers/digitaldeceit/. Accessed 10 Nov 2018.

5 관련 사례는 https://dataethics.eu/trivsel-enhver-pris/에서 덴마크어로 검색 가능하다.

6 Russell, N. Cameron, Reidenberg, Joel R., Martin, Elizabeth, and Norton, Thomas, "학생 정보의 투명성과 거래시장(Transparency and the Marketplace for Student Data)" (June 6,

2018). Virginia Journal of Law and Technology, Forthcoming. Available at SSRN: https://ssrn.com/abstract=3191436

7 아동온라인프라이버시보호법[Children's Online Privacy Protection Act (COPPA)] – https://www.ftc.gov/tips-advice/business-center/privacy-and-security/children%27s-privacy

# 윤리적 연구와 설계를 유도하는 방법들

A/IS의 연구와 설계는 기술이 중립적이지 않다는 전제 하에 이루어져야 한다. A/IS는 투표, 치안, 금융 등 사회 발전에 영향을 끼칠 수 있는 가치들과 편견들을 반영한다. 인간에게 유익한 A/IS를 만들기 위해서는 윤리적 · 법적 기준들에 따라 A/IS를 연구하고 설계해야 한다. 그리고 이러한 기준들이 가치 기반의 연구 및 설계 방법들을 통하여 구현되어야 한다. 가치 기반의 연구 및 설계 방법들은 A/IS의 개발에서 인간의 행복을 가장 중요시한다.

이러한 목표들을 이루기 위하여, 모든 분야의 연구자들, 제품 개발자들, 기술 전문가들은 본 장(章)에 언급된 이슈들을 고려하여 A/IS의 연구 및 개발 과정들, 관련 제품들, 가치들, 설계들을 평가할 필요가 있다. 본 장(章)은 다음과 같이 세 개의 절(節)들로 구성된다.

**제1절** – 다학제적 교육 및 연구
**제2절** – 기업을 위한 A/IS 실무지침
**제3절** – 책임과 평가

각 절(節)에는 다양한 이슈들과 권고안들, 그리고 기타 참고자료들이 포함되어 있다.

본 장(章)은 조직을 위한 접근법과 개인을 위한 접근법을 둘 다 다루고 있다. 또한 본 장(章)에는 A/IS의 개발을 위한 연구와 비즈니스 실무를 어떻게 윤리적으로 수행할 수 있는지와 기술 분야에서 공공의 이익 실현이라는 책임을 어떻게 이행할 수 있는지가 언급되어 있다. 그리고 교육기관들이 공학도들에게 윤리, 사회적 정의, 인권을 가르치기 위해 할 수 있는 일들에 대한 내용도 포함되어 있다. 조직들은 가치 기반의 연구 및 설계 방법을 따르려면 현재의 시스템 개발 방법을 바꾸어야 한다. 한편, 본 장(章)은 연구기관들에게 사소한 경제적 이해관계를 초월하여 가치 기반의 강력한 윤리적 연구 및 비즈니스 지침을 따를 것을 권고하고 있다.

SECTION

# 01 다학제적 교육 및 연구

A/IS와 관련된 교육과 연구에 응용 윤리를 접목하기 위해서는 인문학, 사회과학, 물리과학, 공학 등 다양한 학문들을 아우르는 다학제적 접근방법이 필요하다.

## 이슈 : 윤리와 A/IS 관련 학과의 접목

### 배경

A/IS 엔지니어들과 설계 팀들이 기술적 업무와 설계 선택 과정에서 윤리적 고려사항들을 항상 철저히 검토하는 것은 아니다. 게다가 과학, 기술, 공학, 수학 (STEM: science, technology, engineering, and mathematics) 분야에서는 복잡한 윤리적 고려사항들을 알고리즘과 기계학습에 대한 수학적 공식들과 컴퓨터 프로그래밍 언어들로 표현하는 것이 쉽지 않다.

기술적 실무에서는 윤리적 이슈들이 반영되지 않거나 부적절하게 축소, 단순화되는 경우가 많다. 이로 인한 문제들은 "기타 참고자료" 중 립톤과 스타인하트(Lipton and Steinhardt, 2018)에 언급되어 있으며, STEM 분야의 다수 학과 과정들이 응용 윤리와 깊이 연관되어 있지 않기 때문에 더욱 심각해질 우려가 높다. 이러한 상황에서 윤리는 학생들의 윤리적 의사결정에 별다른 도움이 되지 않는 비실용적인 학문으로 전락할 수 있다. 윤리 교육은 의미 있고 실제 생활에 적용 가능하며, 다양한 분야들의 모범사례들을 반영한 것이어야 한다.

다음 권고안들은 학생들이 윤리를 기반으로 하는 기술 교육 및 공학 개발 방법들에 대비하는 것을 돕고 윤리와 관련 원칙들–인권 등–이 설계 과정에 반영되도록 하기 위한 것이다.

### 권고안

- 윤리가 STEM 분야 모든 과목의 초급 과정에서 고급 과정에 이르기까지 핵심 주제로 다루어져야 한다.
- STEM이 아닌 다른 분야의 다양한 문화적·교육적 배경을 가진 전문가들이 STEM과 윤리를 접목한 효과적 교육 과정들의 개발에 참여해야 한다. 이는 학생들이 윤리와 설계에 대하여 다양하고 건실한 관점들을 세심하게 살펴볼 수 있는 안목을 기를 수 있도록 돕기 위한 것이다.
- STEM과 윤리를 접목한 효과적 교육 과정들은 열정적인 엔지니어들, 컴퓨터 공학자들, 통계학자들에게 A/IS 기술의 설계를 위한 자신의 의사결정이 얼마나 중요하고 어떤 영향을 끼치는지를 가르치는 것이어야 한다. STEM 분야의 윤리 교육이 효과적으로 이루어지기 위해서는 초급 과정, 중등 과정, 그 이후의 과정이 모두 포함되어야 하며, 대학과 직업훈련 학교 둘 다에 적용되어야 한다.
- 위와 같은 통합적 접근방법의 타당성을 강화하기 위해 적절한 인정기관이 필요하다.

### 기타 참고자료

- IEEE P7000™ – 시스템 설계 과정에서 윤리적 문제들을 다루기 위한 모델 프로세스의 표준 개발 프로젝트(Standards Project for a Model Process for Addressing Ethical Concerns During System Design). IEEE P7000은 가치와 덕을 기반으로 하는 사고, 문화, 실행을 통하여 기업의 IT 혁신을 유도하는 실무지침들을 개발하기 위한 것이다.
- Z. Lipton and J. Steinhardt, 기계학습 관련 학문의 문제들(Troubling Trends in Machine Learning Scholarship). ICML conference paper, July 2018.

- J. Holdren and M. Smith, "인공지능의 미래를 위한 대비(Preparing for the Future of Artificial Intelligence)." Washington, DC: Executive Office of the President, National Science and Technology Council, 2016.
- Comparing the UK, EU, and US approaches to AI and ethics: C. Cath, S. Wachter, B. Mittelstadt, et al., "미국, EU, 영국의 인공지능과 '좋은 사회' (Artificial Intelligence and the 'Good Society': The US, EU, and UK Approach)." *Science and Engineering Ethics*, vol. 24, pp. 505-528, 2017.


## 이슈 : 다학제적 협력

### 배경

A/IS 엔지니어들과 설계자들이 윤리학자들, 법학자들, 사회과학자들과 함께 학문과 산업 양쪽 분야에서 지속적·건설적으로 접촉할 수 있도록 더 많은 제도적 지원과 체계적 인센티브가 제공되어야 한다. 이러한 접촉은 유익한 다학제적 협력과 미래의 기술 혁신을 위한 밑거름이 되기 때문이다. 또한 다학제적 협력을 촉진하는 방법들, 공통 지식, 어휘들을 개발하기 위하여 더 많은 노력이 필요하다.

이와 같은 이슈는 무엇보다 A/IS 관련 기관들과 기업들의 자금 조달 모델뿐만 아니라 배경 및 관점의 다양성 부족 문제와 관련되어 있다. 배경 및 관점의 다양성 부족은 다양한 분야들의 다학제적 협업에 걸림돌이 된다. 이를 해소하기 위해서는 기술 전문가들과 의학, 건축학, 법, 철학, 심리학, 인지 과학 등 관련 분야의 전문가들이 웹사이트들과 개방형 온라인 강좌(MOOCs: Massive Open Online Courses) 등을 통하여 교류를 강화하고 자원을 공유해야 한다. 또한 다양한 분야들에 대한 논의와 다학제적 연구가 더욱 활발하게 이루어져야 한다. 예를 들어, 컴퓨팅기계협회(ACM: Association for Computing Machinery)는 매년 사회기술적 시스템의 공정성, 책임, 투명성에 대한 컨퍼런스(FAT: Fairness, Accountability, and Transparency)* conference)를 개최하고 있으며, 캐나다 고등연구소(CIFAR: Canadian Institute For Advanced Research)는 캐나다의 AI 전략을 개발하기 위한 일들을 하고 있다.

## 권고안

- 다양한 분야들에 대한 윤리적 요소들이 고려된 프로젝트들을 우선적으로 지원하는 자금 조달 모델과 인센티브 제도의 개발 방안들이 검토되고 수정되어야 한다. 이를 통하여 모든 프로젝트의 전(全) 단계에 윤리가 접목되도록 해야 한다.

## 기타 참고자료


- S. Barocas, 데이터 과학의 윤리와 정책을 위한 강의 교재(Course Material for Ethics and Policy in Data Science), Cornell University, 2017.
- L. Floridi and M. Taddeo, "데이터 윤리란 무엇인가?(What Is Data Ethics?)" *Philosophical Transactions of the Royal Society*, vol. 374, no. 2083, 1-4. DOI 10.1098/rsta.2016.0360, 2016.
- S. Spiekermann, 윤리적인 IT 혁신: 가치 기반의 시스템 설계 접근법(Ethical IT Innovation: A Value-Based System Design Approach). Boca Raton, FL: Auerbach Publications, 2015.
- K. Crawford, "피부색과 관련된 인공지능의 문제(Artificial Intelligence's White Guy Problem)," *New York Times*, July 25, 2016. [Online]. Available: http://www.nytimes.com/2016/06/26/opinion/sunday/artificialintelligences-white-guy-problem.html?_r=1. [Accessed October 28, 2018].

## 이슈 : A/IS의 문화와 환경

### 배경

책임 있는 가치 기반 A/IS는 다양한 문화권들의 윤리적 관습과 신념을 반영한 알고리즘들과 시스템들을 통해서만 구현될 수 있다. A/IS 설계자들은 다양한 문화권들의 윤리와 국제적으로 널리 통용되는 법적 기준들을 존중해야 한다.

### 권고안

윤리 위원회들에서 활동하는 다문화적 정보윤리(IIE: intercultural information ethics) 실무 전문가들에게 기술 전문가들, 정책입안자들, 엔지니어들을 위한 교육을 맡길 필요가 있다. 다양한 문화들이 정보의 흐름과 정보 시스템, 그리고 의사결정 알고리즘과 가치의 설계에 어떻게 영향을 끼치는가를 예시와 함께 명확하게 알려야 한다.

### 기타 참고자료


- D. J. Pauleen, et al., "정보 시스템의 연구와 실무에 존재하는 문화적 편견(Cultural Bias in Information Systems Research and Practice: Are You Coming From the Same Place I Am?)" *Communications of the Association for Information Systems*, vol. 17, no. 17, 2006.
- J. Bielby, "다문화적 정보윤리의 비교철학(Comparative Philosophies in Intercultural Information Ethics)," *Confluence: Online Journal of World Philosophies* 2, no. 1, pp. 233-253, 2016.

## 이슈 : A/IS 분야의 기관 윤리위원회

### 배경

인간과 A/IS, 동물과 A/IS의 상호작용과 이로 인한 생물학적 위험에 대한 연구가 연구윤리심의위원회들에게 어떤 영향을 끼칠지는 확실하지 않다. A/IS 기술에 적합한 기준들, 제도적 규제들, 위험 측정 체계들은 관련 문헌과 연구자료에 대한 심의위원회들을 통해서는 정확히 수립하기가 어렵다. 게다가 인간을 실험 대상으로 다룬 연구의 검토에 대한 국가적, 국제적 규정들은 이러한 연구의 잠재적 위험 여부와 상관없이 법적 조항들이나 의료윤리를 근거 삼아 A/IS 연구를 검토 대상에서 노골적으로, 또는 암묵적으로 배제할 수도 있다.

인간과 A/IS의 상호작용에 대한 연구는 신원 확인이 가능한 인간 참여자의 개입이나 상호작용, 또는 개인정보와 관련된 경우, 주로 연구윤리위원회들－기관별 심의위원회 등－의 검토 영역에 포함된다. A/IS 연구의 원칙들, 특히 인간과 컴퓨터의 상호작용(HCI: Human-Computer Interaction)과 관련된 윤리적 행동지침들을 정하는 데 필요한 국가적 차원의 기관들－병원, 대학 등－은 아직 충분히 개발되지 않은 상태이다.

첫 번째 문제는 위와 같은 연구에 대한 국제적, 또는 국가적 안내지침이 부족하다는 것이다. 의료기기 분야의 A/IS 연구에 대한 IEEE 표준들은 A/IS 기기의 보안과 관련된 이슈들을 일부 다루고 있다. 그러나 A/IS 기기의 시장화를 위한 윤리적 테스트와 관련된 정책이나 안내지침 문서는 아직 미국 식품의약국(FDA: Food and Drug Administration), EU 유럽의약품청(EMA: European Medicines Agency) 등 공인된 국가기구들과 국제기구들을 통하여 개발되지 않은 상태이다. 둘째, 연구윤리기관 인력 양성을 위한 기관들－의료연구의 공적 책임(PRIM&R: Public Responsibility in Medicine and Research), 미국 임상연구협회(SoCRA: Society of Clinical Research Associates) 등－은 A/IS 개발 분야에 대해서는 전문성이 부족하다. 셋째, 연구윤리

위원회 위원들, 또는 인간이 실험에 참여하거나 실험 참여자의 개인정보가 관련된 프로젝트를 수행하는 연구자들이 A/IS 윤리에 충분한 관심을 갖고 있는지가 불확실하다.

예를 들어, 동물과 A/IS의 상호작용에 대한 연구의 윤리는 기관의 동물 취급 및 사용에 대한 위원회(IACUC: Institutional Animal Care and Use Committee) 또는 기타 관련 위원회들이 이를 어떻게 체계화하고 실행할 것인지에 대한 연구가 부족하다. 수의학과가 없는 교육기관의 경우에는 동물이 사용된 연구에 대한 윤리적 검토를 수행할 역량이 없을 수도 있다.

또한 대개 기관의 생물안전위원회로부터 규제를 받는 방사선학, 생물학, 독물학에 대한 종합적 연구와 A/IS 연구는 연구윤리나 연구 관리에 대한 문헌에서는 다루어지지 않는 경우가 많다.

### 권고안

IEEE 등 표준제정기구들은 관련 국가기관들, 국제기구들과 함께 기존의 표준들, 실증적 연구, 전문성을 활용하여 A/IS 연구의 관리를 위한 우선 과제들을 파악하고 적절한 표준들을 개발해야 한다.

### 기타 참고자료


- S. R. Jordan, "반드시 필요한 혁신(The Innovation Imperative)." *Public Management Review* 16, no. 1, pp. 67-89, 2014.
- B. Schneiderman, "알고리즘의 오류, 편견, 악의적 위해에 대한 독립적 감독의 필요성(The Dangers of Faulty, Biased, or Malicious Algorithms Requires Independent Oversight)." *Proceedings of the National Academy of Sciences of the United States of America* 113, no. 48, 13538-13540, 2016.
- J. Metcalf and K. Crawford, "인간을 대상으로 한 빅데이터 연구의 윤리적 고

찰(Where are Human Subjects in Big Data Research? The Emerging Ethics Divide).” *Big Data & Society*, May 14, 2016. [Online]. Available: SSRN: https://ssrn.com/abstract=2779647. [Accessed Nov. 1, 2018].

- R. Calo, “소비자사고(思考)실험검토위원회(Consumer Subject Review Boards: A Thought Experiment).” *Stanford Law Review Online* 66 97, Sept. 2013.

SECTION

# 02 기업을 위한 A/IS 실무지침

기업들은 A/IS의 개발, 배치, 수익화를 열망하고 있다. 그러나 A/IS의 자금 조달, 개발, 이용에 대한 윤리적 체계와 실무지침을 수립하여 지원하는 환경은 아직 미숙하다.

## 이슈 : 산업계를 위한 가치 기반의 윤리적 문화와 실무지침

### 배경

기업의 주요 목표는 이윤 창출과 시장 선점이다. 하지만 이러한 목표들에 지나치게 집중하다 보면, 성장에만 연연하고 비윤리적 결과가 초래될 위험은 간과하는 우(愚)를 범할 수 있다. A/IS의 확대는 법과 규정은 물론, 윤리에 대해서도 중대한 영향을 끼치므로 A/IS의 개발과 배치를 위한 가치 기반의 윤리적 문화와 실무지침을 마련해야 한다. 그 일환으로, 기업들은 가치 기반 A/IS 설계의 절차들을 더욱 정밀하게 수립하여 개선할 필요가 있다.

## 권고안

A/IS의 개발과 배치를 위한 가치 기반의 실무지침에는 하향식의 리더십과 상향식의 권한 부여, 오너십, 책임이 포함되며, A/IS 시스템이 배치되는 환경과 생태계도 고려되어야 한다. 기업들은 A/IS 제품이 본격적으로 개발하고 배치되기 전에, 윤리적 고려—"윤리적 여과(ethics filters)"—가 어느 단계에서 실행되어야 하는지를 정할 필요가 있다.

예컨대, A/IS 개발 과정 중 적절한 시점에 윤리심의위원회가 개입한다면, A/IS 설계에 윤리적 결함이 발생할 우려를 줄일 수 있다. 기업에 윤리적인 A/IS 문화를 도입할 경우, 기업의 비즈니스 실무에 대하여 본 절(節)에 언급된 다른 권고안들을 채택하는 데 도움이 될 것이다.

## 기타 참고자료

- 컴퓨터 학회(ACM: Association for Computing Machinery)의 윤리 규정 및 직업윤리 규정(Code of Ethics and Professional Ethics, 2018)은 인간의 행복과 권리에 대하여 다양한 내용을 다루고 있다.
- 표현의 자유에 대한 UN 특별조사보고서 중 AI 관련 내용(Report of UN Special Rapporteur on Freedom of Expression. *AI and Freedom of Expression*). 2018.
- 사회적 기업(B-corporations: Benefit corporations)들에 대한 웹사이트는 가치 기반의 윤리적 문화를 도입한 기업들에 대한 개요를 제공하고 있다.
- R. Sisodia, J. N. Sheth, and D. Wolfe, 칭찬받아 마땅한 기업들(Firms of Endearment), 2nd edition. Upper Saddle River, NJ: FT Press, 2014. 이 책은 가치 기반 기업들이 시장 경쟁에서 승리한 사례들을 다루고 있다.

## 이슈 : 가치 기반 리더십

### 배경

기술업계의 리더십은 A/IS 설계에 반영되어야 하는 인간의 가치들과 법적 기준들에 대한 지침을 혁신 담당자들과 엔지니어들에게 제시하는 것을 의미한다. 그리고 특히 A/IS 분야에서 성공적으로 리더십을 발휘하기 위해서는 윤리적인 기업 문화를 구축해야 한다.

### 권고안

기업들은 고위급의 마케터들, 엔지니어들, 변호사들이 윤리적 설계의 협력적, 실용적 이행을 위하여 담당해야 하는 역할들을 정해야 한다. 이와 유사한 역할을 수행하는 윤리학자들이나 인력을 충원하는 것도 필요하다. 가치 기반의 A/IS 개발을 위한 방안 중 하나는 "기타 참고자료"의 저자인 버터필드(Kay Firth-Butterfield)가 제안한 바와 같이 최고가치관리자(CVO: Chief Values Officer)를 두는 것이다. 그러나 윤리적 책임을 CVO들에게만 위임해서는 안 된다. CVO들이 기업의 윤리적 지식 증대를 도울 수는 있지만, 책임 있는 A/IS 설계를 위해서는 결국 기업 구성원 모두가 함께 노력해야 한다.

기업들은 가치 기반 시스템 혁신의 의미를 인권에 대한 법률적·사실적 국제표준들에 의거하여 이해해야 한다.

### 기타 참고자료


- K. Firth-Butterfield, "IEEE는 AI 설계와 윤리를 어떻게 접목시키는가(How IEEE Aims to Instill Ethics in Artificial Intelligence Design)," The Institute. Jan. 19, 2017. [Online]. Available: http://theinstitute.ieee.org/ieee-roundup/

blogs/blog/how-ieee-aims-to-instill-ethicsin-artificial-intelligence-design. [Accessed October 28, 2018].

- United Nations, UN의 기업 및 인권에 대한 이행원칙: "보호, 존중, 구제" (Guiding Principles on Business and Human Rights: Implementing the United Nations "Protect, Respect and Remedy" Framework), New York and Geneva: UN, 2011.
- Institute for Human Rights and Business (IHRB), and Shift, ICT 분야에서 UN의 기업 및 인권에 대한 이행원칙을 실행하기 위한 지침(ICT Sector Guide on Implementing the UN Guiding Principles on Business and Human Rights), 2013.
- C. Cath and L. Floridi, "국제인터넷표준화기구(IETF)의 인터넷 아키텍처 설계와 인권[The Design of the Internet's Architecture by the Internet Engineering Task Force (IETF) and Human Rights]." *Science and Engineering Ethics*, vol. 23, no. 2, pp. 449-468, Apr. 2017.

## 이슈 : 윤리적 우려의 제기를 위한 권한 부여

### 배경

엔지니어들과 설계 팀들은 소속 기업 내에서 자신의 설계나 설계 규격에 대한 윤리적 우려를 제기하는 데 있어 난관에 부딪힐 수 있다. 기업들은 기술 담당자들이 설계, 개발, 생산 등 제품의 수명 주기 전반에 걸쳐 윤리적 문제들을 관련 경영진에게 자유롭게 제기할 수 있는 문화를 구축해야 한다. 그러나 윤리적 우려를 제기하는 것은 설계 절차를 지연 또는 중단시키는 행위로 느껴질 수 있기 때문에, 기업들은 가치 기반 설계를 제품 개발의 필수요소로 어떻게 인정하고 장려할 수 있는지에 대해 고려할 필요가 있다.

## 권고안

직원들은 자신의 일상적인 담당 업무와 관련하여 윤리적 우려를 제기하는 행위에 대한 권한과 격려를 받아야 한다.

조직들은 A/IS 제품을 개발하거나 A/IS를 내부적으로 실행할 때 윤리적 사항들을 효과적으로 고려하기 위하여, 설계 및 실행 과정들에 윤리적 고려를 적극적으로 반영하는 기업 문화와 기준들을 마련해야 한다.

또한 기업들은 윤리적 고려에 대한 새로운 기준들과 함께 최신 행동강령, 기업 가치 선언 등 경영원칙들을 제시함으로써 직원들이 자신의 의견과 우려를 공유하고, 이에 대한 신뢰를 받을 수 있는 권한을 보장해야 한다. 그리고 "공개 주민회의(town hall meetings)"와 같은 상향식 접근법을 통하여 윤리적 우려를 제기하는 사람들에게 징벌이 아닌 보상을 제공하는 방안도 검토할 필요가 있다.

## 기타 참고자료


- The British Computer Society (BCS), 행동강령(Code of Conduct), 2019.
- C. Cath and L. Floridi, "국제인터넷표준화기구(IETF)의 인터넷 아키텍처 설계와 인권[The Design of the Internet's Architecture by the Internet Engineering Task Force (IETF) and Human Rights]," *Science and Engineering Ethics*, vol. 23, no. 2, pp. 449-468, Apr. 2017.

## 이슈 : 오너십과 책임

### 배경

기술업계에서 A/IS와 관련된 책임이 무엇인지에 대한 의견은 매우 다양하다. 다양한 가치관과 행동이 반드시 일반대중, 법조계, 전문업계로부터 제기된 더 광범위한 사회적 우려를 그대로 반영하는 것은 아니다. 대부분의 기업에서는 엔지니어링 기능, 법적 기능, 마케팅 기능이 유기적으로 결합되어 있다. 따라서 기술 전문가들은 대개 기능적 요구사항, 마감 기한, 예산 규정을 따르게 되는 경우가 많지만, 좀 더 규모가 큰 사회적 이슈에 대해서는 "법에 맡기면 된다(Legal will handle that)"는 입장을 취하게 될 것이다. 고용 및 경영 기술이나 노동에서 "윤리(ethics)"란 주로 전문가의 행동에 대한 강령과 가치 기반 설계에 대한 사고방식을 의미한다.

전문가의 행동에 대한 윤리는 결백함이나 비리 등 도덕적 이슈들과 관련성이 높으며, 특히 내부 고발의 경우에 더욱 그렇다. 그러나 A/IS 설계의 윤리는 보다 광범위한 것으로, 기술의 결과에 대한 고려가 포함된다.

### 권고안

조직들은 설계자들, 엔지니어들, 기업 대표자들이 전문가 윤리와 A/IS 윤리의 차이와 상호보완 효과를 잘 알 수 있도록 돕거나 장려함으로써 이 두 가지 윤리의 관계를 분명히 정의해야 한다.

기업들은 A/IS의 설계, 개발, 배치 과정에서 윤리 및 행동과 관련하여 제기될 수 있는 우려를 해소하기 위하여 윤리심의위원회 또는 이와 유사한 조직을 설치해야 한다. 윤리심의위원회는 다양한 위원들로 구성되어야 하며 연구개발의 각 진행 과정에서 연구 윤리와 제품 윤리 등 적절한 기준을 활용해야 한다. 또한 이러한 위원회는 연구 프로젝트 또는 산업 프로젝트의 타당성을 검토해야 한다.

## 기타 참고자료

- HH van der Kloot Meijberg and RHJ ter Meulen, “기관의 윤리위원회를 위한 표준의 개발: 네덜란드 사례를 중심으로(Developing Standards for Institutional Ethics Committees: Lessons from the Netherlands),” *Journal of Medical Ethics* 27 i36-i40, 2001.

## 이슈 : 이해관계자들의 참여

### 배경

A/IS와 관련 실무자들, 그리고 기타 이해관계자들의 상호작용에 대한 관심이 의료진단 등의 분야에서 점점 높아지고 있다. 의료진단뿐 아니라 수많은 분야의 이해관계자들이 다양한 수준으로 기술과 관련되어 있는데, 예컨대 치료사들과 이들의 조무사들은 장차 로봇이나 사회적 A/IS 기술의 “최종 사용자(end user)”가 될 환자들을 대하는 데 필요한 현장 전문성을 갖추고 있다. 윤리적 제품을 개발하기 위해서는 이해관계자들의 피드백을 기반으로 윤리적 · 사회적 이슈들이 고려된 시스템을 설계하는 것이 중요하다. 이용자 경험(UX: user experience) 설계 콘셉트의 대표적인 성공사례는 장애인 접근성으로, 이는 A/IS가 확대될수록 A/IS에 더 많이 반영되어야 한다. A/IS가 미처 예상치 못한 용도와 이해관계를 위해 이용될 경우 발생할 수 있는 영향을 지속적으로 고려하는 것도 중요하다.

### 권고안

조직들은 이해관계자들의 참여를 돕기 위하여 적절하고 세심한 활동계획을 수립해야 한다. 이러한 활동계획은 A/IS와 상호작용할 모든 이해관계자들이나 실무자들의 이해관계를 고려한 것이어야 한다. 또한 이해관계자들이나 실무자들의 의견을 회피 또는 무시하지 않고 진지하게 반영함으로써 이들의 사회적 · 실용적 지혜를 강화할 수 있는 것이어야 한다.

### 기타 참고자료


- C. Schroeter, et al., "인지 능력에 경미한 장애가 있는 사람들을 위한 동반자 로봇의 실현과 이용자 평가(Realization and User Evaluation of a Companion Robot for People with Mild Cognitive Impairments)," *Proceedings of IEEE International Conference on Robotics and Automation (ICRA 2013)*, Karlsruhe, Germany 2013. pp. 1145-1151.
- T. L. Chen, et al., "인간을 위한 로봇: 장애인들을 돕는 로봇의 이용(Robots for Humanity: Using Assistive Robotics to Empower People with Disabilities)," *IEEE Robotics and Automation Magazine*, vol. 20, no. 1, pp. 30-39, 2013.
- R. Hartson and P. S. Pyla, 양질의 이용자 경험을 위한 절차와 가이드라인(*The UX Book: Process and Guidelines for Ensuring a Quality User Experience*). Waltham, MA: Elsevier, 2012.


## 이슈 : 가치 기반 설계

### 배경

윤리는 심지어 윤리적 설계의 실행에 대한 지지를 표시하는 사람들 중에서도 혁신을 저해하는 요소로 간주되는 경우가 많다. 특히 빠른 혁신을 중시하는 업계에서는 윤리적 설계를 기존의 엔지니어링 업무 절차들에 효과적으로 접목시킬 수 있는 실무지침을 개발할 필요가 있다. 기업 내에서 윤리적 설계를 지지하는 사람들은 기업과 최종 사용자들, 그리고 사회를 위해 최선의 결과를 추구하는 혁신가들로 간주되어야 한다. 기업의 리더들은 제품의 수명 주기 전반에 걸쳐 윤리에 대한 논의를 장려하는 조직 구조를 마련함으로써, 기업구성원들이 위와 같은 혁신가들의 마음가짐을 갖도록 도울 수 있다.

A/IS 설계 과정 중에는 윤리적 결과가 중요한 영향을 끼칠 수 있는 순간들이 나타나는 경우가 많다. 이에 대응하기 위한 보편적인 규정들은 존재하지 않는데, 그 이유는 각 조직의 구조와 문화가 서로 매우 다양하기 때문이다. 예를 들어, 설계 팀 회의가 어떤 조직에서는 짧고 비공식적인 것일 수 있지만, 다른 조직에서는 길고 공식적인 것일 수도 있다. 시장 탐색, 시제품 제작, 제품 출시, 제품 수정 등 각 단계 사이의 이동 시기는 설계를 자연스럽게 검토할 수 있는 기회이다. 설계를 반복적으로 검토하는 것도 바람직한데, 그 이유 중 하나는 시간의 추이에 따라 리스크 프로필을 수정하다 보면 최종 제품의 개선에 대한 필요성이나 가능성이 포착될 수 있기 때문이다.

## 권고안

기업들은 설계 과정들을 연구함으로써 어떤 상황을 통해 엔지니어들과 연구자들이 윤리적 문제를 제기하고 해결하도록 유도할 수 있는지를 알아내고, 윤리적 설계의 주도적 실현을 위한 환경을 구축해야 한다. 윤리적 책임의 적절한 분담을 위해서는 제품 설계와 관련된 모든 사람이 윤리적 우려를 파악하고 이에 대응할 수 있어야 한다. 조직들은 구성원들의 윤리적 고려를 장려하고 도울 수 있는 최선의 방안을 모색해야 한다.

조직들은 제품 개발 과정 중에서 공식적인 검토 회의를 갖는 데 적합한 시기들을 찾아내야 한다. 검토 회의는 사전에 위험지표로 파악된 "경고 신호들(red flags)"을 집중적으로 분석하는 기회가 될 수 있다. 예를 들어, 제품의 데이터셋이 미성년자들과 관련되어 있거나 주로 보호 대상 계층의 이용자들에 대한 것일 경우, 연구 또는 개발 과정들의 타당성을 추가적으로 검토하거나 이러한 과정들을 변경하는 것이 필요할 수 있다.

### 기타 참고자료


- A. Sinclair, "조직의 문화와 윤리에 대한 접근법(Approaches to Organizational Culture and Ethics)," *Journal of Business Ethics*, vol. 12, no. 1, pp. 63-73, 1993.
- Al Y. S. Chen, R. B. Sawyers, and P. F. Williams, "기업 문화를 통한 윤리적 의사결정의 강화(Reinforcing Ethical Decision Making Through Corporate Culture)," *Journal of Business Ethics* 16, no. 8, pp. 855-865, 1997.
- K. Crawford and R. Calo, "AI 연구의 맹점(There Is a Blind Spot in AI Research)," *Nature* 538, pp. 311-313, 2016.


SECTION

# 03 책임과 평가

A/IS의 설계와 개발 과정에 책임이 고려되지 않으면 윤리적 실행과 감독이 제대로 이루어질 수 없다. 본 절(節)에서는 A/IS와 관련된 전반적인 감독부터 세부적인 문서화 작업에 이르기까지 네 개의 이슈들을 살펴보기로 한다.

## 이슈 : 알고리즘 관리

### 배경

A/IS의 알고리즘은 일관적으로 관리되고 평가되지 않기 때문에 문제가 될 수 있다. 최종 사용자들은 A/IS에서 도출된 결론이 어떤 알고리즘이나 시스템을 기반으로 한 것인지 전혀 알지 못하기 때문이다. 다음의 권고안들은 **윤리적 설계**의 "일반 원칙", "자율지능시스템의 가치 부여"에 제시된 권고안들과 유사하나, 윤리적 연구와 설계의 방법에 좀 더 최적화된 것이다.

### 권고안

**윤리적 설계**의 "일반 원칙"에 언급된 바와 같이, 알고리즘의 투명성은 매우 중요하다. 알고리즘이나 시스템에 대한 상세사항들은 지적 재산으로서의 의미가 포함되어 있기 때문에 일반대중에게는 공개될 수 없거나, 공개 대상이 아니다. 그러나 A/IS로 인한 피해와 부정적 결과를 방지하기 위해서는 A/IS 기술의 생성 과정 관리에 대한 표준이 마련되어야 한다. 예컨대, 의생물공학, 토목공학, 항공우주공학 등 다른 기술 분야에서는 사유 기술(私有技術)을 상업적으로 보호하고 있지만, 이와 함께 일반대중을 보호하기 위해 사유 기술을 감독하는 적절한 표준들과 메커니즘들이 일상적, 효과적으로 운영되고 있다.

A/IS의 책임을 강화하기 위해서는 인권과 알고리즘의 영향을 평가하고 이에 대한 일반대중의 의견을 조사할 필요가 있다. 그리고 최종 평가 결과는 공개되어야 한다.

### 기타 참고자료


- F. Pasquale, 블랙박스 사회: 경제와 정보를 지배하는 비밀 알고리즘(The Black Box Society: The Secret Algorithms That Control Money and Information).

Cambridge, MA: Harvard University Press, 2016.

- R. Calo, "인공지능 정책의 기본지침과 로드맵(Artificial Intelligence Policy: A Primer and Roadmap)," *UC Davis Law Review* 52, pp. 399-435, 2017.
- ARTICLE 19, "인공지능 시대의 프라이버시와 표현의 자유(Privacy and Freedom of Expression in the Age of Artificial Intelligence)," Privacy International, April 2018. [Online]. Available: https://www.article19.org/wp-content/uploads/2018/04/Privacy-and-Freedom-of-Expression-In-the-Age-of-Artificial-Intelligence-1.pdf [Accessed October 28, 2018].

## 이슈 : 독립적인 검토기관

### 배경

A/IS에 대한 일반지침을 일반대중에게 제공하기 위하여 독립적, 전문적인 의견이 필요하다. 현재 시장에서 광고되고 있는 A/IS의 이미지는 A/IS의 성능이나 적용이 현실적으로 반영되지 않은 경우가 많다. A/IS 기술은 어떻게 하면 가장 바람직한 방향으로 이용할 수 있는지에 대한 권고안과 경고사항이 함께 제시되어야 한다. 또한 A/IS의 안전과 윤리적 적합성을 독립적으로 평가하는 인증체계가 개발되어야 한다.

현재로서는 기술의 안전과 윤리성에 대한 독립적인 검토체계가 발달해 있지 않다. 예컨대, 자동차의 경우, 셀프 주차 기능을 탑재하는 것이 가능하지만, 이러한 기능의 이용에 대한 주의사항을 정하는 독립적인 기관은 존재하지 않는다. 어린이를 돌보는 동반자 로봇은 승인서를 발급하거나 규제를 가할 수 있는 기관이 없다. 따라서 소셜/자동화 기술들을 가급적 온라인상에서 평가하고 승인하는 시스템이 필요하다. 또한 A/IS 기술을 가장 잘 검토할 수 있는 방법, 검토기관들이 건강과 안전에 대한 전통적인 이슈들과 윤리적 이슈들을 종합적으로 고려할 수 있는 방법에 대한 연구를 지원하는 기금이 정부 차원에서 마련되어야 한다.

## 권고안

A/IS 제품들이 설계, 개발, 배치, 진화되고 다른 제품들과 상호작용하는 과정에서 윤리적 기준이 실제로 지켜지고 있는지 검토하기 위하여 ISO와 같은 독립적·국제적 기구를 설립하고 관련 인증 절차를 마련해야 한다.

## 기타 참고자료


- A. Tutt, "알고리즘을 위한 FDA (An FDA for Algorithms)," *Administrative Law Review* 69, pp. 83-123, 2016.
- M. U. Scherer, "AI 시스템의 규제와 이에 대한 위험, 과제 권한, 전략(Regulating Artificial Intelligence Systems: Risks, Challenges, Competencies, and Strategies)," *Harvard Journal of Law and Technology* vol. 29, no. 2, pp. 354-400, 2016.
- D. R. Desai and J. A. Kroll, "알고리즘과 법(Trust But Verify: A Guide to Algorithms and the Law)," *Harvard Journal of Law and Technology*, Forthcoming; Georgia Tech Scheller College of Business Research Paper No. 17-19, 2017.


## 이슈 : 블랙박스의 이용

## 배경

소프트웨어 개발자들은 "블랙박스(black box)" 부품들을 자주 이용하는데, 이 부품들의 기능을 충분히 알지 못하는 경우가 많다. 블랙박스 소프트웨어는 A/IS의 발전을 촉진하고 있는 "딥러닝(Deep Learning)" 과정에 점점 더 많이 이용되고 있다. A/IS 개발자들은 적어도 당분간은 자신이 의도한 그대로 운영되는 시스템을 만들 수 없을 것으로 보인다.

## 권고안

안전 또는 인간의 행복에 영향을 끼칠 수 있는 시스템을 제작할 경우, 이 시스템이 부정적 결과를 초래하지 않을 것이라고 선불리 믿어서는 안 된다. 엔지니어들은 블랙박스 소프트웨어와 관련된 윤리적 위험을 인정하여 평가하고 이 위험을 줄일 수 있는 전략을 실행해야 한다.

기술 전문가들은 문서화, 감사(監査), 투명하고 추적 가능한 표준들을 통하여 자신의 알고리즘이나 시스템이 수행하게 될 작업들을 정의할 수 있어야 한다. 이러한 작업들은 가급적 미래에도 적용 가능한 것이 되어야 하나, A/IS의 특성을 고려할 때 소급 적용의 가능성이 더 높아야 하고 위험성을 줄이는 방향으로 정의되어야 한다. 또한 부정적 영향을 개선하는 방안도 고려되어야 한다.

기술 전문가들과 기업들은 A/IS 기술을 배치하기 전에 윤리적 사항들에 대한 실사(實査)를 실시해야 한다. 윤리 실사의 구성요소들은 IEEE나 ISO와 같은 국제기구가 정하는 것이 이상적이다. 그러나 이렇게 하는 것이 여의치 않을 경우에는 각 기업이 자사의 제품 개발 과정들을 평가하고 개선하기 위한 윤리적 표준들을 만들어야 한다. 항공 분야에서 비행정보 기록장치를 이용하는 것처럼 알고리즘도 추적 가능하게 할 경우, A/IS에서 어떤 계산 과정으로 인해 이상하거나 위험한 동작들이 발생했는지 알 수 있다. 이러한 계산 과정이 다소 불투명하게 남아 있는 경우라 할지라도, 기술 전문가들은 계산 결과를 증명하고 피해를 감지할 수 있는 간접적인 방법을 모색해야 한다.

## 기타 참고자료


- M. Ananny and K. Crawford, “알고리즘의 투명성과 책임성을 강화하는 방법(Seeing without Knowing: Limitations of the Transparency Ideal and Its Application to Algorithmic Accountability)," *New Media & Society*, vol. 20, no. 3, pp. 973-989, Dec. 13, 2016.

- D. Reisman, J. Schultz, K. Crawford, and M. Whittaker, "알고리즘 영향 평가: 공공기관의 책임 강화를 위한 실용적 지침(Algorithmic Impact Assessments: A Practical Framework for Public Agency Accountability)," AI NOW 2018. [Online]. Available: https://ainowinstitute.org/aiareport2018.pdf [Accessed October 28, 2018].
- J. A. Kroll, "불가해성의 오류(The Fallacy of Inscrutability)," *Philosophical Transactions of the Royal Society A: Mathematical, Physical and Engineering Sciences*, C. Cath, S. Wachter, B. Mittelstadt, and L. Floridi, Eds., October 15, 2018 DOI:10.1098/rsta.2018.0084

## 이슈 : 기술문서의 개선 필요성

### 배경

A/IS는 대개 불투명하고 이해 불가능한 것으로 간주되곤 한다. 그러나 A/IS에 대한 투명성의 결핍은 인간의 결정으로 인해 초래되는 경우가 많다. 예컨대, 시스템의 한계와 가정에 대한 필수정보가 문서화되어 있지 않으면 A/IS의 투명성을 기대하기 어렵다. 내부적·외부적 감사와 함께 기술문서의 작성이 제대로 이루어져야 A/IS의 윤리적 영향을 이해할 수 있다.

### 권고안

엔지니어들은 A/IS의 최종 제품과 관련 데이터의 흐름, 성능, 한계, 위험을 문서로 철저히 기록하도록 요구해야 한다. 엔지니어링 과정에서 주목할 필요가 있는 동작들과 실행사항들도 분명하게 명시되어야 한다. 또한 이를 실제로 준수하기 위하여 예측 시스템에서 어떤 훈련 데이터가 사용되고 어떤 알고리즘들과 부품들이 적용되었는지, 그리고 동작 모니터링을 통하여 어떤 결과가 도출되었는지도 문서화되어야 한다. 이러한 문서의 작성 기준으로는 감사 가능성, 접근 가능성, 유의미성, 가독성을 유념할 필요가 있다.

기업들은 자사의 시스템에 대해 감사를 실시하는 한편, 외부 감사와 내부 감사를 위한 새로운 방법들을 모색해야 한다.

### 기타 참고자료


- S. Wachter, B. Mittelstadt, and L. Floridi, "AI 로봇의 투명성, 설명 가능성, 책임(Transparent, Explainable, and Accountable AI for Robotics)." *Science Robotics*, vol. 2, no. 6, May 31, 2017. [Online]. Available: DOI:10.1126/scirobotics.aan6080. [Accessed Nov. 2017]
- S. Barocas and A. D. Selbst, "빅데이터의 이질적 영향(Big Data's Disparate Impact)." *California Law Review* 104, pp. 671-732, 2016.
- J. A. Kroll, J. Huey, S. Barocas, E. W. Felten, J. R. Reidenberg, D. G. Robinson, and H. Yu, "알고리즘의 책임(Accountable Algorithms)." *University of Pennsylvania Law Review* 165, no. 1, pp. 633-705, 2017.
- J. M. Balkin, "알고리즘 사회의 언론의 자유(Free Speech in the Algorithmic Society: Big Data, Private Governance, and New School Speech Regulation)." *UC Davis Law Review*, 2017.

# 기고자들에 대한 감사의 말

본 장의 작성에 기여한 아래의 모든 분들에게 감사드린다.

## 윤리적 연구와 설계의 방법에 대한 위원회

- **Corinne Cath-Speth** (Co-Chair) – PhD student at Oxford Internet Institute, The University of Oxford, Doctoral student at the Alan Turing Institute, Digital Consultant at ARTICLE 19
- **Raja Chatila** (Co-Chair) – CNRS-Sorbonne Institute of Intelligent Systems and Robotics, Paris, France; Member of the French Commission on the Ethics of Digital Sciences and Technologies CERNA; Past President of IEEE Robotics and Automation Society
- **Thomas Arnold** – Research Associate at Tufts University Human-Robot Interaction Laboratory
- **Jared Bielby** – President, Netizen Consulting Ltd; Chair, International Center for Information Ethics; editor, *Information Cultures in the Digital Age*
- **Reid Blackman, PhD** – Founder & CEO Virtue Consultants, Assistant Professor of Philosophy Colgate University
- **Tom Guarriello, PhD** – Founding Faculty member in the Master's in Branding program at New York City's School of Visual Arts, Host of RoboPsyc Podcast and author of RoboPsych Newsletter
- **John C. Havens** – Executive Director, The IEEE Global Initiative on Ethics of Autonomous and Intelligent Systems; Executive Director, The Council on Extended Intelligence; Author, *Heartificial Intelligence: Embracing Our Humanity to Maximize Machines*
- **Sara Jordan** – Assistant Professor of Public Administration in the Center for Public Administration & Policy at Virginia Tech
- **Jason Millar** – Professor, robot ethics at Carleton University

- **Sarah Spiekermann** – Chair of the Institute for Information Systems & Society at Vienna University of Economics and Business; Author of the textbook "Ethical IT-Innovation", the popular book "Digitale Ethik-in Wertesystem fur das 21. Jahrhundert" and Blogger on "The Ethical Machine"
- **Shannon Vallor** – William J. Rewak Professor in the Department of Philosophy at Santa Clara University in Silicon Valley and Executive Board member of the Foundation for Responsible Robotics
- **Klein, Wilhelm E. J., PhD** – Senior Research Associate & Lecturer in Technology Ethics, City University of Hong Kong

* IEEE 글로벌 이니셔티브 회원들에 관한 전체 목록은 standards.ieee.org/content/dam/ieee-standards/standards/web/documents/other/ec_bios.pdf에서 볼 수 있다.

** **윤리적 설계** 제1판의 권리 포기(disclaimers)에 관한 상세사항은 책자 맨 뒤에 실린 "본 책자가 어떻게 만들어졌는가(*How the Document Was Prepared*)" 부분을 참조하기 바란다.

# 지속 가능한 발전을 위한 A/IS

A/IS는 고소득 국가들(HIC: high-income countries)과 저소득 및 중간소득 국가들(LMIC: low-and middle-income countries)을 막론하고 모든 국가의 국민에게 매우 특별하고 중요한 기회들을 제공하는 동시에, 위험을 초래할 수 있다. A/IS의 확대와 이용은 전 세계 모든 사람과 공동체-시골, 반(半)도시, 도시 등 지역을 막론하고-들이 욕구 충족과 잠재력 개발에 유용한 수단들을 얻고 더 큰 자율성과 선택권을 행사할 수 있는 진정한 기회를 제공한다. A/IS는 기존의 경제적, 사회적, 정치적 관계들과 상호작용들을 파격적이고 다양하게 변화시키고 재편함으로써 권력과 부(富)의 균등한 분배를 촉진하고, 사회적 정의를 강화하는 역사적 기회를 가져오게 될 것이다.[1] 또한 A/IS는 삶의 질과 수준을 높이고 인간의 존엄성을 보호하는 한편, 문화적 다양성을 유지하고 환경을 보호할 수 있다.

인류가 가장 먼저 해결해야 할 과제들이 무엇인지에 대한 합의를 도출하고, 이에 필요한 자원들과 행동들의 우선순위를 정하는 데 활용될 수 있는 지표 중 하나는 2015년 UN 총회에서 채택된 '지속 가능한 발전을 위한 UN 아젠다(United Nations Agenda for Sustainable Development)'이다. 이 아젠다는 193개국이 찬성한 것으로, 2030년까지 전 세계에서 달성되어야 할 지속 가능한 발전 목표(SDGs: Sustainable Development Goals) 17개를 제시하고 있다. 이에 따르면, UN의 모든 회원국은 지속 가능한 발전 목표들을 달성함으로써 인류와 지구의 미래에 지속 가능성과 번영, 그리고 회복성을 가져오기 위해 협력해야 한다. 이 목표들은 UN 회원국 전체에 보편적으로 적용되며, 2030년까지 달성되어야 한다.[2]

A/IS의 가치는 다양한 형태의 탁월하고 독특한 의견들이 많이 생겨날수록 더 높아진다. 이러한 의견들은 대개 고소득 국가들과 저소득 및 중간소득 국가들 모두에게 SDG의 달성을 통해 긍정적인 사회경제적 결과를 유도하는 데 도움이 될 것이다. 본 장(章)에서 특히 강조되는 윤리적 명령은 A/IS가 인류에게 혜택을 주고 평등을

강화하며, 전 세계에 지속 가능한 미래와 SDG를 실현하는 데 이용되도록 해야 한다는 것이다. 2015년 UN 총회에서 채택된 '지속 가능한 발전을 위한 UN 아젠다'는 서문에서 SDG를 다음과 같이 설명하고 있다.

> …… 인권과 인간의 존엄성, 법규, 정의, 평등, 비(非)차별에 대한 보편적 존중; 인종, 민족성, 문화적 다양성의 존중; 인간의 잠재적 능력을 완전히 실현하고 부(富)를 공유하기 위한 기회의 평등; 어린이들에게 투자하고 모든 어린이가 폭력과 착취를 당하지 않고 자유롭게 성장하는 세상; 모든 여성과 소녀들이 완전한 성(性) 평등을 누리고 이들의 권한에 제약을 가하는 모든 법적, 사회적, 경제적 장애물들이 사라진 세상. 공정성, 평등, 관용, 개방성, 사회적 포용을 통해 가장 취약한 사람들의 욕구가 충족되는 세상.[3]

A/IS가 전 세계적으로 어떻게 이용되는가는 소외계층 포용, 모든 사람의 인권과 존엄성 존중, 아동 보호, 국가 내부와 국가 간 빈부 격차 해소에 매우 중요한 영향을 끼치게 될 것이다. A/IS는 지속 가능한 발전을 위한 아젠다가 지향하는 변화를 앞당기는 데 기여할 수 있지만, 본 장(章)에 언급된 위험요소들이 적절하게 관리되지 않으면 이러한 변화를 저해할 수 있다.

특히 고소득 국가에서 소수의 선택된 기업들이 A/IS의 개발과 마케팅에 지배적인 영향력을 행사할 경우, 국가 간 불평등이 가속화될 수 있다. 또한 업무 자동화 확대, A/IS와 함께 생산적으로 일하는 데 필요한 기술과 지식을 제공하는 교육 또는 재교육 시스템의 부재로 인하여 주로 고등교육을 받은 부유층에게 A/IS의 혜택이 편중되고 교육을 많이 받지 못한 사람들은 노동시장에서 소외되는 현상이 발생할 수 있다. 이러한 위험은 IT 인프라, 교육 수준, 경제적·문화적 환경에 따라 정도의 차이는 있겠지만, 고소득 국가와 저소득 및 중간소득 국가 모두에 존재한다. 인터넷 접속과 이용에 대한 국가 간 불평등은 '어떻게 하면 A/IS의 혜택을 모든 사람이 누리도록 할 수 있는가?'라는 질문을 우리에게 상기시킨다. "공공의 선(善)을 위한(for the common good)" A/IS를 만드는 것은 윤리적 명령이며, **윤리적 설계** 제1판의 핵심 주제이기도 하다. "공공의 선"은 인간과 책임을 중요시하며, 공정성과 포용성을 지향한다.

본 장(章)은 A/IS가 반드시 해야 할 일-모든 사람의 삶의 질과 수준을 높임으로써 인류에게 혜택을 제공하는 것-에 대하여 다루고 있다. 또한 A/IS의 평등한 이용을 촉진함으로써 부(富), 자원, 의사결정권이 소수의 국가들, 기업들, 시민들에게 편중되지 않고 모든 사람이 웰빙을 누릴 수 있도록 하기 위한 권고안들을 제시하고 있다. 권고안에는 지속 가능한 발전을 위한 아젠다가 추구하는 윤리적 명령과 일맥상통하는 정책들과 공공 및 민간 프로그램들도 포함되어 있다. 이 권고안들은 인권과 인간의 존엄성 존중, 모든 국가에게 평등한 혜택을 제공하는 "공공의 선" 실현을 추구한다.

SECTION

# 01 모두에게 지속 가능한 발전을 선사하는 A/IS

A/IS는 기본권 침해, 빈곤, 착취, 기후 변화, 소외계층에 대한 배려 결핍, 폭력 증가, SDG 달성 등 전 세계적으로 가장 시급한 문제들을 해결하는 데 도움이 될 수 있다.

**이슈** A/IS의 개발 및 배치에 대한 현재의 로드맵은 모든 사람이 번영, 평화, 환경 보호, 존엄성 존중의 혜택을 누릴 수 있는 더욱 평등한 세계를 위한 UN의 17개 SDG를 따르거나 고려하지 않은 것이다.[4]

## 배경

번영, 평화, 환경 보호, 인간의 존엄성, 인권 존중을 추구하는 SDG는 소득 수준과 상관 없이 모든 국가에 적용되는 것이다. 그러나 어느 누구도 소외되지 않고 모든 사람이 A/IS의 혜택을 누릴 수 있도록 하기 위해서는 세계 시민의식과 인류 전체의 웰빙이라는 윤리적 목표의 추구에 매진해야 한다. 또한 고소득층에 부(富)가 집중되기 쉬운 기술 경제의 본질적 한계를 극복하려는 의식적인 노력도 필요하다. SDG의 실현은 A/IS 인프라의 수준과 상관없이 모든 국가의 소외계층에게 혜택을 제공해야 한다.

UN 사무총장 보고서 "존엄으로 가는 길 2030(The Road to Dignity by 2030)"은 지속 가능한 발전을 위한 2030 아젠다의 실행을 위한 자원들과 방법들을 다루고 있으며, 지속 가능한 미래를 위하여 과학, 기술, 혁신이 중요하다고 다음과 같이 강조하고 있다.[5]

"지속 가능한 미래를 위하여 우리는 이제 지속 가능하지 않은 기술들을 단계적으로 폐지하는 한편, 혁신과 지속 가능한 발전을 위한 청정하고 건전한 기술들의 개발에 투자해야 한다. 이러한 기술들은 공정한 가격으로 취급되어야 하며, 개발도상국을 포함한 모든 국가들에게, 그리고 모든 국가들에 의해 널리 보급되고 공정하게 수용되어야 한다."(para. 120)

A/IS는 전 세계적으로 인류의 발전을 저해하는 심각한 사회적 문제들을 해결하는 데 중요한 역할을 할 수 있다. 또한 A/IS는 인류 사회가 지속 가능하지 않고 사회경제적 불평등을 초래하는 시스템에서 벗어나 보편적인 인간의 존엄성, 평화, 번영을 실현하는 시스템을 기반으로 발전할 수 있게 해준다.

그러나 A/IS에는 이와 같은 잠재적 가능성뿐만 아니라, 위험도 존재한다. A/IS는 엄청난 전력이 필요하므로 향후 A/IS의 전력 공급원으로 지속 가능한 에너지원이 없으면 화석 연료의 사용이 증가하고 환경과 기후에 부정적인 결과가 초래될 수 있다.

전 세계 인구의 45%가 인터넷에 연결되어 있지 않으나, 이들이 반드시 A/IS의 잠재적 혜택에서까지 소외되고 있는 것은 아니다. 저소득 및 중간소득 국가들에서는 모바일 네트워크를 통해 A/IS 앱에 필요한 데이터를 제공받을 수 있기 때문이다. 그러나 인터넷 기술들을 통한 소득 창출의 혜택은 인터넷에 연결된 사람들에게만 국한되어 있는 것으로 보인다. 2017년 고소득 국가들의 인터넷 보급률은 시골 지역 또는 오지의 일부 주민들 사이에서 저조한 경향을 보였는데, 미국 거주자 중 12%와 유럽 거주자 중 20%가 인터넷 접속이 불가능한 것으로 밝혀졌다. 저소득 및 중간소득 국가들이 많은 아시아의 경우, 인터넷에 접속하지 못하고 있는 사람들은 전체 인구 중 52%를 차지했으며, 특히 인구가 많은 중국에서는 인터넷 보급률이 45%를 기록했다. 다른 아시아 국가들은 대개 전체 주민의 99%가 인터넷에 접속하지 못하고 있는 것으로 조사되었는데, 이러한 현상은 아프리카 일부 국가들에서도 비슷하게 나타났다. 아프리카 전체의 인터넷 보급률은 35%에 불과했으며, 아프리카 주민 3명 중 2명이 인터넷 접속이 불가능한 것으로 조사되었다.[6] 인터넷 접속이 불가능한 사람들은 A/IS를 "훈련(train)"시키는 데 필요한 데이터 역시 생성할 수 없기 때문에 A/IS 기술의 혜택에서 소외된다. A/IS 기술의 개발은 특히 소수계층, 시골 지역이나 저소득 국가의 주민들에 대한 조직적 차별과 편견을 초래할 수 있다. 한 연구 결과에 따르면, "미국에서는 홈 오토메이션 제품 1개만으로도 6초마다 1개의 데이터 포인트를 생성 가능하다."[7] 그러나 전체 인구의 90%가 인터넷에 접속할 수 없는 모잠비크의 경우, "일반적인 가정에서는 디지털 데이터 포인트가 전혀 생성되지 않고 있다."[8] 저소득 및 중간소득 국가들에서는 A/IS 앱의 개발에 필요한 데이터가 주로 휴대폰에서 생성되기 때문에 휴대폰이 없는 사람들에 대한 편견이 발생할 우려가 있다. 예컨대, 저소득 및 중간소득 국가들의 여성은 휴대폰을 갖고 있을 가능성이 남성보다 14% 낮고 남부 아시아의 여성은 38% 낮은데, 이들이 차별을 받을 수 있는 것이다.[9]

## 권고안

SDG의 달성과 밀접한 관련이 있는 분야들과 전 세계 소외계층들에 중요한 A/IS 애플리케이션들은 어떤 것인지를 연구해야 한다. 특히 가장 중요한 최신 애플리케이션의 강점, 약점, 잠재적 혜택과 대규모로 개발된 최고의 애플리케이션에 대한 분석이 필요하다. 이러한 연구에서 고려되어야 할 구체적인 목표들은 다음과 같다.

- SDG와 관련된 A/IS 기술들을 발굴하고 실험한다. 예: 농업용, 의료용 원격진단 기술의 개발을 위한 빅데이터; 공공서비스 계획, 재난 예방, 비상사태 대응 계획, 질병 상황 모니터링을 위한 지리정보 시스템; 지능형 도시의 구축에 필요한 에너지 및 교통 관리 시스템과 도시 농업 관리 시스템; 폭력 및 소외 문제 해결, 웰빙 증진을 위하여 인간적인 공감 능력을 강화하는 애플리케이션
- A/IS가 지속 가능한 발전에 어떻게 기여할 수 있는지에 대한 홍보를 강화한다. 이를 위하여 기술 분야의 국내 정부기관들과 해외 정부기관들, 그리고 비정부기구들(NGOs)과 협력할 필요가 있다.
- 모든 사람에게 인터넷 접속을 제공하는 데 필요한 비용과 전략을 분석하고 제안한다. 이는 특히 고소득 국가들과 저소득 및 중간소득 국가들의 모든 사람에게 거주지역과 상관없이 A/IS의 잠재적 혜택을 제공하기 위한 것이다.
- 중요한 사회적 문제들의 해결과 SDG의 실현을 촉진하는 혁신적인 A/IS 애플

리케이션들의 문서화와 보급에 투자한다.

- A/IS 컴퓨팅에 전력을 공급할 수 있는 지속 가능한 에너지원을 연구한다.
- 국제기구들, 기업들, 독립적인 기관들, 국가들의 기부에 따른 구체적 결과를 모니터링함으로써 A/IS의 효율성과 책임을 강화할 수 있는 투명한 시스템을 개발하는 데 투자한다.
- 국내 A/IS 시장의 경쟁과 확장성이 뛰어난 A/IS의 발전을 국가적 차원에서 촉진하기 위한 법적, 정책적, 재정적 방안들을 개발한다.
- 기업의 사회적 책임(CSR: corporate social responsibility)을 장려하는 것뿐만 아니라, 민간 기업들의 전략에 SDG를 도입하고 기업들의 핵심성과지표들에 SDG 지표를 추가한다.
- 웰빙에 대한 측정 지표들[10]을 적용하여 A/IS가 고소득 국가들과 저소득 및 중간소득 국가들에 끼치는 영향을 다양한 관점에서 평가한다.

## 기타 참고자료


- R. Van Est and J. B. A. Gerritsen, with assistance of L. Kool, 로봇 시대의 인권: 로봇, 인공지능, 증강현실로 인한 문제들(Human Rights in the Robot Age: Challenges arising from the use of Robots, Artificial Intelligence and Augmented Reality) Expert Report written for the Committee on Culture, Science, Education and Media of the Parliamentary Assembly of the Council of Europe (PACE), The Hague: Rathenau Instituut 2017.
- World Economic Forum Global Future Council on Human Rights 2016-18, "기계학습으로 인한 차별 문제의 방지(White Paper: How to Prevent Discriminatory Outcomes in Machine Learning)," World Economic Forum, March 2018.
- United Nations General Assembly, 지속 가능한 발전을 위한 2030 아젠다 (*Transforming Our World: The 2030 Agenda for Sustainable Development*) (A/RES/70/1: 21 October 2015) Preamble. http://www.un.org/en/development/

desa/population/migration/generalassembly/docs/globalcompact/A_RES_70_1_E.pdf

- United Nations Global Pulse, 발전을 위한 빅데이터의 과제와 기회(Big Data for Development: Challenges and Opportunities), 2012.

**이슈 : A/IS는 시장 환경에만 영향을 끼치는 것으로 간주되는 경우가 많으나, 사회적 관계와 문화에도 영향을 끼친다.**

## 배경

A/IS는 전 세계 시장들과 비즈니스 모델들에 영향을 끼칠 것으로 예상된다. 예를 들어, A/IS는 휴대폰이 우리의 일상생활에 변화를 가져오고 이러한 변화가 문화와 관습, 그리고 언어에 직접적으로 반영된 것과 유사한 방식으로 사회적 관계에 영향을 끼치게 될 것이다. A/IS가 어느 정도의 범위와 어떤 방향으로 영향을 끼칠 것인지는 아직 확실히 알 수 없지만, 고소득 국가들의 관련 사례와 인터넷을 통해 급격하게 유포되고 있는 "가짜 뉴스(fake news)", 그리고 소셜 미디어를 악용한 사이버 괴롭힘은 우리에게 A/IS의 위험에 대한 일종의 경고를 보내고 있다.[11] 우울증, 사회적 고립, 공격성 증가, 폭력 확대가 인간관계를 해치고 심지어 자살까지 초래한 사건들이 발생하고 있는데, 이는 모두 인터넷과 밀접한 관계가 있다.[12] 예를 들어, "스마트홈(smart homes)" 기술은 원격으로 문을 잠그거나 난방/전력 장치를 끄는 등 배우자를 괴롭히는 가정폭력의 수단으로 이용되고 있다. 이러한 문제는 노인 및 아동 학대로 학대되기 쉽다.[13] 따라서 A/IS로 인한 사회적 혼란의 발생 또는 확대를 예방하는 방안들이 개발되어야 한다.

## 권고안

A/IS가 사회에 끼치는 영향을 이해하기 위하여, 다음과 같이 제품 및 관련 공정의

혁신 방안을 모색하고, 나아가 A/IS의 사회문화적 · 윤리적 의미를 국제적 관점에서 검토할 필요가 있다.

- 차별, 사이버 괴롭힘, 콘텐츠 및 신분 위조 등을 추적하고 보고하며 담당 기관들에 알리는 알고리즘들을 개발한다. 이 알고리즘들은 설명 가능성 등 윤리적 측면이 반영되어야 하며, 특히 프라이버시와 억압으로부터의 자유를 위한 인권 침해 우려가 고려되어야 한다.
- 국제적으로 인정받은 전문가 윤리강령을 기술업체들과 함께, 그리고 기술업체들을 위하여 개발한다.
- 우울증, 불안, 정신적 폭력, 정치적 조작 등 A/IS 기술의 이용과 관련된 사회적 혼란을 전 세계적인 건강 문제로 인식하고, 이에 따른 영향을 관찰하고 관리한다.
- 새로운 A/IS 기술이 문화적으로 어떻게, 어디에, 누구에게 영향을 끼치는지에 대한 평가지표들을 개발한다.

## 기타 참고자료


- T. Luong, "가정폭력에 사용되는 디지털 도구들(Thermostats, Locks and Lights: Digital Tools of Domestic Abuse)," *The New York Times*, June 23, 2018, https://www.nytimes.com/2018/06/23/technology/smarthome-devices-domestic-abuse.html
- J. Naughton, "IoT 기반의 새로운 가정폭력(The internet of things has opened up a new frontier of domestic abuse)." *The Guardian*, July 2018.
- M. Pianta, 혁신과 고용(Innovation and Employment), Handbook of Innovation. Oxford, U.K.: Oxford University Press, 2003.
- M. J. Salganik, 디지털 혁신이 사회연구에 끼친 영향(Bit by Bit). Princeton, NJ: Princeton University Press 2018.
- J. Torresen, "로봇과 AI의 미래와 윤리적 측면에 대한 검토(A Review of

Future and Ethical Perspectives of Robotics and AI)" Frontiers in Robotics and AI, Jan. 15, 2018. [Online]. Available: https://doi.org/10.3389/frobt.2017.00075. [Accessed Nov. 1, 2018].

**이슈 :** 진실한 정보에 대한 권리는 민주사회와 지속 가능한 발전, 그리고 더욱 평등한 세계의 실현에 반드시 필요한 핵심요소이다. 그러나 A/IS는 이러한 권리를 침해할 우려가 있으므로, 이에 대한 방지 조치를 마련해야 한다.

## 배경

소셜 미디어는 뉴스, 의견, 광고 등 정보의 전달을 위한 핵심적인 기술 인프라가 되고 있으며, A/IS를 이용한 유저 프로필 기반의 맞춤형/타깃형 정보 확산을 주도하고 있다. 소셜 네트워크와 블로그를 이용한 여론조사 결과 및 트렌드 분석, 뉴스 기사에 대한 정서적 반응 분석은 특정 뉴스의 선별을 통해 일반대중의 여론을 편파적으로 조작하고 선정적인 정보를 유포하는 데 이용될 수 있다.

"소비자 경험의 개인화(personalization of the consumer experience)", 즉 독자의 관심사, 정치관, 문화적 수준, 교육, 지리적 위치 위주의 뉴스 기사들을 제공하는 것은 조작 가능성이 높다는 점에서 저널리즘 업계의 새로운 문제로 대두되고 있다.

현재의 정보 인프라는 투명성이 낮으므로 (인프라 운영자를 제외하고는) 다음과 같은 사항들을 알아내는 것이 어렵거나 불가능하다.

- 누가, 어떤 개인정보를 이용자 프로필 분석을 위해 수집하는가?
- 어떤 집단들이 누구에 의해 타깃이 되고 있는가?
- 타깃이 된 특정 집단이 어떤 정보를 받았는가?
- 누가 정보의 생성, 전달을 위한 비용을 제공했는가?
- 전체 정보 중에서 로봇 프로그램을 통해 전달되고 있는 정보가 차지하는 비율

은 어느 정도인가?
- 누가 로봇 프로그램에 대한 비용을 제공하고 있는가?

이미 알려진 바와 같이, 투명성이 낮은 정보 인프라는 정치적 의도로 허위 정보를 유포하는 데 이상적이며, 평등한 세계와 민주주의의 구현, 기본권 존중에 부정적인 영향을 끼친다. 허위 정보 유포는 비극적인 결과를 초래할 수 있다. 인권단체들의 조사결과에 따르면, 미얀마 군부는 페이스북을 이용하여 무슬림 소수민족인 로힝야족(Rohingya)에 대한 혐오를 조장했다. 이로 인해 로힝야족을 몰아내기 위한 대규모 인종 박해가 단행되었으며, 그 과정에서 약 50,000명이 목숨을 잃었다.[14] UN은 이러한 사건을 집단 학살, 반(反)인류적 범죄, 전쟁 범죄로 규정했다.[15]

### 권고안

정부들은 민주주의 보호, 기본권 존중, 지속 가능한 발전의 촉진을 위하여 다음과 같이 허위 정보 유포와 혐오 발언을 방지하는 입법 조치들을 실행해야 한다.

- 유저 프로필 분석을 위한 A/IS 기술의 이용이 더 투명하게 관리되도록 함으로써 프라이버시를 보호하고 이용자 조작을 방지한다.
- A/IS 기술을 이용하여 허위 정보 유포를 추적하되, 정보 검열을 방지하기 위하여 민주적인 감독기구를 둔다.
- A/IS 인프라를 보유한 기업들에게 알고리즘, 재원, 서비스, 고객에 대한 투명성 강화를 의무화한다.
- A/IS 인프라와 관련하여 "플랫폼(platforms)"과 "콘텐츠 제공자(content providers)" 사이의 법적 지위를 새롭게 정의한다.
- 저널리즘 업계의 의무에 대한 지침을 재정립하여 향후 A/IS 이용이 더욱 활성화될 경우에 대비한다.
- 공식 문서의 정보에 대한 권리를 강화한다. 또한 공식 문서나 뉴스 기사의 선별, 체계화, 평가, 개발에 이용된 정보의 출처 검증, 정확성 확인 등 저널리스트들의 업무들을 자동화하는 A/IS 기술들을 개발한다. 이는 정보의 객관성과

신뢰성을 높이는 데 도움이 될 수 있다.

## 기타 참고자료


- M. Broussard, "조사 보도를 위한 AI의 이용(Artificial Iintelligence for Investigative Reporting: Using an expert system to enhance journalists' ability to discover original public affairs stories)." *Digital Journalism*, vol. 3, no. 6, pp. 814-831, 2015.
- M. Carlson, "로봇 기자: 저널리즘의 자동화와 노동, 뉴스 구성, 저널리스트 권한의 재정의(The robotic reporter: Automated journalism and the redefinition of labor, compositional forms, and journalistic authority)." *Digital Journalism*, vol. 3, no. 3, pp. 416-431, 2015.
- A. Lopez Barriuso, F. de la Prieta Pintado, A. Lozano Murciego, D. Hernandez de la Iglesia, and J. Revuelta Herrero, 저널리즘 관리에 유용한 멀티에이전트 시스템(JOUR-MAS: A Multiagent System Approach to Help Journalism Management), vol. 4, no. 4, 2015.
- P. Mozur, "미얀마 군부의 페이스북 조작으로 인한 집단 학살(A Genocide Incited on Facebook with Posts from Myanmar's Military)," *The New York Times*, Oct. 15 2018. https://www.nytimes.com/2018/10/15/technology/myanmar-faceboo.k-genocide.html
- UK Parliament, House of Commons, 디지털, 문화, 미디어, 스포츠 위원회의 허위 정보 유포와 '가짜 뉴스'(Digital, Culture, Media and Sport Committee Disinformation and 'fake news'): Interim Report, Fifth Report of Session 2017-19UK Parliament, Published on July 29, 2018.

SECTION

# 02 A/IS 이용의 평등

**이슈 :** 각국의 권력 구조들은 서로 매우 다르므로 지속 가능한 미래를 추구하는 과정에서 A/IS가 불평등을 해소하기보다는 가속화할 우려가 있다. 저소득 및 중간소득 국가들이 기존 자원들을 이용하여 A/IS를 실행하고, A/IS의 잠재력을 이용하여 지속 가능한 미래를 실현할 수 있는 최선의 방법이 무엇인지는 아직 불확실하다.

## 배경

A/IS는 저소득 및 중간소득 국가들의 지속 가능한 경제발전을 실현할 수 있는 강력한 잠재력을 가지고 있다. 그러나 A/IS에 대한 논의는 대부분 고소득 국가들, 교육수준이 높고 부유한 사람들 사이에서만 이루어지는 경우가 많다. 그러나 A/IS 기술로 인하여 편견, 심한 불평등, 계급 차별, 소외가 발생하는 것을 방지하기 위해서는 A/IS의 전반적인 개발 및 적용 과정에 모든 사람이 거주지역과 지위를 막론하고 평등하게 고려되어야 한다. A/IS의 개발과 배치에 필요한 재정적·기술적 자원들은 대부분 고소득 국가들에 집중되어 있기 때문에, 저소득 및 중간소득 국가들에 거주하는 사람들은 A/IS의 혜택을 얻는 것이 상대적으로 어렵다. 하지만 고소득 국가들의 현실을 아예 고려하지 않고 A/IS를 적용하는 것은 적절하지 않을 수 있다. 이러한 현상은 문화적/윤리적 편견, 언어 장벽, 단순히 현지 인터넷 환경의 제한을 극복하는 것이 불가능하기 때문이다.

게다가 저소득 및 중간소득 국가들은 기술 혁신 과정에서 수많은 어려움을 겪을 수 있다. 따라서 이러한 국가들의 A/IS 접근성을 향상시키기 위해서는 다음과 같은 장애요소들을 고려해야 한다.

- 기술 개발의 혁신에 필요한 오픈소스 라이선스가 원활하게 제공되지 않는다.
- 고소득 국가들이 개발한 기술들을 응용하여 저소득 및 중간소득 국가들의 문제를 해결하거나, 저소득 및 중간소득 국가들의 문제를 해결하기 위한 로컬 기술들을 개발하는 데 필요한 인력과 지식이 부족하다.
- 저소득 및 중간소득 국가들은 상대적으로 임금 환경이 열악하기 때문에 A/IS 관련 인력을 확보하기가 어렵다.
- A/IS 배치에 필요한 인프라가 부족하다. 또한 기술적 문제 해결이 필요한 곳에 적절한 솔루션을 가져가기가 어렵다.
- 다양한 지역들에 존재하는 각각의 수요에 맞게 기술들을 적용하는 데 필요한 조직적 시스템과 비즈니스 모델이 부족하다.
- 해당 인구의 참여가 저조하다.
- 정치권에서 기술자원에 대한 접근을 국민에게 허용하려는 의지가 부족하다.
- 시장 독점으로 인하여 새로운 기술의 개발이 활발하게 이루어지지 않고 있다.
- 양질의 교육이 모든 계층의 사람들에게 원활하게 제공되지 않고 있다.
- 관료주의로 인해 다양한 환경에 유연하게 대응 가능한 정책들이 개발되지 않고 있다.

A/IS의 기능들과 혜택들을 전 세계적으로 평등하게 확대하기 위하여, 특히 저소득 및 중간소득 국가들에 적절한 훈련, 교육, 기회들이 제공되어야 한다. 현재 저소득 및 중간소득 국가들의 연구자들은 비용 문제 때문에 중요 이슈들과 관련된 A/IS 연구에 유용한 제품들을 적시에 확보하기가 매우 어려운 실정이다.

A/IS의 기능, 이와 관련된 법, 정책, 규제, 반(反)부패 조치 등 국가의 통치에 대한 문제들이 해결된다면, 저소득 및 중간소득 국가들은 A/IS를 이용하여 경제 개혁과 국가 성장의 새로운 시대로 도약할 수 있는 역량을 갖게 될 것이다. 사실 A/IS 자체는 저소득 및 중간소득 국가들에 대한 투자를 가장 심각하게 저해하는 요소로 지적되고 있는 정부와 금융기관들의 부패를 적발하는 데 이용될 경우, 국가 통치에 긍정적으로 기여할 수 있다. 그러나 A/IS가 특히 저소득 및 중간소득 국가들에서 공공의 선(善)을 위해 이용되도록 각별한 주의를 기울여야 한다. 또한 A/IS의 설계와 적용

에서 구조적 불평등을 초래하여 기존의 사회경제적 불평등을 심화시키거나, 데이터 프라이버시를 위한 법과 실행의 허점으로 인해 기본권이 침해되는 일이 없도록 해야 한다.

### 권고안

A/IS의 혜택은 고소득 국가들과 저소득 및 중간소득 국가들의 국민 모두에게 평등하게 제공되어야 하며, 보편적인 인간의 존엄성, 평화, 번영, 환경 보호를 위해 이용되어야 한다. 특히 저소득 및 중간소득 국가들을 위하여 다음과 같은 노력이 필요하다.

- 사기 및 부패 행위를 적발하여 권력 구조의 투명성을 높이고 투자, 바람직한 국가 통치와 혁신을 촉진하는 데 A/IS를 이용한다.
- A/IS 전략을 개발하고, AI 관련 우수인력의 유지 또는 복귀 유도를 통해 “두뇌 유출(brain drain)”을 방지하려는 저소득 및 중간소득 국가들의 노력을 지원한다.
- 국제적 표준/합의, 오픈소스 A/IS 소프트웨어를 장려한다.
- 최신 A/IS를 통해 생성된 지식과 부(富)를 균등히 분배하기 위해 노력한다. 이러한 과정에서 평등한 세계의 실현을 촉진하는 공식적인 공공정책과 금융시스템이 적용되도록 한다.
- 저소득 및 중간소득 국가들의 국민이 쉽게 접근하고 연구에 활용할 수 있는 공공 데이터셋을 개발하되, 개인정보가 보호되도록 한다.
- 각 대륙에 A/IS 국제연구센터를 설립하여 문화적 특성이 적절히 반영된 A/IS 연구를 촉진하고, 저소득 및 중간소득 국가들이 첨단기술에 원격으로 접근할 수 있도록 한다.[16]
- 저소득 및 중간소득 국가들이 자국어로 제공되는 온라인 강의를 통해 A/IS를 쉽게 이용할 수 있도록 한다.
- A/IS 이용과 함께 ID, 플랫폼, 블록체인에 대한 논의가 활성화되도록 한다. 이

러한 핵심기술들은 저소득 및 중간소득 국가들의 경제적, 사회적, 문화적 수요를 충족시키는 방향으로 설계되어야 한다.

- 기술제품에 대한 저소득 및 중간소득 국가들의 접근 장벽을 낮춘다. 이를 위해 고소득 국가들과 저소득 및 중간소득 국가들의 개발자들이 협력할 수 있는 기반을 마련하고, 저소득 및 중간소득 국가들의 개발자들이 국제적인 A/IS 컨퍼런스에 참석할 수 있도록 지원한다.[17]
- 저소득 및 중간소득 국가들에서 이미 이용 가능한 저용량A/IS 모바일 앱 등 A/IS 기반 기술들에 대한 연구를 촉진한다.
- 투자 지원과 민관협력/보조금, 그리고 국제기구들, 정부기관들, 대학들, 연구기관들 간 협력을 통하여 A/IS 연구개발을 촉진하다.
- 국제개발원조 사업에서 삶의 질과 수준을 향상시키고, 저소득 및 중간소득 국가들의 지속가능발전목표들을 달성하는 데 필요한 A/IS 인프라를 우선적으로 지원한다.
- 저소득 및 중간소득 국가들과 관련된 데이터 이슈들의 중요성을 인식한다. 이 국가들은 충분한 규모의 기계학습 샘플을 얻기가 어려우므로 **사실상** 차별이 발생하는 경우가 있으며, 정보 보호를 위한 법이 제대로 마련되어 있지 않다.
- 데이터가 부족한 환경에 A/IS를 적응시키는 방법 등 저소득 및 중간소득 국가들에 최적화된 A/IS 운영방법의 연구를 지원한다.

## 기타 참고자료


- A. Akubue, "제3세계의 사회경제적 발전을 위한 기술(Appropriate Technology for Socioeconomic Development in Third World Countries)." *The Journal of Technology Studies* 26, no. 1, pp. 33-43, 2000.
- O. Ajakaiye and M. S. Kimenyi, "아프리카의 고등교육과 경제발전(Higher Education and Economic Development in Africa: Introduction and Overview)." *Journal of African Economies* 20, no. 3, iii3-iii13, 2011.
- D. Allison-Hope and M. Hodge, "인공지능을 통한 권리 기반 비즈니스의 실

현(Artificial Intelligence: A Rights-Based Blueprint for Business)," San Francisco: BSF, Aug. 28, 2018.

- D. E. Bloom, D. Canning, and K. Chan, 아프리카의 고등교육과 경제발전(*Higher Education and Economic Development in Africa*) (vol. 102). Washington, DC: World Bank, 2006.
- N. Bloom, "불평등 시대의 기업들(Corporations in the Age of Inequality)." *Harvard Business Review*, April 21, 2017.
- C. Dahlman, 기술, 세계화, 경쟁력: 개발도상국들의 과제(*Technology, Globalization, and Competitiveness: Challenges for Developing Countries*). *Industrialization in the 21st Century*. New York: United Nations, 2006.
- M. Fong, 개발도상국들을 위한 기술 도약(*Technology Leapfrogging for Developing Countries*). *Encyclopedia of Information Science and Technology*, 2nd ed. Hershey, PA: IGI Global, 2009 (pp. 3707-3713).
- C. B. Frey and M. A. Osborne, "고용의 미래: 우리의 일자리는 컴퓨터화에 얼마나 취약한가?(The Future of Employment: How Susceptible Are Jobs to Computerisation?)" (working paper). Oxford, U.K.: Oxford University, 2013.
- B. Hazeltine and C. Bull, 적절한 기술을 위한 도구와 선택, 그리고 시사점(*Appropriate Technology: Tools, Choices, and Implications*). New York: Academic Press, 1999.
- McKinsey Global Institute, "삶, 비즈니스, 글로벌 경제를 변화시키는 파격적인 기술 발전(Disruptive Technologies: Advances That Will Transform Life, Business, and the Global Economy)" (report), May 2013.
- D. Rotman, "기술 발전으로 인한 일자리 파괴(How Technology Is Destroying Jobs)." *MIT Technology Review*, June 12, 2013.
- R. Sauter and J. Watson, "기술 도약의 증거: 국제개발부를 위한 보고서(Technology Leapfrogging: A Review of the Evidence, A Report for DFID)." Brighton, England: University of Sussex. October 3, 2008.
- "부자들과 나머지 사람들(The Rich and the Rest)." *The Economist*. October

13, 2012.
- "노동자가 없는 부유함, 부유함이 없는 노동자(Wealth without Workers, Workers without Wealth)." *The Economist*. October 4, 2014.
- World Bank, "2008년 글로벌 경제 전망: 개발도상국에서의 기술 보급(Global Economic Prospects 2008: Technology Diffusion in the Developing World)." Washington, DC: World Bank, 2008.
- 2016년 세계개발보고서: 디지털 디비던드(World Development Report 2016: Digital Dividends), Washington, DC: World Bank. doi:10.1596/978-1-4648-0671-1.
- World Wide Web Foundation, "저소득 및 중간소득 국가들을 위한 인공지능의 미래(Artificial Intelligence: The Road ahead in Low and Middle-income Countries)," webfoundation.org, June 2017.

SECTION 03

## A/IS와 고용

**이슈** : A/IS는 노동의 본질적 성격을 변화시키고, 고용 환경에 혼란을 초래하고 있다. 그러나 기술 변화의 속도가 너무 빨라서 현재의 인력 (재)교육 방법으로는 대응하기가 어렵다.

### 배경

기술이 빠른 속도로 발전하고 있으며, 이는 고용구조의 변화에 중대한 영향을 끼치게 될 것이다. 노동자들이 이에 적절한 준비를 갖추기 위해서는 대응 조치뿐만 아니라 선제적인 사전 조치를 취할 필요가 있다. A/IS의 혁명이 촉발한 자동화 추세로 인하여, 다양한 분야들의 가치사슬들에서 수많은 일자리들이 A/IS로 대체될 전망이다. 이러한 우려는 2016년 미(美) 백악관이 발표한 보고서 "인공지능과 자동화, 그리고 경제(*Artificial Intelligence, Automation, and the Economy*)"에 제시된 "자동 차량(automated vehicle)"의 사례 분석 결과에 잘 나타나 있다. 이에 따르면, "미국에서 기존의 파트타임 및 풀타임 일자리 중 220만~310만 개가−정확한 시기는 알 수 없지만−향후 20년 이내에 상당한 영향을 받게 될 것이다."[18]

저소득 및 중간소득 국가들은 A/IS로 인한 실업 우려가 선진국들보다 더 심각하다. 대부분의 저소득 및 중간소득 국가들은 노동집약적 산업 중심의 구조로 이루어져 있다. 저소득 및 중간소득 국가들은 고소득 국가들에 비해 노동 임금이 상대적으로 낮을 수 있지만, A/IS와 자동화로 인한 파급 효과는 훨씬 더 심각하게 느껴질 수 있다. 2016년 세계은행 보고서(World Bank Development Report)에 따르면, 저소득 및 중간소득 국가들은 전체 일자리 중에서 자동화와 A/IS의 영향에 취약한 일자리의 비율이 고소득 국가들보다 더 높으며, 이미 수많은 일자리가 사라져 버렸다. 게다가 지금까지 노동 임금이 저렴한 저소득 및 중간소득 국가들로 아웃소싱하기가 쉬웠던 일부 일자리는 자동화하기가 쉽다는 특성을 갖고 있다.[19] 한편, 수많은 저소득 및 중간소득 국가들은 자동화 수준이 높은 산업들을 지원하는 데 필요한 커뮤니케이션, 에너지, IT 인프라가 부족하다.[20] 그럼에도 세계은행은 저소득 및 중간소득 국가들의 일자리 자동화 비율(자동화 채택 시기상의 차이는 반영되지 않음)을 에티오피아는 85%, 아르헨티나는 62%로 추정했는데, 이는 OECD 평균인 57%보다 높다.[21]

자동화 추세에 따라, 향후 수십 년 이내로 노동시장 역량 개발 프로그램들에 대한 투자와 변화가 요구될 것이다. 이러한 투자는 자동화로 인해 수익 증대 효과를 얻게 된 기업들과의 협력을 통하여 혁신적이고 공정한 방식으로 이루어져야 한다. 또한 혁신이 계속 유지되는 가운데 노동자들이 21세기의 고용 환경에서 요구되는 역량을 갖출 수 있도록 지원하는 책임감과 노력이 필요하다. A/IS를 비롯한 디지털 기술들은 개인화 서비스의 시대에 구인공고 검색 지원, 취업 알선, 채용 절차에 새로운 변화를 가져오는 진정한 혁신의 기회를 제공한다. 다자 간 상호작용을 촉진하는 다면 플랫폼들(multisided platforms)과 예측 분석 기술들－이로 인해 차별이 심화되지 않도록 주의한다면－노동시장의 수요와 공급을 훨씬 더 효율적으로 조화시킬 수 있다.[22] 예를 들어, 4억 7,000만 명의 이용자들이 등록되어 있는 다면 플랫폼 LinkedIn, 온라인 취업 사이트 indeed.com과 Simply Hired는 적어도 인터넷 접속이 가능한 사람들에게는 고용 절차의 일대 혁신을 의미한다고 볼 수 있다. 맞춤형 상담 및 통합형 재교육 프로그램들 역시 혁신의 기회를 제공할 수 있다.

공정하고 효과적인 평생 기술 개발/훈련을 통해 수많은 사람들이 직업, 전문 분야, 거주지를 마음먹은 대로 바꿀 수 있게 돕는 프로그램, 인프라, 메커니즘을 만들어 내고, 지역 차별로 인한 소득 및 빈부 격차 문제를 해결하기 위해서는 많은 노력이 필요하다. 특히 노동자들의 물리적, 법적, 가상적 이동성을 높일 수 있는 효과적인 방법을 찾는 것이 중요하다. 따라서 주거, 교통, 라이센싱(licensing), 세금 우대 등 다양한 분야들을 체계적으로 지원하는 정책을 개발해야 한다. 그리고 A/IS 시대에는 특히 고소득 국가들과 저소득 및 중간소득 국가들의 시골 지역에게 보편적인 인터넷 서비스를 제공하기 위한 정책이 필요하다.

## 권고안

A/IS 시대에 노동자들이 발전하기 위해서는 빠른 기술 변화에 대한 적응을 돕는 역량 교육 프로그램들이 제공되어야 한다. 이러한 프로그램들은 모든 노동자들에게 제공되어야 하며, 특히 단순기술 노동자들을 위한 배려가 필요하다. 프로그램 형태는 고용주가 지원하는 민간 프로그램과 공공 채널 및 정부 정책을 통해 무료로 제공되는 공공 프로그램이 있으며, 구직 중이거나 재직 중인 노동자 모두 이용할 수 있어야 한다. 이와 관련된 구체적인 방안들은 다음과 같다.

- A/IS 시대의 고용 환경에서 기술 격차를 해소하고 노동자들의 역량 강화와 발전을 도울 수 있는 새로운 기술 프로그램들을 가능하면 고등학교 입학 전부터 제공한다.
- 수습 제도와 시용(試用) 프로그램들을 개발하고 고용 및 소득 증대를 지원하

는 데이터 중심의 증거 기반 솔루션들을 확대한다.

- 시민단체들이 참여하는 새로운 형태의 민관 파트너십, 사회적 성과 중심의 새로운 재정지원 제도-예: 성공적 혁신에 도움이 되는 사회혁신채권(social impact bonds)-를 지원한다.
- A/IS 관련 대학 졸업자들의 창업을 연구, 장려하기 위한 대학들, 기업 내 혁신 연구소들, 정부들 간 파트너십을 지원한다.[23]
- 자동화 등 기술 확대가 노동자들에게 끼치는 영향에 대응하기 위하여, 기업들이 직원들에게 재교육 기회를 제공하도록 하는 규정들을 개발한다.
- 세금 우대를 통하여 인력 교육 및 재교육 프로그램들에 대한 공동 투자를 촉진하는 공공정책을 개발함으로써 민간 분야의 참여를 활성화한다.
- A/IS와 자동화로 인해 일자리를 잃었지만 재교육을 받을 수 없는 노동자들의 생존과 웰빙을 보장하는 공공정책을 수립하고 지원한다.
- 상기 변화에 대응하고 상호보완 효과를 얻는 데 도움이 되는 분야들을 연구한다.
  - 다양한 노동시장 환경에서 발생하는 직업의 변화에 대한 정책 연구를 강화한다.
  - A/IS 시대의 노동역량 혁신을 가장 공정하고 효율적으로 지원할 수 있는 민관협력 방안들을 연구한다.
  - 충실한 연구와 전략적 예측을 기반으로 미래의 노동시장 변화에 대응하기 위한 국가적, 지역적 전략들을 개발한다.

## 기타 참고자료


- V. Cerf and D. Norfors, 인간 중심의 경제: 새로운 노동 생태계(The People-centered Economy: The New Ecosystem for Work). California: IIIJ Foundation, 2018.
- Executive Office of the President, 인공지능과 자동화, 그리고 경제(*Artificial Intelligence, Automation, and the Economy*). December 20, 2016.
- S. Kilcarr, "트럭 산업에 대한 아메리칸 드림과 국가의 정의(Defining the

American Dream for Trucking … and the Nation, Too)," *FleetOwner*, April 26, 2016.

- M. Mason, "자동화의 영향을 받는 수많은 직업들을 위한 차기 캘리포니아 주지사의 과제(Millions of Californians' Jobs could be Affected by Automation-a Scenario the next Governor has to Address)," *Los Angeles Times*, October 14, 2018.
- OECD, "노동시장 프로그램에 대한 비용과 참여자(Labor Market Programs: Expenditure and Participants)," *OECD Employment and Labor Market Statistics* (database), 2016.
- M. Vivarelli, "혁신과 고용에 대한 연구(Innovation and Employment: A Survey)," Institute for the Study of Labor (IZA) Discussion Paper No. 2621, February 2007.

**이슈 :** A/IS가 고용에 끼치는 영향에 대한 분석은 영향을 받는 일자리의 수와 종류에 지나치게 집중되고 있으나, 이보다는 업무 내용의 복잡한 변화에 더 많은 주의를 기울여야 한다.

## 배경

자동화가 고용에 끼치는 영향에 대한 연구는 주로 자동화로 인해 사라지거나 새로 생겨나는 일자리들의 수에 집중하는 경향이 있다. 그러나 A/IS의 영향을 받을 수 있는 일자리들의 수에만 신경 쓸 것이 아니라, A/IS가 고용구조에 어떠한 변화를 가져올 것인가를 더 자세히 분석할 필요가 있다. 예를 들어, 미래의 노동자들은 자신이 업무를 수행하는 것이 아니라, 업무를 대신 수행하는 로봇들을 감독하는 자리로 이동하는 것이 필요할 수도 있다. 또한 전통적인 고용구조가 변화하고 언제든지 변경 가능한 계약직이 늘어나면서 노동자가 고용 안정성을 보장받을 수 없는 시대가 오게 될 것이다. 이와 함께 업무 내용도 기존의 일상적이고 반복적인 활동에서 벗어나 더 복잡한 의사결정을 기반으로 하는 활동으로 바뀌게 될 것이다. 즉, 앞에서 언급된 인력 재교육의 필요성이 크게 증가하는 것 말고도 수많은 중대한 변화가 일어나게 되는 것이다. 따라서 실업자 수뿐만 아니라 실업 기간 또는 재직 기간, 노동인구 참여율 등 다른 요소들도 측정할 필요가 있다.

세계경제포럼(World Economic Forum)의 2018년 미래직업연구보고서(*Future of Jobs 2018*)는 다음과 같이 분석하고 있다.

"… 새로운 기술들은 노동시장에 혼란을 가져올 수 있지만, 한편으로는 새로운 일자리들을 만들고 인간이 수행해온 기존 업무의 질과 생산성을 높일 수 있다. 2022년까지 기존 일자리들과 증강 기술(*augmentation*)이 결합하는 현상이 확대됨에 따라, 노동자들은 대다수의 데이터 처리 및 정보 검색 업무들로부터 해방될 것이다. 또한 증강 기술은 인간의 노동을 보충하고 보완하기 위한 수단으로 곧 보편화됨에 따라, 추론과 의사결정 등 가치가 더 높은 업무들을 지원하게 될 것이다."[24]

이 보고서에 따르면, 2018~2022년 업무역량의 변화에 대한 필요성이 크게 증가하고 "인력 재배치, 자동화 또는 증강 기술을 우선적으로 투자할지 여부와 인력 재교육에 투자할지 여부에 대한 결정을 계획하고 유도하기 위하여 선제적, 전략적, 집중적인 노력이 요구될 것이다."[25]

10대 업무능력 수요(2018~2022년)

| 현재<br>(2018년) | 수요 증가<br>(2022년) | 수요 감소<br>(2022년) |
|---|---|---|
| 1. 분석적 사고와 혁신 | 1. 분석적 사고와 혁신 | 1. 손재주, 인내력, 정확성 |
| 2. 복잡한 문제 해결 | 2. 적극적 학습과 학습 전략 | 2. 기억력, 언어적, 청각적, 공간적 능력 |
| 3. 비판적 사고와 분석 | 3. 창의성, 독창성, 진취성 | 3. 재정적, 물질적 자원의 관리 |
| 4. 적극적 학습과 학습 전략 | 4. 기술 설계 및 프로그래밍 | 4. 기술 설치 및 유지 |
| 5. 창의성, 독창성, 진취성 | 5. 비판적 사고와 분석 | 5. 독서, 쓰기, 수학, 적극적 청취 |
| 6. 꼼꼼함, 신뢰성 | 6. 복잡한 문제 해결 | 6. 인간관계 관리 |
| 7. 정서적 지능 | 7. 리더십과 사회적 영향 | 7. 품질 관리와 안전의식 |
| 8. 추론, 문제 해결, 관념화 | 8. 정서적 지능 | 8. 협력과 시간관리 |
| 9. 리더십과 사회적 영향 | 9. 추론, 문제 해결, 관념화 | 9. 시각적, 청각적, 언어적 능력 |
| 10. 협력과 시간 관리 | 10. 시스템 분석 및 평가 | 10. 기술 이용, 모니터링, 제어 |

출처: 2018년 미래직업연구, 세계경제포럼, 표 4.

## 권고안

로봇과 자동화가 다양한 분야의 일자리들을 빼앗아가고 있지만, 정책결정과 필수적인 인력 재교육 프로그램들을 지원하기 위해서는 A/IS가 노동자들에게 끼치는 영향을 보다 공정하고 세심하며 분석적이고 객관적인 자세로 살펴보아야 한다. 이를 위하여 다음과 같은 노력이 필요하다.

- 로봇과 A/IS가 일자리, 세입, 성장,[26] 웰빙에 끼치는 영향에 대한 객관적인 통계와 정보를 언론과 일반대중에게 적절히 전파하는 국제적·독립적인 기구를 설립한다.
- 현재의 직업별 업무 내용이 어떻게 변해 왔는지에 대한 정보를 분석하여 전파한다. 이는 해당 직업의 업무 자동화에 대한 분명한 평가를 기반으로 이루어져야 한다.
- 2018년 미래직업연구보고서(본 책자 위의 표 참고)에 권고된 바와 같이, A/IS가 고용과 중요한 업무에 제공하는 혜택을 극대화하기 위해 자동화와 증강 기

술의 활용을 촉진한다.

- 업무역량 개발 및 교육 프로그램들을 미래사회의 요구에 맞게 혁신, 개선, 조정하기 위하여 A/IS 혁명으로 인해 생겨날 미래의 직업들, 업무들, 활동들, 직장 구조들, 근무습관들, 업무역량들을 더욱 세심하게 통합적이고 역동적으로 분석한다. 이는 노동시장 역량 개발 프로그램들의 개발을 위하여 거시적 차원뿐 아니라 미시적 차원에서도 필요하다.
- A/IS가 고용에 끼치는 전 세계적 영향을 적절히 이해하기 위하여 관련 제품과 공정의 혁신을 국제적 관점에서 고려하고 검토한다.
- 생산성 재분배를 촉진하고 노동시장의 변화에 대한 적응계획을 세울 수 있는 방안들을 제시한다.

## 기타 참고자료


- E. Brynjolfsson and A. McAfee, 기계지능의 두 번째 시대: 지능기술 시대의 노동 발전과 부(富)(The Second Age of Machine Intelligence: Work Progress and Prosperity in a Time of Brilliant Technologies). New York, NY: W. W. Norton & Company, 2014.
- P. R. Daugherty and H. J. Wilson, 인간과 기계의 협업: AI 시대의 노동(Human+Machine: Reimagining Work in the Age of AI). Watertown, MA: Harvard Business Review Press, 2018.
- International Federation of Robotics, "로봇이 생산성, 고용, 직업에 끼치는 영향(The Impact of Robots on Productivity, Employment and Jobs)," A positioning paper by the International Federation of Robotics, April 2017.
- RockEU, "유럽 노동시장을 위한 로봇 분야의 협력 계획(Robotics Coordination Action for Europe Report on Robotics and Employment)," Deliverable D3.4.1, June 30, 2016.
- World Economic Forum, Centre for the New Economy and Society, 직업의 미래 2018(*The Future of Jobs 2018*), Geneva: WEF 2018.

SECTION

# 04 A/IS 시대를 위한 교육

**이슈** : 고소득 국가들과 저소득 및 중간소득 국가들에서는 미래의 노동자들에게 윤리적인 A/IS 애플리케이션들을 설계하거나 A/IS와의 협업을 통해 긍정적인 효과를 얻는 데 도움이 될 교육이 아예 제공되지 않거나, 불균등하게 제공되고 있다. 이는 세대 간, 국가 내부와 국가 간에 영속적인 불평등을 초래함으로써 공평한 성장, 지속 가능한 미래의 실현, SDG 달성을 저해할 우려가 있다.

## 배경

특히 교육공학과 관련된 수많은 국제기구들은[27] 평화, 번영, 환경 보호, 보편적인 인간의 존엄성을 실현하는 데 있어 전 세계적으로 걸림돌이 되고 있는 중대한 문제들－무력 분쟁, 사회적 불평등, 급속한 기후 변화, 인권 침해 등－을 해결하기 위해 대학들이 지역적, 국제적으로 주도적인 역할을 수행해야 한다고 주장해 왔다. 전 세계적인 사회적 문제들을 해결하는 것은 A/IS 연구 등 다양한 기능들을 담당하고 있는 수많은 대학들의 주요 목표 중 하나이다. UNESCO에 따르면, 현재 대학들에서는 기술과 관련된 중대한 윤리적·사회적 문제들의 해결에 참여함으로써 사회적 책임을 실현하는 과학자들과 엔지니어들을 양성하기 위한 교육이 제대로 이루어지지 않고 있다.[28] 대학들과 대학원들은 A/IS 관련 학과들의 엔지니어링 교육 과정에 글로벌 인재 양성을 위한 내용을 강화함으로써 학생들이 기술 전문가로서의 역량을 갖추고 A/IS의 기회와 위험을 인식하며, 전 세계 어디서든 다양한 분야에서 일할 수 있도록 해야 한다.

대학과 대학원의 엔지니어링 관련 학과는 A/IS 교육이 접목되어야 할 수많은 분야 중 일부에 불과하다. 예를 들어, 비즈니스, 법, 공공정책, 의료 분야의 학생들도 향후 A/IS와 협업하는 직업을 갖게 될 경우에 대비하고, A/IS의 배치를 위한 윤리적 원칙들을 내재화할 필요가 있다. 저소득 및 중간소득 국가들은 글로벌 A/IS 전문가를 양성하는 대학 교육 과정을 도입하기 위하여 재정적·학술적 지원이 필요하다. 또한 모든 국가들이 초등 및 중등 교육 과정의 학생들에게 관련 학습을 위한 기초 역량을 쌓을 수 있는 기회를 제공함으로써 글로벌 A/IS 전문가의 양성을 위한 기반을 다져야 한다. 하지만 이와 같은 교육 과정의 개혁이 필요함에도 불구하고, A/IS가 다양한 직업들과 사회경제적 환경에 끼치는 영향은 아직 유동적이며, 관련 문헌자료도 매우 부족한 상태이다. 따라서 우선, A/IS를 충분히 연구한 후에 교육 시스템의 전반적인 정비를 추진해야 한다.

저소득 및 중간소득 국가들의 교육은 대개 글로벌 경쟁력이 낮다. 그러므로 A/IS가 전 세계적으로 확대될 경우, 저소득 및 중간소득 국가들의 젊은이들은 좋은 일자리를 찾기 힘들어질 수 있으며, 이로 인해 글로벌 불평등이 심화될 수 있다. 전 세계 교육 시스템들은 정보화 시대의 새로운 요구에 유연하게 부응하여 미래의 노동자들에게 필요한 업무 역량을 배양하기 적합한 방향으로 개혁하고 변화되어야 한다.[29] 21세기 교육에서는 어린이들의 암기 학습에 대한 필요성이 낮아지고 있다. 인터넷에서 다양한 지식을 즉시 검색할 수 있고, 네트워크 접속과 혁신을 가능하게 해주는 수단들이 많아졌기 때문이다. 기억력보다 상상력을 높이는 것이 중시되고 있으며, 종이책보다 인터넷 접속의 필요성이 높아지고 있다. 전 세계 어디서나 어린 학생들은 로봇, A/IS와 생산적으로 협업하기 위해 창의력, 인간적인 공감 능력, 윤리, 시스템적 사고 능력의 개발이 요구되고 있다. 과학, 기술, 공학, 예술/설계, 수학(STEAM: Science, Technology, Engineering, Art/Design, and Math) 과목들을 더 폭넓게, 더 창의적으로 가르칠 필요가 있다.[30] 또한 미래의 A/IS 전문가들에게 사회적 기술을 교육하기 위하여 21세기의 중요 과목들에 공감 능력을 추가할 수 있는 방안들을 연구해야 한다. 그러나 국가의 경제적 수준과 무관하게 어디서든지 아동 교육은 여전히 사라져 버렸거나 아예 도래한 적이 없는 산업 시대 중심의 내용으로 이루어지고 있다. 저소득 및 중간소득 국가들의 교육 시스템들은 대개 아직 깊이 자리잡지 않았기 때문에 고소득 국가들보다 유연하게 변화할 수 있다. 따라서 A/IS를 이용하면 저소득 및 중간소득 국가들의 교육 시스템들이 21세기에 맞는 수준으로 발전하도록 도울 수 있을 것이다. 이는 휴대폰 기술이 저소득 및 중간소득 국가들로 하여금 유선통신 인프라 시대를 벗어나 한층 더 높이 도약할 수 있게 했던 것과 마찬가지이다.

## 권고안

A/IS 교육은 세 가지 유형의 학생들－일반인들, 현재와 미래의 A/IS 전문가들, 현재와 미래의 정책입안자들－을 대상으로 이루어져야 한다. 미래의 노동자들이 문화적으로 적합한 A/IS를 개발할 수 있는 역량을 쌓고 A/IS와 생산적이고 윤리적으로 협업하며, UN의 지속가능발전목표를 달성하기 위해서는 고소득 국가들과 저소득 및 중간소득 국가들 모두 대학들과 직업전문학교들의 교육 과정을 개혁할 필요가 있다. 또한 아동 교육 등 대학 입학 전(前) 교육 과정에서도 A/IS 시대의 위험과 기회에 사회적으로 대비하기 위한 개혁이 필요하다. 이미 20세기에 종지부를 찍은 산업 시대의 사회를 위한 현재의 교육 시스템에서 벗어나야 하는 것이다. 이를 위한 방안들은 다음과 같다.

- 대학 및 대학원 교육 과정과 함께 유치원, 초등학교, 중등학교의 교육 과정을 개혁하여 미래의 관리자들, 변호사들, 엔지니어들, 공무원들, 기업가들이 글로벌 시민으로서 A/IS와 생산적이고 윤리적으로 협업할 수 있게 한다. 이를 위하여 다음과 같은 노력이 필요하다.
    - A/IS 연구에서 대학들과 기업들, 정부들, NGO들 등 다른 이해관계자들의 상호작용을 촉진한다. 그 일환으로 중점 연구과제들과 공동연구 주제들을 함께 정하고 대학들을 위한 연구과제 위탁, 연구소들의 참여 및 교육 과정 공동 개발, 합동 수업, 인턴십/봉사 학습, 컨퍼런스/세미나/강의 등을 추진한다.
    - A/IS를 포함하여 다양한 과목들에 대한 다학제적 학위 과정들을 개발하고 지원한다. 또한 대학들은 광범위하고 종합적인 관점에서 개발된 교육 과정

들을 통하여 학생들이 A/IS가 전 세계적으로 끼치는 경제적·환경적·사회문화적 영향을 이해하고 향후 A/IS 분야에서 정책입안자로 활약할 수 있는 역량을 쌓을 수 있도록 한다.

  - 유치원부터 대학원에 이르기까지 교육 과정 전반에 걸쳐 윤리 교육과 A/IS 교육을 접목시킨다. 특히 윤리가 실생활과 유리된 비실용적 학문으로 전락하지 않도록 주의한다.
  - 봉사 학습을 장려하여 A/IS를 공부하는 대학생들과 대학원생들이 자신의 지식을 활용하여 공동체 발전에 기여할 수 있는 기회를 제공한다.
  - 민간기관들과 공공기관들을 통해 해외교환학생 프로그램들을 개발하여 학생들이 고소득 국가들과 저소득 및 중간소득 국가들에서 A/IS 적용과 관련된 다양한 문화적 환경을 접할 수 있도록 한다.
  - 유치원부터 대학원에 이르기까지 실습 교육 과정을 제공하여 학생들이 21세기의 정보 기반 업무를 수행할 수 있는 역량을 쌓도록 한다.
  - 학생들이 윤리적인 글로벌 시민으로 성장하기 위해 다방면에서 갖추어야 할 역량이 무엇인지 고려한다(예: A/IS 교육 과정의 기획과 평가를 위한 비판적 사고, 공감 능력, 사회문화적 의식, 유연성, 의무론적 추론).
  - A/IS 시대의 과제들에 대한 교육 방법론들을 터득할 수 있는 기회를 교사들에게 제공한다.
  - 대학 입학 전(前) 단계에서 STEAM 과목들에 대한 교육을 장려한다.
  - 고소득 국가들과 저소득 및 중간소득 국가들의 사립대학들과 공립대학들이 협력하여 양질의 A/IS 연구를 수행하도록 장려한다.
- 다음와 같이 A/IS와 관련된 교육과 비즈니스의 혁신을 돕는 연구를 수행한다.
  - A/IS가 기업들에서 조직들의 관리와 거시적/미시적 전략에 끼치는 영향을 기업들과 함께 연구한다. 이러한 연구는 사회과학자들, 기술 전문가들의 전문성을 활용하는 다학제적 방식으로 이루어져야 한다.
  - A/IS가 새로운 제품과 서비스의 개발을 위한 비즈니스 모델에 끼치는 영향을 연구한다. 이 연구는 관리, 운영, 기술 연구 및 개발을 담당하는 사람들과 협력하여 이루어져야 한다.

- 유치원 단계부터 공감 능력을 가르치고 교육 과정에 포함시키기 위한 방안들을 연구한다.
- 고소득 국가들과 저소득 및 중간소득 국가들에서 저소득 지역의 교육 시스템들이 비교적 높은 변화 가능성을 활용하여 21세기에 적합한 수준으로 도약할 수 있는 방안들을 연구한다.
- 대학들 내에 윤리 연구소들을 설립하여 정보 기반의 여론을 형성하고 A/IS의 윤리와 사회적 영향에 대한 정책결정 과정에 참여하도록 한다.
- 현재의 전문직 종사자들을 위해 온라인 및 경영자 교육 과정들을 활용하여 A/IS 분야의 평생 전문교육 과정들을 개발하고 취업 기회를 제공한다.
- 교육적인 매스미디어 캠페인을 통해 A/IS 시스템에 대한 기본적인 이해 수준을 사회 전반에 걸쳐 높일 수 있는 방안들을 연구한다. 캠페인 내용은 A/IS 시스템은 무엇인지, A/IS 시스템이 다양한 환경에서 어떻게 신뢰성을 확보할 수 있는지, A/IS 시스템의 한계는 무엇인지 등이 포함되어야 한다.

## 기타 참고자료


- 공학기술인증위원회(Accreditation Board for Engineering and Technology) 2018년 컴퓨팅 및 공학 인증 기준(ABET Computing and Engineering Accreditation Criteria 2018). http://www.abet.org/accreditation/accreditation-criteria
- ABET, 2017년 ABET 영향보고서, 지속 가능한 미래를 위한 협력(2017 ABET Impact Report, Working Together for a Sustainable Future), 2017.
- emlyon business school, Artificial Intelligence in Management (AIM) Institute http://aim.em-lyon.com
- UNESCO, 지속 가능한 발전을 위한 UN의 10개년 교육 계획, 미래 교육의 방향(*The UN Decade of Education for Sustainable Development, Shaping the Education of Tomorrow*). UNESCO 2012.

SECTION

# 05 A/IS와 인도주의적 행위

**이슈** A/IS는 인적재난과 자연재난의 피해와 여파로부터 생명을 구하고 고통을 완화시키며 인간의 존엄성을 지키는 한편, 이러한 재난을 예방하고 대비를 강화하기 위한 인도주의적 행위에 기여하고 있다. 그러나 인도주의적 비상사태의 시기에는 정보의 수집과 이용으로 인한 윤리적 문제들이 발생할 우려가 있다.

## 배경

A/IS는 인도주의적 위기상황에서 고통을 완화시키는 데 유익하게 활용될 수 있다는 사실을 수많은 사례들을 통하여 보여주고 있다. 예컨대, 르완다(Rwanda)에서는 드론이 혈액을 외딴 마을까지 운반함으로써 의료 시스템을 확대하는 데 기여했다.[31] 또한 A/IS는 지뢰를 탐지하여 제거하거나[32] 자연재해 발생 지역에서 움직임을 추적하고, 주민들에게 필요한 것이 무엇인지 알아내는 데 이용되고 있다. 뿐만 아니라 A/IS를 통하여 난민 수용소를 관리하는 것도 가능하다.[33] A/IS와 로봇을 이용하여 장애인의 이동성을 높이고, 무너진 건물 속에 갇히게 된 사람들을 로봇으로 구한 경우도 있다.[34] A/IS는 분쟁 지역들을 관찰하고 조기 경보 시스템을 가동하는 데에도 이용되고 있다.[35] 예를 들어, Microsoft는 UN 유엔인권고등판무관사무소(OHCHR: UN Human Rights Office of the High Commissioner)와 함께 빅데이터를 이용하여 분쟁 지역들의 인권침해 실태를 추적하고 분석한 바 있다.[36] 기계학습은 망명 허용 판결과 난민 정착에 대한 의사결정에 이용됨으로써 난민들이 지역사회들에 성공적으로 통합되도록 돕고 있다.[37] 최근에는 인간의 공감 능력이 발달하면서 웰빙이 증진되고 심리적 · 신체적 폭력은 감소한 것으로 밝혀졌다.[38] 이에 따라, 일각에서는 A/IS를 사

회구성원들의 공감 능력을 높이고 폭력을 방지하는 데 이용하는 방안들을 연구하려는 움직임이 일어나고 있다.

위기상황 극복을 위한 A/IS를 설계하고 실제로 위기상황이 발생했을 때 A/IS를 윤리적으로 이용하는 것은 반드시 필요하면서도 쉽지 않은 일이다. 위기상황과 같이 취약한 환경에서는 개인의 신원과 인구학적 특징을 식별할 수 있는 정보가 대량으로 수집되는데, 데이터 프라이버시가 보장될 수 없으면 이와 같은 정보를 이용하여 개인이나 집단을 추적하는 행위로 인해 정보보안 침해 사고가 발생할 수 있다. 이러한 환경에서는 정보 이용에 대한 동의를 얻는 것 역시 어려울 수 있다. 하지만 정보 이용에 대한 동의는 인권 존중을 위해 반드시 필요하다.

## 권고안

A/IS는 생명을 구하고 삶의 질을 높이는 인도주의적 행위에 기여할 수 있으며, A/IS의 이러한 잠재력을 실현하는 것은 A/IS 연구개발의 주요 목표로 추진되어야 한다. 이를 위하여 국제적인 연구사업을 기획하고 개인과 인구 집단 등에 대한 정보의 생성, 수집, 처리, 공유, 이용, 폐기가 안전하게 이루어지도록 하는 방안을 마련할 필요가 있다. 이에 관련된 권고안은 다음과 같다.

- 세계 곳곳의 일부 지역사회들이 처해 있는 열악한 환경을 개선하고 A/IS를 인도주의적 목적으로 개발하고 이용할 필요성에 대한 인식을 높인다.
- 영향력 높은 컨퍼런스와 대학 해커톤(hackathon) 행사에서 경진대회를 개최하여 기술 전문가들과 일반인들이 인도주의 실현과 사회적 문제의 해결을 위한 A/IS를 개발할 수 있도록 한다.
- 인도주의적 대의(大義) 실현을 위한 A/IS의 연구와 개발을 목적으로 만들어진 시민사회 단체들을 지원한다.[39]
- 취약한 환경에서 정보의 수집, 이용, 공유, 폐기가 원활하게 이루어질 수 있도록 하는 윤리적 표준들을 개발하여 적용한다.
- 가장 취약한 계층의 사람들이 보호받는 인도주의적 환경의 실현을 돕는 프라

이버시 보호 기본지침들을 준수한다.[40]

- "평상시(normal)"의 상황이 아닌 생명을 구하는 인도주의적 상황에서 A/IS 기술들의 예외적 이용을 위한 윤리적 기본지침들을 분명하게 정한다.[41]
- 인도주의적 문제들의 구체적 해결을 위하여 A/IS 기반의 저렴한 오픈소스 솔루션 개발을 장려한다.
- A/IS 전문가들에게 인도주의적 행위와 기준들에 대한 교육 기회를 제공한다. 또한 인도주의 운동가들이 A/IS 기술들을 인도주의적 목적으로 설계, 시험, 개발, 실행하기 위한 협력을 촉진하도록 유도한다. 위기상황 대응 시나리오의 선제적 개발을 위한 A/IS 민관협력 프로그램들을 기획한다.
- 비상사태 대응을 위한 A/IS 도입의 문화적·환경적 수용을 촉진할 수 있는 방안들을 모색한다.
- 인도주의적 목적의 실현을 위한 디지털 프로젝트들의 성과를 평가하는 정량적 지표들을 문서화하여 개발하고, 이에 대한 교육을 인도주의 운동가 및 관련 기관들에게 제공한다.

## 기타 참고자료


- E. Prestes, et al., "2016 인도주의 로봇·자동화 기술 경진대회(The 2016 Humanitarian Robotics and Automation Technology Challenge [Competitions])," in *IEEE Robotics & Automation Magazine*, vol. 23, no. 3, pp. 23-24, Sept. 2016. http://ieeexplore.ieee.org/stamp/stamp.jsp?tp=&arnumber=7565695&isnumber=7565655
- L. Marques, et al., "인도주의적 자동 지뢰 제거: 2016 인도주의 로봇·자동화 기술 경진대회(Automation of humanitarian demining: The 2016 Humanitarian Robotics and Automation Technology Challenge)," *2016 International Conference on Robotics and Automation for Humanitarian Applications (RAHA)*, Kollam, 2016, pp. 1-7. http://ieeexplore.ieee.org/stamp/stamp.jsp?tp=&arnumber=7931893&isnumber=7931858

- 사이배슬론 2020 예선 안내(CYBATHLON 2020 Preliminary Race Task Descriptions) http://www.cybathlon.ethz.ch/cybathlon-2020/preliminary-race-taskdescriptions.html
- 사이배슬론 관련 과학기술에 대한 발간물(CYBATHLON Scientific Publications) http://www.cybathlon.ethz.ch
- Immigration Policy Lab (IPL), "난민 재정착을 위한 빅데이터의 이용(Harnessing Big Data to Improve Refugee Resettlement)" https://immigrationlab.org/project/harnessingbig-data-to-improve-refugee-resettlement
- Harvard Humanitarian Initiative, 위기상황에서의 인도주의적 정보 이용을 위한 인권 표준(*The Signal Code*), https://signalcode.org
- J. A. Quinn, et al., "기계학습과 원격 탐사 데이터의 인도주의적 적용: 난민 정착 계획에 대한 검토와 사례연구(Humanitarian applications of machine learning with remote-sensing data: review and case study in refugee settlement mapping)" *Philosophical Transactions of the Royal Society* A, 376 20170363; DOI:10.1098/rsta.2017.0363. Aug. 6, 2018.
- 인도주의적 혁신을 위한 지침(Humanitarian Innovation Guide): https://higuide.elrha.org/, 2019.
- P. Meier, 디지털 인도주의: 빅데이터가 인도주의적 대응에 가져온 변화(Digital Humanitarians: How Big Data is Changing the Face of Humanitarian Response). Florida: CRC Press, 2015.
- "UN 인권사무소, Microsoft와 인권을 위한 획기적 기술 파트너십 체결(Technology for human rights: UN Human Rights Office announces landmark partnership with Microsoft)" https://www.ohchr.org/EN/NewsEvents/Pages/DisplayNews.aspx?NewsID=21620&LangID=E
- M. Luengo-Oroz, "인도주의 단체들의 10대 빅데이터 과제(10 big data science challenges facing humanitarian organizations)," UNHCR, Nov. 22, 2016. http://www.unhcr.org/innovation/10-big-data-sciencechallenges-facing-humanitarian-organizations

- Optic Technologies, Press Release, 2018 바티칸 해커톤 우승작: 이민자와 난민, 사회적 통합과 종교 간 대화를 위한 AI 애플리케이션(Vatican Hack 2018-Results, 18 March 2018, which announced winning AI applications to benefit migrants and refugees as well as social inclusion and interfaith dialogue), http://optictechnology.org/index.php/en/news-en/151-vhack-2018winners-en

## 기고자들에 대한 감사의 말

본 장의 작성에 기여한 아래의 모든 분들에게 감사드린다.

### 지속 가능한 발전을 위한 A/IS 위원회

- **Elizabeth D. Gibbons** (Chair)—Senior Fellow and Director of the Child Protection Certificate Program, FXB Center for Health and Human Rights, Harvard T. H. Chan School of Public Health
- **Kay Firth-Butterfield** (Founding Co-Chair)—Project Head, AI and Machine Learning at the World Economic Forum. Founding Advocate of AI-Global; Senior Fellow and Distinguished Scholar, Robert S. Strauss Center for International Security and Law, University of Texas, Austin; Co-Founder, Consortium for Law and Ethics of Artificial Intelligence and Robotics, University of Texas, Austin; Partner Cognitive Finance Group, London, U.K.
- **Raj Madhavan** (Founding Co-Chair)—Founder & CEO of Humanitarian Robotics Technologies, LLC, Maryland, U.S.A.
- **Ronald C. Arkin**—Regents' Professor & Director of the Mobile Robot Laboratory; Associate Dean for Research & Space Planning, College of Computing, Georgia Institute of Technology
- **Joanna J. Bryson**—Reader (Associate Professor), University of Bath, Intel-

ligent Systems Research Group, Department of Computer Science

- **Renaud Champion**–Director of Emerging Intelligences, emlyon business school; Founder of Robolution Capital & CEO of PRIMNEXT
- **Chandramauli Chaudhuri**–Senior Data Scientist; Fractal Analytics
- **Rozita Dara**–Assistant Professor, Principal Investigator of Data Management and Data Governance program, School of Computer Science, University of Guelph, Canada
- **Scott L. David**–Director of Policy at University of Washington–Center for Data Management and Privacy Governance LabInformation Assurance and Cybersecurity
- **Jia He**–Executive Director of Toutiao Research (Think Tank), Bytedance Inc.
- **William Hoffman**–Associate director and head of Data-Driven Development, The World Economic Forum
- **Michael Lennon**–Senior Fellow, Center for Excellence in Public Leadership, George Washington University; Co-Founder, Govpreneur.org; Principal, CAIPP.org (Consortium for Action Intelligence and Positive Performance); Member, Wellbeing Metrics Standard for Ethical Artificial Intelligence and Autonomous Systems Committee
- **Miguel Luengo-Oroz**–Chief Data Scientist, United Nations Global Pulse
- **Angeles Manjarrés**–Professor of the Department of Artificial Intelligence of the Spanish National Distance-Learning University
- **Nicolas Miailhe**–Co-Founder & President, The Future Society; Member, AI Expert Group at the OECD; Member, Global Council on Extended Intelligence; Senior Visiting Research Fellow, Program on Science Technology and Society at Harvard Kennedy School. Lecturer, Paris School of International Affairs (Sciences Po). Visiting Professor, IE School of Global and Public Affairs
- **Roya Pakzad**–Research Associate and Project Leader in Technology and Human Rights, Global Digital Policy Incubator (GDPi), Stanford University

- **Edson Prestes**—Professor, Institute of Informatics, Federal University of Rio Grande do Sul (UFRGS), Brazil; Head, Phi Robotics Research Group, UFRGS; CNPq Fellow
- **Simon Pickin**—Professor, Dpto. de Sistemas Informaticos y Computacion, Facultad de Informatica, Universidad Complutense de Madrid, Spain
- **Rose Shuman**—Partner at BrightFront Group & Founder, Question Box
- **Hruy Tsegaye**—One of the founders of iCog Labs; a pioneer company in East Africa to work on Research and Development of Artificial General Intelligence, Ethiopia

* IEEE 글로벌 이니셔티브 회원들에 관한 전체 목록은 standards.ieee.org/content/dam/ieee-standards/standards/web/documents/other/ec_bios.pdf에서 볼 수 있다.

** **윤리적 설계** 제1판의 권리 포기(disclaimers)에 관한 상세사항은 책자 맨 뒤에 실린 "본 책자가 어떻게 만들어졌는가(*How the Document Was Prepared*)" 부분을 참조하기 바란다.

# 미주

1 관련 사례는 T. Piketty, 21세기의 자본(*Capital in the Twenty-First Century*) (Cambridge: Belknap Press 2014)를 참고할 것.

2 United Nations General Assembly, 지속 가능한 발전을 위한 2030 아젠다(*Transforming our world: the 2030 Agenda for Sustainable Development*) (A/RES/70/1: 21 October 2015) 서문 참고: "이 아젠다는 인간과 지구, 그리고 번영을 위한 실행 계획으로, 전 세계 모든 사람이 더 자유롭고 평화롭게 살 수 있는 세상을 추구한다. 극심한 빈곤을 포함하여 모든 형태와 규모의 가난을 뿌리 뽑는 것은 전 세계적으로 가장 중대한 과제이며, 지속 가능한 발전을 위한 필수요건이다. 모든 국가와 이해관계자들이 협력하여 이 계획을 실행할 것이다. 우리는 가난의 포악한 굴레 속에서 고통받는 인류를 구하기로 결의하였으며, 우리의 지구

를 보호하고 치유되기를 원한다. 우리는 이 세상을 지속 가능하고 회복 가능한 길로 이끌기 위해 시급히 요구되는 대담한 변화의 조치들을 취하기로 결심하였다. 이러한 공동의 여정을 시작하는 데 있어, 그 누구도 소외되지 않도록 할 것임을 맹세한다. 우리가 오늘 발표하는 17개의 지속 가능한 발전 목표들과 169개의 세부 목표들은 전 세계를 위한 이 새로운 아젠다의 규모와 포부를 보여주는 것이다."

3 상기 문서 paragraph 8.

4 A/IS는 다음과 같은 2030년 지속가능발전목표 17개 모두를 위하여 긍정적인 변화를 추진할 수 있다.

목표 1. 모든 곳에서 모든 형태의 빈곤을 종식한다.

목표 2. 기아를 종식하고 식량 안보를 달성하며, 영양 상태를 개선한다. 또한 지속 가능한 농업을 추진한다.

목표 3. 모든 연령층의 모든 사람에게 건강한 삶을 보장하고 웰빙을 증진한다.

목표 4. 포용적이고 공평한 양질의 교육을 보장하며, 모두에게 평생학습 기회를 증진한다.

목표 5. 성(性) 평등을 실현하고 모든 여성과 소녀들의 권한을 증진한다.

목표 6. 모두에게 물 사용과 지속 가능한 수질 관리, 그리고 위생을 보장한다.

목표 7. 모두가 저렴하고 믿을 수 있으며, 지속 가능한 현대적 에너지를 사용할 수 있도록 한다.

목표 8. 모두에게 지속적, 포용적이고 지속 가능한 경제 성장과 완전하고 생산적인 고용, 그리고 적절한 일자리를 제공하는 것을 추진한다.

목표 9. 회복력 있는 사회기반시설을 구축하고 포용적이며 지속 가능한 산업화를 추진하는 한편, 혁신을 촉진한다.

목표 10. 국가 내, 국가 간 불평등을 줄인다.

목표 11. 도시와 인간 주거환경의 포괄성, 안전성, 회복성, 지속 가능성을 높인다.

목표 12. 소비와 생산이 지속 가능한 패턴으로 이루어지도록 한다.

목표 13. 기후 변화와 그 영향을 방지하기 위해 긴급한 조치를 취한다.

목표 14. 지속 가능한 발전을 위하여 대양, 바다, 해양자원을 보존하고 지속 가능한 방식으로 이용한다.

목표 15. 육상 생태계의 지속 가능한 이용을 보호, 복원, 촉진하고 산림을 지속 가능하게 관리하며, 사막화를 방지한다. 이와 함께 토지를 황폐화로부터 보호, 복원하고 생물 다양성 손실을 방지한다.

목표 16. 지속 가능한 발전을 위해 평화롭고 포용적인 사회를 장려하고 모두에게 정의를 구현한다. 또한 모든 수준에서 효과적이고 책임감과 포용성을 갖춘 제도를 구축한다.

목표 17. 지속 가능한 발전을 위하여 실행수단을 강화하고 글로벌 파트너십을 활성화한다.

출처: United Nations General Assembly, 지속 가능한 발전을 위한 2030 아젠다(Transforming our world: the 2030 Agenda for Sustainable Development) (A/RES/70/1: 21 October 2015) p. 14.

5 United Nations Secretary General, "존엄으로 가는 길 2030: 빈곤의 종식, 삶의 변화, 지구의 보호(The road to dignity by 2030: ending poverty, transforming all lives and protecting the planet)" United Nations, A/69/700, 4 December 2014, pp. 25-27 http://www.un.org/ga/search/view_doc.asp?symbol=A/69/700&Lang=E

6 Internet World Stats https://www.internetworldstats.com/stats.htm, accessed 17 May 2018.

7 ["연결된 세상에서의 사물인터넷, 프라이버시, 보안(Internet of Things, Privacy and Security in a Connected World)," FTC, https://www.ftc.gov/system/les/documents/reports/federaltrade-commission-staff-report-november-2013-workshop-entitled-internet-thingsprivacy/150127iotrpt.pdf]

8 World Economic Forum Global Future Council on Human Rights 2016-18 "백서: 기계학습으로 인한 차별 발생을 방지하는 방법(White Paper: How to Prevent Discriminatory Outcomes in Machine Learning)" (WEF: March 2018).

9 World Wide Web Foundation, 저소득 및 중간소득 국가들을 위한 인공지능의 미래(*Artificial Intelligence: the Road ahead in Low and Middle-income Countries*) (June 2017: webfoundation.org) p. 13.

10 윤리적 설계(*Ethically Aligned Design*) 제1판에서 웰빙에 대한 절(節) 참고.

11 S. Vosougi, D. Roy, and S. Aral, "온라인을 통한 진짜 뉴스와 가짜 뉴스의 유포(The

spread of true and false news online)" Science 09 Mar 2018: vol. 359, Issue 6380, pp. 1146-1151. M. Fox, "가짜 뉴스: 소셜 미디어를 통해 진실보다 더 빨리 퍼지는 거짓말들(Fake News: Lies spread faster on social media than Truth does)" NBC Health News, 8 March 2018 https://www.nbcnews.com/health/health-news/fake-news-lies-spread-faster-socialmedia-truth-does-n854896. Cyberbullying Research Center: 2004-2016 사이버 괴롭힘 연구 보고서 요약문(Summary of Cyberbullying Research) 2004-2016 https://cyberbullying.org/summary-of-ourcyberbullying-research and TeenSafe "사이버 괴롭힘에 대한 사실과 통계(Cyberbullying Facts and Statistics)" TeenSafe October 4, 2016, https://www.teensafe.com/blog/cyber-bullyingfacts-and-statistics

A. Hutchison, "소셜 미디어를 통한 가짜 뉴스, 디지털 미디어의 사용 능력과 밀접한 관계(Social Media Still Has a Fake News Problem-and Digital Literacy is Largely to Blame)" Social Media Today, October 5, 2018 https://www.socialmediatoday.com/news/social-mediastill-has-a-fake-news-problem-and-digital-literacyis-largel/538930/; D. D. Luxton, J. D. June and J. M. Fairall, "공중보건적 관점에서 바라본 소셜 미디어와 자살의 관계(Social Media and Suicide: A Public Health Perspective)," Am J Public Health. 2012 May; 102(Suppl 2): S195-S200. J. Twege, T. E. Joiner, and M. L. Rogers, "2010년 이후 미국 성인의 우울증, 자살 관련 사건, 자살율 증가와 뉴미디어 스크린 타임 증가의 관계(Increases in Depressive Symptoms, Suicide-Related Outcomes, and Suicide Rates Among U.S. Adolescents After 2010 and Links to Increased New Media Screen Time)" Clinical Psychological Science, November 14, 2017 https://doi.org/10.1177/2167702617723376

12 D. D. Luxton, J. D. June, and J. M. Fairall, "공중보건적 관점에서 바라본 소셜 미디어와 자살의 관계(Social Media and Suicide: A Public Health Perspective)," Am J Public Health. 2012 May; 102(Suppl 2): S195-S200. J. Twege, T. E. Joiner, and M. L. Rogers, "2010년 이후 미국 성인의 우울증, 자살 관련 사건, 자살율 증가와 뉴미디어 스크린 타임 증가의 관계(Increases in Depressive Symptoms, Suicide-Related Outcomes, and Suicide Rates Among U.S. Adolescents After 2010 and Links to Increased New Media Screen Time)" Clinical Psychological Science, November 14, 2017 https://doi.org/10.1177/2167702617723376

13 T. Luong, "가정폭력에 사용되는 디지털 도구들(Thermostats, Locks and Lights: Digital Tools of Domestic Abuse)." *The New York Times*, June 23, 2018, https://www.nytimes.

com/2018/06/23/technology/smart-homedevices-domestic-abuse.html

14 P. Mozur, "미얀마 군부의 페이스북 조작으로 인한 집단 학살(A Genocide incited on Facebook with posts from Myanmar's Military)," *The New York Times*, October 15, 2018. https://www.nytimes.com/2018/10/15/technology/myanmar-facebookgenocide.html

15 United Nations *Human Rights Council*, "UN 인권이사회의 관심이 필요한 인권 상황. 미얀마에 대한 독립적·국제적인 진상조사 보고서(*Human rights situations that require the Council's attention Report of the independent international factfinding mission on Myanmar**)" (A/HRC/39/64, 12 September 2018)

16 가나의 구글 AI 이용사례 참고. https://www.blog.google/around-the-globe/google-africa/google-ai-ghana

17 저소득 및 중간소득 국가들을 위한 인공지능의 미래(*Artificial Intelligence: the Road ahead in Low and Middle-income Countries*) 참고.

18 Executive Office of the President of the United States, 인공지능과 자동화, 그리고 경제(*Artificial Intelligence, Automation, and the Economy*). December 20, 2016. p. 21.

19 From World Wide Web Foundation, 저소득 및 중간소득 국가들을 위한 인공지능의 미래(*Artificial Intelligence: The Road ahead in Low and Middle-income Countries*) (June 2017: webfoundation.org) p. 8.

20 상기 문서와 동일.

21 World Bank, 2016. 2016년 세계개발보고서: 디지털 디비던드(*World Development Report 2016: Digital Dividends*). Washington, DC: World Bank. doi:10.1596/978-1-4648-0671-1 p. 129.

22 J. Dasten, "아마존, 은밀하게 여성을 차별해온 AI 리크루팅 툴을 폐기(Amazon scraps secret AI recruiting tool that showed bias against women)" Reuters Business News October 9, 2018, https://www.reuters.com/article/us-amazon-comjobs-automation-insight/amazon-scraps-secret-airecruiting-tool-that-showed-bias-against-womenidUSKCN1MK08G

23 The Vector Institute, CIFAR and the Legal Innovation Group at Ryerson University.

https://vectorinstitute.ai, http://www.legalinnovationzone.ca

24 World Economic Forum, Centre for the New Economy and Society 직업의 미래 2018 (*the Future of Jobs 2018*) (Geneva: WEF 2018) p. 3.

25 상기 문서 p. 9.

26 OECD는 일부 정부기구들과 마찬가지로 이 일에 참여하고 있다. http://www.oecd.org/employment/future-of-work

27 UNESCO, WHO, ABET, Bologna Follow-Up Group Secretariat for the European Higher Education Area

28 UNESCO, 지속 가능한 발전을 위한 UN의 10개년 교육 계획(The UN Decade of Education for Sustainable Development, Shaping the Education of Tomorrow). (UNESCO: Paris 2012).

29 직업의 미래 2018(*Future of Jobs Report 2018 Survey*) p. 251 표 참고.

30 National Math and Science Initiative, STEM 교육과 노동력(STEM Education and Workforce), 2014 https://www.nms.org/Portals/0/Docs/STEM%20Crisis%20Page%20Stats%20and%20References.pdf

31 https://www.bloomberg.com/news/articles/2018-08-16/this-27-year-old-launchesdrones-that-deliver-blood-to-rwanda-s-hospitals

32 https://www.theguardian.com/sustainablebusiness/2015/may/25/robots-rescue-lethalrehabilitation-landmines-drones

33 C. Fey, “기술은 난민 캠프의 삶을 개선할 수 있다(Tech can improve lives in refugee camps)” Cambridge Network, 10 May 2018 https://www.cambridgenetwork.co.uk/news/tech-can-improve-lives-in-refugee-camps/; https://github.com/qcri-social/AIDR/wiki/AIDR-Overview

34 https://www.sciencemag.org/news/2017/10/searching-survivors-mexico-earthquake-snakerobots

https://www.livescience.com/48473-search-andrescue-robot-algorithm.html

35 http://focus.barcelonagse.eu/can-machinelearning-help-policymakers-detect-conflict/ https://www.worldbank.org/en/news/pressrelease/2018/09/23/united-nations-world-bankhumanitarian-organizations-launch-innovativepartnership-to-end-famine

36 "United Nations Human Rights Office of the High Commissioner, press release, "UN 인권사무소, Microsoft와 인권을 위한 획기적 기술 파트너십 체결(Technology for human rights: UN Human Rights Office announces landmark partnership with Microsoft)" 16 May 2017." https://www.ohchr.org/EN/NewsEvents/Pages/DisplayNews.aspx?NewsID=21620&LangID=E

37 일례로, Stanford 대학에서는 재정착 프로그램의 개선을 위한 기계학습 알고리즘이 시험적으로 개발되고 있다. 스탠퍼드(Stanford) 대학의 이민정책연구소(IPL: Immigration Policy Lab)는 취리히(Zurich) 연방공과대학(ETH Zurich)과 함께 이 알고리즘의 훈련을 위하여 미국과 스위스의 난민 재정착 관련 기관들로부터 데이터를 수집했다. 이 알고리즘 모델은 난민들의 신원과 보유 기술에 대한 정보를 활용하여 난민들이 일자리를 찾을 가능성이 높은 도시들을 찾아주는 역할을 한다.

38 S. Pinker, 더욱 선한 인간의 본성: 폭력 감소의 원인(The Better Angels of Our Nature: Why Violence has Declined) (Penguin 2012) and R. Krznaric, 공감 능력이 중요한 이유와 이를 얻는 방법(Empathy: How it matters and how to get it). (Perigee 2015).

39 TechToronto: https://www.techtoronto.org and #AI and Big Data

40 예시: Harvard Humanitarian Initiative, 위기상황에서의 인도주의적 정보 이용을 위한 인권 표준 (Signal Code) https://signalcode.org

41 인도주의적 혁신을 위한 지침: https://higuide.elrha.org

# 자율지능시스템에의 가치 부여

사회에서 A/IS에 인간의 가치들과 기준들을 부여하기 위한 보편적 표준들이나 지도원칙들이 수립된 경우는 아직 없다. 하지만 A/IS는 자율적인 의사결정 능력이 점점 높아지고 환경을 조작하는 것까지 가능한 수준으로 발전하고 있기 때문에 소속 공동체의 기준들과 가치들을 채택, 학습, 준수하도록 설계되어야 한다. 또한 A/IS는 이러한 기준들을 따르고 있다는 것을 행동으로 투명하게 보여주어야 하며, 필요 시에는 행동에 대해 설명할 수 있어야 한다. 이는 인간이 각각의 환경에 적합한 A/IS의 신뢰도와 역할을 개발하는 데 반드시 필요한 요건이다.

현재로서는 "가치들(values)"의 개념이 복잡하기 때문에(Hitlin and Piliavin, 2004[1]; Malle and Dickert, 2007[2]; Rohan, 2000[3]; Sommer, 2016[4]) "보안(security)", "자율성(autonomy)", "공정성(fairness)"과 같은 사회적 · 문화적 가치들을 그대로 따르는 컴퓨팅 시스템을 갖춘 A/IS의 이미지를 그려내기가 어렵다. 따라서 이보다는 A/IS에 명백한 기준들을 부여하는 것이 더 현실적인 목표가 될 수 있다. 기준은 인간의 행동을 통해 관찰될 수 있는 것이기 때문에 가정, 마을, 국가 등 특정 공동체의 환경에 적합한 행동지침의 형태로 표현 가능하다. 한 공동체의 사회적 · 도덕적 기준들은 대개 그 공동체의 가치들을 반영할 가능성이 높으므로 이러한 기준들이 탑재된 A/IS 역시 소속 공동체의 가치들을 반영하게 될 것이다. A/IS의 윤리적 고려에 포함될 필요가 있는 중요한 가치들은 **윤리적 설계**에서 "개인정보와 개인의 주체적 능력(Individual Agency)"과 "웰빙(Well-being)"을 참고하면 된다.

기준들은 주로 의무사항들과 금지사항들의 형태로 표현되며, 컴퓨팅 용어로 표현될 수 있다(Malle, Scheutz, and Austerweil, 2017[5]; Vázquez-Salceda, Aldewereld, and Dignum, 2004[6]). 본질적으로, 기준들은 정성적인 성격—예: 다른 사람들 곁에 너무 가까이 서 있으면 안 된다—을 갖고 있다. 그러나 이러한 기준들을 실행하는 것은 정량적 요소—"너무 가까이(too close)"는 물리적 거리에 대한 제한을 의미—

도 포함되어 있으며, 정량적 요소를 예시화함으로써 정성적 기준을 기술적으로 구현할 수 있다.

A/IS에 기준들과 가치들을 부여한다는 것은 매우 광범위한 목표이다. 따라서 본 절(節)에서는 다음과 같이 더 구체적인 세 개의 목표로 세분화하여 살펴보기로 한다.

1. A/IS가 운영되는 공동체의 기준들을 확인한다.
2. 해당 공동체의 기준들을 A/IS의 컴퓨터 시스템에서 실행한다.
3. A/IS에서 실행된 기준들이 해당 공동체를 반영하는 기준들에 정말 부합하는지 평가한다.

이 세 가지 목표들을 추구하는 것은 하나의 반복적인 과정으로, 특정 공동체 내에서 A/IS가 어떤 목적으로, 어떤 사람들에 의해 이용되는지와 매우 밀접한 관계가 있다. A/IS를 확인, 실행, 평가할 때에는 가치들과 기준들이 상충될 수 있다. 이는 모든 공동체의 기준 체계들이 역동적으로 변화하고 재조정되기 때문이다. 그러므로 A/IS는 실행한 행동의 구체적인 특성을 소속 공동체의 구성원들에게 투명하게 제시하는 신호들이 표시될 수 있도록 설계되어야 한다. 이러한 신호들은 설명이나 점검 제안이 포함될 수 있으며, 소속 공동체에 유의미한 언어나 형태로 표현되어야 한다.

## 기타 참고자료


- S. Hitlin and J. A. Piliavin, “가치들: 잠들어 있던 개념의 부활(Values: Reviving a Dormant Concept).” *Annual Review of Sociology* 30, pp. 359-393, 2004.
- B. F. Malle and S. Dickert, “가치들(Values),” in *Encyclopedia of Social Psychology*, edited by R. F. Baumeister and K. D. Vohs. Thousand Oaks, CA: Sage, 2007.
- B. F. Malle, M. Scheutz, and J. L. Austerweil, “인간과 로봇 에이전트의 사회적, 도덕적 기준들(Networks of Social and Moral Norms in Human and Robot

Agents)," in A World with Robots: *International Conference on Robot Ethics*: ICRE 2015, edited by M. I. Aldinhas Ferreira, J. Silva Sequeira, M. O. Tokhi, E. E. Kadar, and G. S. Virk, pp. 3-17. Cham, Switzerland: Springer International Publishing, 2017.

- M. J. Rohan, "이름은 가치들의 표현(A Rose by Any Name? The Values Construct)." *Personality and Social Psychology Review* 4, pp. 255-277, 2000.
- U. Sommer, Werte: *Warum Man Sie Braucht, Obwohl es Sie Nicht Gibt*. [우리는 왜 실제로 존재하지 않는 가치들도 필요한가(Values. Why We Need Them Even Though They Don't Exist)]. Stuttgart, Germany: J. B. Metzler, 2016.
- J. Vázquez-Salceda, H. Aldewereld, and F. Dignum, "멀티에이전트 시스템의 기준 실행(Implementing Norms in Multiagent Systems)," in Multiagent System Technologies. MATES 2004, edited by G. Lindemann, Denzinger, I. J. Timm, and R. Unland. (Lecture Notes in Computer Science, vol. 3187). Berlin: Springer, 2004.

SECTION

# 01 A/IS를 위한 기준들 확인

A/IS를 위한 기준들과 이에 상응하는 가치들을 확인하기 위해서는 세 가지 이슈들을 살펴보아야 한다. 첫 번째 이슈는 어떤 기준들이 확인되어야 하며, 그 기준들은 어떤 속성을 가지고 있어야 하는가이다. 기준들이 가지고 있어야 하는 가장 근본적인 속성은 환경적 특수성이다. 두 번째 이슈는 A/IS를 위한 기준들의 또 다른 중요한 속성과 관련되어 있는데, 이 기준들은 역동적으로 변화하기 때문에(Mack, 2018[7]) 기준들을 업데이트하고 새로운 기준들을 학습하는 능력이 A/IS에 갖추어져야 한다는 것이다. 세 번째 이슈는 A/IS를 위한 기준들은 복잡한 사회적 환경에서 서로 충돌할 수 있다는 것이다. 이러한 충돌을 해소하기 위해서는 A/IS를 위한 기준들 사이에 우선순위를 정해야 한다. 우선순위가 정해지면 주어진 환경에서 특히 법, 국제적인 인도주의 원칙 등 매우 중요한 기준들 중에 무엇을 지키는 것이 더 중요한지 결정하는 데 도움이 된다.

## 이슈 1 A/IS에서 어떤 기준들이 확인되어야 하는가?

### 배경

기계가 인간사회에 관여할 경우, 기계는 인간사회의 사회적, 도덕적 기준들을 따라야 할 것이다. 그렇게 되도록 하기 위해서는 이러한 기준들을 확인할 필요가 있다. 하지만 과연 어떤 기준들이 확인되어야 하는가? 법은 공개적으로 문서화되어 있기 때문에 확인하기 쉽고, 따라서 인도주의 원칙들이나 공동체 사회의 도덕적 원칙들에 어긋나지 않는 한 A/IS에 접목될 수 있다. 그러나 사회적 · 도덕적 기준들은 확인하기가 더 어려운데, 그 이유는 행동, 언어, 관습, 문화적 상징, 인공물을 통하여 표현되기 때문이다. 가장 중요한 점은 가족부터 국가 전체에 이르기까지 공동체들이 따르는 기준들은 다양한 정도로 제각기 다르다는 것이다. 따라서 모든 A/IS에 적용되는 보편적 기준들을 만들어 내는 것은 실현 가능한 일이 아니다. 그러나 A/IS를 개인의 기호에 완전히 맞추는 것 역시 바람직한 일은 아니다. 그나마 현실적인 방안은 기술이 이용되는 공동체 사회들에서 널리 지켜지고 있는 기준들을 확인하는 것이다.

게다가 보편적 기준들은 보편적 인권(**윤리적 설계**의 "일반 원칙" 참고)을 따라야 하기 때문에 만들어 내기가 더 어렵다. 물론, 공동체 사회의 특정 기준들에 부합하는 A/IS를 제작하기 위해서는 보편적 인권만 따르면 되는 것이 아니다. 하지만 보편적 인권은 A/IS를 통해 어떤 기준들이 실행되어야 하는지를 판단할 때 반드시 고려되어야 하는 요소이다(cf. van de Poel, 2016[8]).

A/IS의 기준들을 정하려면 우선 A/IS가 이용될 공동체 사회들에 대하여 면밀한 이해가 뒷받침되어야 한다. 심지어 하나의 공동체 사회 안에서도 A/IS의 종류에 따라 각각 다양한 기준들이 필요하다. 예를 들어, 자율주행차에 대한 기준들은 의료용 로봇에 대한 기준들과 크게 다를 수 있다. 따라서 법적, 사회적, 도덕적 기준들을 따를 수 있는 A/IS를 개발하기 위해서는 무엇보다도 먼저 A/IS가 이용될 특정 공동체 사회의 기준들, 특히 A/IS가 수행할 작업과 역할에 대한 기준들을 확인하는 것이 바람직하다. 양로원, 아파트 단지, 회사 등 매우 좁은 범위의 공동체 사회라 할지라도 그곳에 적용되는 기준들의 종류나 중요도가 매우 다양할 것이다. 공동체 사회의 기준들을 확인하는 과정에서는 이러한 점이 세심하게 고려되어야 한다. 또한 해당 공동체 사회에 지배적 영향력을 행사하는 주요 집단뿐만 아니라 취약 집단들과 소수 집단들의 기준들도 확인해야 한다.

가장 좁은 범위의 "공동체 사회(community)"는 개인 한 사람이다. A/IS는 장애인의 생활 시설 조건 등 특정 개인의 특별한 기대사항들과 요구사항도 당연히 반영해야 한다. 그러나 개인의 특별한 기대사항들이 더 큰 공동체 사회의 기준들에 어긋나서는 안 된다. 개인의 주방 환경이나 돌보미 로봇이 환자의 상태를 체크하는 빈도는 공동체 사회의 기준들을 어기지 않고서도 얼마든지 자유롭게 정할 수 있지만, 로봇이 특정 사회집단들에 대해 이야기할 때 경멸적인 언어를 사용하게 하는 것은 공동체 사회의 기준들에 어긋난다. 다음 절(節)에서는 A/IS가 이러한 문제를 어떻게 해결할 수 있는지를 다루기로 한다.

A/IS를 위한 혁신 프로젝트와 개발 노력은 항상 다양한 분야들과 방법들을 고려한 실증적 연구를 기반으로 추진되어야 하며, 특정 공동체 사회에서 일반적으로 적용되는 상황별 · 임무별 기준들, 공개적 · 묵시적 기준들을 조사하고 문서화해야 한다. 그리고 이렇게 실증적으로 확인된 기준들은 A/IS 설계에 반영되어야 한다. 이러한 방식으로 기준들을 확인하고 실행하는 과정은 계속 반복하고 수정되어야 한다. 초기에 적용된 기준들을 실행해온 A/IS가 기존의 판단에 숨어있던 편견을 버리게 되는 경우가 발생할 가능성도 있다(Misra, Zitnick, Mitchell, and Girshick, 2016[9]). 그리고 A/IS의 판단에 내재된 편견은 A/IS와 공동체 사회의 상호작용과 공동체 사회로부터의 피드백을 통해 드러날 수 있다. 이처럼 A/IS가 예전과 다른 움직임을 보일 경우, 이슈 2에 설명된 것처럼 기준을 업데이트할 필요가 있다.

### 권고안

사회적 · 도덕적 기준들을 따를 수 있는 A/IS를 개발하기 위해서 가장 먼저 할 일은 A/IS가 이용될 특정 공동체 사회의 기준들, 특히 A/IS가 수행하게 될 작업과 역할에 대한 기준들을 확인하는 것이다. 기준 확인은 적절한 과학적 방법들을 통하여 A/IS의 생애 주기 전반에 걸쳐 지속적으로 이루어져야 한다.

### 기타 참고자료


- Mack, Ed., "사회적 기준의 변경(Changing social norms)." *Social Research: An International Quarterly* 85, no. 1, pp. 1-271, 2018.
- I. Misra, C. L. Zitnick, M. Mitchell, and R. Girshick, 이미지 라벨링 과정에서

인간의 판단을 좌우하는 편견에 대한 고찰(Seeing through the human reporting bias: Visual Classifiers from Noisy Human-Centric Labels). in *Proceedings of the 2016 IEEE Conference on Computer Vision and Pattern Recognition* (CVPR), pp. 2930-2939, 2016. doi:10.1109/CVPR.2016.320

- I. van de Poel, "실험 기술 평가를 위한 윤리적 체계(An Ethical Framework for Evaluating Experimental Technology)," *Science and Engineering Ethics* 22, no. 3, pp. 667-686, 2016.

## 이슈 2 : 기준 업데이트의 필요성

### 배경

기준들은 고정적인 것이 아니다. 기준들은 시간이 흐르면서 사회적 발전, 정치적 변화, 새로운 법적 조치, 특별한 기회에 따라 변한다(Mack, 2018[10]). 기준들을 지키는 사람들이 줄어들면 이유를 막론하고 사라질 수도 있다. 그리고 기술 혁신으로 인해 새로운 행동들과 규범들이 등장함에 따라 새로운 기준들이 생겨날 수 있다. 휴대폰의 보편화가 바로 그 대표적인 사례이다.

A/IS가 특정 공동체 사회에서 이용되기 전에 A/IS 초기 단계를 위한 사회적 · 법적 기준들이 먼저 정해져야 한다(이슈 1 참고). 그러나 점점 시간이 흐르면 A/IS가 적절하게 행동하는 것만으로는 충분하지 않게 된다. A/IS 또는 A/IS 설계자들은 능숙하게 새로운 기준들을 연구하여 초기 단계의 기준들에 추가해야 한다. 처음에 해당 공동체의 기준들을 확인하는 과정에서는 일부 기준들이 틀림없이 누락되기 마련이며, 해당 공동체의 기준들은 변하기 때문이다.

사람들은 다양한 능력을 활용하여 기준들에 대한 지식을 업데이트하고 새로운 기준들을 학습한다. 이들은 다른 공동체 사회구성원들의 행동을 세심하게 관찰하고 공동체 사회의 기준들에 대한 변화를 예의 주시한다. 대학에 입학하거나 새로운 도시에 일자리를 얻음으로써 새로운 공동체 사회에 들어가게 될 경우, 그곳의 새로운 기준들에 대해 아예 노골적으로 물어보는 사람들도 있다. 그리고 이들은 기준들에 대해 불안감을 드러내거나 어떤 기준을 어겼을 때, 다른 사람들의 의견에 반응하게 된다.

A/IS 역시 기준들에 대한 지식을 높이고 공동체 사회의 역동적인 기준 변화에 적응하기 위하여 다음과 같이 다양한 능력이 필요하다.

- 해당 공동체 구성원들의 행동에 대한 동향 정보를 가공하고, 이를 기본적인 기준 체계에서 예측된 동향과 비교하는 능력
- 적용될 수 있는 기준들에 대한 불안감이 임계치를 넘어설 경우, 공동체 사회에 조언을 구하는 능력
- 공동체 사회구성원들 중에서 로봇을 생소한 환경에 도입하거나, A/IS가 익숙한 환경에서 불안해하는 것을 알아차리는 사람들의 지시에 대응하는 능력
- A/IS가 어떤 기준을 어길 때 공동체 사회가 공식적 또는 비공식적으로 제시하는 피드백에 대응하는 능력

기준 체계는 다양한 형태로 수정이 가능하다. 예를 들어, 각각의 기준들에 대한 우선순위를 변경하거나 어떤 기준에 대한 정성적 표현을 다르게 할 수 있다. 또는 기준에 영향을 끼치는 정량적 변수들을 변경하는 것도 가능하다.

A/IS의 기준들에 대한 변화는 투명하게 공개되는 것이 바람직하다. 즉, A/IS나 A/IS 설계자는 새로운 기준들을 추가하거나 기존 기준들의 우선순위 또는 내용을 수정할 때 이용자들, 설계자들, 공동체 대표들과 협의해야 한다. 일반대중 또는 전문가의 검토 없이 A/IS에게 새로운 기준들의 학습을 허용하는 것은 해로운 결과를 초래한다(Green and Hu, 2018[11]). 협의 방식과 구체적인 검토 절차는 A/IS의 성능 수준–예: A/IS가 어떤 언어적 능력과 기능/역할을 가졌는지, 또는 A/IS가 융통성과 사회성을 가진 동반자인지, 아니면 특정 과업을 위한 의료용 로봇인지–에 따라 다를 것이며, 관련 모범사례도 정해져야 할 것이다. 때에 따라서는 A/IS가 직접 시스템의 역학적 변경을 문서로 기록할 수 있고, 이용자가 본 책자에 대한 희망 사항을 제시

할 수 있다. 한편, A/IS 설계자와의 논의를 분명하게 발표하고 요청하는 것이 적절할 수도 있다. 또는 A/IS가 변경사항을 제안하고 관계자 커뮤니티–예: 크라우드 소싱(crowdsourcing) 방식으로 전문가 패널을 구성–가 A/IS에 어떤 변경이 실행되어야 하는지를 결정할 수 있다.

### 권고안

A/IS와 A/IS 설계자들은 사회의 기준에 대한 역동적인 변화에 대응하기 위하여 A/IS 관련 기준들을 수정 또는 추가할 수 있어야 한다. 단, 이러한 기준 변경사항들은 A/IS의 이용자들과 설계자들, 대규모 관련 커뮤니티 대표자들, 기타 이해관계자들에게 투명하게 공개되어야 한다.

### 기타 참고자료


- B. Green and L. Hu, "방법론의 신화: 기계학습의 공정성에 대한 맥락화 재정의(The Myth in the Methodology: Towards a Recontextualization of Fairness in ML)." Paper presented at the Debates workshop at the 35th International Conference on Machine Learning, Stockholm, Sweden 2018.
- Mack, Ed., "사회적 기준의 변경(Changing social norms)," *Social Research: An International Quarterly* 85 (1, Special Issue), pp. 1-271, 2018.


## **이슈 3** A/IS는 관련 기준들의 상충으로 인한 갈등이 발생할 수 있으며, 이를 해결할 수 있는 방법들이 필요하다.

### 배경

환경적 조건들이 아무리 구체적으로 잘 정의되어 있다 할지라도 모든 의무사항들과 금지사항들을 만족시키는 것은 불가능한 경우가 많다. 이러한 상황들은-도덕적 딜레마(moral dilemmas) 또는 도덕적 과부하(moral overload)로 불리기도 하는데(Van den Hoven, 2012[12])-A/IS를 통해 컴퓨터로 추적될 수 있어야 한다. A/IS는 단순히 추적을 멈추고 논리적 모순에 빠지는 결과로 끝날 수 없다. 인간은 상충되는 기준들 사이에 절충점을 찾아냄으로써 이러한 상황들을 해결한다. 즉, 주어진 상황에서 어떤 기준이나 가치를 더 우선시하는 것이다. 이는 기준 체계에서 계층적 관계의 형태로 표현될 수 있다.

실증적 연구는 특정 공동체 사회와 과업 분야의 기준들뿐만 아니라, 사람들이 어떻게 여러 기준들에 대한 우선순위를 정하고 기준들 간의 갈등으로 인한 문제를 어떻게 해결하는지, 그리고 이와 유사한 문제가 A/IS를 통해 어떻게 해결되기 기대하는지를 밝혀내는 데에도 적용되어야 한다. 이처럼 더 국지적인 갈등의 해결은 "공통적인 선한 원칙(Common Good Principle)"(Andre and Velasquez, 1992[13]), 지방법, 국법 등 일반 원칙들에 의해 제약을 더 받을 수 있다. 예를 들어, 자율주행차에 대한 의사결정 과정에서 어떤 요소를 특별히 더 중요한 것으로 규정하기 위해서는 A/IS가 이용되는 인구집단의 법과 기준들-예: 미국에 있는 어떤 한 주(州)의 교통법과 미국 전체의 교통법-을 반영할 필요가 있다.

일부 우선순위들은 해당 기준 체계 내에서 계층적 관계의 형태로 구조화될 수 있다. 예컨대, 사람을 해치는 행위에 대한 일반적인 금지사항들은 거짓말을 금지하는 구체적인 기준들보다 더 중요한 것으로 간주된다. 한편, 더 큰 공동체 사회에서 어떤 기준들은 각각의 개인 이용자에 대한 기준들과 취향보다 더 높은 우선순위를 가진다. 앞에서 논의된 A/IS의 개인화와 관련된 사례의 경우(이슈 1 참고), 특정 사회 집단들을 경멸하는 언어를 구사하도록 요구하는 인종차별주의자가 이용하는 A/IS는 그러한 요구사항들에 반대해야 할 것이다. 공동체 사회의 기준들은 계층적으로 볼 때 한 개인 이용자의 취향보다 우선순위가 더 높기 때문이다. 대부분의 우선순위들은 계층적 관계의 형태로 정해지지 않는 경우가 많은데, 그 이유는 우선순위들 자체가 상황에 따라 달라지거나, 도덕적 순(純) 비용과 당면한 특정 상황에서의 혜택에 따라 형성될 수 있기 때문이다. A/IS는 학습 능력을 통해 이러한 변수들을 파악하고,

다양한 상황들 간의 미묘한 차이점 등에 대한 이용자와 공동체 사회의 의견을 반영하여 A/IS에 대한 기준 체계를 개선할 수 있어야 한다(이슈 2 참고).

공동체 사회의 사회적·법적 기준들은 때때로 A/IS 설계자들 또는 개발자들이 규범으로 삼는 고려사항들과 상충하여 갈등을 빚어내기도 한다. 본 장(章)에서 구체적으로 살펴볼 수는 없지만, 이러한 갈등을 해결하기 위하여 민주주의적 절차들을 개선할 필요가 있다. 개선 과정에서는 대개 해당 지역의 법들과 기준들이 더 중요한 것으로 간주된다. 그러나 경우에 따라 공동체 사회에서 부득이하게 인종차별적이거나 성차별적인 지역 관행보다 국제법이나 더 광범위한 인도주의적 원칙들을 더 중요시하는 A/IS를 받아들여야 하는 수도 있다.

일반적으로 볼 때, A/IS가 관련 기준들로 인해 야기되는 갈등을 어떻게 해결했는지를 투명하게 공개하는 것이 좋다. 즉, A/IS를 통하여 이를 문서화하고 그 내용을 이용자들과 A/IS가 배치되는 공동체 사회, 그리고 제3자 평가자들에게 공개할 준비를 갖추어야 한다. 사람들은 어떤 의사결정을 내렸을 때 그 이유를 남에게 알려주는 것과 마찬가지로, A/IS 역시 의사결정의 이유를 설명하고 해당 의사결정의 타당성에 대한 이용자 피드백을 세심히 고려할 수 있기를 기대할 것이다. 이를 위해서는 우선 A/IS의 설계와 개발 과정에서 어떤 사람들이 A/IS의 행동에 대한 설명을 요구하고, 그 타당성을 평가할 수 있는지를 구체적으로 확인해야 한다. 관련 기준들로 인한 갈등을 감지하는 A/IS의 경우, 갈등에 대한 논의 및 해결을 위하여 해당 공동체 사회의 대표자들과 제3자 평가자들에게 의견을 구하고 설명을 제시해야 한다. 이때 공동체 사회의 대표자들은 일반인이나 선출직 공무원 중에서 무작위로 선택된 사람들을 의미한다.

### 권고안

A/IS 개발자들은 사람들이 A/IS 관련 기준들로 인한 갈등을 해결하는 방식들과 A/IS에게 이와 유사한 갈등의 해결을 기대하는 방식들을 파악해야 한다. 한편, A/IS가 관련 기준들로 인해 야기되는 갈등을 어떻게 해결했는지가 투명하게 공개되어야

한다. 즉, 이러한 내용은 A/IS를 통하여 문서화되고 이용자들과 A/IS가 배치되는 공동체 사회, 그리고 제3자 평가자들에게 공개될 준비가 갖춰져야 하는 것이다.

## 기타 참고자료


- M. Velasquez, C. Andre, T. Shanks, S. J., and M. J. Meyer, "공공의 선(善)(The Common Good)." *Issues in Ethics*, vol. 5, no. 1, 1992.
- J. Van den Hoven, "공학과 도덕적 과부하의 문제(Engineering and the Problem of Moral Overload)." *Science and Engineering Ethics*, vol. 18, no. 1, pp. 143-155, 2012.
- D. Abel, J. MacGlashan, and M. L. Littman, "윤리적 의사결정 체계로서의 강화학습(Reinforcement Learning as a Framework for Ethical Decision Making)." *AAAI Workshop AI, Ethics, and Society, Volume WS-16-02 of 13th AAAI Workshops*. Palo Alto, CA: AAAI Press, 2016.
  - 철학적 이슈들에 대한 통속과학적 고찰과 기계 윤리에 대한 기술적 해석 포함
- O. Bendel, 기계 도덕: 로봇과 기계 윤리에 대한 기여(Die Moral in der Maschine: Beiträge zu Roboter-und Maschinenethik). Hannover, Germany: Heise Medien, 2016.
  - 철학적 이슈들과 기계 윤리의 기술적 실행에 관한 대중과학의 기여
- S. V. Burks and E. L. Krupka, "금융 서비스 업계의 기업 계급구조에서 기준들과 규범적 기대사항들을 파악하기 위한 다중기법적 접근방법(A Multimethod Approach to Identifying Norms and Normative Expectations within a Corporate Hierarchy: Evidence from the Financial Services Industry)." *Management Science*, vol. 58, pp. 203-217, 2012.
  - 한 대형 금융 서비스 기업에서 기준들을 도출하기 위한 방법들로서 조사와 인센티브 기반 코디네이션 게임(coordination games)에 대해 설명
- F. Cushman, V. Kumar, and P. Railton, "도덕적 학습(Moral Learning)," *Cog-*

*nition*, vol. 167, pp. 1-282, 2017.

- M. Flanagan, D. C. Howe, and H. Nissenbaum, "기술에서의 가치 구현: 이론과 실제(Embodying Values in Technology: Theory and Practice)." *Information Technology and Moral Philosophy*, J. van den Hoven and J. Weckert, Eds., Cambridge University Press, 2008, pp. 322-53. Cambridge Core, Cambridge University Press. Preprint available at http://www.nyu.edu/projects/nissenbaum/papers/Nissenbaum-VID.4-25.pdf
- B. Friedman, P. H. Kahn, A. Borning, and A. Huldtgren, "가치 기반 설계와 정보 시스템(Value Sensitive Design and Information Systems)," in *Early Engagement and New Technologies: Opening up the Laboratory*, N. Doorn, Schuurbiers, I. van de Poel, and M. Gorman, Eds., vol. 16, pp. 55-95. Dordrecht: Springer, 2013.
  - 가치 기반 설계와 관련 사례 세 건을 종합적으로 설명
- G. Mackie, F. Moneti, E. Denny, and H. Shakya, "사회적 기준들의 정의 및 측정 방법(What Are Social Norms? How Are They Measured?)" UNICEF Working Paper. University of California at San Diego: UNICEF, Sept. 2014. https://dmeforpeace.org/sites/default/files/4%2009%2030%20Whole%20What%20are%20Social%20Norms.pdf
  - 사회적 기준들의 개념과 측정에 대한 질문사항들을 광범위하게 조사
- J. A. Leydens and J. C. Lucena, 공학의 정의(正義): 공학 교육 및 실습의 변화(Engineering Justice: Transforming Engineering Education and Practice). Hoboken, NJ: John Wiley & Sons, 2018.
  - 사회적 정의를 위한 공학 원칙들을 설명
- B. F. Malle, "로봇 윤리와 기계 도덕의 결합: 로봇에 내재한 도덕적 능력의 연구와 설계(Integrating Robot Ethics and Machine Morality: The Study and Design of Moral Competence in Robots)." *Ethics and Information Technology*, vol. 18, no. 4, pp. 243-256, 2016.
  - 도덕적 능력을 갖춘 로봇의 거시적 비전에 로봇의 규범적 능력을 조화롭

게 접목하는 방법을 논의

- K. W. Miller, M. J. Wolf, and F. Grodzinsky, "로봇이 아니라 로봇 기술자를 위한 '윤리적 함정': 인공 에이전트의 윤리적 의사결정에 대한 이슈(This 'Ethical Trap' Is for Roboticists, Not Robots: On the Issue of Artificial Agent Ethical Decision-Making)." *Science and Engineering Ethics*, vol. 23, pp. 389-401, 2017.
    - 인공 에이전트에 도덕성을 주입하거나 그렇게 했다고 주장할 수 있는 가능성에 대한 의혹을 제기
- 로봇 윤리 오픈 이니셔티브: www.openroboethics.org. 인간이 수행하는 도덕적 의사결정의 차이와 자율시스템(예: 돌보미 로봇)을 위한 가치의 우선순위 변화에 대한 여론조사 결과, 2019.
- A. Rizzo and L. L. Swisher, "공공행정에서 도덕적 추론을 위한 척도로서의 Stewart Sprinthall 관리조사방법과 이슈 정의 테스트 2의 비교(Comparing the Stewart-Sprinthall Management Survey and the Defining Issues Test-2 as Measures of Moral Reasoning in Public Administration)." *Journal of Public Administration Research and Theory*, vol. 14, pp. 335-348, 2004.
    - 도덕성 발달에 대한 Kohlberg 이론을 기반으로 하는 도덕적 추론의 2가지 평가도구를 설명(기준 유지 포함)
- S. H. Schwartz, "기본적 가치에 대한 Schwartz 이론 개관(An Overview of the Schwartz Theory of Basic Values)." *Online Readings in Psychology and Culture* 2, 2012.
    - 추상적 결과를 유도하는 동기 부여 요인으로 간주되는 가치들[예: 자기 지시(自己 指示), 권력, 보안]에 대한 특정 이론의 종합적 고찰
- S. H. Schwartz and K. Boehnke, "확인적 요인 분석에 따른 인간의 가치 구조 평가(Evaluating the Structure of Human Values with Confirmatory Factor Analysis)." *Journal of Research in Personality*, vol. 38, pp. 230-255, 2004.
    - 가치 평가된 결과들의 관계들에 대한 기존의 주관적 판단 방법과 이러한 관계들을 분석하는 새로운 공식적 방법을 설명

- W. Wallach and C. Allen, 도덕적 기계: 로봇에게 옳고 그름을 가르치는 것 (*Moral Machines: Teaching Robots Right from Wrong*). New York: Oxford University Press, 2008.
    - 인간의 가치들을 일원화된 접근방식으로 자율시스템에 주입할 경우의 문제점들을 설명

SECTION 02

## 자율지능시스템의 기준 실행

특정 지역사회에서 A/IS가 수행하는 역할과 관련된 기준들의 특징과 우선순위 등을 파악한 후에는 해당 기준들을 컴퓨팅 시스템의 기능들과 연계시켜야 한다. 이러한 기준 실행 과정에서 발생하는 이슈들은 크게 세 가지로 살펴볼 수 있다. 첫째, 한 시스템이 기준들을 표현, 학습, 실행할 수 있도록 하는 컴퓨팅 방법들의 등장 속도는 아직 더딘 수준이다. 그러나 다양한 컴퓨팅 방법들이 등장하게 되면 곧 상당한 진전으로 이어질 수 있다. 둘째, 인간의 지역사회에서 운영되는 A/IS를 위해서는 특히 투명성이 필요하다. 기준 실행의 기술적 과정과 A/IS가 인간과 기계의 상호작용에서 내리는 의사결정은 투명하게 설명되어야 한다. 셋째, 규범적 추론의 실패는 불가피한 것으로 간주될 수 있기 때문에 그러한 실패가 발생할 경우, 적절한 대응을 위한 완화 전략이 취해져야 한다.

일반적으로 볼 때, 설계자들은 기준 실행 과정 전반에 걸쳐 다양한 기준들과 평가지표들을 고려할 필요가 있다. 또한 A/IS의 기준 적합성 평가를 위한 핵심 기준을 정의하고 통합해야 한다. 이러한 핵심 기준으로는 도덕적 결정에 대한 인간과 기계의 합의, A/IS가 내리는 결정의 검증 가능성 또는 신뢰 근거 등이 있다. 따라서 기준

실행 과정에는 매우 중요한 세 번째 단계로서 평가(제3절 참고)에 대한 준비가 포함된다.

**이슈 1** 기준 실행 방법들은 많지만, 이 중 가장 적합한 것이 무엇인지는 아직 정해지지 않은 상태이다.

### 배경

인간의 기준들을 민감하게 인지하고 이러한 기준들을 중요한 의사결정에 도덕적, 법적으로 고려하는 A/IS를 개발하는 것은 공상과학 소설 작가, 철학자, 컴퓨터 과학자들이 모두 꿈꿔왔던 미래의 모습이다. 그리고 아직 제한이나 한계가 존재하긴 하지만, 이처럼 가치 있는 목표를 실현하기 위한 노력이 이미 진행되고 있다. 그 일환으로 기계 도덕, 기계 윤리, 도덕적 기계, 가치 주입, 컴퓨터 윤리, 인공 도덕, 안전한 AI, 우호적 AI 등 다양한 이름의 연구 분야가 등장하고 있다.

A/IS 윤리를 실행하기 위한 방법들은 매우 다양한데, 다음과 같이 두 가지로 분류될 수 있다(Wallach and Allen, 2008[14]).

A. 하향식 접근법(top-down approaches): 소프트웨어 에이전트 등 해당 A/IS가 자신의 행동을 상징적으로 표현하고, 이에 따라 어떤 상태들, 계획들, 행동들을 특정 윤리요건들에 비추어 윤리적 또는 비윤리적이라고 정의할 수 있음(Dennis, Fisher, Slavkovik, and Webster, 2016[15]; Pereira and Saptawijaya, 2016[16]; Rötzer, 2016[17]; Scheutz, Malle, and Briggs, 2015[18])

B. 상향식 접근법: 학습부(部) 등 해당 A/IS가 특정 상황에서 무엇이 윤리적 또는 비윤리적이라고 간주되는지를 경험으로 터득하고 이를 통해 윤리적 행동의 암묵적 개념을 구축(Anderson and Anderson, 2014[19]; Riedl and Harrison, 2016[20]).

하향식 접근법은 계획들, 행동들, 목표들을 명백히 표현하는 심볼릭 에이전트(symbolic agents)를 예로 들 수 있다. 상향식 접근법은 수용 가능한 윤리적 행동이 무엇인지에 대하여 서브심벌 메커니즘(subsymbolic mechanisms)을 훈련시키는 기계학습 시스템을 예로 들 수 있다. 더 구체적인 내용은 차리시 외(Charisi et al., 2017)[21]를 참고하면 된다.

도덕적 기계의 개발을 위한 기존의 실험 방법들은 대개 하향식이다. 관련 기준들, 규칙들, 원칙들, 절차들이 해당 시스템에 의해 다양한 행동 과정들의 수용 가능성을 평가하는 데 이용되거나, 향후 실현되어야 하는 도덕적 규범들 또는 목표들로서 이용되기 때문이다. 그러나 처음에 프로그래밍된 기준들이 명확하지 않아서 A/IS가 더 나은 행동 과정을 양자택일하거나 더 새로운 행동 과정들을 선택하는 데 있어 알고리즘 절차들이 필요한 상황들에 처하게 될 가능성이 점점 높아지고 있다. 최근 기계학습 및 인지 분야가 획기적으로 발전했기 때문에, 어린이가 안전하고 수용 가능한 행동들이 무엇인지를 천천히 학습하는 것과 유사한 방식으로 주변 상황과 인간의 기준들을 학습하는 A/IS에 대한 상향식 접근법들을 연구하는 것이 가능해졌다. 물론, 어린이들은 현재의 A/IS와 달리, 고통과 기쁨을 느끼고 다른 사람들의 감정에 공감할 수 있다. 하지만 A/IS도 타인의 고통과 기쁨을 탐지, 고려하는 방법을 학습할 수 있기 때문에 적어도 공감의 긍정적 효과를 어느 정도 달성하는 것이 가능하다. A/IS에 대한 연구가 발전할수록 엔지니어들은 이러한 A/IS의 능력을 향상시킬 수 있는 새로운 방법들을 모색하게 될 것이다.

앞에서 살펴본 두 가지 방법들은 각각 분명한 한계가 존재한다. A는 학습과 적응이 불가능하고, B는 학습 행동의 통제가 불가능하다. 세 번째 방법은 이와 같은 한계들을 극복하기 위한 것이다.

C. A와 B를 접목한 통합적 접근법

예컨대, 어떤 행동을 선택하는 것은 서브심벌 시스템(subsymbolic system)을 통하여 실행 가능하지만, 실행 전에 먼저 상징적 "게이트웨이(symbolic "gateway")"를 통한 점검을 거쳐야 한다. 이는 해당 시스템이 제안하는 행동들 중에서 수용 불가능한 것들을 모니터링하여 제한하고 심지어 조정하는 "윤리적 통치자(Ethical Governors)" (Arkin, 2008[22]; Winfield, Blum, and Liu, 2014[23]) 또는 "감시자(Guardians)"(Etzioni, 2016[24])를 위한 전형적인 접근법이다(이슈 3 참고). 한편, 기준에 따른 행동 선택을 검증 가능한 논리적 포맷의 형태로 실행하는 방법도 있다. 그러나 행동들을 제약하는 수많은 기준들은 상향식 학습 메커니즘들을 통해 학습될 수 있다(Arnold, Kasenberg, and Scheutz, 2017[25]).

지금까지 살펴본 세 가지 방법들이 A/IS를 통해 기준들을 실행시킬 수 있는 방법들의 전부를 의미하는 것은 아니다. 예를 들어, 멀티에이전트 시스템에 대한 문헌의 일부 기고자들은 자신의 에이전트 규격들에 기준들을 포함시킨 바 있다(Andrighetto et al., 2013[26]). 이와 같은 에이전트들은 비록 아직 사회적인 시뮬레이션 상황 속에 존재할 뿐이며, 로봇과 같은 개별 A/IS의 형태로 구현되기에는 불확실한 점들이 많다. 하지만 지금 진행되고 있는 이러한 시도는 기준들이 완전하게 통합된 A/IS의 인지 구조가 어떤 것인지를 알아내는 단초가 될 수 있다. 물론, 이러한 실험적 A/IS들은 테스트를 거치지 않거나 적정 기준을 충족하지 않고서는 결코 실제로 구축되어서는 안 된다. 이에 대해서는 본 제2절의 나머지 부분과 제3절에서 살펴보기로 한다.

## 권고안

컴퓨팅 시스템을 통해 기준들을 실행할 수 있는 방법들과 관련하여 다양한 연구가 이루어져야 한다. 이를 위하여 특히 다양한 사상과 학문을 연마한 과학자들이 서로 협력해야 한다.

## 기타 참고자료


- M. Anderson and S. L. Anderson, "일반적인 윤리적 딜레마의 분석자(GenEth: A General Ethical Dilemma Analyzer)," *Proceedings of the Twenty-Eighth AAAI Conference on Artificial Intelligence*, Québec City, Québec, Canada, July

27-31, 2014, pp. 253-261, Palo Alto, CA, The AAAI Press, 2014.

- G. Andrighetto, G. Governatori, P. Noriega, and L. W. N. van der Torre, Eds., 규범적인 멀티에이전트 시스템(Normative Multi-Agent Systems). Saarbrücken/Wadern, Germany: Dagstuhl Publishing, 2013.
- R. Arkin, "치명적 행동의 통제: 생각하고 반응하는 하이브리드 로봇 시스템과 윤리의 결합(Governing Lethal Behavior: Embedding Ethics in a Hybrid Deliberative/Reactive Robot Architecture)." *Proceedings of the 2008 3rd ACM/IEEE International Conference on Human-Robot Interaction(HRI)*, Amsterdam, Netherlands, March 12-15, 2008, IEEE, pp. 121-128, 2008.
- T. Arnold, D. Kasenberg, and M. Scheutz, "가치 주입 또는 가치 주입 오류-무엇이 책임감 있는 시스템을 만드는가?(Value Alignment or Misalignment-What Will Keep Systems Accountable?)" *The Workshops of the Thirty-First AAAI Conference on Artificial Intelligence: Technical Reports*, WS-17-02: AI, Ethics, and Society, pp. 81-88. Palo Alto, CA: The AAAI Press, 2017.
- V. Charisi, L. Dennis, M. Fisher, et al., "도덕적 자율시스템을 향하여(Towards Moral Autonomous Systems)," 2017.
- A. Conn, "인공지능에 인간의 가치들을 주입하는 방법(How Do We Align Artificial Intelligence with Human Values?)" *Future of Life Institute*, Feb. 3, 2017.
- L. Dennis, M. Fisher, M. Slavkovik, and M. Webster, "자율시스템의 윤리적 선택에 대한 공식적 검증(Formal Verification of Ethical Choices in Autonomous Systems)." *Robotics and Autonomous Systems*, vol. 77, pp. 1-14, 2016.
- A. Etzioni and O. Etzioni, "우리의 법과 가치를 따르는 AI 시스템의 설계(Designing AI Systems That Obey Our Laws and Values)." *Communications of the ACM*, vol. 59, no. 9, pp. 29-31, Sept. 2016.
- L. M. Pereira and A. Saptawijaya, 기계 윤리 프로그래밍(Programming Machine Ethics). Cham, Switzerland: Springer International, 2016.
- M. O. Riedl and B. Harrison, "스토리를 이용하여 인공 에이전트에게 인간의

가치들을 가르치는 방법(Using Stories to Teach Human Values to Artificial Agents)." *AAAI Workshops 2016*. Phoenix, Arizona, February 12-13, 2016.

- F. Rötzer, Ed., 윤리 프로그래밍: 로봇은 규칙이나 도덕이 필요한가?(Programmierte Ethik: Brauchen Roboter Regeln oder Moral?) Hannover, Germany: Heise Medien, 2016.
- M. Scheutz, B. F. Malle, and G. Briggs, "자율적 · 사회적 로봇을 위한 도덕적 행동 선택(Towards Morally Sensitive Action Selection for Autonomous Social Robots)." *Proceedings of the 24th International Symposium on Robot and Human Interactive Communication, RO-MAN 2015*. pp. 492-497. 2015.
- U. Sommer, Werte: Warum Man Sie Braucht, Obwohl es Sie Nicht Gibt. [존재하지 않는 가치들이 필요한 이유(Values. Why we need them even though they don't exist)]. Stuttgart, Germany: J. B. Metzler, 2016.
- I. Sommerville, 소프트웨어 엔지니어링(*Software Engineering*). Harlow, U.K.: Pearson Studium, 2001.
- W. Wallach and C. Allen, 도덕적 기계: 로봇에게 옳고 그름을 가르치는 것(*Moral Machines: Teaching Robots Right from Wrong*). New York: Oxford University Press, 2008.
- F. T. Winfield, C. Blum, and W. Liu, "윤리적 로봇: 내부 모델과 결과, 그리고 윤리적 행동의 선택(Towards an Ethical Robot: Internal Models, Consequences and Ethical Action Selection)" in *Advances in Autonomous Robotics Systems, Lecture Notes in Computer Science Volume*, M. Mistry, A. Leonardis, Witkowski, and C. Melhuish, Eds., pp. 85-96. Springer, 2014.

## 이슈 2 : A/IS는 실행부터 구축까지 투명성이 필요하다.

### 배경

A/IS가 지역사회의 일원이 되고 해당 지역사회의 기준들에 따라 행동할 경우, 사람들은 마치 다른 사람들의 결정들과 행동들을 이해하기 원하는 것과 마찬가지로 A/IS의 결정들과 행동들 역시 이해하기 원하게 될 것이다. 이는 특히 도덕적으로 중요한 행동들을 했거나 하지 않은 경우에 더욱 그러한데, 윤리적 추론 시스템은 요청을 받는 즉시 이용자에게 추론에 대하여 설명할 수 있어야 한다. 따라서 A/IS의 투명성 또는 "설명 가능성(explainability)"은 가장 중요한 요건이며(Chaudhuri, 2017[27]; Wachter, Mittelstadt, and Floridi, 2017[28]), 이러한 요건이 충족되어야 지역사회는 A/IS를 이해, 예측, 수정할 수 있을 것이다[제1절의 이슈 2 참고; 이와 관련된 한 미묘한 논의에 대하여 셀브스트와 바로카스(Selbst and Barocas)[29] 참고]. 게다가 A/IS에 내재된 기준들이 계속 업데이트, 재정의될수록(제1절 이슈 2 참고) 투명성은 적절한 신뢰가 쌓일 수 있게 해주며(Grodzinsky, Miller, and Wolf, 2011[30]), 필요시 지역사회가 A/IS의 기준들, 추론, 행동을 수정할 수 있게 해준다.

투명성은 다양한 차원들–예: 평범한 언어, 암호 인증–과 다양한 이해관계자들–예: 이용자, 엔지니어, 변호사)에 걸쳐 존재할 수 있다(IEEE P7001™, 자율시스템의 투명성을 위한 IEEE 표준 프로젝트 참고). 하지만 모든 이해관계자들에게 투명성을 지키는 것이 항상 바람직하지는 않다는 사실을 유념해야 한다. 이는 시스템 해킹을 막기 위하여 보안 프로그램이 필요한 것과 같은 이치이다(Kroll et al., 2016[31]). 투명성은 범위가 매우 넓지만, 이제부터는 시스템들이 투명성을 유지할 수 있는 방식들을 다음과 같이 네 가지–추적 가능성, 증명 가능성, 설계 정직성, 명료성–로 분류하고, 이를 A/IS의 기준 실행에 적용하여 살펴보기로 한다.

**추적 가능성으로서의 투명성**–실행 문제와 가장 연관성이 높은 투명성은 실행 과정 중의 소프트웨어 엔지니어링 프로세스에 대한 것이다(Cleland-Huang, Gotel, and Zisman, 2012[32]). 이 투명성이 지켜질 경우, 처음에 파악된 기준들(제1절, 이슈 1)을 최종 시스템까지 추적할 수 있다. 또한 어떤 기준들이 어떤 상황들을 위해 실행되어 왔으며, 기준들 간의 충돌 문제가 어떤 방법을 통하여 해결되는지－예: 다양한 기준들에 우선순위 가중치 부여－에 대하여 기술적 점검도 실시할 수 있다. 뿐만 아니라 시스템들의 검색 엔진 알고리즘들에 우연히 포함된 편견－인종차별, 성(性) 차별 등－들을 찾아낼 수도 있다(Noble, 2013[33])(제3절, 이슈 2 참고). 이러한 추적 가능성은 결국 A/IS가 이용되는 상황들에 따라 적절한 기준들과 가치들을 지키고 있는지에 대한 지역사회의 신뢰도를 좌우하게 된다(Fleischmann and Wallace, 2005[34]).

**증명 가능성으로서의 투명성**－실행 과정 중에 어떻게 규범적 추론이 이루어지는가에 대한 투명성이 중요한 이유는 우리가 시스템의 규범적 결정들이 기준요건들과 가치요건들에 부합한다는 것을 증명할 수 있기를 원하기 때문이다. 이러한 규범적 결정들을 명백하고 정확하게 표현할 경우, 마치 공식을 통한 증명과 같이 강력한 수학적 기법들의 근거를 제시할 수 있다(Fisher, Dennis, and Webster, 2013[35]). 한 시스템이 모든 추론 단계들을 이해 가능한 인간의 용어들로 설명할 수는 없을지라도, 윤리적 추론에 대한 기록은 향후 평가를 위한 검토 용도로 유지되어야 한다(Hind et al., 2018[36]).

**설계 정직성으로서의 투명성**－독일의 설계자 디터 람스(Dieter Rams)는 "실제보다 더 혁신적이거나, 강력하거나, 가치 있는 제품을 만들지 않는(does not make a product more innovative, powerful or valuable than it really is)" 설계를 지칭하기 위하여 "정직한 설계(honest design)"라는 용어를 만들어 냈다(Vitsoe, 2018[37]; see also Donelli, 2015[38]; Jong, 2017[39]). A/IS의 정직한 설계는 A/IS의 투명성을 구성하는 여러 측면들 중 하나라고 볼 수 있는데, 이를 통하여 이용자는 A/IS의 외관을 "정확히 꿰뚫어 보고(see through)" A/IS의 실질적 능력을 정확히 추론해 낼 수 있기 때문이다. 그러나 때때로 한 시스템의 물리적 외관이 그 시스템의 능력을 정확히 표현하지 못하는 경우도 있다. 예컨대, 한 에이전트가 겉으로는 인간과 유사한 어떤 감정을 드러내는 것처럼 보일지라도, 이 에이전트의 내적 상태는 실제로 그 감정을 표현하는 것이 아닐 수도 있다. 인간은 인간처럼 보이는 A/IS의 외관으로부터 그 A/IS

가 가질 수 있는 정신적 · 사회적 능력을 신속하고 강력하게 추론한다. 따라서 설계의 투명성이 요구되며, 이에 설계자는 "지킬 수 없는 약속들로 소비자를 조종하려 들지 말아야 할(not attempt to manipulate the consumer with promises that cannot be kept)" 책임이 있다(Vitsoe, 2018[40]).

**명료성으로서의 투명성**–앞에서 언급된 바와 같이, 인간은 A/IS의 결정들과 행동들, 이 중에서도 특히 도덕적으로 중요한 것들에 대하여 이해할 수 있기를 원할 것이다. 윤리적인 A/IS의 명백한 요건 중 하나는 A/IS가 요청을 받거나, 이상적으로는 이용자가 혼란스러워하고 있는 것으로 의심될 경우, 자신의 추론에 대하여 이용자에게 설명할 수 있어야 한다는 것이다. 또한 A/IS는 난해한 기술적 세부설명을 통해서가 아니라, 평범한 인간이 추론할 수 있는 수준에서 설명해야 한다(Tintarev and Kutlak, 2014[41]). 그리고 A/IS가 자신의 어떤 행동들을 설명하는 것이 불가능할 경우, 기술자들이나 설계자들이 해당 행동들을 명료하게 설명할 수 있어야 한다. 일례로, 2018년 5월부터 실행된 EU의 개인정보보호규정(GDPR: General Data Protection Regulation)에 따르면, 한 자동화 시스템이 개인정보를 기반으로 어떤 결정을 내릴 경우, 인간은 "그러한 평가 과정을 거쳐 도출된 [알고리즘 기반의] 결정에 대하여 설명을 듣고 해당 결정에 이의를 제기할(an explanation of the [algorithmic] decision reached after such assessment and to challenge the decision)" 권리가 있다(이 규정과 관련된 중대한 논의는 boyd, [원문 그대로 표기] 2016[42] 참고).

## 권고안

특히 기준들이 내재된 A/IS는 상위 수준의 투명성을 지켜야 한다. 즉, 실행 과정에 대한 추적이 가능해야 하고, A/IS의 추론에 대하여 수학적으로 증명 가능해야 하며, A/IS의 외관을 통해 드러나는 신호들이 내적 상태를 정직하게 표현하는 것들이어야 한다. 또한 A/IS의 운영과 결정들은 명료하게 이해 가능해야 한다.

## 기타 참고자료


- d. boyd, "투명성≠책임성(Transparency≠Accountability)." *Data & Society: Points*, November 29, 2016.
- A. Chaudhuri, "정보의 철학적 차원들과 사물인터넷(IoT)의 윤리(Philosophical Dimensions of Information and Ethics in the Internet of Things (IoT) Technology)," *The EDP Audit, Control, and Security Newsletter*, vol. 56, no. 4, pp. 7-18, DOI:10.1080/07366981.2017.1380474, 2017.
- J. Cleland-Huang, O. Gotel, and A. Zisman, Eds., 소프트웨어와 시스템의 추적 가능성(*Software and Systems Traceability*). London: Springer, 2012. doi: 10.1007/978-1-4471-2239-5
- G. Donelli, "좋은 설계는 정직하다(Good design is honest)." (blog). March 13, 2015. Accessed Oct 22, 2018. https://blog.astropad.com/good-design-ishonest
- M. Fisher, L. A. Dennis, and M. P. Webster, "자율시스템의 증명(Verifying Autonomous Systems)." *Communications of the ACM*, vol. 56, no. 9, pp. 84-93, 2013.
- K. R. Fleischmann and W. A. Wallace, "투명한 약속: 모델의 블랙박스 열기(A Covenant with Transparency: Opening the Black Box of Models)." *Communications of the ACM*, vol. 48, no. 5, pp. 93-97, 2005.
- F. S. Grodzinsky, K. W. Miller, and M. J. Wolf, "믿을 만한 가치가 있는 인공 에이전트의 개발: 당신은 이 인공 에이전트로부터 중고차를 구매할 것인가? (Developing Artificial Agents Worthy of Trust: Would You Buy a Used Car from This Artificial Agent?)" *Ethics and Information Technology*, vol. 13, pp. 17-27, 2011.
- M. Hind, et al., "공급자 적합성 선언을 통한 AI 서비스의 신뢰성 제고(Increasing Trust in AI Services through Supplier's Declarations of Conformity)." *ArXiv E-Prints*, Aug. 2018. [Online] Available: https://arxiv.org/abs/1808.07261.

[Accessed October 28, 2018].

- C. W. De Jong, Ed., Dieter Rams: 좋은 설계를 위한 10대 원칙(*Dieter Rams: Ten Principles for Good Design*). New York, NY: Prestel Publishing, 2017.
- J. A. Kroll, J. Huey, S. Barocas, et al., "책임성 있는 알고리즘(Accountable Algorithms)." *University of Pennsylvania Law Review* 165, 2017.
- S. U. Noble, "흑인 여성과 소녀들에 대한 차별을 조장하는 구글 검색(Google Search: Hyper-Visibility as a Means of Rendering Black Women and Girls Invisible)." *InVisible Culture* 19, 2013.
- D. Selbst and S. Barocas, "설명 가능한 기계의 직관적 호소(The Intuitive Appeal of Explainable Machines)," *87 Fordham Law Review 1085*, Available at SSRN: https://ssrn.com/abstract=3126971 or http://dx.doi.org/10.2139/ssrn.3126971, Feb. 19, 2018.
- N. Tintarev and R. Kutlak, "논증과 자연어 생성을 통하여 이해 가능한 계획을 수립하는 방법에 대한 시연(Demo: Making Plans Scrutable with Argumentation and Natural Language Generation)." *Proceedings of the Companion Publication of the 19th International Conference on Intelligent User Interfaces*, pp. 29-32, 2014.
- Vitsoe, "좋은 설계의 힘(The Power of Good Design)." *Vitsoe*, 2018. Retrieved Oct 22, 2018 from https://www.vitsoe.com/us/about/good-design
- S. Wachter, B. Mittelstadt, and L. Floridi, "로봇공학을 위한 투명하고 설명 가능하며 책임성 있는 AI(Transparent, Explainable, and Accountable AI for Robotics)." *Science Robotics*, vol. 2, no. 6, eaan6080. doi:10.1126/scirobotics.aan6080, 2017.

## 이슈 3 : 운영상의 실패가 발생한다.

### 배경

A/IS는 시스템 테스트와 구축 과정에서 둘 다 운영상의 실패와 특히 시스템에 내재된 지역사회 기준들의 위반이 발생하는 것을 피할 수 없다. 기준들의 실행은 결코 완벽하지 않으며, 기준들이 내재된 A/IS는 시간이 지나면서 기준들을 업데이트 또는 확장하게 될 것이다(제1절, 이슈 2 참고). 또한 사회적 상호작용들은 특히 복잡하고 불확실하기 마련이다. 따라서 문제 발생을 예방하고 완화하기 위한 전략들이 채택되어야 하는데, 이는 다음과 같이 네 가지로 분류해 볼 수 있다.

첫째, 실행 단계에서의 평가 과정은 기준에 대한 정의와 평가지표들이 필요하다는 것을 예상해야 한다. 이를 통하여 실패를 탐지, 완화할 수 있다. 평가지표에는 다음과 같은 것들이 포함된다.

- 기술적 변수: 추적 가능성, 증명 가능성 등
- 이용자 차원에서의 변수: 신뢰성, 이해 가능한 설명, 피드백에 대한 반응성 등
- 지역사회 차원에서의 변수: 정당성이 입증된 신뢰(이슈 2 참고), A/IS는 일반적으로 기술자들의 실업 등 부정적 결과보다는 사회적 혜택을 창출한다는 집단적 신념

둘째, 프라이버시 관련 기준의 경우, 체계적인 위험 분석 및 관리 방법을 적용하는 것이 유용할 수 있다(Oetzel and Spiekermann, 2014[43]). 즉, 기준 위반 등 잠재적인 실패 요소들을 예상하고, 만약 가능하다면 실패의 영향을 줄이거나 없앨 수 있는 방법들을 개발하는 것이다. 성공적인 행동을 하면서 때때로 실패하는 것은 실패를 예측하고 완화하려는 시도들의 성과를 계속 향상시키는 결과로 이어질 수 있다.

셋째, 모든 위험과 실패를 예측 가능한 것은 아니기에(Brundage et al., 2018[44]; Vanderelst and Winfield, 2018[45])—특히 사회적 환경에서의 인간과 기계 간 상호작

용의 경우에는 더욱 그러하다-추가적인 실패 완화 방안들이 마련되어야 한다. 설계자들은 제2절의 이슈 1에서 논의된 심볼릭 "게이트웨이(gateway)" 에이전트들과 같이 미처 예측하지 못한 기준 위반들을 처리하는 안전장치 부품들을 갖춘 시스템 구조들을 늘려나가는 것이 매우 중요하다. 설계자들은 엄격한 수많은 법들, 다시 말해 과업과 지역사회에 따라 결코 위반되어서는 안 되는 것으로 규정된 기준들을 파악해야 한다. 또한 안전장치 부품들을 통하여 시스템 운영 중에 이러한 법들이 위반될 우려는 없는지에 대한 모니터링이 계속 이루어져야 한다. 위반 발생 시에는 더 높은 계층의 게이트웨이 에이전트가 실패의 원인이 파악될 때까지 시스템 운영을 안전하게 중단시키거나 시스템 운영 범위를 크게 제한하는 등 적절한 행동들을 취해야 한다. 안전장치 부품들은 이해 가능하고 신뢰성이 매우 높으며, 보안 침해 문제로부터 보호받는 것일 필요가 있다. 이를 위한 방법으로는 안전장치 부품들에 대하여 세심한 인증 절차를 거치고, 이러한 부품들의 실행 중에는 변수 조정을 허용하지 않는 것 등이 있다.

넷째, 일단 실패가 발생하면 책임 주체-예: 법인, 정부, 과학자, 엔지니어-들은 특정 A/IS 시스템들에서 야기된 원치 않은 결과들에 대한 정보를 공개하는 데이터베이스를 구축해야 한다. 이 데이터베이스에 포함될 정보는 문제의 내용, 어떻게 해서 문제가 탐지되었는지에 대한 배경, 문제 발생 상황, 해결방법 등이다.

이에 관련된 권고안은 다음과 같다.

### 권고안

설계자들과 개발자들이 A/IS에서 발생 가능한 모든 운영 상황들과 실패들을 예상할 수 있는 것은 아니다. 따라서 피해의 가능성과 크기를 줄이기 위해 다양한 전략들이 마련되어야 한다.

## 기타 참고자료


- M. Brundage, S. Avin, J. Clark, H. Toner, P. Eckersley, B. Garfunkel, A. Dafoe, P. Scharre, T. Zeitzo, et al., "인공지능의 악용: 예측, 예방, 완화(The Malicious Use of Artificial Intelligence: Forecasting, Prevention, and Mitigation)," CoRR abs/1802.07228 [cs.AI]. 2018. https://arxiv.org/abs/1802.07228
- M. C. Oetzel and S. Spiekermann, "프라이버시 영향 평가를 위한 체계적 방법: 설계 과학 기반의 접근법(A Systematic Methodology for Privacy Impact Assessments: A Design Science Approach)." *European Journal of Information Systems*, vol. 23, pp. 126-150, 2014. https://link.springer.com/article/10.1057/ejis.2013.18
- D. Vanderelst and A. F. Winfield, "윤리적 로봇의 암울한 이면(The Dark Side of Ethical Robots)," In Proc. The First AAAI/ACM Conf. on Artificial Intelligence, Ethics and Society, New Orleans, LA, Feb. 1-3, 2018.

SECTION

# 03 A/IS의 실행에 대한 평가

A/IS에서 적절한 기준들이 성공적으로 실행되었는지 여부는 엄격하게 평가되어야 한다. 그리고 이 평가 과정은 A/IS의 설계 단계에서 예측되어야 하고 실행 과정에 포함되어야 하며, A/IS 구축의 생애 주기 전반에 걸쳐 계속되어야 한다. A/IS가 완전히 구축되기 전에 체계적인 테스트베드들을 통하여 평가를 실시해야 하는데, 가장 이상적인 테스트베드 환경은 특정 지역사회의 모든 인구 통계학적 집단들을 대표하는 사람들이 정해진 작업들을 A/IS와 함께 안전하게 수행할 수 있도록 하는 것이다. 그리고 다양한 원칙들과 방법들을 통하여 이러한 평가를 개발하고 실행해야 한다.

평가 기준에는 특히 인간과 기계 사이에서 발생하는 상호작용의 질, A/IS에 대한 인간의 인정과 공감, A/IS에 대한 적절한 신뢰, 인간에 대한 A/IS의 적응성, A/IS의 존재 또는 영향으로 인하여 인간의 웰빙에 주어지는 혜택이 포함되어야 한다. 이와 관련된 규범적 고려사항들은 로봇 윤리에 대한 영국 표준(BS: British Standard) 8611:2016[영국표준협회(British Standards Institution), 2016[46]]을 참고하면 된다. 여기에는 중요한 일반적인 평가 기준들이 제시되어 있으나, "기준 실행 능력(norm capacities)"을 가진 시스템의 평가에 대한 내용은 아직 부족하다.

시스템의 규범 준수 동작을 평가하기 위해서는 이전에 식별된 규범을 반영하는 기준 동작을 기술하고, 사용자가 시스템이 무엇을 할 것으로 예상하는지 기술하며, 시스템이 실제로 이를 수행하는지 확인하고, 규격이 실제로 기준과 일치하는지 검증해야 한다. 소프트웨어 공학 분야에는 다양한 평가 기법들이 다수 존재한다(Sommerville, 2015[47]). 여기에는 규범적으로 올바른 행동의 기준에 따라 엄격한 실증 테스트를 거쳐 수학적으로 증명하는 공식적인 방법과 해당 기계가 기준을 얼마나 잘 알고 실행하는지에 대한 이용자의 상호작용 및 반응을 분석하는 비공식적인 방법이 포함된다. 원칙적으로, 이 방법들은 모든 A/IS에 적용 가능하다(Fisher, Dennis, and Webster,

2013[48]). 시스템 품질 경영과 관련된 더 일반적인 원칙들 역시 평가 과정에 포함될 수 있다. 예를 들어, ISO 9001과 같은 표준들의 기초인 Plan(계획)-Do(실행)-Check(점검)-Act(법)(PDCA) 사이클[국제표준화기구(International Organization for Standardization), 2015[49]]이 이에 해당한다.

평가는 설계자, 제조자, 이용자 등 1차 이해관계자들뿐만 아니라 규제기관, 독립적 시험기관, 인증기구 등 3차 이해관계자들도 실시할 수 있다. 평가 결과는 항상 모든 이해관계자들에게 투명하게 공개되어야 하며, 평가를 통하여 시스템에서 발견된 한계들을 극복하고 다양한 평가 결과들의 상충으로 인해 야기될 수 있는 문제들을 해결하도록 강력히 독려하는 내용이 포함되어야 한다.

일반적인 지침으로 우리는 A/IS 구현에 대한 평가는 반드시 시스템 설계 중에 예상되어야 하며, 구현 프로세스에 통합되어야 하며, 시스템 구축 전반에 걸쳐 지속되어야 한다고 권고한다(cf. ITIL 원칙, BMC, 2016[50]). 평가에는 여러 가지 방법이 포함되어야 하며, 설계자와 사용자부터 규제자에 이르기까지 모든 당사자가 이용할 수 있어야 하며, 상충되는 평가 결과를 해결하기 위한 절차를 모두 포함해야 한다. 이 프로세스에서 다루어야 할 구체적인 문제는 다음에 논의될 것이다.

## 기타 참고자료


- British Standards Institution, BS8611:2016, "로봇과 로봇 장치. 로봇과 로봇 시스템의 윤리적 설계와 적용을 위한 가이드(Robots and Robotic Devices. Guide to the Ethical Design and Application of Robots and Robotic Systems)," 2016.
- BMC Software, IT 인프라 라이브러리: 관련 과정 및 우수사례에 대한 초보자용 가이드(*ITIL: The Beginner's Guide to Processes & Best Practices*). http://www.bmc.com/guides/itil-introduction.html, Dec. 6, 2016.
- M. Fisher, L. A. Dennis, and M. P. Webster, "자율시스템의 검증(Verifying Autonomous Systems)." *Communications of the ACM*, vol. 56, no. 9, pp. 84-

93, 2013.

- International Organization for Standardization (2015), ISO 9001:2015, 품질경영시스템 요건(Quality management systems-Requirements). Retrieved July 12, 2018 from https://www.iso.org/standard/62085.html
- I. Sommerville, 소프트웨어 공학(*Software Engineering*). 10th ed. Harlow, U.K.: Pearson Studium, 2015.

## 이슈 1 : 타깃 지역사회의 모든 기준들이 인간과 인공 에이전트에 평등하게 적용되는 것은 아니다.

### 배경

A/IS에 내재된 기준들에 대한 직관적인 평가 기준 중 하나는 A/IS의 기준들은 해당 지역사회의 기준들을 반영해야 한다는 것이다. 즉, A/IS는 인간이 서로 기대하는 행동 방식과 동일한 방식으로 행동하는 경향을 띠어야 한다. 그러나 일부 지역사회와 A/IS 이용 환경의 경우, A/IS의 기준들과 인간의 기준들이 서로 다를 수도 있다. 사람들은 기계에게 기대하지 않는 특별한 것들을 인간에게 기대하기 마련이다. 예를 들어, 부정적인 감정들의 통제에 대한 기준들은 기계는 부정적인 감정이 없다는 가정을 전제로 한 것이다. 한편, 사람들은 인간에게 기대하지 않는 특별한 것들을 기계에게 기대하는 경우도 있다. 예컨대, 인간 근로자와 달리 노동용 로봇은 규칙적으로 쉬지 않아도 일할 수 있다고 기대하는 것이다.

### 권고안

A/IS의 기준을 확인하는 과정에는 인간이 타인에게 적용하는 기준들과 인간이 A/IS에게 적용하는 기준들의 유사점들과 차이점들을 문서화하는 것이 포함되어야 한다. 기준 실행에 대한 평가는 해당 지역사회가 A/IS에게 기대하는 기준들에 대하

여 이루어져야 한다.

### 이슈 2 : A/IS는 특정 집단들에게 불리한 편견들을 가질 수 있다.

#### 배경

확인된 지역사회 기준들을 모두 반영하는 A/IS라 할지라도, 해당 지역사회의 특정 집단들에게 불리한 편견을 드러냄으로써 시스템 운영에 영향을 끼치거나, 특정 집단에 대한 고정 관념들을 강화함으로써 이용자들에게 편견을 불어넣는 경우가 있다. A/IS의 편견은 어떤 대상의 인식 과정에서 나타날 수 있는데, A/IS가 한 아시아 남성의 여권 신청용 사진을 본 후 눈이 감겨져 있다고 주장하며 여권 발급을 거부한 사례가 존재한다(Griffiths, 2016[51]). 편견은 정보를 가공하는 과정에서도 나타날 수 있다. 예컨대, 음성인식 시스템들은 남성보다 여성에 대하여 정확성이 낮기로 악명이 높다(Tatman, 2016[52]). A/IS의 편견은 의사결정에 영향을 끼칠 수 있는데, 일례로 범죄위험 평가 장치는 아프리카계 미국인들의 재범률을 과도하게 예측하는 경향이 있다(Angwin et al., 2016[53]). A/IS의 편견 자체가 아예 겉으로 보이는 외형적 특성을 통하여 표출되기도 하는데, 휴머노이드 로봇은 대부분 하얀 "피부(skin)" 색깔과 여성의 목소리를 갖고 있다(Riek and Howard, 2014[54]).

제1절에 상술된 기준 확인 과정은 A/IS 설계자들의 개인적 편견들을 최소화하는 것을 목적으로 하는데, 그 이유는 지역사회의 기준들이 경험을 기반으로 평가되기 때문이다. 기준 확인 과정은 또한 편견과 차별이 없는 기준들을 포함시키는 것을 목적으로 한다. 그러나 편견들은 기준 확인 과정 자체가 불완전한 경우, 기계학습 시스템의 훈련 데이터셋이 비전형적인 경우, 프로그래머들과 설계자들의 무의식 속에 어떤 가정이 존재할 경우에도 나타날 수 있다. 따라서 A/IS의 기획 과정과 평가 과정에 다양한 사회집단들의 구성원들을 포함시키고, 평가 과정에 DO-IT(Disabilities, Opportunities, Internetworking, and Technology) 프로그램과 RRI(Responsible Research and Innovation) 프레임워크 등 지역사회 지원사업을 접목시킴으로써 미처 예측하지 못했거나 탐지하지 못했던 편견들을 계속 줄여나가야 한다. 행동과학자들과 타깃 인구집단들의 구성원들은 특히 시스템 평가를 위한 기본 작업들을 정의하고 이러한 작업들에 대한 A/IS의 성능이 성공적으로 평가되었는지 여부를 판단하는 일을 통해 중요한 가치를 발견하게 될 것이다. 해당 작업들은 A/IS가 다양한 인종, 민족, 성(性), 연령, 체형 또는 휠체어나 인공 신체기관 등을 사용하는 사람들에게 차별적인 기준들을 적용하는지 여부를 평가하는 것을 의미한다.

## 권고안

A/IS에 대한 평가는 해당 시스템의 성능에 특정 사회집단들과 인구통계학적 집단들에게 불리한 편견들이 잠재되어 있는지를 신중히 평가가 되어야 한다. 그러한 편견들을 진단하고 바로잡기 위해서는 이 평가 과정에 잠재적 취약집단들의 구성원들을 통합해야 한다.

## 기타 참고자료


- J. Angwin, J. Larson, S. Mattu, and L. Kirchner, "기계의 편견: 흑인들을 미래의 범죄자들로 예측하는 소프트웨어(Machine Bias: There's Software Used Across the Country to Predict Future Criminals. And It's Biased Against Blacks)." *ProPublica*, May 23, 2016.
- J. Griffiths, "뉴질랜드 여권 심사 로봇, 한 아시아 남성이 아예 눈을 감고 사진을 찍은 것으로 잘못 판단(New Zealand Passport Robot Thinks This Asian Man's Eyes Are Closed)." CNN.com, December 9, 2016.
- L. D. Riek and D. Howard, "인간과 로봇의 상호작용을 기반으로 하는 업계 종사자들을 위한 윤리강령(A Code of Ethics for the Human-Robot Interaction Profession)." *Proceedings of We Robot*, April 4, 2014.
- R. Tatman, "구글 음성인식 시스템에 내재된 성적(性的) 편견(Google's Speech

Recognition Has a Gender Bias).” *Making Noise and Hearing Things*, July 12, 2016.

## 이슈 3 : 제3자들이 A/IS를 평가할 경우 발생하는 문제점들

### 배경

A/IS는 충분한 투명성을 갖춤으로써 규제기관들, 소비자 보호단체들, 윤리학자들, 사고 조사관들부터 사회 전체에 이르기까지 제3자들에 의한 평가가 가능하도록 해야 한다. 그러나 일부 시스템들, 특히 대규모 데이터셋을 기반으로 훈련된 기계학습 알고리즘들에 의존하는 시스템들은 투명성이 극히 제한될 수 있다. 이러한 시스템들의 경우, 평가자들이 데이터셋에 쉽게 접근할 수 없다. 또한 알고리즘들이 지식 재산권에 의한 독점적 소유자가 이미 존재하거나 수학적으로 너무 복잡해서 상식적으로 설명이 불가능할 수도 있다. 시스템 규격이 난해하여 심지어 동료인 소프트웨어 전문가들조차 최종 시스템의 신뢰성과 효능성을 검증하지 못할 수도 있다.

비교적 덜 복잡한 A/IS에 대해서는 표준의 준수 여부를 평가할 수 있는 기법들이 많다. 예를 들어, A/IS가 특히 하향식 접근법(제2절, 이슈 1 참고)에 따라 정해진 규범적·윤리적 요건들을 항상 충족할 것이라는 점을 수학적으로 증명하는 공식적인 검증 방법이 있다. 이 방법을 적용하기 위해서는 의사결정 과정 및 각각의 결정에 대한 이유들에 대한 정보가 필요하다(Fisher, Dennis, and Webster, 2013[55]). 한편, 더 간단하면서 때때로 기계학습 시스템들에 적합한 대안은 A/IS를 일련의 시나리오들을 기반으로 테스트하고, A/IS가 규범적 요건들로, 예를 들어 관련 기준들에 따라 행동하고 다른 에이전트들의 기준 위반을 인지할 수 있어야 한다는 것에 대해 얼마나 잘 충족하는지를 평가하는 것이다. “레드 팀(red team)”을 통한 A/IS가 기준들을 위반하게 만들어 취약점들이 드러나도록 유도하는 시나리오를 고안하는 기법도 있다.

이처럼 다양한 평가 기법들은 다양한 "강도(strength)"로 적용될 수 있다. 강력한 기법은 정해진 시나리오들에서 A/IS에게 허용 가능한 행동들이 무엇인지를 철저히 입증하는 것이다. 이보다 강도가 낮은 기법은 정해진 시나리오들 중에서 표본을 택하고, 이 표본을 위한 A/IS의 행동을 설명하는 것이다. 후자일 경우, A/IS가 규범적인 요건들을 충족하는 능력에 대한 신뢰도는 더 많은 제한을 받게 된다. 따라서 평가에 대한 결론은 적용된 검증 기법의 강도를 고려하여 내려져야 하며, 평가와 A/IS 자체를 통해 표현된 A/IS의 상기 신뢰도는 검증 기법의 강도에 따라 판단되어야 한다.

투명성은 더욱 중요한 장기적 목표, 즉 A/IS가 이용자들과 지역사회 구성원들에 대한 책임을 지게 하는 것을 달성하기 위해 필요한 요건일 뿐이다. 그러나 이 목표는 A/IS가 누구에 대하여 책임을 져야 하는가, 누가 A/IS를 바로잡을 권리가 있는가, 어떤 종류의 A/IS가 책임성 요건의 적용 대상인가 등 수많은 문제들에 대한 논란의 여지가 있다.

## 권고안

규제기관, 사고 조사관 등 제3자들에 의한 평가가 가장 효과적으로 이루어지려면 A/IS의 설계, 규격 정의, 문서화가 A/IS의 안전성과 기준 준수 여부를 평가하는 데 강력한 검증 및 확인 기법들이 사용될 수 있게 하는 방향으로 이루어져야 한다. 이는 관련 지역사회들에 대한 A/IS의 책임이 이행되게 하기 위함이다.

## 기타 참고자료


- M. Fisher, L. A. Dennis, and M. P. Webster, "자율시스템의 검증(Verifying Autonomous Systems)." *Communications of the ACM*, vol. 56, pp. 84-93, 2013.
- K. Abney, G. A. Bekey, and P. Lin, 로봇 윤리: 로봇공학의 윤리적 · 사회적 시사점(*Robot Ethics: The Ethical and Social Implications of Robotics*). Cambridge,

MA: The MIT Press, 2011.

- M. Anderson and S. L. Anderson, Eds., 기계 윤리(*Machine Ethics*). New York: Cambridge University Press, 2011.
- M. Boden, J. Bryson, et al., "로봇공학 원칙: 현실 세계에서의 로봇 규제(Principles of Robotics: Regulating Robots in the Real World)." *Connection Science* 29, no. 2, pp. 124-129, 2017.
- M. Coeckelbergh, "우리는 로봇을 믿을 수 있는가?(Can We Trust Robots?)" *Ethics and Information Technology*, vol. 14, pp. 53-60, 2012.
- L. A. Dennis, M. Fisher, N. Lincoln, A. Lisitsa, and S. M. Veres, "에이전트 기반 자율시스템에서의 의사결정에 대한 실제 검증(Practical Verification of Decision-Making in Agent-Based Autonomous Systems)." *Automated Software Engineering*, vol. 23, no. 3, pp. 305-359, 2016.
- M. Fisher, C. List, M. Slavkovik, and A. F. T. Winfield, "도덕적 에이전트의 엔지니어링-인간의 도덕에서 인공적 도덕으로(Engineering Moral Agents-From Human Morality to Artificial Morality)" (Dagstuhl Seminar 16222). *Dagstuhl Reports* 6, no. 5, pp. 114-137, 2016.
- K. R. Fleischmann, 정보와 인간의 가치(*Information and Human Values*). San Rafael, CA: Morgan and Claypool, 2014.
- G. Governatori and A. Rotolo, "에이전트들이 기준들을 지키는 방법(How Do Agents Comply with Norms?)" in *Normative Multi-Agent Systems*, G. Boella, P. Noriega, G. Pigozzi, and H. Verhagen, Eds., *Dagstuhl Seminar Proceedings*. Dagstuhl, Germany: Schloss Dagstuhl—Leibniz—Zentrum für Informatik, 2009.
- B. Higgins, "알고리즘의 피해를 고려하기 위한 뉴욕 시 태스크포스(New York City Task Force to Consider Algorithmic Harm)." *Artificial Intelligence Technology and the Law Blog*, Feb. 7, 2018. [Online]. Available: http://aitechnologylaw.com/2018/02/new-york-citytask-force-algorithmic-harm/. [Accessed Nov. 1, 2018].
- S. L. Jarvenpaa, N. Tractinsky, and L. Saarinen, "온라인 스토어에 대한 소비

자 신뢰: 비교문화적 증명(Consumer Trust in an Internet Store: A Cross-Cultural Validation)" *Journal of Computer-Mediated Communication*, vol. 5, no. 2, pp. 1-37, 1999.

- E. H. Leet and W. A. Wallace, "사회의 역할과 모델링 윤리(Society's Role and the Ethics of Modeling)," in *Ethics in Modeling*, W. A. Wallace, Ed., Tarrytown, NY: Elsevier, 1994, pp. 242-245.
- M. A. Mahmoud, M. S. Ahmad, M. Z. M. Yusoff, and A. Mustapha, "기준들과 규범적 멀티에이전트 시스템들에 대한 검토(A Review of Norms and Normative Multiagent Systems)," *The Scientific World Journal*, vol. 2014, Article ID 684587, 2014.

# 기고자들에 대한 감사의 말

본 장의 작성에 기여한 아래의 모든 분들에게 감사드린다.

## 자율지능시스템을 위한 인간의 가치 주입 위원회

- **AJung Moon** (Founding Chair) – Director of Open Roboethics Institute
- **Bertram F. Malle** (Co-Chair) – Professor, Department of Cognitive, Linguistic, and Psychological Sciences, Co-Director of the Humanity-Centered Robotics Initiative, Brown University
- **Francesca Rossi** (Co-Chair) – Full Professor, computer science at the University of Padova, Italy, currently at the IBM Research Center at Yorktown Heights, NY
- **Stefano Albrecht** – Postdoctoral Fellow in the Department of Computer Science at The University of Texas at Austin
- **Bijilash Babu** – Senior Manager, Ernst and Young, EY Global Delivery Ser-

vices India LLP

- **Jan Carlo Barca**–Senior Lecturer in Software Engineering and Internet of Things (IoT), School of Info Technology, Deakin University, Australia
- **Catherine Berger**–IEEE Standards Senior Program Manager, IEEE
- **Malo Bourgon**–COO, Machine Intelligence Research Institute
- **Richard S. Bowyer**–Adjunct Senior Lecturer and Research Fellow, College of Science and Engineering, Centre for Maritime Engineering, Control and Imaging (cmeci), Flinders University, South Australia
- **Stephen Cave**–Executive Director of the Leverhulme Centre for the Future of Intelligence, University of Cambridge
- **Raja Chatila**–CNRS-Sorbonne Institute of Intelligent Systems and Robotics, Paris, France; Member of the French Commission on the Ethics of Digital Sciences and Technologies CERNA; Past President of IEEE Robotics and Automation Society
- **Mark Coeckelbergh**–Professor, Philosophy of Media and Technology, the University of Vienna
- **Louise Dennis**–Lecturer, Autonomy and Verification Laboratory, University of Liverpool
- **Laurence Devillers**–Professor of Computer Sciences, University Paris Sorbonne, LIMSICNRS 'Affective and social dimensions in spoken interactions'; member of the French Commission on the Ethics of Research in Digital Sciences and Technologies (CERNA)
- **Virginia Dignum**–Associate Professor, Faculty of Technology Policy and Management, TU Delft
- **Ebru Dogan**–Research Engineer, VEDECOM
- **Takashi Egawa**–Cloud Infrastructure Laboratory, NEC Corporation, Tokyo
- **Vanessa Evers**–Professor, Human-Machine Interaction, and Science Director, DesignLab, University of Twente

- **Michael Fisher** – Professor of Computer Science, University of Liverpool, and Director of the UK Network on the Verification and Validation of Autonomous Systems, vavas.org
- **Ken Fleischmann** – Associate Professor in the School of Information at The University of Texas at Austin
- **Edith Pulido Herrera** – Bioengineering group, Antonio Narino University, Bogotá, Colombia
- **Ryan Integlia** – assistant professor, Electrical and Computer Engineering, Florida Polytechnic University; Co-Founder of the em[POWER] Energy Group
- **Catholijn Jonker** – Full professor of Interactive Intelligence at the Faculty of Electrical Engineering, Mathematics and Computer Science of the Delft University of Technology. Part-time full professor at Leiden Institute of Advanced Computer Science of the Leiden University
- **Sara Jordan** – Assistant Professor of Public Administration in the Center for Public Administration & Policy at Virginia Tech
- **Jong-Wook Kim** – Professor, AI.Robotics Lab, Department of Electronic Engineering, Dong-A University, Busan, Korea
- **Sven Koenig** – Professor, Computer Science Department, University of Southern California
- **Brenda Leong** – Senior Counsel, Director of Operations, The Future of Privacy Forum
- **Alan Mackworth** – Professor of Computer Science, University of British Columbia; Former President, AAAI; Co-author of "Artificial Intelligence: Foundations of Computational Agents."
- **Pablo Noriega** – Scientist, Artificial Intelligence Research Institute of the Spanish National Research Council (IIIA-CSIC), Barcelona
- **Rajendran Parthiban** – Professor, School of Engineering, Monash University, Bandar Sunway, Malaysia

- **Heather M. Patterson**–Senior Research Scientist, Anticipatory Computing Lab, Intel Corp.
- **Edson Prestes**–Professor, Institute of Informatics, Federal University of Rio Grande do Sul (UFRGS), Brazil; Head, Phi Robotics Research Group, UFRGS; CNPq Fellow
- **Laurel Riek**–Associate Professor, Computer Science and Engineering, University of California San Diego
- **Leanne Seeto**–Co-Founder and Strategy and Operations Precision Autonomy
- **Sarah Spiekermann**–Chair of the Institute for Information Systems & Society at Vienna University of Economics and Business; Author of the textbook "Ethical IT-Innovation," the popular book "Digitale Ethik–in Wertesystem für das 21. Jahrhundert" and Blogger on "The Ethical Machine"
- **John P. Sullins**–Professor of Philosophy, Chair of the Center for Ethics Law and Society (CELS), Sonoma State University
- **Jaan Tallinn**–Founding engineer of Skype and Kazaa; co-founder of the Future of Life Institute
- **Mike Van der Loos**–Associate Prof., Dept. of Mechanical Engineering, Director of Robotics for Rehabilitation, Exercise and Assessment in Collaborative Healthcare (RREACH) Lab, and Associate Director of CARIS Lab, University of British Columbia
- **Wendell Wallach**–Consultant, ethicist, and scholar, Yale University's Interdisciplinary Center for Bioethics
- **Nell Watson**–CFBCS, FICS, FIAP, FIKE, FRSA, FRSS, FLS Co-Founder and Chairman, EthicsNet, AI & Robotics Faculty Singularity University, Foresight Machine Ethics Fellow
- **Karolina Zawieska**–Postdoctoral Research Fellow in Ethics and Cultural Learning of Robotics at DeMontfort University, UK and Researcher at Industrial Research Institute for Automation and Measurements PIAP, Poland

* IEEE 글로벌 이니셔티브 회원들에 관한 전체 목록은 standards.ieee.org/content/dam/ieee-standards/standards/web/documents/other/ec_bios.pdf에서 볼 수 있다.

** **윤리적 설계** 제1판의 권리 포기(disclaimers)에 관한 상세사항은 책자 맨 뒤에 실린 "본 책자가 어떻게 만들어졌는가(*How the Document Was Prepared*)" 부분을 참조하기 바란다.

# 미주


1 S. Hitlin and J. A. Piliavin, "가치의 개념에 대한 재정의(Values: Reviving a Dormant Concept)." *Annual Review of Sociology* 30 (2004): 359-393.

2 B. F. Malle and S. Dickert, "가치(Values)," *The Encyclopedia of Social Psychology*, edited by R. F. Baumeister and K. D. Vohs. Thousand Oaks, CA: Sage, 2007.

3 M. J. Rohan, "가치 구조의 새로운 정의(A Rose by Any Name? The Values Construct)." *Personality and Social Psychology Review* 4 (2000): 255-277.

4 A. U. Sommer, Werte: *Warum Man Sie Braucht, Obwohl es Sie Nicht Gibt.* [가치의 의미: 우리는 왜 실제로 존재하지 않는 것들을 필요로 하는가?(Values. Why We Need Them Even Though They Don't Exist)]. Stuttgart, Germany: J. B. Metzler, 2016.

5 B. F. Malle, M. Scheutz, and J. L. Austerweil, "인간과 로봇 에이전트의 사회적, 도덕적 기준 체계(Networks of Social and Moral Norms in Human and Robot Agents)," in A World with Robots: *International Conference on Robot Ethics*: ICRE 2015, edited by M. I. Aldinhas Ferreira, J. Silva Sequeira, M. O. Tokhi, E. E. Kadar, and G. S. Virk, 3-17. Cham, Switzerland: Springer International Publishing, 2017.

6 J. Vázquez-Salceda, H. Aldewereld, and F. Dignum, "멀티에이전트 시스템의 기준 실행(Implementing Norms in Multiagent Systems)," in Multiagent System Technologies. MATES 2004, edited by G. Lindemann, Denzinger, I. J. Timm, and R. Unland (Lecture Notes in Computer Science, vol. 3187). Berlin: Springer, 2004.

7 A. Mack, (Ed.). "사회적 기준들을 바꾸는 것(Changing social norms)." *Social Research: An International Quarterly* 85, no. 1 (2018): 1-271.

8 I. van de Poel, "실험적 기술의 평가를 위한 윤리 체계(An Ethical Framework for Evaluating Experimental Technology)," *Science and Engineering Ethics* 22, no. 3 (2016): 667-686.

9 I. Misra, C. L. Zitnick, M. Mitchell, and R. Girshick, (2016). 편향적 정보 전달을 초래하는 주관적 레이블링과 이를 시각적 이미지 분류 과정에서 배제하기 위한 방안(Seeing through the human reporting bias: Visual Classifiers from Noisy Human-Centric Labels). in *Proceedings of the 2016 IEEE Conference on Computer Vision and Pattern Recognition* (CVPR) (pp. 2930-2939). doi:10.1109/CVPR.2016.320

10 A. Mack, (Ed.). (2018). Changing social norms. *Social Research: An International Quarterly* 85(1, Special Issue), 1-271.

11 B. Green and L. Hu, "기계학습에서의 공정성 재맥락화(The Myth in the Methodology: Towards a Recontextualization of Fairness in ML)." Paper presented at the Debates workshop at the 35th International Conference on Machine Learning, Stockholm, Sweden 2018.

12 J. Van den Hoven, "공학과 도덕적 과부하의 문제(Engineering and the Problem of Moral Overload)." *Science and Engineering Ethics* 18, no. 1 (2012): 143-155.

13 C. Andre and M. Velasquez, "공공의 선(善)(The Common Good)." *Issues in Ethics* 5, no. 1 (1992).

14 W. Wallach and C. Allen, 도덕적 기계: 로봇에게 옳고 그름을 가르치는 것(*Moral Machines: Teaching Robots Right from Wrong*). New York: Oxford University Press, 2008.

15 L. Dennis, M. Fisher, M. Slavkovik, and M. Webster, "자율시스템의 윤리적 선택에 대한 공식적 검증(Formal Verification of Ethical Choices in Autonomous Systems)." *Robotics and Autonomous Systems* 77 (2016): 1-14.

16 L. M. Pereira and A. Saptawijaya, 기계 윤리의 프로그래밍(*Programming Machine Ethics*). Cham, Switzerland: Springer International, 2016.

17 F. Rötzer, (Ed.). 윤리 프로그래밍: 로봇은 규칙이나 도덕이 필요한가?(Programmierte Ethik: Brauchen Roboter Regeln oder Moral?) Hannover, Germany: Heise Medien, 2016.

18 M. Scheutz, B. F. Malle, and G. Briggs, "자율적인 사회적 로봇을 위한 도덕적 행동 선택(Towards Morally Sensitive Action Selection for Autonomous Social Robots)." *Proceedings of the 24th International Symposium on Robot and Human Interactive Communication, RO-MAN 2015* (2015): 492-497.

19 M. Anderson and S. L. Anderson, "윤리적 딜레마에 대한 일반적인 분석 원칙(GenEth: A General Ethical Dilemma Analyzer)." *Proceedings of the Twenty-Eighth AAAI Conference on Artificial Intelligence* (2014): 253-261.

20 M. O. Riedl and B. Harrison, "스토리를 활용하여 인공 에이전트에게 인간의 가치들을 가르치는 방법(Using Stories to Teach Human Values to Artificial Agents)." *Proceedings of the 2nd International Workshop on AI, Ethics and Society*, Phoenix, Arizona, 2016.

21 V. Charisi, L. Dennis, M. Fisher, et al., "도덕적 자율시스템을 위하여(Towards Moral Autonomous Systems)," 2017.

22 R. Arkin, "사고와 반응이 가능한 로봇 시스템에 윤리를 주입하여 치명적 행동을 통제하는 방법(Governing Lethal Behavior: Embedding Ethics in a Hybrid Deliberative/Reactive Robot Architecture)." *Proceedings of the 2008 3rd ACM/IEEE International Conference on Human-Robot Interaction* (2008): 121-128.

23 A. F. T. Winfield, C. Blum, and W. Liu, "윤리적 로봇을 위하여: 내재적 모델의 구축, 행동의 결과에 대한 예측, 윤리적 행동 선택이 가능한 로봇(Towards an Ethical Robot: Internal Models, Consequences and Ethical Action Selection)" in *Advances in Autonomous Robotics Systems, Lecture Notes in Computer Science Volume*, edited by M. Mistry, A. Leonardis, Witkowski, and C. Melhuish, 85-96. Springer, 2014.

24 A. Etzioni, "인간의 법과 가치를 따르는 AI 시스템의 설계(Designing AI Systems That Obey Our Laws and Values)." *Communications of the ACM* 59, no. 9 (2016): 29-31.

25 T. Arnold, D. Kasenberg, and M. Scheutz, "가치 정렬 또는 가치 정렬의 부재-AI 시스템의 책임성을 유지하는 방법(Value Alignment or Misalignment-What Will Keep Systems Accountable?)" The Workshops of the Thirty-First AAAI Conference on Artificial In-

telligence: Technical Reports, WS-17-02: AI, Ethics, and Society, 81-88. Palo Alto, CA: The AAAI Press, 2017.

26 G. Andrighetto, G. Governatori, P. Noriega, and L. W. N. van der Torre, Eds., 규범적인 멀티에이전트 시스템(*Normative Multi-Agent Systems*). Saarbrücken/Wadern, Germany: Dagstuhl Publishing, 2013.

27 A. Chaudhuri, (2017) IoT 기술의 정보와 윤리에 대한 철학적 고찰(Philosophical Dimensions of Information and Ethics in the Internet of Things (IoT) Technology). The EDP Audit, Control, and Security Newsletter, 56: 4, 7-18. DOI:10.1080/07366981.2017.1380474

28 S. Wachter, B. Mittelstadt, and L. Floridi, "AI 로봇의 투명성과 설명 가능성, 그리고 책임성(Transparent, Explainable, and Accountable AI for Robotics)." *Science Robotics* 2, no. 6 (2017): eaan6080. doi:10.1126/scirobotics.aan6080

29 A. D. Selbst and S. Barocas, 설명 가능한 기계의 직관적 호소(The Intuitive Appeal of Explainable Machines) (February 19, 2018). *Fordham Law Review*. Available at SSRN: https://ssrn.com/abstract=3126971 or http://dx.doi.org/10.2139/ssrn.3126971

30 F. S. Grodzinsky, K. W. Miller, and M. J. Wolf, "믿을 만한 가치가 있는 인공 에이전트의 개발: 당신은 이 인공 에이전트로부터 중고차를 구매할 것인가?(Developing Artificial Agents Worthy of Trust: Would You Buy a Used Car from This Artificial Agent?)" *Ethics and Information Technology* 13 (2011): 17-27.

31 J. A. Kroll, J. Huey, S. Barocas, et al., "책임성 있는 알고리즘(Accountable Algorithms)." *University of Pennsylvania Law Review* 165 (2017).

32 J. Cleland-Huang, O. Gotel, and A. Zisman, Eds., 소프트웨어와 시스템의 추적 가능성(Software and Systems Traceability). London: Springer, 2012. doi:10.1007/978-1-4471-2239-5

33 S. U. Noble, "흑인 여성과 소녀들에 대한 차별을 조장하는 구글 검색(Google Search: Hyper-Visibility as a Means of Rendering Black Women and Girls Invisible)." *InVisible Culture* 19 (2013).

34 K. R. Fleischmann and W. A. Wallace, "투명한 약속: 모델의 블랙박스 공개(A Covenant

with Transparency: Opening the Black Box of Models)." *Communications of the ACM* 48, no. 5 (2005): 93-97.

35 M. Fisher, L. A. Dennis, and M. P. Webster, "자율시스템의 검증(Verifying Autonomous Systems)." *Communications of the ACM* 56, no. 9 (2013): 84-93.

36 M. Hind, et al., "공급자 적합성 선언을 통한 AI 서비스의 신뢰성 제고(Increasing Trust in AI Services through Supplier's Declarations of Conformity)." *ArXiv E-Prints*, Aug. 2018. Retrieved October 28, 2018. from https://arxiv.org/abs/1808.07261

37 Vitsoe, "좋은 설계의 힘(The Power of Good Design)." *Vitsoe*, 2018. Retrieved Oct 22, 2018. from https://www.vitsoe.com/us/about/good-design

38 G. Donelli, (2015, March 13). 좋은 설계는 정직하다[Good design is honest (Blogpost)]. Retrieved Oct 22, 2018. from https://blog.astropad.com/good-design-is-honest

39 C. de Jong Ed., "Dieter Rams의 좋은 설계를 위한 10대 원칙(Ten principles for good design: Dieter Rams)." New York, NY: Prestel Publishing, 2017.

40 Ibid.

41 N. Tintarev and R. Kutlak, "증강 및 자연어 생성을 통하여 자율시스템에 대한 이해를 두울 수 있는 방법의 시연(Demo: Making Plans Scrutable with Argumentation and Natural Language Generation)." *Proceedings of the Companion Publication of the 19th International Conference on Intelligent User Interfaces* (2014): 29-32.

42 d. boyd, "투명성≠책임성(Transparency≠Accountability)." *Data & Society: Points*, November 29, 2016.

43 C. Oetzel and S. Spiekermann, "프라이버시 영향 평가를 위한 체계적 방법으로서의 디자인 과학(A Systematic Methodology for Privacy Impact Assessments: A Design Science Approach.)" *European Journal of Information Systems* 23 (2014): 126-150. https://link.springer.com/article/10.1057/ejis.2013.18

44 M. Brundage, S. Avin, J. Clark, H. Toner, P. Eckersley, B. Garfunkel, A. Dafoe, P. Scharre, T. Zeitzo, et al., 인공지능 악용의 예측, 방지, 경감(The Malicious Use of Artificial Intelligence: Forecasting, Prevention, and Mitigation). CoRR abs/1802.07228 (2018).

https://arxiv.org/abs/1802.07228M

45 D. Vanderelst and A. F. Winfield, 윤리적 로봇의 어두운 이면(The Dark Side of Ethical Robots). In Proc. AAAI/ACM Conf. on Artificial Intelligence, Ethics and Society, New Orleans. 2018.

46 British Standards Institution. BS8611:2016, "로봇과 로봇 기기의 윤리적 설계와 적용을 위한 가이드(Robots and Robotic Devices. Guide to the Ethical Design and Application of Robots and Robotic Systems)," 2016.

47 I. Sommerville, 소프트웨어 공학(*Software Engineering*) (10th edition). Harlow, U.K.: Pearson Studium, 2015.

48 M. Fisher, L. A. Dennis, and M. P. Webster, "자율시스템의 검증(Verifying Autonomous Systems)." *Communications of the ACM* 56, no. 9 (2013): 84-93.

49 International Organization for Standardization (2015). ISO 9001:2015, 품질관리 시스템의 요건(Quality management systems-Requirements). Retrieved July 12, 2018. from https://www.iso.org/standard/62085.html

50 BMC Software, IT 서비스 관리의 절차 및 우수사례에 대한 기초 가이드(*ITIL: The Beginner's Guide to Processes & Best Practices*). 6 Dec. 2016. http://www.bmc.com/guides/itil-introduction.html

51 J. Griffiths, "뉴질랜드 여권 심사 로봇, 한 아시아 남성이 아예 눈을 감고 사진을 찍은 것으로 잘못 판단(New Zealand Passport Robot Thinks This Asian Man's Eyes Are-Closed)." CNN.com, December 9, 2016.

52 R. Tatman, "구글 음성인식에 숨어있는 성(性) 편견(Google's Speech Recognition Has a Gender Bias)." *Making Noise and Hearing Things*, July 12, 2016.

53 J. Angwin, J. Larson, S. Mattu, and L. Kirchner, "기계의 편견: 흑인들을 미래의 범죄자들로 예측하는 소프트웨어(Machine Bias: There's Software Used Across the Country to Predict Future Criminals. And It's Biased Against Blacks)." *ProPublica*, May 23, 2016.

54 L. D. Riek and D. Howard, "인간과 로봇의 상호작용을 기반으로 하는 업계 종사자들을 위한 윤리강령(A Code of Ethics for the Human-Robot Interaction Profession)." *Pro-*

*ceedings of We Robot*, April 4, 2014.

55 M. Fisher, L. A. Dennis, and M. P. Webster, “자율시스템의 검증(Verifying Autonomous Systems).” *Communications of the ACM* 56 (2013): 84-93.

# 정책

## 서론

자율지능시스템(A/IS)은 우리 사회의 일부이다. 이 강력한 기술은 사회적 혜택을 증진하는 데 이용될 수 있다. 또한 A/IS는 상업, 재무, 고용, 보건, 농업, 교육, 운송, 정치, 프라이버시, 공공안전, 국가보안, 시민의 자유, 인권 등 수많은 활용 분야에서 경제적 · 사회적 발전을 불러일으킬 수 있다. 이처럼 사회적 혜택을 증진하는 AI의 활용을 촉진하고 일반대중을 A/IS의 부정적 결과들-의도적인 것이건, 우발적인 것이건 간에-로부터 보호하기 위해서는 효과적인 정책과 정부 규제가 필요하다.

효과적인 A/IS 정책은 몇 가지 중요한 측면에서 공익 증진에 기여한다. A/IS 정책과 규제는 국가에서 만든 것이건, 전문기구 및 관리기관에서 만든 것이건 간에 안전, 프라이버시, 인권, 사이버보안을 보호하고 증진할 뿐만 아니라 A/IS가 사회에 끼치는 잠재적 영향에 대한 일반대중의 이해를 높이는 역할을 수행하게 된다. 이러한 고려된 정책들이 없으면 중대한 기술적 실패, 인명 손실, 첨예한 사회적 논란이 발생할 수 있다. 그리고 이와 같은 현상은 결국 혁신을 공연히 방해하는 정책들이나 공익 증진 및 인권 보호에 무익한 규제들만 늘어나는 결과를 초래하게 될 것이다.

효과적인 A/IS 정책은 가치 기반의 접근법[1]을 통하여 다음과 같은 다섯 개 이슈들을 고려하는 방향으로 개발되어야 한다.

**1. A/IS는 국제적으로 인정받은 법적 기준들을 지원, 증진, 실행해야 한다.**

국제적으로 인정받은 인권 표준에 대한 법적 체계를 기반으로 A/IS 정책을 수립해야 한다. 이 법적 체계는 기술이 인간에게 끼치는 영향을 고려한 것을 의미한다.

**2. 정부는 A/IS에 대한 전문성 개발을 위하여 노력해야 한다.**

관련 기술 등 다양한 역량의 개발을 촉진하여 정책결정자들, 규제기관들, 고위 공직자 당선인들이 A/IS와 같은 새로운 기술들의 다양한 측면들에 대해 정보에 입각한 제안과 의사결정을 수행하는 능력을 향상시킬 수 있도록 해야 한다.

**3. A/IS의 연구, 개발, 획득, 이용에 있어 거버넌스와 윤리가 핵심 고려사항이 되도록 해야 한다.**

A/IS 연구개발(R&D)을 위한 지원은 A/IS의 윤리적 영향을 중점적으로 고려하여 이루어져야 한다. 이러한 새로운 기술들이 인간에게 혜택을 주고 사회적 수요와 가치들을 충족하기 위해서는 관련 R&D 활동에 대한 정부의 적극적 지원이 필요하다.

**4. 공공안전과 책임성 있는 A/IS 설계를 보장하는 A/IS 정책을 개발해야 한다.**

정부는 일관성 있고 해당 지역의 특성에 맞게 적용 가능한 A/IS 정책들과 규제들을 개발해야 한다. 효과적인 규제는 A/IS 알고리즘의 투명성, 설명 가능성, 예측 가능성, 편견, 책임성에 대한 문제들과 함께 위험 관리, 프라이버시, 데이터 보호 조치, 안전, 안보를 고려해야 한다. A/IS 시스템의 인증은 기술적, 사회적, 산업적 측면에서 매우 중요한 이슈이다.

**5. 일반대중에게 A/IS의 윤리적 · 사회적 영향을 알려야 한다.**

산업계, 학계, 언론, 정부는 A/IS로 인한 혜택들과 문제점들에 대하여 일반대중의 이해와 참여를 촉진하는 전략들을 수립해야 한다. 효과적인 의사결정에 적합한 환경을 조성하기 위해서는 A/IS가 끼칠 수 있는 긍정적 영향들과 주의 및 심도 있는 개선이 요구되는 문제들에 대한 정보를 반드시 정확하게 제공해야 한다.

A/IS가 우리 일상생활에서 차지하는 비중이 점점 높아짐에 따라, A/IS로 인한 위험과 보상을 관리하는 방안의 중요성도 점점 높아지고 있다. 기술 리더들과 정책입안자들은 신뢰 형성, 안전 및 신뢰성 증진을 위한 방안을 논의하고 A/IS 기술들의 설계에 윤리적 · 법적 이슈들을 고려하는 데 있어 더욱 많은 일들을 해야 한다. 이와 관련된 기본원칙들은 본 장(章)에 다음과 같이 좀 더 구체적으로 제시되어 있다.

### 이슈 1 : A/IS는 국제적으로 인정받은 법적 기준들을 지원, 증진, 실행해야 한다.

#### 배경

A/IS 기술들은 미처 의도하지 않았던 결과들과 완고한 설계 결정들로 인하여 국제적으로 인정받은 경제적, 사회적, 문화적, 정치적 권리들에 잠재적인 영향을 끼칠 수 있다. 이미 실제로 그러한 사례가 발생한 바 있는데, 특히 일부 무인 항공 시스템(Bowcott, 2013)과 예측 치안(Shapiro, 2017), 금융(Garcia, 2017), 사법 판결(Osoba and Welser, 2017), 구직 및 고용(Datta, Tschantz, and Datta, 2014)에 대한 A/IS의 이용이 이에 해당한다. A/IS의 이용은 상품 배송 서비스 분야(Ingold and Soper, 2016)에서도 무의식적 차별을 조장하고(Eubanks, 2018), 집회권, 표현의 자유, 정보에 대한 접근을 억제함으로써 인권에 영향을 끼칠 수 있다. A/IS가 사회적 혜택을 증진하는 원동력으로 이용되기 위해서는 국가가 인권을 보호하는 정책들을 개발해야 한다.

따라서 A/IS의 규제, 개발, 구축은 국제적인 인권 표준과 국제적인 인도주의적 표준 법들을 기반으로 이루어져야 한다. 이러한 원칙을 실행하기 위하여 정부와 민간 양쪽 분야의 활동가들은 국제적으로 인정받은 정치적, 사회적, 경제적, 문화적 권리들을 보호하고 존중해야 할 책임이 있다는 것을 고려할 필요가 있다. 이와 마찬가지로 비즈니스 활동을 수행하는 사람들은 기업과 인권에 대한 UN 기본원칙[OHCHR(유엔인권고등판무관), 2011] 또는 러기 원칙(Ruggie principles)에 명시된 바와 같이 국제적 인권을 존중해야 할 의무가 있다는 것을 고려할 필요가 있다.

러기 원칙은 수많은 기업들이 참고 기준으로 여기고 지지해 온 것으로, 다양한 기업들에서 기업의 사회적 책임(CSR: corporate social responsibility)에 대한 정책들이 채택되어 결과로 이어졌다. 이 원칙은 광범위한 지지에 힘입어 인권을 보호하며 증진하고, A/IS 기술들을 통하여 가장 중요한 인간의 가치들과 인권에 대한 법적 표준들이 지켜지도록 하는 데 있어 기업의 역할이 강화하게 될 것이다.

## 권고안

A/IS를 위한 국가정책과 비즈니스 규정은 권리 기반의 접근법을 통하여 개발되어야 한다. 러기 원칙은 국제적으로 인정받은 인권 표준에 대한 법적 체계를 따르도록 규정하고 있는데, 이 법적 체계는 기술이 인간에게 끼치는 영향을 고려하고 불평등, 차별적 관행, 불공평한 자원 분배에 대한 이슈들을 다룬 것을 의미한다.

A/IS에 대한 권리 기반 접근법을 위해 고려되어야 할 사항들은 다음과 같이 여섯 가지로 살펴볼 수 있다.

- **책임**: 누가 권리자이고 누가 의무 이행자인지를 파악하는 한편, 의무 이행자가 모든 인권을 존중하도록 한다.
- **책임성**: 국가는 의무 이행자와 마찬가지로 책임성 있게 행동하고 더욱 중대한 공익을 대변하기 위해 노력하며, A/IS 정책을 투명하게 공개하여 일반대중이 면밀히 검토할 수 있도록 한다.
- **참여**: 의무 이행자들, 권리자들, 기타 이해관계자들의 적극적 참여를 장려하고 지원한다.
- **비차별**: A/IS를 통하여 비차별, 평등, 포용의 원칙들이 실행되도록 한다. 특히 취약집단들을 배려해야 한다. 좀 더 구체적으로 말하자면, 취약집단들이란 소수자들, 원주민들, 장애인들을 의미한다.
- **권한 부여**: 권리자들이 자신의 권리들을 주장하고 이행할 수 있는 권한을 가질 수 있도록 한다.
- **기업의 책임**: A/IS를 개발하는 기업들이 권리 기반의 접근법을 따르도록 한다. 기업들은 인권 침해를 초래하는 방식들로 A/IS를 이용하는 활동가들에게 자발적으로 A/IS를 제공해서는 안 된다.

## 기타 참고자료

- 인권 기반의 접근법들은 개발, 교육, 생식 보건에 적용되어 왔다. 인권 기반 프로그래밍에 대한 UN 종사자 포털 사이트(UN Practitioners' Portal on Human Rights Based Programming) 참고.
- O. Bowcott, "미국의 드론 폭격은 국제법에 위배될 수 있다(Drone Strikes by US May Violate International Law, Says UN)," *The Guardian*, October 18, 2013.
- A. Shapiro, "예측 치안의 개혁(Reform Predictive Policing)," *Nature News*, vol. 541, no. 7638, pp. 458-460, Jan. 25, 2017.
- M. Garcia, "AI가 흉측한 인종차별주의자로 변하지 않도록 하는 방법(How to Keep Your AI from Turning Into a Racist Monster)," *Wired*, April 21, 2017.
- O. A. Osoba and W. Welser IV, "인공지능의 편견과 오류(An Intelligence in Our Image: The Risks of Bias and Errors in Artificial Intelligence)," (Research Report 1744). Santa Monica, CA: RAND Corporation, 2017.
- A. Datta, M. C. Tschantz, and A. Datta, "광고의 프라이버시 설정에 대한 자동 실험을 통해 드러난 불투명성, 선택, 차별(Automated Experiments on Ad Privacy Settings: A Tale of Opacity, Choice, and Discrimination," arXiv: 1408.6491 [Cs], 2014.
- D. Ingold and S. Soper, "아마존이 자사 고객들의 인종을 고려하지 않는 것에 대한 타당성 여부(Amazon Doesn't Consider the Race of Its Customers. Should It?)" *Bloomberg*, April 21, 2016.
- United Nations, Office of the High Commissioner of Human Rights, 기업과 인권에 대한 기본원칙: UN의 "보호, 존중, 개선" 체계 실행(*Guiding Principles on Business and Human Rights: Implementing the United Nations "Protect, Respect and Remedy" Framework*). United Nations Office of the High Commissioner of Human Rights. New York and Geneva: UN, 2011.
- "유럽의 인공지능 규제안(Mapping Regulatory Proposals for Artificial Intel-

ligence in Europe)." *Access Now*, November 2018.

- V. Eubanks, 불평등의 자동화. 첨단기술들이 빈곤층에 대한 프로파일링, 감시, 처벌을 수행하는 방법(*Automating Inequality. How High-Tech Tools Profile, Police, and Punish the Poor*). St. Martin's Press, January 2018.

## 이슈 2 정부는 A/IS에 대한 전문성 개발을 위하여 노력해야 한다.

### 배경

A/IS와 관련 기술들을 효과적으로 관리하려면 정부가 적정 수준의 기술적인 전문성을 갖추어야 하나, 실제로는 아직 그렇지 못하다는 것은 이미 민간 및 학계 이해관계자들이 공감하고 있는 바이다. 효과적인 거버넌스를 위해서는 A/IS 기술들, 정책 목표들, 전반적인 사회적 가치들의 상호작용을 이해하고 분석할 수 있는 전문가들이 필요하다. 심도 깊고 광범위한 기술적 전문성은 정책들과 규정들을 통하여 혁신을 지원하고 국가 원칙의 일관성을 유지하며 공공안진을 보호하는 데 큰 도움이 된다.

또한 효과적인 거버넌스는 적절한 윤리 교육을 받고, 인권 관련 표준들 및 의무규정들과 실제 적용 방법에 대한 기본지침을 알고 있는 A/IS 인력이 필요하다.

### 권고안

정책입안자들은 공공정책, 법, 규제를 통하여 혁신을 촉진하고 일반대중을 보호하며, 일반대중의 신뢰를 받을 수 있는 환경을 만드는 데 필요한 전문성의 개발을 지원해야 한다.[2] 이를 위한 전략들은 다음과 같다.

- 전문성은 기술 연구개발 지원 프로그램이나 연구개발 인력 로테이션 프로그램을 통하여 향상될 수 있다. 이를 통하여 기술 전문가들은 정무실에서 상당 기

간 동안 경험을 쌓게 된다. 또한 정책입안자들은 기술 정책과 기술 엔지니어링, 그리고 특정 어떤 대의(大義)의 조화로운 추진을 위하여 설립된 기구들[3]과 협업하는 기회를 갖게 된다. 이는 정책입안자들의 기술 지식 수준이 높아지고 정치 관계자들과 기술 관계자들 간 협력이 강화되며, 효과적인 A/IS 정책이 수립되는 결과로 이어질 수 있다.

- 전문성은 또한 국가 간에 A/IS와 관련된 법규, 소비자 보호, 노동 혁신과 A/IS 기반 자동화로 인해 초래된 실업에 대하여 우수사례들을 공유함으로써 개발 가능하다. 이를 위한 방안은 정부 간 협력, 지식 교류, A/IS 구성요소의 도입, 기존 규정의 개선 – 예: 유럽 개인정보보호규정(GDPR: General Data Protection Regulation) – 등이 있다.
- A/IS 관련 기술들은 변화 속도가 굉장히 빠르다. 따라서 A/IS 분야의 인력 교육과 함께 STEM(science, technology, engineering, and math) 분야의 교육 전략들이 초등학교부터 대학교 또는 직업교육 전문 과정에 이르기까지 장기적으로 필요하다. 이러한 전략들은 중요 시스템 관리자들, 과학자들, 정책입안자들 등 수많은 차세대 인력의 A/IS 전문성 확보에 도움이 될 것이다.

## 기타 참고자료


- J. Holdren and M. Smith, "인공지능의 미래를 대비하며(Preparing for the Future of Artificial Intelligence)." Washington, DC: Executive Office of the President, National Science and Technology Council, 2016.
- P. Stone, R. Brooks, E. Brynjolfsson, R. Calo, O. Etzioni, G. Hager, J. Hirschberg, S. Kalyanakrishnan, E. Kamar, S. Kraus, K. Leyton-Brown, D. Parkes, W. Press, A. Saxenian, J. Shah, M. Tambe, and A. Teller, "'2030년의 인공지능과 삶': 인공지능에 대한 100년 간의 연구('Artificial Intelligence and Life in 2030': One Hundred Year Study on Artificial Intelligence." (Report of the 2015-2016 Study Panel). Stanford, CA: Stanford University, 2016.
- "일본의 산업정책, AI와 외국인 노동자에 주목(Japan Industrial Policy Spot-

lights AI, Foreign Labor)." *Nikkei Asian Review*, May 20, 2016.

- Y. H. Weng, "로봇법에 대한 유럽의 시각: Mady Delvaux-Stehres와의 인터뷰 (A European Perspective on Robot Law: Interview with Mady Delvaux-Stehres)." *Robohub*, July 15, 2016.

## 이슈 3 : A/IS의 연구, 개발, 획득, 이용에 있어 거버넌스와 윤리가 핵심 고려사항이 되도록 해야 한다.

### 배경

윤리적 A/IS의 연구개발에 대한 투자가 국가적 차원에서 확대될 경우, 경제가 발전하고 고급 일자리가 창출되며, 글로벌 혁신 및 협력이 촉진될 것이다(AI의 미래에 대한 미국 과학기술정책국 2016년 보고서(U.S. OSTP report on the Future of AI 2016)). A/IS는 지능형 로봇, 자율주행차 등 자동차 운송 및 물류 시스템에 혁명을 불러일으키고 교통사고 사망자 수를 감소시키는 기술들을 통하여 우리 사회를 개선할 수 있다. 또한 A/IS는 스마트시티와 보건, 복지 서비스, 형사 사법, 환경에 대한 의사결정 지원을 통하여 삶의 질을 높일 수 있다. 개인, 사회, 기업이 이처럼 긍정적인 효과를 제대로 누릴 수 있도록 하려면 국가가 특히 A/IS의 윤리적 개발 및 구축을 중심으로 A/IS 관련 R&D 투자를 확대해야 한다.

세계 각국의 정부들, 민간 기업들, 비정부기구들(NGOs: non-governmental organizations)이 협력할 경우, 윤리적 A/IS의 연구개발을 위한 표준 개발, 데이터 공유, 기준 수립이 촉진될 것이다.

### 권고안

효율적이고 효과적인 민관 투자의 촉진을 위한 국가표준들과 국제표준들이 개발되어야 한다. 특히 국제표준의 개발 과정에서는 A/IS를 통하여 사회적 혜택을 이끌어 내기 위한 조치들, A/IS 투자의 윤리적 측면들, A/IS로 인하여 증가 또는 감소할 수 있는 위험들 등에 대한 검토가 필요하다. 국가들은 자국의 윤리 원칙들을 고려하는 한편, 세계 각국의 가치 체계들과 법들이 반영될 수 있는 시스템을 개발해야 한다. 이는 관계자들이 윤리를 국가적 차원과 국제적 차원 양쪽에서 고려하게 되는 결과로 이어질 것이다. 따라서 정부는 다음과 같은 권고안들을 고려할 필요가 있다.

- A/IS 거버넌스에 대한 접근법들과 애로 사항들을 파악하는 A/IS 연구를 우선적으로 지원하는 기금을 조성해야 한다. 이 연구는 A/IS의 국가적·국제적 거버넌스를 위한 모델들을 도출하는 한편, 이러한 모델들이 얼마나 많은 혜택을 창출하고 A/IS의 사회적 수요에 부응하는 데 적합한지를 평가하는 것이다.
- 표준 개발 과정에 다양한 이해관계자들이 참여하도록 장려해야 한다. 표준들에는 A/IS의 공정성, 보안, 투명성, 이해 가능성, 프라이버시, 사회적 영향 등 A/IS 관련 이슈들이 반영되어야 한다. 이를 포함하여 다양한 이슈들을 파악, 공유하기 위한 글로벌 시스템이 개발되어야 한다. 또한 표준들에는 A/IS 적용에 대한 책임성을 적절하게 조사, 검증, 감사, 할당하기 위한 독립적인 메커니즘들이 포함되어야 한다.
- 국가적·국제적 연구단체들을 설립함으로써 공공의 혜택을 증진하되 상업적으로는 이용될 수 없는 A/IS 연구의 활성화를 위한 유인책이 제공되도록 해야 한다.

### 기타 참고자료

- E. T. Kim, "기존 해킹법이 온라인 차별에 대한 저항을 방해하는 방법(How an Old Hacking Law Hampers the Fight Against Online Discrimination)." *The New Yorker*, October 1, 2016.
- National Research Council, "혁명의 지원: 컴퓨팅 리서치의 발전을 위한 정부의 노력(Developments in Artificial Intelligence, Funding a Revolution: Gov-

ernment Support for Computing Research)." Washington, DC: The National Academies Press, 1999.

- N. Chen, L. Christensen, K. Gallagher, R. Mate, and G. Rafert, "인공지능이 글로벌 경제에 끼치는 영향(Global Economic Impacts Associated with Artificial Intelligence)." Analysis Group, February 25, 2016.
- The Networking and Information Technology Research and Development, "2017년 미국 대통령 예산 확대 방안(Supplement to the President's Budget, FY2017)." NITRD National Coordination Office, April 2016.
- S. B. Furber, F. Galluppi, S. Temple, and L. A. Plana, "SpiNNaker 프로젝트(The SpiNNaker Project)." *Proceedings of the IEEE*, vol. 102, no. 5, pp. 652-665, 2014.
- H. Markram, "휴먼 브레인 프로젝트(The Human Brain Project)," *Scientific American*, vol. 306, no. 2, pp. 50-55, June 2012.
- L. Yuan, "중국 정부, 인공지능 경쟁에 박차(China Gears Up in Artificial-Intelligence Race)." *Wall Street Journal*, August 24, 2016.

## 이슈 4 : 공공안전과 책임성 있는 A/IS 설계를 보장하는 A/IS 정책을 개발해야 한다.

### 배경

효과적인 거버넌스는 혁신과 협력을 촉진하고 국제적인 정책적 합의 기반을 조성하며, 무역장벽을 낮출 수 있다. 정부는 A/IS 알고리즘들의 투명성, 설명 가능성, 예측 가능성, 책임성과 위험 관리,[4] 데이터 보호, 안전, A/IS 검증을 다루는 일관적이고 적합한 A/IS 정책들과 규정들을 개발해야 한다.

적합한 규제적 대응 조치들은 관련 환경을 고려한 것으로서 인권을 기반으로 하고,[5] 인간의 웰빙을 주요 목표로 추구하는 접근법을 통하여 개발되어야 한다.

## 권고안

국가는 학계, 산업계, NGO, 정부 공무원 등 전문성을 갖춘 다양한 이해관계자들의 정보와 의견이 반영된 절차를 활용하여 A/IS 정책들과 규정들을 개발하고 조율해야 한다. 이 절차는 A/IS의 거버넌스와 안전한 배치에 대한 문제들을 고려한 것이어야 한다. 이에 대한 권고안들은 다음과 같다.

- 정책입안자들은 세계 각국에서 추진되고 있는 유사 사례들을 고려해야 한다. A/IS는 본질적으로 국가를 초월한 것이기 때문에 국제적 일관성을 갖춘 A/IS 정책들은 공공안전, 기술 혁신, A/IS 이용 활성화에 기여할 수 있다.
- 정책들은 A/IS의 도입이 가능한 경제 시스템의 개발을 촉진해야 한다. 또한 A/IS가 고용 및 소득에 끼치는 영향과 일부 사회환경의 개선 방안이 고려되어야 한다. 이와 함께 새로운 민관 파트너십 모델도 연구되어야 한다.
- A/IS 정책들은 권리 기반의 접근법을 근간으로 수립되어야 한다.
- 정책입안자들은 A/IS를 통하여 창출된 혁신적이고 새로운 변화들이 현행법과 상충될 경우 발생할 수 있는 문제들을 해결하기 위한 준비가 되어 있어야 한다. A/IS는 시스템 개발자, 통합자, 이용자, 최종 고객이 기존과 다른 경우가 많기 때문에 행동 주체, 법적 책임의 엄격성, 감독자 책임에 대한 전통적인 법적 개념들을 적용하려면 법적 연구 및 검토가 필요할 것이다. A/IS로 인하여 발생할 수 있는 문제들도 고려되어야 하는데, 이러한 문제들에는 다양한 시스템들의 복잡성 및 상호작용 증가, 기계학습 시스템들의 본질적 특성으로 인한 예측 가능성 감소 등이 포함된다.

## 기타 참고자료


- P. Stone, R. Brooks, E. Brynjolfsson, R. Calo, O. Etzioni, G. Hager, J.

Hirschberg, S. Kalyanakrishnan, E. Kamar, S. Kraus, K. Leyton-Brown, D. Parkes, W. Press, A. Saxenian, J. Shah, M. Tambe, and A. Teller, "'2030년의 인공지능과 삶': 인공지능에 대한 100년 간의 연구('Artificial Intelligence and Life in 2030': One Hundred Year Study on Artificial Intelligence)." (Report of the 2015-2016 Study Panel). Stanford, CA: Stanford University, 2016.

- R. Calo, "연방로봇위원회를 위한 사례연구(The Case for a Federal Robotics Commission)," The Brookings Institution, 2014.
- O. Groth and Mark Nitzberg, 솔로몬의 법: 생각하는 기계들의 세계에서 인간성의 의미(*Solomon's Code: Humanity in a World of Thinking Machines*) (chapter 8 on governance), New York: Pegasus Books, 2018.
- A. Mannes, "로봇 거버넌스를 위한 제도적 방안(Institutional Options for Robot Governance)," 1-40, in *We Robot 2016*, Miami, FL, April 1-2, 2016.
- G. E. Marchant, K. W. Abbott, and B. Allenby, 새로운 기술들을 위한 혁신적 거버넌스 모델(*Innovative Governance Models for Emerging Technologies*). Cheltenham, U.K.: Edward Elgar Publishing, 2014.
- Y. H. Weng, Y. Sugahara, K. Hashimoto, and A. Takanishi, "'도큐' 특구와 로봇, 그리고 법의 접점: 휴머노이드 로봇에 끼치는 법적 영향에 대한 사례연구(Intersection of 'Tokku' Special Zone, Robots, and the Law: A Case Study on Legal Impacts to Humanoid Robots)," *International Journal of Social Robotics* 7, no. 5, pp. 841-857, 2015.

## **이슈 5** 일반대중에게 A/IS의 윤리적·사회적 영향을 널리 알려야 한다.

### 배경

산업계, 학계, 정부는 일반대중에게 A/IS의 긍정적이고 부정적 영향과 주의사항들을 정확하게 알려야 한다.[6] A/IS의 혜택들과 문제점들을 일반대중에게 널리 알리고 이에 대한 참여를 유도하기 위한 전략들은 효과적인 의사결정에 최적화된 환경을 조성하기 위한 필수요건이다.

A/IS 이용자들을 위한 교육은 A/IS 개발의 본질적 특성에 영향을 끼치는 데 도움이 될 것이다. 또한 정책입안자들과 규제기관들에게 A/IS의 기술적 · 법적 측면들을 알리는 것은 인권, 안전, 경제적 혜택을 증진하는 명확한 정책들을 만드는 데 도움이 될 것이다. 기업들, 연구자들, A/IS 개발자들에게 A/IS로 인하여 개인과 사회에 발생할 수 있는 혜택들과 위험들을 알리는 것은 인간을 더욱 행복하게 만드는 A/IS의 개발을 촉진하는 데 효과가 있다.[7]

이와 함께 A/IS는 내재적 · 외재적 가치들과 알고리즘 절차들에 대하여 충분한 투명성을 보장해야 한다. A/IS의 책임성, 예측, 의사결정, 편견, 실수에 대한 일반대중의 이해를 이끌어 내기 위해서는 이러한 투명성이 필요하다.

## 권고안

- 기업, 정부, 시민/사회단체 등 다양한 이해관계자들로 구성된 국제 포럼을 설립하여 A/IS의 이용 및 개발을 위한 우수사례들을 선정해야 한다. 그리고 이 우수사례들을 국제적인 기준들과 표준들에 반영해야 한다. A/IS의 이용 활성화는 수많은 산업들-특히 시스템 산업들(자동차, 항공/우주, 국방, 에너지, 의료 시스템, 제조)-에 변화를 가져올 것이다. 이에 정부는 다음과 같은 권고안들을 고려할 필요가 있다.
- 학제 간 연구와 다양한 주제들의 논의를 지원하는 기금을 확대해야 한다. 논의 주제는 지능에 대한 기초연구와 A/IS의 윤리, 안전, 프라이버시, 공정성, 책임, 신뢰성을 위한 원칙 등이 포함된다. 또한 A/IS의 사회적 영향에 대응하는 데 있어 학계는 물론 기업들, 시민단체들, 공공기관들, 정책입안자들이 모두 참여해야 한다.
- 개인 저널리스트들과 언론 매체들에게 기술적 전문성을 개발할 수 있는 기회를 제공함으로써 A/IS에 대해 보도하는 권한을 부여해야 한다.

- A/IS의 연구, 개발, 적용, 위험, 보상과 함께 인권 및 공공안전을 보호하는 관련 정책, 규정, 테스트를 일반대중에게 알리기 위한 교육 지원 프로그램을 실시해야 한다.
- 다양한 A/IS 교육 프로그램들을 개발해야 한다. 학사 학위, 전문 학위, 석사 학위, 경영자 교육을 위한 프로그램들을 통하여 변호사들, 입법자들, A/IS 관련 업무 담당자들이 A/IS로 인하여 발생할 수 있는 이슈들에 대한 지식을 쌓을 수 있도록 해야 한다. 이러한 이슈들 중에는 A/IS의 성과, 효과, 윤리에 대한 실질적 표준들의 필요성과 A/IS의 이러한 요소들을 측정하는 능력의 향상 필요성이 포함된다.

## 기타 참고자료


- Networking and Information Technology Research and Development (NITRD) Program, "인공지능 연구개발을 위한 국가 전략 계획(The National Artificial Intelligence Research and Development Strategic Plan)," Washington, DC: Office of Science and Technology Policy, 2016.
- J. Saunders, P. Hunt, and J. S. Hollywood, "예측의 실제 적용: 시카고의 예측 치안 테스트 프로그램에 대한 준 실험적 평가(Predictions Put into Practice: A Quasi-Experimental Evaluation of Chicago's Predictive Policing Pilot)," *Journal of Experimental Criminology*, vol. 12, no. 347, pp. 347-371, 2016. [Online] Available: doi:10.1007/s11292-019272-0. [Accessed Nov. 10, 2018].
- B. Edelman and M. Luca, "디지털 차별: Airbnb 사례를 중심으로(Digital Discrimination: The Case of Airbnb.com)." Harvard Business School Working Paper 14-054, Jan. 28, 2014.
- C. Garvie, A. Bedoya, and J. Frankle, "규제 성역에 있는 미국 경찰의 안면인식 프로그램(The Perpetual Line-Up: Unregulated Police Face Recognition in America)." Washington, DC: Georgetown Law, Center on Privacy & Technology, 2016.

- M. Chui and J. Manyika, "자동화와 일자리, 그리고 노동의 미래(Automation, Jobs, and the Future of Work)." Seattle, WA: McKinsey Global Institute, 2014.
- R. C. Arkin, "윤리와 자동 시스템: 부정적 측면과 긍정적 측면(Ethics and Autonomous Systems: Perils and Promises [Point of View])." *Proceedings of the IEEE* 104, no. 10, pp. 1779-1781, Sept. 19, 2016.
- 유럽위원회(European Commission), 자동 시스템에 대한 Eurobarometer 설문조사 결과(Eurobarometer Survey on Autonomous Systems) (DG Connect, June 2015), looks at Europeans' attitudes toward robots, driverless vehicles, and autonomous drones. The survey shows that those who have more experience with robots (at home, at work or elsewhere) are more positive toward their use.

# 기고자들에 대한 감사의 말

본 장의 작성에 기여한 아래의 모든 분들에게 감사드린다.

## 정책 위원회

- **Kay Firth-Butterfield** (Founding Co-Chair) – Project Head, AI and Machine Learning at the World Economic Forum. Founding Advocate of AI-Global; Senior Fellow and Distinguished Scholar, Robert S. Strauss Center for International Security and Law, University of Texas, Austin; Co-Founder, Consortium for Law and Ethics of Artificial Intelligence and Robotics, University of Texas, Austin; Partner, Cognitive Finance Group, London, U.K.
- **Dr. Peter S. Brooks** (Co-Chair) – Institute for Defense Analyses
- **Mina Hanna** (Co-Chair) – Chair IEEE-USA Artificial Intelligence and Auto-

nomous Systems Policy Committee, Vice Chair IEEE-USA Research and Development Policy Committee, Member of the Editorial Board of IEEE Computer Magazine

- **Chloe Autio**—Government & Policy Group, Intel Corporation
- **Stan Byers**—Frontier Markets Specialist
- **Corinne Cath-Speth**—PhD student at Oxford Internet Institute, The University of Oxford, Doctoral student at the Alan Turing Institute, Digital Consultant at ARTICLE 19
- **Michelle Finneran Dennedy**—Vice President, Chief Privacy Officer, Cisco; Author, The Privacy Engineer's Manifesto: Getting from Policy to Code to QA to Value
- **Eileen Donahoe**—Executive Director of Stanford Global Digital Policy Incubator
- **Danit Gal**—Project Assistant Professor, Keio University; Chair, IEEE Standard P7009 on the Fail-Safe Design of Autonomous and Semi-Autonomous Systems
- **Olaf J. Groth**—Professor of Strategy, Innovation, Economics & Program Director for Disruption Futures, HULT International Business School; Visiting Scholar, UC Berkeley BRIE/CITRIS; CEO, Cambrian.ai
- **Philip Hall**—(Founding Co-Chair) Co-Founder & CEO, RelmaTech; Member (and Immediate Past Chair), IEEE-USA Committee on Transportation & Aerospace Policy (CTAP); and Member, IEEE Society on Social Implications of Technology
- **John C. Havens**—Executive Director, The IEEE Global Initiative on Ethics of Autonomous and Intelligent Systems; Executive Director, The Council on Extended Intelligence; Author, *Heartificial Intelligence: Embracing Our Humanity to Maximize Machines*
- **Cyrus Hodes**—Senior Advisor, AI Office, UAE Prime Minister's Office; Co-

Founded at Harvard Kennedy School the AI Initiative; Member, AI Expert Group at the OECD; Member, Global Council on Extended Intelligence

- **Chihyung Jeon**–Assistant Professor, Graduate School of Science and Technology Policy (STP), Korea Advanced Institute of Science and Technology (KAIST)
- **Anja Kaspersen**–Former Head of International Security, World Economic Forum and head of strategic engagement and new technologies at the international committee of Red Cross (ICRC)
- **Nicolas Miailhe**–Co-Founder & President, The Future Society; Member, AI Expert Group at the OECD; Member, Global Council on Extended Intelligence; Senior Visiting Research Fellow, Program on Science Technology and Society at Harvard Kennedy School. Lecturer, Paris School of International Affairs (Sciences Po); Visiting Professor, IE School of Global and Public Affairs
- **Simon Mueller**–Executive Director, The AI Initiative; Vice President, The Future Society
- **Carolyn Nguyen**–Director, Microsoft's Technology Policy Group, responsible for policy initiatives related to data governance and personal data
- **Mark J. Nitzberg**–Executive Director, Center for Human-Compatible Artificial Intelligence at UC Berkeley; co-author, Solomon's Code: Humanity in a World of Thinking Machines
- **Daniel Schiff**–PhD Student, Georgia Institute of Technology; Chair, Sub-Group for Autonomous and Intelligent Systems Implementation, IEEE P7010: Well-being Metric for Autonomous and Intelligent Systems
- **Evangelos Simoudis**–Co-Founder and Managing Director, Synapse Partners. Author, The Big Data Opportunity in our Driverless Future
- **Brian W. Tang**–Founder and Managing Director, Asia Capital Markets Institute (ACMI); Founding executive director, LITE Lab@HKU at Hong Kong

University Faculty of Law

- **Martin Tisné**－Managing Director, Luminate
- **Sarah Villeneuve**－Policy Analyst; Member, IEEE P7010: Well-being Metric for Autonomous and Intelligent Systems
- **Adrian Weller**－Senior Research Fellow, University of Cambridge; Programme Director for AI, The Alan Turing Institute
- **Yueh-Hsuan Weng**－Assistant Professor, Frontier Research Institute for Interdisciplinary Sciences (FRIS), Tohoku University; Fellow, Transatlantic Technology Law Forum (TTLF), Stanford Law School
- **Darrell M. West**－Vice President and Director, Governance Studies | Founding Director, Center for Technology Innovation | The Douglas Dillon Chair, Brookings Institution
- **Andreas Wolkenstein**－Researcher on neurotechnologies, AI, and political philosophy at LMU Munich (Germany)

* IEEE 글로벌 이니셔티브 회원들에 관한 전체 목록은 standards.ieee.org/content/dam/ieee-standards/standards/web/documents/other/ec_bios.pdf에서 볼 수 있나.

** **윤리적 설계** 제1판의 권리 포기(disclaimers)에 관한 상세사항은 책자 맨 뒤에 실린 "본 책자가 어떻게 만들어졌는가(*How the Document Was Prepared*)" 부분을 참조하기 바란다.

# 미주

1 이 접근법은 국제적으로 인정받은 경제적, 사회적, 문화적, 정치적 권리들을 근간으로 한다.

2 이 권고안들은 미국 국가과학기술위원회(United States National Science and Technology Council), 인공지능에 대한 100년 간의 연구(One Hundred Year Study of Artificial Intelligence), 일본 내각위원회(Japan's Cabinet Office Council), 유럽의회 법제위원회(European Parliament's Committee on Legal Affairs) 등의 다양한 권고안들과 기본적인 방향성이 같다.

3 이러한 기구들은 미국시민자유연합(American Civil Liberties Union), Article 19, 민주주의기술센터(Center for Democracy & Technology), Canada.AI, 국제 프라이버시(Privacy International) 등이 있다. UN 위원회들도 지식 교류 촉진에 도움이 될 수 있다.

4 여기에는 사전예방 원칙의 적용에 대한 고려 역시 포함된다. 이 원칙의 적용은 환경 및 보건 관련 정책의 입안 과정에서도 고려된다. 특히 피해의 대규모 확대 가능성이 높고 해당 사안에 대해 광범위한 과학적 지식이나 이해가 부족할 경우에 더욱 그렇다.

5 인권 기반의 접근법들은 개발, 교육, 생식 보건에 적용되어 왔다. 인권 기반 프로그래밍에 대한 UN 종사자 포털 사이트(UN Practitioners' Portal on Human Rights Based Programming) 참고.

6 "(AI100)," Stanford University., August 2016.

7 프라이버시 보호를 위한 활동들이 이미 전개되고 있다. 그 예로, AI 파트너십(Partnership on AI), 선량한 AI를 위한 재단(AI for Good Foundation) 등의 단체들이 설립되었다. 또한 인터넷과 사회 발전을 위한 하버드 Berkman Klein 센터와 MIT 미디어랩(MIT Media Lab)은 인공지능의 윤리와 거버넌스를 위한 연구 협력 프로그램을 개시했다.

# 법

현대 생활에서 법은 자율지능시스템(A/IS)의 개발 및 배치에 영향을 끼치고 이로 인하여 영향을 받기도 한다. 과학, 기술 개발, 법, 공공정책, 윤리는 일시적으로 중첩되는 독립적인 활동 영역들이 아니다. 이들은 근본적으로 밀접하게 연관되어 있고 총체적인 상호작용을 통하여 사회 질서의 수립에 영향을 끼친다.

따라서 본 책자는 A/IS와 법을 연구하는 데 있어 법이 A/IS로 인한 기술 혁신에 대응하는 방법과 함께 이 혁신을 위한 조건들을 제시하고 설정하는 방법에 주목하고 있다. A/IS와 법의 상호작용 과정은 복잡하고 이 상호작용의 기대효과는 법적·문화적 전통에 따라 각기 다를 수 있다. 또한 A/IS는 이처럼 복잡성과 불확실성을 내포하고 있을 뿐 아니라, 의도적 또는 비의도적으로 오용 및 악용될 수 있다. 하지만 본 책자는 A/IS와 법의 상호작용 과정을 통하여 모든 사람에게 개선, 번영, 웰빙을 선사할 수 있는 원칙들을 찾아내고자 한다.

저명한 과학기술 연구자인 실라 재서노프(Sheila Jasanoff)는 법이 이러한 성과를 달성하는 데 특별한 역할을 수행할 수 있다며 다음과 같이 주장한 바 있다.

> 내가 제시할 수 있는 답변 중 하나는 과학과 기술이 – 창조력, 보존력, 파괴력을 가지고 있음에도 – 이 세상에 혁신을 가져올 수 있는 유일한 수단은 아니라는 점을 인정하는 것이다. 다른 사회적 제도들 역시 혁신을 가져올 수 있으며, 과학과 기술의 목표들을 다양한 문화를 가진 인간사회들의 목표들에 따라 재조정하는 데 매우 귀중한 역할을 수행할 수 있다. 이 사회적 제도들 중에서 가장 중요한 것은 법이다.[1]

법은 A/IS의 설계와 운영이 윤리 원칙 및 인간의 웰빙과 조화를 이루도록 하는 데 기여할 수 있다.[2]

**윤리적 설계**의 단 한 장(章)에서 우리가 연구하고자 하는 모든 이슈들을 종합적으로 다루는 것은 현실적으로 불가능하다. 따라서 미처 다루지 못한 이슈들은 **윤리적 설계**의 차기 발행본을 통해 다룸으로써 연구 범위를 보다 종합적으로 확대할 예정이다.

**윤리적 설계** 제1판은 현대생활에서 A/IS의 개발 및 배치로 인하여 발생하는 수많은 윤리적, 법적 문제들을 법을 통하여 어떻게 대응해야 할 것인가를 논하고 있다. 또한 A/IS가 **법률 실무 자체**에 어떤 영향을 끼치는가에 대해서도 다루고 있다. 즉, A/IS를 우리 사회의 법조계－입법, 민사, 형사, 사법－에 도입할 경우 생겨날 수 있는 혜택들과 위험들을 집중적으로 조명하고 있는 것이다. 이를 통하여 도출된 결론들을 기반으로 A/IS를 법조계에 채택함으로써 혜택을 실현하고 위험은 줄이는 데 필요한 기준들을 파악하고자 한다.[3]

**본 장(章)의 내용은 다음과 같다.**

**제1절: 법률 시스템에서 신뢰성 있는 A/IS의 채택을 실현하기 위한 기준**

제1절은 지금까지 법학을 전공했거나 법적 전문성을 가진 인간의 몫이었던 일들을 수행 또는 지원하기 위한 목적으로 A/IS를 법률 시스템에 채택할 때 발생할 수 있는 이슈들을 다룬 것이다. 우선, A/IS가 법률 시스템에 적절하게 도입되고 해당 법의 기능들을 개선함으로써 인간의 웰빙에 기여할 수 있는 방안이 무엇인지를 살펴본다. 또한 A/IS를 안전하고 효과적으로 법률 시스템에 도입하는 데 있어 걸림돌로 작용할 수 있는 문제점들이 무엇인지를 논의하고, 특히 **가장 중요한 문제라 할 수 있는 정보에 입각한 신뢰의 부재**를 집중적으로 조명해 본다. 이와 함께 우리 사회가 **효과, 역량, 책임성, 투명성**에 대한 표준들의 공개를 촉진하는 정책들을 법제화하고 관련 방안들을 홍보함으로써 신뢰 격차를 어떻게 메울 수 있는지를 살펴본다.

**제2절: A/IS의 법적 지위**

제2절은 A/IS에 부여될 수 있는 법적 권리들과 의무들 등 A/IS의 법적 지위로 인하여 야기될 수 있는 이슈들을 다룬 것이다. 우선, 해당 이슈의 배경과 함께 A/IS에 일종의 법인격을 부여할 때 어떤 장·단점이 존재하는지를 분석하고 있다. 그리고 이러한 분석 내용을 바탕으로 A/IS에 법인격을 부여하는 것은 현시점에서는 적절하지 않다는 결론을 내린다. 한편, 대안들을 제시하고 향후 어떤 조건들이 충족되면 제2절의 핵심 권고안을 재고할 여지가 있는지를 검토한다.

SECTION

# 01 법률 시스템에서 신뢰성 있는 A/IS의 채택을 실현하기 위한 기준[4]

**"그날은 바로 오늘이 될 수 있습니다."**

2017년 미국 대법원장 존 로버츠(John G. Roberts)는 장차 언제쯤 지능 기계들이 법정의 사실인정이나 사법적 의사결정을 지원하게 될 것인지 예측할 수 있느냐는 질문을 받았을 때 이렇게 대답한 바 있다.[5]

A/IS는 법률 시스템의 기능을 개선함으로써 인간의 웰빙에 기여할 수 있다. 그러나 이는 A/IS의 이용 여부가 확실한 정보를 근거로 결정된 경우에만 가능하다. 이 정보는 A/IS의 능력들과 한계들, A/IS의 안전하고 효과적인 운영을 위한 역량들과 요건들(데이터 관련 요건 포함), A/IS의 결과에 따른 책임 소재의 판단 기준에 대한 것이다. 그리고 이러한 정보가 존재하지 않을 경우, 사회에는 **정보에 입각하지 않은** A/IS의 재택이 이루어질 위험과 **정보에 입긱하지 않은** A/IS의 **채택 회피**가 이루어질 위험이 둘 다 존재하게 된다. 이 위험들은 특히 A/IS가 법과 같은 사회 질서의 필수 요소에 적용될 경우 더욱 심각한 영향을 끼칠 수 있다.

- **정보에 입각하지 않은 A/IS의 채택**은 A/IS가 안전하고 효과적인 운영을 위한 통제 없이 법률 시스템 관계자들(입법자들, 판사들, 변호사들, 사법 공무원들, 배심원들)의 재판에 영향을 끼치거나 이러한 판결을 대체하는 데 적용되는 결과를 초래할 수 있다. 심지어 A/IS가 법률 시스템에서의 이용을 목적으로 하는 인증 및 심사의 대상 범위에 해당하지 않는 목적으로 이용될 수 있다. 또한 인간에게 실질적인 피해를 끼칠 뿐만 아니라, A/IS의 효과와 법률 시스템 자체의 공정성 및 효과에 대한 불신이 야기되는 결과로 이어질 수도 있다.
- **정보에 입각하지 않은 A/IS의 채택 회피**는 A/IS의 안전하고 효과적인 운영에 필요한 이해가 부족해져 A/IS의 모든 형태와 적용에 대하여 – 설령 A/IS가 적

절하게 적용되어 안전하고 효과적으로 운영되고 있는 경우라 할지라도—맹목적인 불신을 가져올 수 있다. 이는 A/IS가 법률 시스템에 중요한 개선을 가져올 수 있다는 점을 깨닫지 못하는 결과로 이어지게 될 것이다. 또한 A/IS는 최선의 보호장치가 존재한다 할지라도 인간의 편견, 비일관성, 오류에서 벗어날 수 없을 것이다.[6]

제1절은 우리 사회가 A/IS를 법률 시스템에 채택하기 위해 필요한 기준들을 개발함으로써 이러한 위험들을 해소할 수 있는 방안들을 검토한 것이다. 여기서 고려된 이슈들은 다음과 같다. 첫 번째 이슈와 두 번째 이슈는 전 세계의 법률 시스템들에서 신뢰성 있는 A/IS의 채택을 실현하기 위한 노력과 관련하여 발생할 수 있는 혜택들과 과제들에 대한 것이다. 또 다른 이슈들은 잘 지키기만 하면 신뢰성 있는 A/IS의 채택을 실현할 수 있는 4대 원칙들[7]을 다루고 있다.[8 9]

- **이슈 1: 인간의 웰빙과 법률 시스템, 그리고 A/IS**—A/IS는 어떻게 법률 시스템의 기능을 개선함으로써 인간의 웰빙을 증진할 수 있는가?
- **이슈 2: 정보에 입각한 신뢰를 방해하는 장애요소들**—A/IS를 법률 시스템에 채택하는 데 있어 어떤 문제들이 존재하며, 그러한 문제들이 어떻게 극복될 수 있는가?
- **이슈 3: 유효성**—A/IS의 유효성에 대한 증거를 수집하고 공개함으로써 법률 시스템에서의 A/IS 채택 적합성에 대한 정보 기반의 신뢰를 어떻게 형성할 수 있는가?
- **이슈 4: 역량**—A/IS 운영자(들)의 지식과 기술들에 대한 요구사항들이 어떻게 법률 시스템에서의 A/IS 채택 적합성에 대한 정보 기반의 신뢰를 형성할 수 있는가?
- **이슈 5: 책임성**—A/IS의 적용에 따른 결과에 대한 책임을 부여하는 능력이 어떻게 법률 시스템에서의 A/IS 채택 적합성에 대한 정보 기반의 신뢰를 형성할 수 있는가?
- **이슈 6: 투명성**—A/IS가 특정 의사결정들 또는 결과들에 도달하는 방법에 대한 정보를 공유함으로써 어떻게 법률 시스템에서의 A/IS 채택 적합성에 대한

정보 기반의 신뢰를 형성할 수 있는가?

**이슈 1 : 인간의 웰빙과 법률 시스템, 그리고 A/IS**
A/IS는 어떻게 법률 시스템의 기능을 개선함으로써 인간의 웰빙을 증진할 수 있는가?

### 배경

**효과적인 법률 시스템은 인간의 웰빙에 기여한다.** 법은 사회 질서의 필수요소이다. 법률 시스템의 본질적 특성에는 근본적으로 사회의 본질적 특성, 경제 성장과 기술 혁신에 끼치는 영향, 사회구성원들의 웰빙을 증진하는 능력이 포함되어 있다.

만약 법이 사회 질서의 구성요소라면, 법이 웰빙과 경제 성장을 위한 조건들을 설정하는 데 중요한 역할을 한다는 것은 결코 놀라운 사실이 아니다. 이는 법률 시스템의 정상적인 기능 수행은 바로 양질의 거버넌스를 위한 요건 중 하나이기 때문이다. 경제적 번영[10]과 인간의 웰빙에 대한 지표들을 사용하여 평가해 본다면, 양질의 거버넌스와 법률 시스템의 정상적 기능 수행은 사회와 사회구성원들의 번영에 기여할 수 있다.[11] 양질의 거버넌스란 어떤 것인지는 다음과 같이 몇 가지로 정의될 수 있다. 우선, 양질의 거버넌스는 민주주의를 의미할 수 있다. 즉, 규약들을 통하여 인정받은 인권 기준들이 준수되는 것이다. 해당 규약들은 세계인권선언(Universal Declaration of Human Rights),[12] 아동인권협약(Convention of the Rights of the Child),[13] 정부의 권력에 대한 헌법적 규제사항 등이다. 양질의 거버넌스는 관료들의 역량, 법과 질서, 소유권, 계약 집행을 의미할 수도 있다.

UN은 법치주의를 다음과 같이 정의하고 있다.

> 거버넌스 원칙의 하나로 모든 사람, 기관들, 국가 자체를 포함한 공공 및 민간의 단체들이 공개적으로 반포되고 공평하게 집행되며, 독립적으로 판결되는 법들을 준수할 책임을 지는 것 …

… 또한 법치주의에는 법의 우위성, 법 앞에서의 평등, 법에 대한 책임, 법의 공정한 적용, 권력 분립, 의사결정 참여, 법적 확실성, 자의적 판단의 배제, 절차적 · 법적 투명성과 같은 원칙들의 준수를 위한 조치들이 요구된다.[14]

질서정연한 법규들과 제도들은 대개 경제적 번영과 사회적 안정, 그리고 아동 보호 등 인간의 웰빙에 대하여 긍정적으로 연관되어 있기 마련이다.[15] 세계은행(World Bank)의 연구 결과에 따르면, 법적 개혁은 해외투자가 증가하고 소득이 향상되며, 부(富)가 증대되는 효과를 가져올 수 있다.[16] 또한 부(富)의 증대는 교육, 보건, 환경 보호, 기회 평등, 그리고 – 민주사회에서는 – 개인의 자유에 대한 향상을 지원하는 정책들이 수립되는 결과로 이어질 수 있다.

이와 함께 법은 단순히 기능적 속성들뿐만 아니라 본질적인 내용을 통해서도 번영에 기여할 수 있다. 예컨대, 내용 구성이 잘 된 특허법은 기술 혁신을 촉진하여 생산성을 높임으로써 경제 성장을 유도할 수 있다. 그러나 내용이 허술한 특허법은 시장 독점과 경쟁 감소를 초래함으로써 기술 혁신이 정체되고 생산성이 제자리걸음을 계속하며, 경제 성장이 지연되는 결과로 이어질 수 있다.[17]

경제 성장은 법률 시스템이 견고하게 설계되어 본연의 기능들을 정상적으로 수행할 경우에 얻을 수 있는 귀중한 혜택이지만, 이것만이 그 혜택의 전부는 아니다. 이러한 법률 시스템은 사회와 사회구성원들에게 경제 성장뿐만 아니라 정신적, 신체적 웰빙까지도 선사할 수 있다. 즉, 개인의 존엄성,[18] 인권,[19] 자유, 안정, 보안, 법 아래에서의 평등한 취급, 미래에 대비할 수 있는 능력[20]이 보호 및 증진되는 혜택을 가져다 줄 수 있는 것이다.

사실, 법과 경제 발전의 관계에 대한 최근의 사고(思考)는 정상적으로 기능하는 법률 시스템이란 인간의 존엄성, 권리, 웰빙을 보호 및 증진하는 사회 질서의 구성요소가 되는 한, 그저 발전을 위한 수단일 뿐만 아니라 발전 그 자체라는 쪽으로 흘러왔다. 이러한 주장에 대하여 데이비드 케네디(David Kennedy)는 다음과 같이 설명한 바 있다.

… 성장 정책의 핵심은 경제학보다는 정치학, 정치경제학, 윤리, 사회이론,

> 법 관련 문헌들에 명시된 좋은 국가 자체의 본질적 특성에 대한 개념들을 기반으로 제시되는 추세가 점점 높아졌다. 특히 "인권"과 "법치주의"[21]는 발전의 본질적 정의들로 자리잡게 되었다. 인권은 발전을 촉진하기 위해서가 아니라, 발전 그 자체로서 증진되어야 한다. 법치주의는 발전을 위한 도구가 아니라, 발전 목표 그 자체였다. 이제 법은 인권, 법원, 소유권, 자격 부여, 부패 고발, 공공질서의 결합체를 의미하는 것으로서, 발전을 정의하게 되었다.[22]

이처럼 법은 목적을 달성하기 위한 수단이라기보다는, 목적 그 자체로 간주해야 한다는 쪽으로 사고의 흐름이 변화하고 있지만, 일각에서는 이러한 주장은 모든 성장 정책들에 내재된 어려운 정치적 선택들을 무시한 것이라는 비판이 제기되고 있다.[23] 그러나 여전히 변함없는 사실은 인간의 존엄성, 인권, 웰빙을 보호 및 증진하는 사회 질서의 실현을 위해서는 정상적으로 기능하는 법률 시스템이 반드시 필요하다는 것이다.

**A/IS는 법률 시스템의 적절한 기능 수행에 기여할 수 있다.** 적절하게 기능하는 법률 시스템은 경제적 번영과 인간의 웰빙에 긍정적인 영향을 끼치는 것으로, 다음과 같은 속성들을 갖는다.

- **신속성**: 민사, 형사 소송들을 신속하게 해결할 수 있다.
- **공정성**: 정의롭고 상황에 적합한 결과들을 도출한다.[24]
- **바람직하지 않은 편견으로부터의 자유**: 편견 없이 운영된다.
- **일관성**: 원칙적이고 일관적이며 진중한 방식으로 결과를 달성한다.
- **투명성**: 적절한 공개적 검토 및 감독을 받는다.[25]
- **접근 가능성**: 모든 시민과 주민이 분쟁 해결에 공평하게 참여할 수 있다.
- **효과**: 부정적인 부수적 결과들을 초래하지 않고 법규에 따라 소기의 목적들을 달성한다.[26]
- **정확성**: 정확한 결과들을 도출하고 가긍정적 판단(false positives)(부당하거나 부정확하게 범죄자로 지목, 수사, 유죄 판결을 받은 사람들)과 가부정적 판단(false negatives)(부정확하게 지목, 수사, 유죄 판결을 받지 않은 사람들)을 최소화한다.

- **적응성**: 사회 환경의 변화들에 유연하게 적응한다.

A/IS는 법률 시스템의 전반적인 기능 수행을 변경할 수 있다. A/IS가 책임을 기반으로 적절하게 적용될 경우, 입법 과정을 개선하고 정의 구현을 촉진하며, 사법적 의사결정을 지원할 수 있다. 또한 의사결정들의 이유와 방법에 대한 투명하고 개방적인 정보를 제공하고 편견을 줄이는 한편, 사법 판결에서 일관성이 유지되도록 지원하고 사회에서 사법적 오류들이 규명되도록 (그리고 향후 정정되도록) 하는 데 기여하며, 법률 시스템에 대한 일반대중의 신뢰를 높일 수 있다. 이에 대한 구체적 사례들은 다음과 같다.

- A/IS는 입법과 규제의 **효과**와 **적응성**을 높일 수 있다. 입법과 관련하여, A/IS는 입법자들이 데이터를 분석하여 더욱 정교하고 대응성이 높으며 증거를 기반으로 하는 법들과 규정들의 초안을 작성하도록 도울 수 있다. 그리고 이를 통하여 입법자들에게 (그리고 일반대중에게) 자체 수정안을 제시함으로써 어떻게 하면 공공의 정책 목표들을 원래 정의한 대로 잘 달성할 수 있는지를 논의하는 데 도움이 되는 정보를 제공할 수 있다.
- A/IS는 법률 실무의 효과와 효율성을 높일 수 있다. 예를 들어, A/IS는 소송 절차에서 사실인정 과정의 **속도**, **정확성**, **접근성**을 높일 수 있다. A/IS가 특히 광범위한 증거 개시 또는 공개를 허용하는 사법권에서 사실인정 과정에 적절하게 이용되는 경우, 변호사들에만 의존하여 문서들을 분석할 때보다 더 신속하고 효율적이며, 어쩌면 더 효과적으로[27] 방대한 수집 데이터를 분석하여 소송 및 수사의 접근성을 이미 높이고 있다. A/IS는 빅데이터 시대에 사실인정이 더 쉽고 빠르게, 그리고 저렴한 비용으로 수행되게 함으로써 이해 당사자들이 공정한 판결을 받을 수 있는 길을 더 넓혀주는 효과가 있다. 만약 A/IS가 없다면, 법률 시스템을 이용하여 분쟁을 해결하는 것은 엄두조차 낼 수 없을 정도로 큰 비용 부담을 초래할 수 있다. A/IS는 사실에 의거한 판단을 기반으로 정의가 구현되고 이를 통하여 결국 모든 법률 시스템의 주요 목적이 달성되도록 하는 데 기여할 수 있다.
- A/IS는 민사 및 형사 소송에서 소송 과정 중에 내려진 결정들의 **정확성**, **공정**

**성**, **일관성**을 높이는 데 이용될 수 있다. A/IS는 민사 및 형사 판결 체계에 대한 감사 기능을 수행함으로써 사법 및 법률 집행 상의 오류들을 파악, 정정하는 데 기여할 수 있다.[28]

- A/IS는 범죄 척결 과정에서 법률 집행을 위한 자원들의 배치에 대해 **신속성**, **정확성**, **편견으로부터의 자유**, 일반적 **효과**를 높일 수 있다. A/IS는 범죄의 감소 또는 예방을 촉진하고 현재 발생하고 있는 범죄들에 더욱 신속하게 대응하며 다양한 법률 집행 기관들과의 협업을 활성화하는 데 이용될 수 있다.[29]
- A/IS는 범법 행위에 대한 용의자들 또는 기결수들의 체포, 구금, 수감과 관련된 결정들이 **공정하고 편견이 없으며, 일관적이고 정확한** 것이 되도록 도울 수 있다. 위험 평가 자동화 툴들은 판결, 가석방, 보석 결정에서 구조적인 인종 편견 문제들을 해소하는 한편, 석방 후에 범죄를 저지를 가능성이 비교적 낮은 사람들을 파악함으로써 수감률과 재범률을 안전하게 낮출 수 있다.
- A/IS는 법률 시스템과 관련된 툴들, 절차들, 자원들이 시민들에게 더욱 **투명**하게 **공개**되도록 도울 수 있다. 특히 사소한 일상생활에서 발생하는 문제들과 관련하여 평범한 일반시민들이 누구나 쉽게 전문적인 법률 서비스를 이용할 수 있게 해준다. 예를 들어, 임대차, 제품 구매, 고용을 비롯하여 개인이 법률 정보와 법률 자문을 받는 것이 아예 금지되어 있거나, 이해 당사자 간 자원의 비대칭성으로 인하여 법적 구제의 기회가 불공평하게 주어지는 경우가 많은 계약 문제들이 발생했을 때 피해자 측에 효과적이고 저렴한 초기 지원을 즉시 제공할 수 있다.[30]

A/IS는 법률 시스템의 기능을 근본적으로 개선할 수 있다. 하지만 A/IS는 상당한 위력을 가진 다른 도구들과 마찬가지로, 위험요소 또한 존재한다. 즉, **적절한 주의와 철저한 검토 없이 A/IS가 법률 시스템에 적용되어서는 안 된다.** A/IS는 배치 및 운영이 인간의 존엄성, 권리, 웰빙을 증진하는 수단으로서 충분한 신뢰를 받을 수 있는 것인가에 대하여 사회적 차원에서 신중한 검토와 적절한 조사가 선행된 후에 채택되어야 한다(이슈 2-6 참고).

## 권고안[31]

1. 정책입안자들은 법률 시스템의 기능을 개선하고 인간이 웰빙을 증진하기 위하여 A/IS가 법률 시스템에 실제로 어떻게 적용될 수 있는지를 모든 이해 당사자들과 광범위한 협의 과정을 통하여 검토해야 한다. 단, 이러한 검토는 A/IS의 채택으로 인한 위험들을 줄일 수 있는 기준들에 따라 이루어져야 한다(이슈 2-6 참고).

2. 정부들, 비정부기구들, 전문단체들은 법률 시스템에 A/IS를 채택할 경우 발생할 수 있는 혜택들과 위험들, 이러한 위험들을 줄이는 방안들을 널리 알리기 위한 교육 프로그램들을 지원해야 한다. 해당 교육 프로그램들은 특히 피해자 또는 형사 소송 피고인으로서 법률 시스템을 접하게 된 일반시민들을 위한 것이어야 한다.

## 기타 참고자료


- A. Brunetti, G. Kisunko, and B. Weder, "규칙들과 경제 성장의 신뢰성: 민간 분야에 대한 글로벌 조사 결과를 중심으로(Credibility of Rules and Economic Growth: Evidence from a Worldwide Survey of the Private Sector)," *The World Bank Economic Review*, vol. 12, no. 3, pp. 353-384, Sep. 1998.
- S. Jasanoff, "혁신의 통치: 사회적 계약과 민주주의적 상상(Governing Innovation: The Social Contract and the Democratic Imagination)," Seminar, vol. 597, pp. 16-25, May 2009.
- D. Kennedy, "'법치주의'와 정치적 선택, 그리고 성장에 대한 상식(The 'Rule of Law,' Political Choices and Development Common Sense)," in *The New Law and Economic Development: A Critical Appraisal*, D. M. Trubek and A. Santos, Eds., Cambridge: Cambridge University Press, 2006, pp. 95-173.
- "인공지능(Artificial Intelligence)," National Institute of Standards and Technology.

- K. Schwab, "2018년 국가경쟁력 보고서(The Global Competitiveness Report: 2018)," The World Economic Forum, 2018.
- A. Sen, 자유로서의 발전(Development as Freedom). New York, NY: Alfred A. Knopf, 1999.
- United Nations General Assembly, 세계인권선언(Universal Declaration of Human Rights), Dec. 10, 1948.
- UNICEF, 아동권리협약(Convention on the Rights of the Child), Nov. 4, 2014.
- United Nations Office of the High Commissioner: Human Rights, 비엔나 인권 선언 및 행동계획(The Vienna Declaration and Programme of Action), June 25, 1993.
- World Bank, 2017년 세계개발보고서: 거버넌스와 법(World Development Report 2017: Governance and the Law), Jan. 2017.
- World Justice Project, 법치주의 지수(Rule of Law Index), June 2018.


### 이슈 2 : 정보에 입각한 신뢰를 방해하는 장애요소들

A/IS를 법률 시스템에 채택하는 데 있어 어떤 문제들이 존재하며, 그러한 문제들이 어떻게 극복될 수 있는가?

#### 배경

A/IS를 법률 시스템에 채택할 경우 얻을 수 있는 혜택들은 매우 많지만(이슈 1 참고), A/IS가 그러한 혜택들을 실현하는 방향으로 채택되게 하려면 상당한 위험들이 극복되어야 한다. 이 위험들은 다음과 같으며, 때때로 A/IS의 혜택들을 반영하는 경우도 있다.

- 불투명한 의사결정을 초래할 우려
- 의도적이거나 비의도적인 편견들과 권력 남용들을 초래할 우려

- 전통에 어긋난 악행을 저지르는 사람들이 나타날 우려
- 불평등이 영구화될 우려
- 법률 시스템에 대한 일반대중의 신뢰가 훼손될 우려
- 사법 시스템에서 A/IS를 관리하고 운영하는 인적자원의 결핍이 초래될 우려
- 법률 조문이 허용하는 편의주의에 치우쳐 법의 정신이 희생되는 결과가 발생할 우려
- 비윤리적 주체를 위하여 인간의 주체성이 희생되는 뜻밖의 결과가 초래될 우려
- 프라이버시와 존엄성이 상실될 우려
- 민주주의적 제도들의 훼손[32]

관련 사례들은 다음과 같다.

- 현재 사법 시스템에서 이용되고 있는 A/IS는 통일된 규칙들과 기준들 없이 해당 지역 또는 지방에 따라 단편적으로 채택되는 경우가 많다. 따라서 A/IS와 관련하여 매우 다양한 툴들과 채택 방법들이 생겨났다. 일각에서는 이러한 툴들은 민사 및 형사 소송들에서 사실을 파악하거나 법률 집행 과정에서 편견을 없애는 데 도움이 되기는커녕 정확성을 믿기 어렵고 오류가 많으며, 기존의 사회적 불평등을 심화시킬 수 있다는 비판의 목소리가 높아지고 있다. 이러한 툴들의 잠재적 가능성은 여러 위험들을 고려하여 판단되어야 한다. 즉, 이 툴들은 효과가 불확실하고 운영 성과가 미흡할 수 있다. 또한 이 툴들로 인하여 법률 시스템에서 사회경제적 · 인종적 · 종교적 평등의 원칙들, 정부의 투명성, 각각의 적법 절차가 제대로 지켜지지 않거나 재판이 정보 기반의 객관성, 일관성, 공정성 없이 이루어지는 결과가 초래될 수 있다.
- 중요하지만 아직 널리 알려지지 않은 **스테이트 v. 루머스**(*State v. Loomis*) 사건에서 미국 위스콘신(Wisconsin) 주 대법원은 1심 법원이 알고리즘 기반의 위험 평가 툴을 판결에 이용한 것은–심지어 이 자동 위험 평가 방법이 법원이나 피고인에게 공개되지 않은 경우였음에도–피고인의 적법 절차권을 침해하지 않는다고 판결했다.[33] 이처럼 불투명한 알고리즘의 판단 결과는 결국 피고인이 장기 징역을 선고받는 데 어느 정도 영향을 끼쳤다. 물론, Wisconsin

주 대법원은 재판 과정에서 수많은 요인들을 고려하고 사회적 가치들의 충돌을 최소화하기 위하여 노력했다. 하지만 이 판례는 형사재판 체계들이 영업비밀에 따른 소유권 주장, A/IS의 불투명한 운영, A/IS의 효과에 대한 증거 부족, 법률 시스템에서의 A/IS 채택 기준 결여로 인하여 얼마나 큰 영향을 받고 있는지를 보여주는 수많은 사례들 중 하나에 불과하다.

- 좀 더 일반적인 관점에서 본다면, 인간은 "앵커링 효과(anchoring)"로 불리는 인지적 편견의 영향을 받기 쉽다. 즉, 처음에 얻게 된 단편적 정보에 지나치게 의존하는 경향이 있는 것이다. 이는 판사와 법조계 종사자들이 A/IS를 통하여 생성된 평가 결과에 무의식적으로 점점 더 많이 의존하게 되는 해로운 결과로 이어질 수 있다. A/IS는 비윤리적 에이전트이고 (또한 가까운 미래에도 여전히 그러할 것이다) 공감 능력이 없어서 법률 조문과 법의 정신, 그리고 각 피고인이 처한 상황들에 대한 합리적 고려를 기반으로 결정을 내리는 것이 불가능하기 때문이다.
- A/IS의 조달, 배치, 효과적 운영에 요구되는 기술적, 과학적 지식과 A/IS가 부정적 결과를 초래하지 않고 소기의 목적을 달성할 수 있는 능력을 측정하는 데 필요한 기준은 A/IS를 법률 시스템에 장기적으로 채택하여 혜택을 얻는 데 중대한 장애가 되는 요소들이 무엇인지를 시사한다. 이는 특히－현재와 마찬가지로－민사 및 형사 사법과 법률 집행 관계자들이 기술이나 과학에 대하여 필수적인 전문성을 갖추지 못한 경우에 더욱 그러하다.[34] 가까운 미래에 자동화될 가능성이 점점 더 높아지고 있는 사법 시스템이 향후 지속적으로 관리되고 공개적으로 감독되도록 하려면 이러한 위험은 반드시 해소되어야 한다.[35] 경제협력개발기구(OECD: Organisation for Economic Co-operation and Development)는 디지털 보안과 관련하여 "경제적 · 사회적 활동들을 통하여 디지털 혁신으로부터 온전히 혜택을 얻는 데 필요한 신뢰를 구축하기 위해서는 강건한 [위험 관리] 전략들이 반드시 필요하다"고 주장한 바 있는데,[36] 이는 전 세계 법률 시스템에 A/IS를 채택하는 데 있어 역시 마찬가지로 적용될 필요가 있다.

**정보에 입각한 신뢰.** A/IS의 혜택들을 실현하려면 A/IS가 안전하고 효과적이라는 것을 믿어야 한다. 사람들이 비행기를 타고 약을 복용하며 자녀들에게 놀이공원에 가도록 허락해 주는 이유는 이러한 기술들을 실현하는 수단들, 방법들, 사람들이 안전과 효과에 대한 특정 기준들을 준수한다고 믿기 때문이다. 이 기준들은 정해진 목표들과 달성되어야 하는 혜택들을 위하여 위험을 허용 가능 수준까지 줄일 수 있는 것들을 의미한다. 이러한 신뢰는 특히 A/IS가 법률 시스템에서 이용되는 경우에 더욱 중요하다. 법률 서비스를 위하여 구축되는 A/IS의 "블랙박스("black box" nature)"와 신뢰 부족은 곧 법률 시스템 자체에 대한 신뢰 부족으로 이어질 수 있다. 그리고 이는 사회 질서가 무너지는 결과를 초래할 수 있다. 따라서 A/IS의 채택을 통하여 법률 시스템의 기능을 개선하기 위해서는 **A/IS가 정보에 입각한 신뢰에 의거하여 채택될 수 있도록 하는 정책들과 방안들을 입법화하고 장려해야 한다.** 정보에 입각한 신뢰는 A/IS의 효과와 A/IS 운영자들의 역량을 입증하며 분명하고 정확한 정보의 논리정연한 평가 결과를 기반으로 한다.[37]

정보에 입각한 신뢰의 형성을 목적으로 하는 정책들과 실행 표준들을 수립하는 데 도움이 되는 일은 우선 A/IS의 결정들과 지침을 전달하는 과정 전반에 적용 가능한 원칙들이 무엇인지를 정의하는 것이다. 이 원칙들은 A/IS의 설계, 개발, 조달, 배치, 운영, 효과 검증에 대한 것으로, 제대로 지켜지기만 한다면 A/IS에 대한 신뢰를 형성할 수 있다. 일단 이러한 원칙들이 정의되고 나면 입법, 민·형사 재판, 법률 집행 등 모든 법률 시스템에 걸쳐 이 원칙들이 준수되도록 하는 구체적인 정책들과 실행 표준들이 수립될 수 있다. 이 원칙들이 효과적인 정책들과 실행지침들의 수립이라는 소기의 목적을 달성하기 위해서는 A/IS의 설계에 대한 일정 기준들을 충족해야 한다. 이 원칙들은 특히 (a) **개별적으로는 필요성, 전체적으로는 충분성을 가져야 하고,** (b) **전 세계에 보편적으로 적용 가능하면서도 문화적 유연성을 가져야 하며,** (c) **법률 시스템의 해당 기능들 내에서 운영 가능해야 한다.** 이러한 기준들을 충족하는 원칙들은 신뢰를 형성하는 정책들과 실행지침들의 개발을 위한 효과적인 장치가 되어주는 한편, 한 사회가 이 원칙들을 잘 지켜나가기 위하여 선택하는 구체적인 정책들과 실행 표준들의 유연성을 높여줄 것이다.

A/IS의 설계에 대한 상기 기준들을 충족하는 원칙들은 다음과 같이 네 가지로 요약될 수 있다.

- **유효성**: 법률 시스템에서의 A/IS 채택은 A/IS가 소기의 목적을 달성하는 데 적합하다는 것을 입증하는 견실한 실증적 근거를 기반으로 이루어져야 한다.
- **역량**: 법률 시스템에서의 A/IS 채택은 A/IS 개발자들이 A/IS의 효과적인 운영에 요구되는 기술들과 지식을 구체적으로 명시하고, A/IS 운영자들이 이러한 요건들을 준수하는 경우에만 이루어져야 한다.
- **책임성**: 법률 시스템에서의 A/IS 채택은 A/IS의 설계, 개발, 조달, 배치, 운영, 효과 검증에 관여하는 모든 사람이 결과에 대해 명확하고 투명하게 책임을 지고 적정 한도 내에서 관련 문의들에 흔쾌히 응하는 경우에만 이루어져야 한다.
- **투명성**: 법률 시스템에서의 A/IS 채택은 A/IS의 결과들에 대한 이해관계자들이 A/IS의 설계, 개발, 조달, 배치, 운영, 효과 검증과 관련된 적절한 정보를 접할 수 있는 경우에만 이루어져야 한다.

제1절에는 이러한 원칙들이 자세하게 기술되어 있다. 그러나 각각의 원칙을 구체적으로 논의하기 전에, 원칙들을 전체적으로 적용하는 데 있어 고려해야 할 사항들을 다음과 같이 두 가지로 살펴볼 필요가 있다.

**강조성의 차이.** 상기의 네 가지 원칙들은 모두 신뢰 형성에 도움이 된다. 그러나 각각의 원칙이 모든 환경에서 동일하게 기여할 수 있는 것은 아니다. 예컨대, A/IS의 수많은 활용사례들을 살펴보면, 이미 충분히 증명되고 허용된 방법론들을 통하여 잘 수립된 효과 검증 방법은 해당 활용사례에서 신뢰 형성에 필요한 여건들을 조성하는 데 상당한 도움이 될 수 있다. 이 경우, 다른 원칙들은 신뢰도를 높일 수는 있어도 신뢰를 확립하는 데 반드시 필요한 것은 아닐 수도 있다. 한편, A/IS를 운영하는 인간의 역할이 매우 미미하거나, A/IS를 운영하는 인간의 역량이 매우 큰 역할을 수행하기 때문에 인간의 주체적인 개입 범위가 훨씬 더 넓은 경우도 있다. 정책입안자들과 관련 실무자들은 상기 네 가지 원칙들 중에서 어떤 것을 강조하고 어떻게 균형을 취하는 것이 옳은지를 결정하는 데 있어 A/IS 주변의 특정 환경을 고려해야 할 것이다.

**실행의 유연성.** 본 책자에서 상기 네 가지 원칙들은 지금까지 다소 고차원적인 관점에서 고찰된 것이므로 이 원칙들을 어떻게 실행해야 하는지에 대해서는 아직 구체적으로 언급되지 않았다. 이는 의도적인 것이다. 네 가지 원칙들을 지키는 것은 물론 중요하지만, 이 원칙들을 기반으로 하는 실제 운영 단계에서 정책들과 실행지침들이 유연하게 선택, 실현될 수 있도록 하는 것 역시 중요하다. 그리고 정책들과 실행지침들은 (a) 해당 사회의 전통들, 기준들, 가치들과 조화를 이루고, (b) 해당 사법권에서 실제로 적용되고 있는 법들과 규정들에 부합하며, (c) 법조계 종사자들의 의무사항들과 일치하는 것들이어야 한다.

## 권고안

1. 정부는 정부와 함께, 또는 정부를 위하여 – 특히 법원 시스템 및 법률 집행기관들과 함께, 또는 이들을 위하여 – 사업을 실행하는 데 A/IS를 이용하기 희망하는 당사자들이 본 장(章)에서 제시된 효과, 역량, 책임성, 투명성의 원칙들을 지키도록 장려하는 조달 및 계약요건들을 설정해야 한다. 이는 관련 법률의 제정 또는 행정적 규제를 통하여 가능하다. 이를 위한 정부의 모든 노력은 투명해야 하며, 해당 내용에 대한 공개 조사가 허용되어야 한다.

2. 법의 실제 적용, 해석, 집행에 관여하는 전문가들(변호사, 판사, 법률 집행관 등)은 A/IS 관련 기술 또는 서비스 제공자들과 접촉하거나 이들에게 의존하게 될 경우, 최소한이 제공자들이 본 장(章)에서 제시된 효과, 역량, 책임성, 투명성의 원칙들을 준수하고 그 사실을 증명할 수 있도록 요구해야 한다. 또한 이 전문가들은 A/IS를 직접 운영하는 과정에서 효과, 역량, 책임성, 투명성의 원칙들을 준수하고 그 사실을 증명할 수 있어야 한다. 이 원칙들의 준수에 대한 증명은 일반대중이 해당 내용을 공개적으로 확인할 수 있어야 한다.

3. 규제기관들은 [본 장(章)에서 제시된] 효과, 역량, 책임성, 투명성의 원칙들이 피보험자(법률 시스템에서 A/IS를 제공하거나 운영하는 자)에 의해 잘 지켜지고 있는지 여부가 고려된 전문인 배상책임 규정 및 기타 보험 정책들을 보험사

업자들이 발표하는 것을 허용해야 한다.

## 기타 참고자료


- "형사 판결지침–Wisconsin 주 대법원, 판결 과정에 알고리즘 기반 재범 위험성 평가를 이용하기 전에 경고문을 명시할 것을 요구(Criminal Law–Sentencing Guidelines–Wisconsin Supreme Court Requires Warning Before Use of Algorithmic Risk Assessments in Sentencing)–State v. Loomis, 881 N.W.2d 749 (Wis. 2016)," *Harvard Law Review*, vol. 130, no. 5, pp. 1530-1537, 2017.
- K. Freeman, "알고리즘의 부당성: State v. Loomis 사건에서 Wisconsin 주 대법원이 적법 절차권 보호에 실패한 사례(Algorithmic Injustice: How the Wisconsin Supreme Court Failed to Protect Due Process Rights in State v. Loomis)," *North Carolina Journal of Law and Technology*, vol. 18, no. 5, pp. 75-76, 2016.
- "디지털 보안과 프라이버시 침해 위험의 관리: 장관회의 패널 3.2를 위한 배경 보고서(Managing Digital Security and Privacy Risk: Background Report for Ministerial Panel 3.2)," Organisation for Economic Co-operation and Development (OECD) Directorate for Science, Technology, and Innovation: Committee on Digital Economy Policy, June 1, 2016.
- *State v Loomis*, 881 N.W.2d 749 (Wis. 2016), *cert. denied* (2017).
- "글로벌 AI 거버넌스 회의: 2018년 요약보고서(Global Governance of AI Roundtable: Summary Report 2018)," World Government Summit, 2018.

**이슈 3 : 유효성**

A/IS의 유효성에 대한 증거를 수집하고 공개함으로써 법률 시스템에서의 A/IS 채택 적합성에 대한 정보 기반의 신뢰를 어떻게 형성할 수 있는가?

## 배경

어떤 기술에 대한 신뢰를 형성하기 위하여 충족되어야 할 필수적인 요건은 해당 기술이 원래 의도된 소기의 목적을 달성하고 그 목적에 부합해야 한다는 것이다. 이번에는 법률 시스템에 적용되는 A/IS에 대해 정보 기반의 신뢰를 형성하는 데 있어 A/IS의 유효성에 대한 증거가 주로 유효성 측정 실행 결과들을 통하여 수행할 수 있는 역할을 논의해 보기로 한다.[38] 우선, 살펴보아야 할 것은 소위 **유효성에 대한 증거**의 일반적인 특성이다. 여기에는 측정의 대상과 방법, 측정 결과들의 형태는 무엇이며, 유효성에 대한 증거의 소비자들은 누구인지에 대한 것들이 포함된다. 이러한 사항들을 살펴본 후에는 법률 시스템에 적용되는 A/IS에 대해 정보 기반의 신뢰를 형성하는 데 기여할 수 있는 효과 측정 실행 방법의 구체적인 특성들을 정의하기로 한다.

## 유효성에 대한 증거를 구성하는 요소들은 무엇인가?

**측정 대상.** 우리는 유효성에 대한 증거를 수집하는 과정에서 특정 기술 또는 특정 기술의 적용이 당면 문제에 대하여 효과적인 해결책으로 작용하게 될지 여부를 판단하는 데 도움이 될 수 있는 실증적 데이터를 얻기 위해 노력하게 된다. 효과적인 해결책으로서의 작용이란 특정 규격들이나 요건들을 충족하는 것뿐만 아니라, **A/IS가 현실 세계에서 해당 문제들을 해결할 수 있다**는 것을 의미한다. 특히 법률 시스템에 적용되는 A/IS의 경우, 법의 제정, 관리, 판결, 집행과 관련하여 문제들이 존재할 수 있다. 한편, 효과적인 해결책으로서의 작용이란 부수적인 우려들과 향후 비의도적으로 발생할 수 있는 결과들을 고려하더라도 해결책이 언제나 실현 가능하다는 것을 의미하기도 한다.[39] 비록 A/IS와 무관한 사례이긴 하지만, 우리가 일반적으로 알고 있는 유효성의 정의에 따르면 어떤 제초제가 효과적이라고 간주되기 위해서는 문제의 잡초들을 죽이는 것뿐만 아니라 다른 식물들과 제초제를 살포하는 사람, 그리고 환경을 전반적으로 해치지 않는다는 것까지 증명되어야 한다.

상기 정의에 따르면, (좁은 의미에서의) 과업 목표를 달성하기 위해서는 A/IS의 유효성을 평가하는 것만으로 충분하지 않다. A/IS가 관련 법들, 규정들, 표준들에 부합하는 정도[40]와 프라이버시, 공정성, 편견으로부터의 자유와 같은 가치들에 영향을 끼치는 여부(와 영향의 정도)[41]도 함께 평가해야 한다. 이러한 부수적 우려사항들이 정말 중요한 것인지에 대한 여부는 A/IS의 본질적 특성과 A/IS가 적용되는 특정 환경에 따라 각기 다를 것이다.[42] 그러나 A/IS의 영향이 위와 같이 세심하게 고려될 경우에만 A/IS 채택의 적절성이 비로소 공정하게 판단될 수 있다.[43]

유효성 평가의 범위는 특정 조건의 충족이 요구되는 협의(狹義)의 검증보다는 넓긴 하지만, 나름대로 정해진 한계가 있다. A/IS의 여러 측면들에 대한 측정 기준들 중에는 비록 유용하게 보일지라도 유효성의 범위에는 포함되지 않는 것들이 있다. 예컨대, A/IS가 언젠가는 원래 의도된 목적의 한계를 넘어 A/IS 개발자들과 이용자들을 제압하게 될 것이라는 우려들이 자주 제기되고 있는 것을 고려한다면, 일각에서는 한 시스템의 자율성 또는 범용 인공지능(AGI: Artificial General Intelligence)을 위한 능력을 측정하는 일반적인 기준들을 정의하여 확보하고자 하는 사람들이 생겨날 수 있다. 이러한 기준들은 유용한 것일 수는 있지만−유용하다고 정의될 수 있다는 가정 하에−유효성 평가의 범위에는 포함되지 않는다. 유효성은 항상 특정 목적과 관련되어 있는데, 이는 그 목적을 달성하는 방식의 부수적 효과들이 고려된 경우에도 역시 마찬가지이다.

따라서 측정 대상이란 일반적으로 "목적에 대한 적합성(fitness for purpose)"을 의미한다.

**측정 방법.** 유효성에 대한 증거는 주로 다음과 같은 두 가지 실행 형태 중 하나를

통해 수집된다.[44]

- **단일 시스템 평가**는 특정 과업의 달성과 관련된 단일 시스템의 유효성에 대한 측정 결과들과 보고서들을 도출하는 것이다. 평가될 시스템은 특정 데이터셋을 기반으로 특정 과업을 이미 수행한 경우일 때가 많다. 이 평가의 목적은 시스템이 특정 데이터셋에 따라 특정 과업을 얼마나 성공적으로 수행했는지에 대한 실증적 증거를 제공하는 것이다. 측정 결과들은 해당 시스템이 적용된 데이터에 대하여 독립적인 샘플링과 검토를 실행함으로써 도출된다. 도출된 측정 결과들은 고려된 사례에서 해당 시스템이 원래 의도에 따라 운영되었다는 가설을 확증 또는 반박하는 데 기여할 수 있다. 법적 사실인정 과정에 적용되는 유효성 평가의 예는 (해당 시스템을 배치하는 사람들에 의하여) 특정 법적 조사와 관련된 것으로 정의된 자료를 수많은 이메일 속에서 검색하는 데 이용되어 온 A/IS의 유효성에 대한 테스트에서 찾아볼 수 있다.
- **복수 시스템 (또는 벤치마킹) 평가**는 서로 같은 목표의 달성을 위하여 설계된 몇몇 시스템들의 유효성에 대한 비교 연구를 실시하는 것이다. 이 연구에서는 테스트 데이터셋이 정의되고 수행 과업이 지정되며(이 과업은 평가되는 시스템들의 설계에 반영된 현실 세계의 목표들과 환경들을 기반으로 지정되는 경우가 많다[45]), 평가되는 시스템들은 해당 과업의 수행에 이용된다. 그리고 각 시스템이 해당 과업을 성공적으로 수행했는지에 대한 여부가 측정되고 보고서에 명시된다. 이와 같은 평가 실행 방법이 실제 사법 시스템에서의 문제를 해결하는 데 적용된 경우의 예는 A/IS 등 민사 증거 개시 절차에 이용되는 정보 검색 시스템들의 유효성에 대한 평가에서 찾을 수 있다. 이러한 유효성 평가는 미국 표준기술연구소(NIST: National Institute of Standards and Technology)가 후원하는 텍스트 검색 경연대회(TREC: Text REtrieval Conference)에서 법률 분야 프로그램의 일환으로 실시되는 것이다.[46]

위와 같은 평가 실행 방법들은 둘 다 귀중한 측정 결과들을 도출해낼 수 있다. 이 중 단일 시스템 평가의 결과들은 더 구체적이고 해당 시스템이 특정 사례에서 효과적이었는가라는 질문에 대한 답을 제공하는 경우가 많다. 한편, 복수 시스템 평가의 결과들은 더 일반적이고 해당 시스템이 실제 상황들에서 효과적일 수 있는가라는 질문에 대한 답을 제공하는 경우가 많다. 이 질문들은 둘 다 중요하기 때문에 상기 평가 방법들 역시 둘 다 귀중하다.[47]

**결과들의 형태.** 어떠한 평가의 결과들은 주로 숫자－유효성에 대한 정량적 척도－의 형태를 띠는 경우가 많다. 예컨대, 어떤 질병의 발생 가능성 감소율, 자동차의 안전도 등급, 답변 문서 검색에서의 재현율(recall) 등이 이에 해당한다. 물론, 정성적 고려사항들이 무시되는 것은 아니다(그리고 무시되어서도 안 된다). 정성적 고려사항들은 정량적 결과들의 해석에 반드시 필요한 근거를 제공하는 경우가 많기 때문이다.[48] 하지만 평가 결과들의 핵심은 숫자이며, 이는 유효성에 대한 지표를 제시하는 기준이 된다.[49]

새로운 시스템의 개발에 참여하는 연구단체가 유효성의 핵심지표들에 대한 합의를 도출해 내는 데 성공하는 경우도 있을 것이다. 하지만 그러지 못한 경우에는 추가적인 연구가 필요하다. A/IS는 발전이 한창 가속화되는 중이고, A/IS와 대응 관계에 있는 인간의 유효성이 거의 정밀하게 측정되지 않은 일들에 대해 적용되는 경우가 많다. 따라서 A/IS의 유효성 지표에 대한 정의는 아직 초기 단계에 해당한다고 볼 수 있다. 예를 들면, 법적 전자 증거 개시 시스템의 유효성 평가지표들에 대해서는 일반적 합의가 이루어진 상태인데,[50] "재현율(recall)"과 "정밀도(precision)"라는 지표들은 일반적 합의를 통하여 도출된 의미에 따라 통용되고 있다.[51] 그러나 판결과정의 지원에 적용되고 있는 A/IS의 경우, 실질적인 유효성 평가지표들에 대한 합의가 아직 도출되지 않은 상태이다.[52]

**결과들의 소비자.** 지표들을 정의할 때에는 유효성 평가 결과들의 소비자들이 누구인가를 고려하는 것이 중요하다. 일반적으로 볼 때, 유효성 측정에 대해 관심을 갖게 될 이해관계자들을 다음과 같이 두 가지 유형으로 구분하면 도움이 된다.

- **전문가:** 시스템 운영 방식을 기술적으로 이해하고 있으며 평가 방법들과 그 결과들에 정통한 사람들로서 과학이나 전문 분야에 대해 적절한 자격증을 보유한 연구자들, 설계자들, 운영자들, 고급 이용자들을 의미한다.

- **비전문가**: 자신의 업무 또는 법적 성과들이 특정 시스템의 결과들에 따라 간접적으로라도 영향을 받을 수 있는 사람들로서 입법자들, 판사들, 변호사들, 검사들, 소송인들, 지역사회들, 피해자들, 피고인들, 시스템 지지자들을 의미한다. 하지만 이들은 시스템 운영 방식에 대해서는 기술적으로 이해하지 못한 사람들일 수 있다. 또한 과학적 평가를 수행하거나, 과학적 평가의 결과들을 해석해본 경험이 거의 없는 사람들일 수도 있다.

유효성 지표들은 **전문가 소비자들과 비전문가 소비자들**의 요구사항을 충족해야 한다.

- 전문가들의 경우, 유효성 측정의 목적은 **장기적 연구와 단기 프로젝트의 개발, 유지, 감독을 둘 다 촉진**하는 것이다. 이러한 목적을 달성하기 위해서는 비전문가가 이해하기 어려울 수 있는 지표를 세심하게 정의하는 것이 바람직하다. 연구자들과 개발자들은 이처럼 세심하게 정의된 지표를 통해 제공된 정보를 활용하고, 지표를 자신들의 요구사항에 맞도록 조정하게 될 것이다.
- 일반대중을 포함한 비전문가들의 경우, 유효성 측정의 목적은 **정보 기반의 신뢰 형성을 촉진**하는 것이다. 정보 기반의 신뢰는 A/IS가 지금 당장 달성해야 할 목적뿐만 아니라 인간의 권리, 존엄성, 웰빙 등 중요한 가치들의 유지 및 증진이라는 거시적 목적까지 고려하여 소기의 목표들을 달성했거나 달성할 것이라는 견고한 증거에 기반을 둔 신뢰를 의미한다. 이러한 신뢰의 형성을 촉진하기 위해서는 유효성에 대한 약식 지표로 쉽게 이해될 수 있는 지표를 정의할 필요가 있다. 이 지표는 특정 시스템이 얼마나 효과적인가라는 질문에 대해 명료한 대답을 즉시 제공하는 것이어야 한다. 자동차 안전도 등급이 바로 그러한 지표의 사례에 해당한다. 자동차 설계자들과 엔지니어들에게 이와 같은 약식 지표들은 세심하게 정의된 것이 아니기 때문에 실제로 적용 가능한 정보를 즉시 제공하기에는 충분하지 않다. 그러나 소비자들에게 이러한 지표들은 정확하기만 하면 더욱 합리적으로 정보 기반의 구매의사 결정을 내리는 데 도움이 된다.

법률 시스템에 채택된 A/IS에 대한 정보 기반의 신뢰를 형성하기 위해 달성되어야 할 가장 중요한 목표는 비전문가들이 이해할 수 있는 명확한 유효성 지표를 설정하는 것이다. 그러나 이와 같은 목표를 달성하기 위해서는 다음과 같이 매우 까다로운 두 가지의 장애들이 극복되어야 한다. (a) 개발자들의 동기 유발 요인. 개발자들은 연구개발과 이에 도움이 되는 지표들을 가장 중요하게 여긴다. (b) 시장력. 소비자 중심의 지표들은 시장력에 의해 아예 금지되어 있거나, 외면당하는 경향이 높다. 따라서 실질적인 지표들을 선택하고 정의하는 과정에서는 A/IS 개발자들뿐만 아니라 다른 이해관계자들의 의견도 반영하는 것이 중요하다. 그렇게 해야만 어떤 지표들이 유의미한가에 대한 합의가 도출될 수 있다.

## 어떤 측정 방법들이 정보 기반의 신뢰를 형성하는가?

유효성 측정은 전문가들과 비전문가들 모두에게 특정 시스템의 능력과 한계를 정확하게 알려줌으로써, A/IS를 사려 깊고 신중하며 이로운 방식으로 채택하고 적용하는 데 필요한 정보를 사회에 제공할 수 있다.[53]

유효성 측정의 실행은 A/IS에 대한 신뢰를 형성하는 한편, 정보에 기반을 두지 않은 A/IS의 채택과 회피에 따른 위험을 줄일 수 있는 잠재적 가능성을 가시고 있다. 이러한 잠재적 가능성이 충분히 발휘되려면 유효성 측정 실행과 관련하여 다음과 같은 요건들이 충족되어야 한다.

- **유의미한 지표**: 앞에서 살펴본 바와 같이, 유효성 측정을 실행하는 데 필요한 핵심요소는 유효성에 대하여 정확하고 이해하기 쉬운 측정 결과를 제공하는 지표이다. 이러한 지표는 특정 시스템의 적용이 소기의 목표를 어느 정도까지 달성했거나 달성하지 못한 정도에 대해 명확하고 실용적인 정보를 제공해야 한다. 특정 시스템의 적용 결과들을 향후 이용하게 될 사람들은 이 정보를 기반으로 상황에 따라 적절한 대응 조치를 취할 수 있다. 이와 같은 결과를 유도하는 데 성공한 지표의 예가 바로 법적 증거 개시 시스템의 재현율과 정밀도이다. 이 두 가지 지표들은 상기 결과를 위한 A/IS의 채택에 기여한 바 있다.[54]
- **건실한 방법**: 유효성 지표들은 과학적으로 건실한 방법들을 통하여 획득되어

야 한다. 샘플링으로 얻은 지표들의 경우, 해당 샘플을 기반으로 추정된 결과들은 객관적 조사를 구성하는 건실한 통계적 절차들을 통하여 도출된 것이어야 한다.

- **유효 데이터**: 어떤 유효성 평가들이 실시되는가에 대한 데이터는 해당 A/IS가 적용될 실제 데이터를 정확하게 제시해야 하며, 편견이 포함되어 있을 가능성에 대한 검토를 거쳐야 한다. 벤치마킹이나 테스트에 이용되는 데이터셋들은 개인의 프라이버시와 주체성 보호를 위한 원칙들에 따라 수집, 유지, 이용되어야 한다.[55]
- **인식과 합의**: 측정의 실행은 지표들, 방법들, 데이터의 측면에서 기술적으로 건실해야 하며, 유효성에 대한 증거로서 널리 이해 및 수용되어야 한다.
- **실행**: 측정의 실행은 실현 가능해야 하며, 실제로 구현되어야 한다. 또한 관련 업계 종사자들에 의하여 채택되어야 한다.[56]
- **투명성**: 전문가들과 일반대중이 측정의 방법들과 결과들을 공개적으로 조사할 수 있어야 한다.[57] 이러한 공개 조사가 불가능한 환경에서는 측정 결과들이 신뢰를 얻지 못할 뿐만 아니라, 원래 의도된 목적을 달성할 수 없을 것이다.[58]

정책입안자들은 A/IS에 대한 정보 기반의 신뢰 형성을 추진하는 과정에서 특히 상기와 같은 핵심요건들을 충족하는 건실한 유효성 측정 실행을 지원하기 위한 정책들과 표준들을 수립하고 장려해야 한다.

**추가 설명.** 본 장(章)에서 살펴본 네 가지 원칙들(유효성, 역량, 책임성, 투명성)은 어떤 환경에서든지 정보 기반의 신뢰를 형성하는 데 기여할 수 있다. 그러나 이 원칙들이 모든 환경에서 동일하게 정보 기반의 신뢰 형성에 기여하는 것은 아니다. 이미 증명되고 수용된 방법들을 통하여 잘 설정된 유효성 지표일지라도, 그 자체에 암시적으로 내포된 의미로 인하여 일부 환경에서 특정 시스템의 적용에 대한 신뢰 또는 불신을 형성할 수 있다. 이러한 환경에서는 다른 원칙들과 관련된 해결 과제들-예: 지식 재산권을 존중하는 동시에 투명성의 원칙을 지키는 것-은 그 중요성이 차선 순위로 조금 낮아질 수 있다.

## 유효성에 대한 실제 사례

미국에서 민사 또는 형사 소송 절차들과 관련된 방대한 문서들 속에서 실질적인 증거를 찾아내는 작업은 전통적으로 변호사들이 한 페이지씩 손으로 넘겨 가며 검토하는 방식을 통하여 이루어져 왔다. 그러나 1990년대에 이메일 등 전자 데이터가 급격히 증가하면서 기존의 수동 검토 방식은 비용과 시간이 너무 많이 소비되는 비효율적인 것으로 간주되기 시작했다. 그리고 2008년경 전자 데이터의 검토를 실질적으로 자동화["전자 증거 개시(e-discovery)"]하기 위한 목적의 A/IS가 등장하게 되었다. 그러나 이 A/IS를 실제로 채택하는 것은 여전히 어려운 일이었다. 실제 채택에 가장 큰 걸림돌로 작용한 요인은 A/IS의 유효성에 대한 우려였다. 법정에서는 전자 증거 개시를 위한 A/IS의 이용 타당성이 여전히 의문시되고 있었다. **즉, 법조계 종사자들과 법원들이 "그 A/IS가 제대로 작동되는가?(Does it work?)"라는 간단한 질문에 대해 견실한 답변을 요구한 것이다.**

미국 NIST[59]는 2006년부터 이 질문에 대한 연구들을 시작했다.[60] 이 연구들은 특히 다음과 같은 두 가지의 건실한 통계 지표들을 중점적으로 검토했는데, 해당 지표들은 둘 다 이해 용이도를 위해 백분율로 나타내었다.[61][62]

- **재현율**: 모든 관련 문서들이 어느 정도까지 검색되었는지에 대한 측정값. 예를 들어, 수집자료 중에서 찾아내야 할 관련 문서들이 1,000건인데 문서 검토 과정을 통해 700건이 확인될 경우, 70%의 재현율이 달성된 것이다.
- **정밀도**: 일련의 과정을 통해 관련성이 있는 것으로 확인된 문서들이 실제로 어느 정도까지 관련성이 있는지에 대한 측정값. 예를 들어, 어떤 시스템이 찾아낸 관련 문서가 2건이라면, 해당 시스템은 관련성이 없는 문서 역시 1건을 찾아냈다는 것(긍정 오류)을 의미한다. 이 경우, 67%의 정밀도를 달성한 것으로 간주된다.

이 연구들은 상기 두 개의 지표들을 근거로, 일부 시스템들을 이용하면 높은 성과율(80%)을 달성할 수 있다는 것에 대한 실증적 증거를 제공했다.[63] 한편, 미우라 그로스만(Maura R. Grossman)과 고든 코맥(Gordon V. Cormack)은 매우 중대한 후속 연구를 실시하였는데, 이에 따르면 문서 검토 자동화 시스템 두 개를 이용할 경우, 실제로 인간 검토자들보다 "확실히(conclusively)" 우수한 성과가 나타났다.[64] 치안 판사 앤드류 펙(Andrew Peck)은 이 연구 결과를 근거로 작성한 의견서를 통하여 법적 전자 증거 개시를 위한 A/IS의 이용을 승인했으며, 향후 지대한 영향을 끼치게 되었다.[65]

한편, 법적 사실인정을 위한 A/IS의 채택을 촉진하는 데 있어 중요한 역할을 수행한 TREC 법률 분야 프로그램의 사례에서는 다음과 같은 교훈들을 찾아볼 수 있다.

- **지표**: TREC 연구들은 재현율과 정밀도라는 지표들을 근거로 법조계 종사자들이 쉽게 이해할 수 있는 방법을 활용하여 평가 대상 시스템들의 유효성을 정량화했다.
- **벤치마크**: TREC 연구들은 그간 걸림돌이 되어 왔던 중요한 문제를 해결해 냈다. 즉, 현존하는 난제 중 하나인 법적 증거 개시에 적용되는 A/IS의 유효성을 독립적이고 과학적으로 건실한 방법을 통하여 평가한 것이다.
- **협업**: TREC 연구들을 시작한 사람들과 이러한 연구들에 가장 성공적으로 참여한 사람들은 과학 분야와 법조계 양쪽에서 배출되었다. 이는 다양한 분야에서의 협업이 매우 중요하다는 방증이다.

TREC 연구들은 과학 분야에서 진실을 추구하기 위한 기본원칙들이 법률 분야에서 진실을 추구하기 위한 기본원칙들의 수립을 촉진하는 데 이용될 수 있다는 사실을 증명하는 대표적인 사례이다. 이 연구들은 향후 벤치마킹을 위한 개념적 근간을 마련하는 데 기여할 수 있다. 또한 법률 시스템에 배치된 A/IS의 유효성에 대한 정보 기반의 신뢰 형성을 지원하는 표준들과 인증 프로그램들의 개발에도 기여할 수 있다.[66]

## 권고안

1. 정부들은 법률 시스템에 이미 배치되어 있거나 향후 배치될 수 있는 A/IS의 유효성에 대하여 타당하고 공개적으로 접근 가능한 측정 결과들을 제공하기 위해

지속적인 벤치마킹 활동들의 실행 기반이 조성될 수 있도록 적절한 기금과 도움을 제공해야 한다. 이러한 지원의 형태는 매우 다양한데, 예컨대 미국 NIST와 같은 비(非)규제적인 측정 연구소들을 통하여 직접적인 후원과 관리를 제공할 수 있다. 한편, 믿을 만한 제3자가 조달 및 계약요건들에 따라 벤치마킹을 실시할 경우, 결과에 대한 인정을 통하여 간접적으로 지원할 수도 있다. 이를 위한 정부의 모든 노력은 투명하고, 공개적인 조사가 가능해야 한다.

2. 정부들은 법률 시스템에 적용되는 A/IS의 유효성을 평가하는 데 이용될 수 있는 데이터셋의 생성을 촉진해야 한다. 정부들과 행정 기관들은 이 데이터셋의 생성을 지원하기 위하여 개인정보 보호 등 서로 충돌할 수 있는 사회적 가치들을 고려해야 하며, 이러한 가치들의 유지와 실용적인 데이터셋의 생성을 동시에 구현하기 위한 해결책들을 찾아내야 한다. 이를 위한 정부의 모든 노력은 투명하고, 공개적인 조사가 가능해야 한다.

3. 법률 시스템에 적용되기 위한 A/IS를 제작하는 사람들은 해당 A/IS의 유효성에 대한 타당성 있는 지표들을 찾아야 한다. 이러한 노력은 벤치마킹 활동에 참여하거나 단일 시스템 평가를 실시함으로써 추진 가능하다. 개발자들은 테스트의 절차들과 결과들을 전문가들과 비전문가들이 모두 이해할 수 있는 분명한 언어로 제시하되, 지식 재산이 유출되지 않도록 해야 한다. 제시된 내용들은 모든 이해관계자들－적절한 경우에는 일반대중 포함－이 공개적으로 조사할 수 있어야 한다.

4. 법률 시스템에서 이용되는 A/IS의 연구 및 개발에 참여하는 사람들은 해당 A/IS의 유효성을 측정하는 유의미한 지표들을 정의하기 위하여 노력해야 한다. 또한 이들은 법률 시스템에서의 A/IS 적용으로 인하여 영향을 받을 수 있는 모든 이해관계자들의 의견을 상기 지표들의 선택과 정의 과정에 고려하기 위하여 노력해야 한다.

5. 정부들과 산업 협회들은 법률 시스템에 배치되는 A/IS의 운영에 참여하는 사람들과 A/IS의 운영 결과들로 인하여 영향을 받게 되는 사람들에게 핵심적인 유

효성 지표들은 무엇이며, 이 지표들이 해당 A/IS의 능력들과 한계들에 대해 시사하는 바가 무엇인지를 알려주기 위한 교육 활동들을 담당해야 한다.

6. 법률 시스템에서 이용되는 A/IS를 제작하는 사람들은 모든 이해관계자들–적절한 경우에는 일반대중 포함–이 연구자들에 의해 정의된 유효성 지표들을 획득하고 접근할 수 있도록 해야 한다. 개발자들은 해당 A/IS를 통하여 생성된 지표들에 대한 해석과 대응을 어떻게 수행할 수 있는가에 대한 지침을 제공해야 한다.

7. 법률 시스템에 적용되는 A/IS를 운영하는 사람들은 해당 A/IS를 위하여 제공되는 유효성 측정에 대한 지침을 따라야 한다. 이러한 지침에는 어떤 지표들을 획득하고 지표들을 어떻게, 언제 획득해야 하며, 특정 결과들에 어떻게 대응해야 하고 다른 유효성 측정 방법들을 언제 활용하는 것이 적합한가에 대한 내용 등이 포함되어 있다.

8. 법적인 문제들이나 질의사항들의 해결에 적용되는 A/IS의 유효성 측정 결과들을 해석, 대응하기 위해서는 이러한 결과들을 해석하는 사람들로부터 해당 A/IS의 배치와 관련된 구체적인 목표들과 환경 조건들의 조정에 대한 허락을 받아야 한다. 정량적 측정 결과들은 측정 결과의 실질적 중요성과 측정 결과에서 개선 필요성이 제기되었는지 여부에 대한 정성적 평가를 통하여 보완되어야 한다. 이러한 정성적 평가는 합당한 판단을 내리는 데 필요한 기술적 전문성과 실용적 경험을 보유한 사람이 실시해야 한다.

9. 산업 협회들 또는 기타 단체들은 A/IS의 유효성을 측정하고 보고하기 위한 표준들의 개발을 위하여 협력해야 한다. 이 표준들의 개발 과정에는 과학 분야와 법률 분야의 관계자들로부터 수집된 의견들이 반영되어야 한다.

10. 유효성에 대해서는 이슈 2의 첫 번째 권고안을 참고하면 된다.

11. 유효성에 대해서는 이슈 2의 두 번째 권고안을 참고하면 된다.

## 기타 참고자료


- *Da Silva Moore v. Publicis Groupe*, 2012 WL 607412 (S.D.N.Y. Feb. 24, 2012).
- C. Garvie, A. M. Bedoya, and J. Frankle, "규제 성역에 있는 미국 경찰의 안면인식 프로그램(The Perpetual Line-Up: Unregulated Police Face Recognition in America)," Georgetown Law, Center on Privacy & Technology, Oct. 2016.
- M. R. Grossman and G. V. Cormack, "기술을 이용한 전자 증거 개시는 소모적인 수동 검토 방식보다 더 효과적·효율적일 수 있어(Technology-Assisted Review in E-Discovery Can Be More Effective and More Efficient Than Exhaustive Manual Review)," *Richmond Journal of Law and Technology*, vol. 17, no. 3, 2011.
- B. Hedin, D. Brassil, and A. Jones, "전자 증거 개시를 위한 측정에 대하여(On the Place of Measurement in E-Discovery)," 예측 코딩 등 법조계 종사자들을 위한 고급 검색 방법들을 기반으로(in Perspectives on Predictive Coding and Other Advanced Search Methods for the Legal Practitioner), J. R. Baron, R. C. Losey, and M. D. Berman, Eds., Chicago: American Bar Association, 2016.
- J. A. Kroll, "불가해성의 오류(The fallacy of inscrutability)," *Philosophical Transactions of the Royal Society A: Mathematical, Physical, and Engineering Sciences*, vol. 376, no. 2133, Oct. 2018.
- D. W. Oard, J. R. Baron, B. Hedin, D. Lewis, and S. Tomlinson, "전자 증거 개시를 위한 정보 검색의 평가(Evaluation of Information Retrieval for E-Discovery)," *Artificial Intelligence and Law*, vol. 18, no. 4, pp. 347-386, Aug. 2010.
- The Sedona Conference, "전자 증거 개시 과정에서의 적정 품질 수준 달성에 대한 논평(The Sedona Conference Commentary on Achieving Quality in the E-Discovery Process)," *The Sedona Conference Journal*, vol. 15, pp. 265-

304, 2014.

- M. T. Stevenson, "현재 이용되고 있는 위험성 평가 방법에 대한 평가(Assessing Risk Assessment in Action," *Minnesota Law Review*, vol. 103, June 2018.
- "글로벌 AI 거버넌스 회의: 2018년 요약보고서(Global Governance of AI Roundtable: Summary Report 2018)," World Government Summit, 2018.
- High-Level Expert Group on Artificial Intelligence, "신뢰성 있는 AI를 위한 윤리지침 초안: 이해관계자 의견 수렴용(DRAFT Ethics Guidelines for Trustworthy AI: Working Document for Stakeholders' Consultation)," The European Commission. Brussels, Belgium: Dec. 18, 2018.

### 이슈 4 역량

**A/IS 운영자(들)의 지식과 기술들에 대한 요구사항들이 어떻게 법률 시스템에서의 A/IS 채택 적합성에 대한 정보 기반의 신뢰를 형성할 수 있는가?**

#### 배경

기술 시스템에 대한 정보 기반의 신뢰를 구성하는 핵심요소는 해당 기술을 운영하는 사람(들)의 역량에 대한 확신이다. 이는 특히 그 기술 시스템이 우리에게 중대한 영향을 끼치는 경우에 더욱 그러하다. 우리가 외과 의사들이나 비행기 조종사들에게 마음 놓고 생명을 맡기는 것은 이 사람들이 효과적으로 일을 잘하는 데 필요한 도구들과 방법들을 적용할 수 있는 지식, 기술, 경험을 가지고 있다고 믿기 때문이다. 우리의 이러한 확신은 이와 같은 운영자들이 수술실이나 비행기 조종실로 들어서기 전에 엄격한 전문적·과학적인 자격 인정 기준들을 통과했다는 사실을 알고 있다는 것에서 기인한다. 운영자의 역량에 대한 정보 기반의 신뢰는 우리가 원하는 결과를 외과 수술이나 비행기 여행을 통하여 얻게 될 것이라는 확신을 갖게 만든다.

법률 시스템을 위한 A/IS는 시민의 생명, 자유, 권리에 중대한 영향을 끼치는 것임에도 이를 운영하는 사람들의 역량에 대한 기준들은 아직 존재하지 않는다. 이러한 기준들의 부재는 법률 분야에서 신뢰성 있는 A/IS의 채택에 큰 걸림돌이 된다.

## 인간 운영자는 A/IS의 필수요소

현재 법률 시스템에 적용되고 있는 A/IS의 대다수는 대부분의 다른 분야들과 마찬가지로 인간의 중재가 필요하며, 이러한 사실은 앞으로도 당분간은 변하지 않을 것이다. 인간의 중재란 후속 설계 작업과 후속 개발을 의미하는데, 다음과 같은 결정들에 대한 것을 비롯하여 매우 다양한 형태로 이루어진다. (a) A/IS를 특정 목적으로 이용할 것인지에 대한 여부,[67] (b) A/IS의 훈련에 이용되는 데이터, (c) 결과 생성에 이용되는 시스템 변수들을 위한 설정, (d) 결과들을 검증하는 방법들, (e) 결과들의 해석과 적용. A/IS의 결과들은 인간 운영자(들)을 포함한 모든 구성요소들의 작용을 통하여 생성된다. 따라서 A/IS의 유효성, 그리고 더 나아가 A/IS의 신뢰성은 인간 운영자(들)에 따라 좌우될 것이다.

그럼에도 인간이 어떻게 법률 시스템을 위한 A/IS를 조정해야 하는지, 또는 A/IS를 적용하고 A/IS의 결과들을 해석하는 사람은 어떤 지식을 갖추어야 하는지에 대한 기준들은 거의 전무한 상태이다.[68] 이는 법률 분야와 같이 인간의 생명, 권리, 자유가 걸려 있는 경우에 특히 더 심각한 문제이다. 현재 법률 분야에 적용되는 기술들에 대한 인식과 이해를 변호사들을 위한 직업윤리강령의 규정들에 포함시키는 작업이 시작되고는 있지만,[69] 법률 시스템을 위한 A/IS의 운영자들은 본질적으로 자신의 역량을 판단할 수 있는 것으로 간주되고 있다. 이 운영자들은 민사 소송 조사를 담당하는 변호사들이나 IT 전문가들, 재범 위험성 평가 알고리즘들을 이용하는 교도관들, 예측 치안에 관여하거나 자동 감시 기술들을 이용하는 법률 집행기관들을 의미한다. 이들은 대부분 자신이 이용하는 시스템의 운영에 대하여 이해하고 있거나 특별한 합의 역량을 보유하고 있다는 사실을 증명하지 않고서도 A/IS를 이용할 수 있다.[70]

역량에 대한 요건들이나 표준들이 없으면 법률 시스템에서의 A/IS 이용에 대하여 정보 기반의 신뢰가 형성되기 어렵다. 전통적으로 법률 전문가들이 해왔던 일들에 A/IS가 적용되는 환경에서 법원들, 법조계 종사자들, 법률 집행기관들, 일반대중이 A/IS의 결과들을 온전히 신뢰하기 위해서는 A/IS 운영자들이 A/IS의 효과적 운영을 위한 조건들과 방법들을 이해하는 데 반드시 필요한 지식과 기술을 보유하고 있을 것이라고 믿을 수 있는 근거들이 필요하다. 이러한 필수기술에는 A/IS의 훈련에 이용되는 데이터, A/IS가 적용되는 데이터, A/IS가 생성하는 결과들, A/IS의 유효성 측정에 대한 방법들과 결과들을 평가하는 것이 포함된다. 운영자들의 역량이 뒷받침되지 않을 경우, A/IS는 의도되지 않은 역효과를 가져올 수 있다. 즉, A/IS는 법률 시스템의 개선–그리고 이에 따른 인간의 웰빙 증진–을 가져오는 대신에 다음과 같이 법률 시스템의 공정성 및 유효성과 이에 대한 신뢰를 저해하고 사회적 혼란을 초래함으로써 인간의 웰빙이 파괴되는 환경을 조성할 수 있다.

- 시 의회가 주민들에 대한 치안 예산을 잘못 할당할 수 있다. 실제 범죄율보다 체포율을 근거로 주민들을 분석하는 알고리즘으로 생성된 결과에 의존하기 때문이다.[71]
- 민사 재판에서 A/IS가 문서들을 검색하여 관련 사실들을 찾아내는 작업에 실패가 발생할 수 있다. 통계자료를 다루는 능력이 부족한 A/IS 운영자가 A/IS의 정확성을 과대평가함으로써 매우 중요한 진상조사 작업들이 중단될 수 있기 때문이다.[72]
- 보석 시스템에서 편견을 줄이기 위하여 A/IS에 의존할 경우, 오히려 편견이 계속 사라지지 않는 결과가 초래될 수 있다. 예를 들어, 어떤 판사가 알고리즘 기반의 범죄 등급들이 다양한 환경적 요인들에 대한 충분한 고려를 근거로 정확히 구분된 것인가에 대하여 판단을 내리지 못할 경우,[73] 판사는 A/IS에서 생성된 결과를 면밀히 검토하고 객관적인 정보를 참고하여 제대로 이용하는 일이 불가능할 것이다.
- 형사 재판 시스템의 운영자가 A/IS를 판결 과정에 이용할 경우, A/IS에 의해 생성된 결과 중에서 편견을 찾아내거나 편견 위험성을 평가하는 데 실패할 수

있다.[74] 이는 시민의 자유를 부당하게 박탈하거나, 범죄자를 성급하게 석방함으로써 재범률을 높이는 결과를 초래할 수 있다.

일반적으로, 일반대중은 A/IS 운영자들이 A/IS를 원래 의도에 맞게 적용하고 적절하게 감독할 것이라는 확신이 없으면 법률 시스템에서의 A/IS 이용은 물론, 자칫하면 법률 시스템 자체에 대하여 두려움, 불안, 의심을 느끼게 될 것이다.

## 인간 운영자들의 역량에 대한 정보 기반의 신뢰 형성

앞에서 살펴본 부정적 결과들을 예방하기 위해서는 **A/IS 운영자들에 대한 정보 기반의 신뢰를 형성하기 위한 규정을 법률 시스템에서의 A/IS 채택을 위한 기준들에 포함시킬 필요가 있다.** 신뢰 형성 과정에서는 A/IS 배치에 관여하는 두 가지 부류의 사람들, 즉 개발자들과 운영자들을 위한 표준들과 모범사례들을 정의하는 작업이 요구될 것이다.

A/IS의 설계, 개발, 마케팅에 관여하는 사람들은 안전하고 윤리적이며 효과적인 A/IS의 구축과 운영에 필요한 지식과 기술들, 그리고 조건들을 규정하는 데 전념해야 한다.[75] 한편, 법률 전문가들과 법률 서비스 분야에서 활동하는 전문가들을 포함하여 A/IS의 실제 운영에 관여하는 사람들은 이러한 요건들을 법, 윤리, 전문 업무와 관련하여 현재 적용되고 있는 다른 요건들에 부합하는 방식으로 준수하는 데 전념해야 한다. 역량 관련 요건들의 정확한 본질적 특성은 A/IS의 본질적 특성과 목적, A/IS의 효과적인 운영 여부로 인하여 좌우되는 이해관계들에 따라 각기 다를 것이다. 예를 들어, 계약 체결을 위한 A/IS의 운영요건들은 시민의 자유에 영향을 끼칠 수 있는 비행 위험성의 평가를 위한 A/IS의 운영요건들보다 상대적으로 덜 엄격할 수 있다.

이와 같은 요건 규정들에 반드시 포함되는 내용은 A/IS를 운영할 사람들에게 필수기술의 교육과 훈련이 원활히 제공되어야 한다는 것이다. 해당 교육은 로스쿨 등 전문학교들, 미국 연방판사들을 위한 연방사법센터(Federal Judicial Center) 등 평생 전문훈련 기관들, 미국변호사협회(American Bar Association) 등 전문·산업협회들,

일반대중을 위한 시설들을 통하여 제공될 수 있다.[76]

누구나 필수기술의 훈련 기회들을 쉽게 이용하고 접할 수 있는 환경을 만드는 것은 적절한 역량을 기반으로 하는 A/IS의 운영에 필요한 자원들이 광범위하고 공평하게 분배되도록 하기 위한 필수과제이다.[77]

법률 시스템을 위한 용도로 설계된 A/IS가 적절하게 적용되고, A/IS의 효과적인 작용에 대한 이해관계자들–법률 전문가들, 판결 대상자들, 범죄 피해자들, 지역사회들, 일반대중 등–이 정보 기반의 신뢰 또는 (역량 평가 결과를 근거로 한) 불신을 갖도록 하려면, A/IS의 개발자들과 운영자들이 모두 함께 협력해야 한다.[78]

### A/IS 이용 역량에 대한 사례

아마존 웹 서비스(Amazon Web Services)에는 이미지 및 동영상 분석 서비스 '아마존 레코그니션(Amazon Rekognition)'이 포함되어 있다.[79] 이 서비스는 이미지들과 동영상들에서 텍스트, 물체, 사람, 행동을 인식하기 위한 용도로 개발된 것이다. 또한 이와 같은 서비스를 이용하면 사람들의 얼굴을 검색하고 비교하는 것도 가능하다. 이러한 기능은 법률 집행과 국가 안보에 이용할 수 있는데, 예컨대 보안 카메라를 통해 촬영한 동영상에서 인식된 얼굴들을 수감자 사진 데이터베이스에 저장된 얼굴들과 비교할 수 있다. 미국 오리건(Oregon) 주와 플로리다(Florida) 주의 경찰에서는 이 기능에 관심을 보이면서 레코그니션(Rekognition) 서비스를 법률 집행 업무에 시험적으로 적용한 바 있다.[80]

2018년 법률 집행기관들의 안면인식 기술 이용을 자주 비판해 왔던 미국시민자유연맹(ACLU: American Civil Liberties Union)[81]이 Rekognition에 대한 테스트를 실시했다. 우선, 범죄자 사진["머그샷(mugshots)"] 25,000장으로 데이터베이스를 구축한 다음, 미국 의회 현직 의원들 전원(全員)에 대하여 이미 공개되어 있는 사진들을 데이터베이스의 사진들과 비교하는 작업을 진행했다. 그 결과, Rekognition이 의원 28명의 얼굴이 체포되어 있는 범죄자들의 얼굴로 잘못 매칭했다는 것이 밝혀졌다.[82] ACLU는 Rekognition의 가긍정적 판단 건수가 많다는 것은 안면인식 기술들(특히

Rekognition)을 치안에 이용하면 결국 법을 지키는 시민들의 프라이버시와 자유가 위험에 처하게 된다는 사실에 대한 방증이라고 주장한다. ACLU는 안면인식 기술들의 오용과 잠재적 남용을 금지하는 강력한 안전장치들이 만들어질 때까지 美 의회가 법률 집행기관들의 안면인식 기술 이용을 중지하는 법률을 제정해야 한다고 주장해 왔는데, 이러한 주장을 뒷받침하기 위한 근거로서 Rekognition에 대한 테스트 결과를 이용했다.[83]

한편, 아마존이 ACLU 보고서에 대해 지적한 바에 따르면, ACLU 측은 연구 과정에서 80%의 유사성 임계치(매칭 결과가 '참'이 될 가능성을 측정하는 기준)를 적용하여 Rekognition 관련 기술을 테스트했는데, 이는 매칭 가능성을 높이기 위하여 임계치를 너무 관대하게 설정한 것이다. 따라서 많은 수의 가긍정적 판단 건수가 생성되었다.

아마존은 가긍정적 판단에 따른 비용 손실이 더 높은 분야(예: 치안)는 판단 과정에서의 우발적 실수를 줄이기 위하여 99% 이상의 유사성 임계치를 적용할 것을 권하고 있다.[84] 또한 아마존은 향후 Rekognition 관련 기술이 이용되는 모든 법률 집행기관들에서는 어떤 치안 업무가 실제로 수행되기 전에 우선 인간이 Rekognition 관련 기술의 결과들을 검토하는 과정을 거치게 될 것으로 예상된다고 언급했다.

ACLU의 Rekognition 테스트와 아마존의 대응은 적절한 역량을 가진 사람들에 의해 A/IS가 이용되도록 하기 위한 지침들을 정의하고 준수하는 것이 얼마나 중요한지를 일깨워주는 사례이다.[85] 만약 어떤 법률 집행기관이 Rekognition 관련 기술을 ACLU 테스트와 동일한 방식으로 이용했다면, 비록 합법적인 이용이라 할지라도 대부분의 경우에는 미숙한 역량으로 기술을 이용하는 잘못을 범했다는 평가를 받게 되었을 것이다. 또한 아마존은 이러한 기술을 법률 집행 업무의 지원에 효과적으로 이용하는 데 필요한 역량과 관련된 지침들이 준수되지 않을 경우에 발생할 수 있는 위험들을 명확하고 이해하기 쉽게 제시하지 않았다는 점에 대해서는 비난을 면할 수 없다. 적절한 역량을 기반으로 하는 A/IS 이용은[86] A/IS 개발자가 A/IS 이용 역량에 대한 지침들을 충분한 근거와 함께[87] 구체적으로 제시하고, A/IS 운영자가 이러한 지침들을 준수해야만 가능하다.[88]

권고안

1. 법률 시스템에서의 적용을 위한 A/IS를 제작하는 사람들은 해당 A/IS가 적정 수준의 유효성을 갖추어야 할 경우, A/IS를 운영하는 사람들에게 요구되는 지식, 기술, 경험에 대하여 분명하고 이해하기 쉬운 지침을 제공해야 한다. 이 지침에는 상기 요건들이 충족되지 않으면 어떤 위험들이 발생할 수 있는가에 대한 내용도 포함되어야 한다. 또한 이 지침은 전문가들은 물론 일반대중도 쉽게 접하고 이해할 수 있는 형태로 문서화되어야 한다.

2. 법률 시스템에서의 적용을 위한 A/IS의 개발사들과 개발자들은 A/IS의 올바른 운영방법에 대한 정책들을 문서에 명시해야 한다. 이 정책 문서들은 제작되고 있는 A/IS를 이용할 법률 전문가들의 의견을 반영해야 한다. 해당 정책들에는 다음과 같은 내용들이 포함되어야 한다.

    - A/IS의 실제 적용에 대한 설명
    - A/IS의 효과적 이용을 위한 전제조건들
    - A/IS 운영자들에게 요구되는 훈련과 기술
    - A/IS의 유효성에 대한 측정 절차들
    - A/IS의 결과들을 해석하는 과정에서 고려되어야 할 사항들
    - A/IS가 적절하게 운영될 때 운영자들과 다른 이해관계자들이 기대할 수 있는 결과들
    - A/IS가 부적절하게 운영될 경우 발생할 수 있는 구체적인 위험들

이 정책들은 운영자가 A/IS의 운영을 중단할 필요가 있는 상황들도 제시해야 한다. 이 모든 정책들은 공개적으로 제공되어야 한다.

3. 법률 시스템에서의 적용을 위한 A/IS의 개발사들과 개발자들은 적절한 역량이 뒷받침되지 않은 A/IS의 운영을 막기 위한 안전장치들을 통합해야 한다. 이 안전장치들에는 필요시 A/IS 운영자들에게 통지서들과 경고문들을 발부하고 적절한 경우에는 해당 문서들의 수신 확인을 요구하는 것, 운영자의 전문성 수준

에 따라 A/IS 기능에 대한 접속을 제한하는 것, 잠재적 위험성이 높은 경우에는 A/IS를 폐쇄하는 것 등이 포함된다. 또한 이 안전장치들은 독립적인 조직의 구성원으로서 적절한 역량을 갖춘 사람(예: 법관)에 의해 수립되고 다양한 상황들이 고려된 정책들을 통하여 유연하게 관리되어야 하며, A/IS를 활용하여 법적 문제를 해결하는 데 이용되어야 한다.

4. 정부들은 자신이 달성한 법적 성과가 A/IS의 적용에 따라 영향을 받는 사람에게는 해당 법적 성과와 관련하여 A/IS가 어떤 역할을 수행했는지에 대한 정보가 통지되어야 한다는 규정을 마련해야 한다. 또한 이 사람은 적절한 역량을 갖춘 인간의 판단에 호소할 수 있는 기회를 가져야 한다.

5. 변호사, 판사, 법률 집행관 등 법의 제정, 실행, 해석, 집행에 관여하는 전문가들은 자신의 담당 업무들에 A/IS가 윤리적・효과적으로 적용되도록 하려면 어떤 과학적・전문적 지식이 필요한지 알고 있어야 한다. 미국변호사협회 등 이러한 법률 전문가들이 속해 있는 전문협회들은 교육 프로그램들과 직업윤리 강령들을 통하여 회원들에게 A/IS가 법률 분야에서 효과적이고 신뢰성 있게 적용되도록 하는 데 필요한 과학적・기술적 역량요건들이 무엇인지를 잘 알 수 있는 기회를 제공해야 한다.[89]

6. 법률 시스템에 적용되는 A/IS의 운영자들－그 운영자가 A/IS 전문가이든, 법률 전문가이든지 간에－은 A/IS의 역할들이 효과적으로 수행되도록 하는 데 어떤 역량들이 요구되는지를 이해해야 한다. 또한 해당 역량들을 자신이 직접 획득하거나, 해당 역량들을 보유하고 A/IS의 역할들이 효과적으로 수행되게 하는 데 도움을 줄 수 있는 사람들을 찾아내야 한다. A/IS 운영자는 모든 관련 분야들에 대하여 전문가가 될 필요는 없지만, 필수적인 전문지식을 갖춘 사람들과 접촉할 수는 있어야 한다.

7. 역량에 대해서는 이슈 2의 첫 번째 권고안을 참고하면 된다.

8. 역량에 대해서는 이슈 2의 두 번째 권고안을 참고하면 된다.

## 기타 참고자료


- C. Garvie, A. Bedoya, and J. Frankle, "규제 성역에 있는 미국 경찰의 안면인식 프로그램(The Perpetual Line-Up: Unregulated Police Face Recognition in America)." Washington, DC: Georgetown Law, Center on Privacy & Technology, 2016.
- International Organization for Standardization, *ISO/IEC 27050-3*: 정보기술-보안기술-전자증거 개시(*Information technology-Security techniques-Electronic discovery*)*-Part 3*: 전자증거 개시에 대한 실무지침(*Code of practice for electronic discovery*), Geneva, 2017.
- J. A. Kroll, "불가해성의 오류(The Fallacy of Inscrutability)." *Philosophical Transactions of the Royal Society A: Mathematical, Physical and Engineering Sciences*, vol. 376, no. 2133, Oct. 2018.
- A. G. Ferguson, "예측 치안의 감시(Policing Predictive Policing," *Washington University Law Review*, vol. 94, no. 5, 2017.
- "글로벌 AI 거버넌스 회의: 2018년 요약보고서(Global Governance of AI Roundtable: Summary Report 2018)," World Government Summit, 2018.


## 이슈 5 : 책임성

A/IS의 적용에 따른 결과에 대한 책임을 부여하는 능력이 어떻게 법률 시스템에서의 A/IS 채택 적합성에 대한 정보 기반의 신뢰를 형성할 수 있는가?

## 배경

**책임 부여.** 기술 시스템에 대한 정보 기반의 신뢰를 구성하는 핵심요소는 필요시 해당 기술 시스템의 제작과 적용 과정–설계부터 개발, 조달, 배치,[90] 운영, 유효성 검증에 이르기까지－에 참여하는 인간 에이전트들에게 책임을 부여하는 것이 가능하다는 확신이다. 이러한 과정에 참여하는 에이전트들이 책임을 지도록 하는 메커니즘들이 없다면 그 어떤 체계 하에서라도－공식적인 법적 체계든지, 아니면 덜 공식적인 규범 체계든지 간에－해당 기술 시스템의 결과에 대한 책임을 평가하는 것은 어렵거나 불가능할 것이다. A/IS의 제작과 이용에 대한 모델 역시 위와 같은 메커니즘들이 없으면 A/IS의 성급한 설계, 무성의한 채택, 부적절한 이용을 억제하는 중요한 장치들을 갖추지 못하게 될 것이다.

간단히 말하자면, 어느 누구도 책임지지 않는 결과들을 생성하는 시스템은 결코 신뢰받을 수 없다. 그리고 이러한 시스템의 제작, 조달, 배치, 운영에 관여하는 사람들은 명확한 책임 할당에 대한 원칙 없이 행동하게 될 것이다. 한편, 이 시스템의 운영에 따른 결과들로 인하여 영향을 받는 사람들은 어떤 결과에 대해 의문사항들이 있어도 적절한 답을 얻지 못할 것이며, 이 시스템에서 발생하는 오류들은 수정되지 않은 상태로 계속 남아 있게 될 것이다. 법률 시스템에 적용되는 A/IS가 특히 개인의 기본적 인권과 깊이 관련되어 있을 경우, 이러한 의문사항들과 오류들은 매우 중요한 의미를 가진다. 이와 같은 상황에서 유일하게 선택할 수 있는 길은 A/IS를 맹목적으로 신뢰하거나 불신하는 것뿐이다. 이러한 선택지는 결코 만족스럽지 못하며, 특히 법과 같이 사회 질서의 근간이 되는 분야에 적용되는 기술 시스템의 경우에는 더욱 그러하다.

### 책임성에 대한 장애요소들

A/IS는 그 적용 분야가 법률 시스템이든 그렇지 않든 간에 책임성을 유지하는 것이 특히 어려운 일이 될 수 있다. 그 이유는 A/IS가 본질적으로 소위 "블랙박스(black box)"라는 특성을 가지고 있을 뿐 아니라, A/IS에 대한 책임들이 분산되어 있기 때문이다.

A/IS가 이해하기 어려운 대상으로 인식되고 있는 것은 그 내부 구조가 투명하게 밝혀져 있지 않기 때문이며, 이는 복잡한 알고리즘들, 컴퓨터 코드, 입력 데이터가

결합된 시스템이라면 어쩔 수 없이 갖게 되는 특성이다. 이와 관련하여 미국 정보기술혁신재단(Information Technology and Innovation Foundation)의 조슈아 뉴(Joshua New)와 다니엘 카스트로(Daniel Castro)는 다음과 같이 지적한 바 있다.

> 알고리즘 결정 과정에 대하여 가장 많이 제기되는 비판은 근본적인 결정 모델들이 수백만 개의 데이터 포인트들과 수천 개의 코드 라인들에 연결된 나머지 너무나도 복잡하여 "블랙박스"에 둘러싸여 있다는 것이다. 하지만 이러한 모델은 시간이 지나면 변경 가능하다. 특히 기계학습 알고리즘들을 이용하면 새로운 데이터가 나타날 때 모델을 조정할 수 있다.[91]

A/IS의 불투명성은 인과관계의 추적을 어렵게 만들며,[92] 이는 결국 책임 소재의 파악이 어려워지거나 아예 불가능해지는 결과로 이어질 수 있다.

책임이 분산되어 있는 것은 설령 가장 간단해 보이는 A/IS라 할지라도 실제로는 복잡한 시스템일 수 있으며 설계와 개발, 그리고 배치에 수많은 에이전트들－시스템 설계자들, 엔지니어들, 데이터 분석가들, 품질 관리 전문가들, 운영자들 등－이 관여할 수 있기 때문이다. 게다가 일부 에이전트들은 해당 A/IS의 개발에 아예 관여하지 않은 사람들일 수도 있다. 이 중에는 심지어 원래 목적 자체가 완전히 다른데도 나중에 해당 A/IS의 일부로 통합되는 오픈소스 컴포넌트들의 개발자들이 포함될 수 있다. 이처럼 A/IS에 대한 책임이 분산되어 있는 것은 A/IS의 책임성을 유지하는 데 걸림돌로 작용할 수 있다.[93] 법과 A/IS의 상호작용에 대한 저술과 강연을 자주 해온 매튜 슈어러(Matthew Scherer)는 다음과 같은 의견을 피력한 바 있다.

> AI 시스템의 구성요소들을 설계, 수정, 통합하기 위한 과정에는 수많은 사람들과 기업들이 참여할 수 있기 때문에 가장 책임이 큰 이해관계자 또는 이해관계자들을 파악하기가 어려울 것이다. 일부 구성요소들은 아예 해당 AI 프로젝트가 구상되기 수년 전에 설계된 것들일 수 있다. 이러한 구성요소들을 설계한 사람들은 자신의 설계들이 AI 시스템, 심지어 유해한 AI 시스템에 포함될 것이라고 의도하기는커녕 상상조차 하지 못했을 것이다. 이를 고려하면 해당 AI 시스템의 완성 및 운영으로부터 멀리 떨어져 있는 시점과 위치에 있는 구성요소를 설계한 사람을 비난하는 것은 부

당하다.[94]

이와 관련된 사례들은 다음과 같다.

- 어떤 판사가 장기 징역을 선고했는데 이 판결에 부분적으로 영향을 끼친 A/IS가 결함으로 인하여 특정 인물의 재범률이 높다고 잘못 판단했을 경우, 이 오류에 대한 책임은 누구에게 있는가? A/IS 설계자, 관련 데이터를 선택하거나 입력 데이터를 검토한 사람, 위험성 프로파일을 작성하여 법원에 전달한 검찰측, 이 A/IS의 한계들을 더 분명하게 이해하는 데 도움이 될 적절한 질문들을 제기할 수 있는 역량이 없었던 판사 중에서 어느 한 사람이 책임져야 하는가? 아니면 이 다양한 에이전트들이 책임을 분담해야 하는가?[95]
- 한 변호사가 민사 또는 형사 증거 개시에 관여하는 과정에서 모든 관련 정보는 어떤 데이터 집약적 주제와 관련하여 A/IS를 이용하는 중에 발견된 것이라고 잘못 믿고서 중요한 사실들을 수집하는 데 실패할 경우, 이에 대한 책임은 누구에게 있는가? 해당 주제와 관련된 환경들을 구체적으로 예측하는 능력이 없을 가능성이 높은 A/IS 설계자, A/IS를 운영했거나 A/IS의 유효성을 잘못 측정한 법률 또는 IT 전문가, 아니면 의뢰인이나 법원 또는 수사기관들에게 진술한 변호사 중에서 누가 책임져야 하는가?
- A/IS를 믿은 법률 집행관이 어떤 사람을 다른 사람들에 비해 범죄 가능성이 더 높은 인물로 잘못 지목한 경우, 잘못 지목된 사람의 시민권 침해에 대한 책임은 누구에게 있는가? A/IS 설계자, 알고리즘 훈련을 위한 데이터를 선택한 사람, A/IS 유효성 측정 방법을 선택한 사람,[96] 법률 집행관에게 교육을 제공한 전문가들, 법률 집행관 중에서 누가 책임져야 하는가?

A/IS에 대한 불투명성과 책임 분산으로 인하여 발생하는 장애 요소들을 고려할 때, "누가 책임져야 하는가?"라는 질문에 대한 답변은 현재로서는 대부분의 경우 "대답하기 어렵다"는 것이다. 이러한 답변의 실질적인 의미는 "책임질 사람은 아무도 없다"라거나, 이 역시 별로 소용이 되진 않겠지만 "모두에게 책임이 있다"는 것이다. 이처럼 책임성이 유지되지 않을 경우, 정보 기반의 신뢰 하에 A/IS(또는 A/IS의 모든 잠재적 혜택들)를 법률 시스템에 도입하기 위한 시도들은 별다른 성과를 거둘 수 없

을 것이다.

## A/IS에 대한 책임성과 신뢰의 유지

복잡한 시스템들에 대한 책임성을 유지하는 것은 어려울 수 있다. 하지만 책임성 유지는 법률 분야에서 A/IS 이용에 대한 정보 기반의 신뢰를 형성하기 위해 반드시 충족되어야 할 필수요건이다. "알고리즘을 비난하는 행위(blaming the algorithm)"는 책임 소재의 투명성 유지와 책임성 기준의 수립이라는 과제의 해결을 대신하는 수단이 될 수 없다.[97] 이는 우리가 해당 시스템의 복잡성을 고려할 때 "시스템 사고들(systems accidents)"이 어느 정도 발생하는 것은 불가피하다는 점을 인정하는 경우에도 마찬가지이다.[98] 어떤 시스템에 대한 정보 기반의 신뢰는 오류들이 전혀 발생하지 않을 것이라는 믿음이 반드시 필요한 것은 아니다. 하지만 오류들이 발생할 때 그 오류들을 해결하기 위한 메커니즘들이 존재한다는 믿음은 반드시 필요하다. 책임성은 그러한 메커니즘들의 필수적인 구성요소이다.

책임성 유지를 위해서는 현행 기준들과 규제들이 책임성 유지에 영향을 끼칠 수 있다는 점을 인식해야 한다. 예를 들어, A/IS 제공자와 A/IS를 획득하고 적용하는 사람 간에 체결된 계약 조항들은 A/IS에서 바람직하지 않은 결과들이 발생할 경우 누가 책임져야 하는지(또는 누가 책임이 없는지)를 정하는 데 도움이 될 수 있다. 또한 직업윤리강령도 변호사와 같은 사람들은 자신이 이용하는 기술들－해당 기술들을 직접 운영하든지, 다른 사람에게 운영을 위탁했든지 간에－로 인해 발생한 결과들에 대해 어느 정도 책임져야 하는지를 정하는 데 도움이 될 수 있다. 사법 시스템에 시민권이 부당하게 침해될 경우를 위한 책임 평가 절차를 둘 수도 있다. 그러나 앞에서 살펴본 바와 같이, 현행 기준들과 규정들은 아무리 유용하다고 할지라도 본질적으로는 A/IS의 불투명성과 책임 분산으로 인한 책임성 유지의 문제를 해결하기에 충분한 수단이 될 수 없다. 따라서 다른 조치들을 더 취해야 한다.[99]

첫 번째 조치는 A/IS의 개발, 조달, 배치, 운영, 테스트에 관여하는 모든 사람에게 책임성이 유지되지 않는 A/IS는 신뢰받지 못한다는 점을 인식시키는 것이다. 이들은 책임성 유지를 위하여 언제나 책임 소재를 확실히 규명하고, 적절한 경우 해당 책임에 대하여 의미 있는 조사와 감사가 실시될 수 있도록 해야 한다. A/IS 운영에 대한 책임 소재의 규명은 누가 책임져야 하고, 누가 어떤 시정 조치들을 요청할 수 있는지를 정의하는 관리 모델을 실행하는 데 그 목표를 두고 있다. 이 관리 모델은 책임성에 대한 문제들이 발생할 경우 실제 적용이 가능한 답변들을 인정함으로써 신뢰를 받을 수 있는 것이어야 한다. 효과적인 모델에 도달하기 위해서는 다음과 같이 A/IS의 제작과 운영에 관여하는 사람들, A/IS의 이용으로 인한 결과들에 따라 영향을 받는 사람들, 모델이 해당 법률 시스템에 어떻게 이용될 것인가를 이해할 수 있는 전문적 지식을 보유한 사람들의 참여가 필요할 것이다.

- A/IS의 설계에 책임져야 하는 사람들은 A/IS를 구성하는 다양한 요소들의 출처들에 대한 기록을 투명하게 유지해야 할 것이다. 해당 기록은 어떤 구성요소들이 내부에서 자체적으로 개발되었는지와 어떤 구성요소들이 외부에서 도입되었는지－오픈소스 기반이든, 다른 업체로부터 획득된 것이든 간에－에 대한 내용이 포함되어야 한다.
- A/IS의 설계에 책임져야 하는 사람들은 자신이 제작하는 시스템들의 운영에 참여할 사람들의 역할들, 책임들, 앞으로 부담해야 할 책임들을 구체적으로 정의해야 할 것이다.
- 한 시스템의 운영에 책임져야 하는 사람들은 자신의 역할들, 책임들, 앞으로 부담해야 할 책임들을 이해하고 자신이 관련 요건들을 준수했다는 사실에 대한 기록을 유지해야 할 것이다.
- 형사 소송의 피고인 등 A/IS의 운영으로 인한 결과들에 따라 영향을 받는 사람들은 자신에게 영향을 끼치는 A/IS의 개발, 운영, 유효성 검증을 위한 적정 측면들에 관여하는 사람들의 역할들과 책임들에 대한 정보에 쉽게 접근할 수 있어야 할 것이다.[100]
- 법과 정치에 대하여 교육을 받은 사람들(예: 법률 전문가, 규제자, 법학자, 정치학자)은 현행법률 시스템 내에 실제로 적용 가능한 정보를 제공하는 모델이 생성되도록 해야 할 것이다.

모든 사람의 이해관계들이 반영된 책임성 관리 모델은 A/IS의 무책임한 설계와 이용을 사전에 방지하고, 바람직하지 못한 결과가 발생할 때 이에 대한 책임을 부여하는 데 더욱 효과적으로 기여하게 될 것이다.[101]

다양한 이해관계자들의 의견은 어느 정도의 제도적 여건이 뒷받침되지 않으면 수렴하기 어려운 경우가 많을 것이다. 따라서 법률 업무의 수행을 위해 A/IS를 이용하는 조직들–민간 기업들, 규제기관들, 법률집행 기관들, 사법기관들–은 책임 소재 규명의 목표를 추진하는 데 도움이 되는 정책들을 개발, 실행해야 한다. 그러한 노력의 예로는 전문 담당관을 지정하여 해당 조직이 A/IS를 조달, 구축, 평가하는 과정과 A/IS의 이용에 대하여 내부 및 외부 관계자들을 교육하는 과정을 감독하도록 하는 것을 들 수 있다. 또한 검토위원회를 설립하여 해당 조직의 A/IS 이용 실태를 평가하도록 하고, A/IS 이용의 결과들에 대한 책임 소재가 투명하게 유지되도록 하는 방안도 고려해 볼 수 있다. 경찰서와 같이 A/IS의 이용이 일반대중에게 영향을 끼칠 수 있는 기관들의 경우, 이 검토위원회들은 정당성을 얻기 위하여 형사 소송의 피고인들과 범죄 피해자들을 대변하는 다양한 시민단체들의 참여를 확보해야 할 것이다.[102]

책임 소재에 대해 유의미한 조사가 이루어지도록 하는 것은 A/IS의 이용과 관련된 수사가 A/IS와 A/IS의 운영으로 인해 발생한 오류들(또는 향후 발생할 수 있는 오류들)에 대한 책임으로부터 분리된 상태에서 진행되도록 하는 데 목표를 두고 있다.[103] 이는 A/IS의 설계, 개발, 조달, 배치, 운영, 유효성 검증에 관여하는 모든 사람과 A/IS를 이용하는 조직들이 성실한 마음으로 기꺼이 감사(勘査)–해당 감사가 공식적인 법적 수사인지, 아니면 이보다 덜 공식적인 조사인지 여부와 무관하게–에 참여해야 한다는 것을 의미한다. 또한 이들은 A/IS를 개발하고 배치하는 과정에서 발생한 주요 절차들, 결정들, 인증들[104]에 대한 기록을 기꺼이 작성하고 보존해야 한다.[105]

책임성에 대한 관리 모델의 실행과 유의미한 감사 참여가 병행된다면, 법률 서비스 분야와 같이 복잡한 A/IS의 배치에 대해서도 책임성이 유지될 수 있을 것이다.

**추가사항 1.** 책임성의 원칙은 정보 기반의 신뢰 형성을 위한 다른 원칙들—유효성, 역량, 투명성—과 관련성이 높다. 유효성의 경우, A/IS가 원래 의도대로 기능하고 있다는 것을 확인하기 위한 주요 지표들과 기준들에 도달했다는 증거는 건전한 실증적 근거를 기반으로 할 때, A/IS의 결과에 대한 책임은 개발사들, 소유자들, 운영자들 중에서 누가 져야 하는가에 대한 질문들을 제기할 수 있다. 역량의 경우, 운영자에 대한 자격 증명 제도와 특정 시스템의 이관은 A/IS의 배치에 대한 책임 소재를 확실하게 정하는 데 도움이 된다.[106] 투명성의 경우, A/IS의 일반적인 설계와 방법들에 대한 의견을 제시하거나 A/IS의 특정 결과에 대한 구체적인 설명을 제공하는 것은 책임성 유지에 긍정적인 효과를 가져올 수 있다.

**추가사항 2.** 신뢰는 A/IS를 안내하고 있으며 필요시 A/IS를 중단시킬 수 있는 주체가 인간 전문가라는 사실을 아는 것으로부터 시작되며, 이는 책임성과 밀접하게 연관되어 있다. 인간으로 하여금 무조건 자동 시스템의 결정들에 따르도록 하는 것은 데이터 보호[107]와 기본권[108]의 측면에서 법적·윤리적 우려들을 초래할 수 있으며, 윤리적으로 더 훌륭한 결과의 실현에 적합한 방향으로 주변 상황들을 유연하게 조정할 수 있는 인간의 중재가 없으면 불신을 조장할 수도 있을 것이다. 특히 법률 시스템의 의사결정 과정에 이용되는 A/IS는 기술적 인진성과 신뢰싱을 보장해야 하며, 때에 따라서는 인간 판사에게 검토를 요청할 필요가 있는 경우에 대비해야 한다. 또한 이 검토 요청을 위한 절차들은 세심하게 설계되어야 한다.[109]

### 책임성의 예

지난 20년 간 보석, 판결, 가석방에 대한 결정을 지원하는 데 예측 도구들을 이용하는 형사 사법기관들이 점점 늘어나고 있다. 기업들, 정부기관들, 비영리단체들, 대학들은 누군가가 나타나지 못하거나 새로운 범죄 또는 폭행을 저지를 가능성을 예측하는 도구들을 개발, 홍보해 왔다. 1920년[110] 이후로 수학적 예측이 사법 관련 결정들을 내리는 데 한몫을 하게 되었지만, 한편으로는 책임성과 투명성에 대한 관심이 높아지면서 이러한 도구들의 이용으로 인한 법적 문제가 대두되기 시작했다.

2013년 위스콘신(Wisconsin) 주 라크로스(La Crosse)에서 에릭 루미스(Eric Loomis)라는 사람이 차량을 이용한 총격 행위로 체포되는 사건이 발생했다. 총에 맞은 사람은 아무도 없었지만, 루미스는 징역형이 선고될 위험에 처하게 되었다. 루미스는 자신이 총격 사건에 연루되지 않았다고 주장했으나, 재판권을 포기하고 기소 이유 중 상대적으로 경범죄에 해당하는 두 가지 혐의, 즉 교통 경찰관을 피해 달아나려 한 것과 소유자의 동의 없이 차량을 운전한 것에 대하여 유죄를 인정했다. 판사는 루미스가 "고위험 인물(high risk)"이라며 6년형을 선고했다. 이 판결은 부분적으로 위스콘신 주 교정국이 일상적으로 은밀히 이용해 온 콤파스(Compas)라는 알고리즘 툴에서 생성된 위험성 평가 점수를 근거로 내려진 것이었다.

항소 과정에서 루미스는 다음과 같이 세 가지 변론을 내세웠는데, 이 중 두 가지는 책임성에 초점을 맞춘 것이다.[111] 첫째, 콤파스는 본질적으로 특정 주체의 전유물－기본 코드가 피고인 측에 공개되지 않은 것－이기 때문에 과학적 타당성을 테스트하기가 불가능하다. 둘째, 이 알고리즘 툴의 결정 과정에서는 부적절하게도 용의자의 성(性)이 고려되었다.

위스콘신 주 대법원은 이 두 가지 변론들에 대하여 만장일치로 루미스에게 패소 결정을 내렸다.

위스콘신 주 대법원의 판결에 따르면, 콤파스의 입력 정보와 결과를 안다는 점과 콤파스의 정확성에 대한 연구 내용을 검증하는 것이 가능하다는 점 자체만으로 루미스의 적법 절차가 침해되는 것을 방지하기에 충분했다.[112] 또한 위스콘신 주 대법원은 성(性)－미국에서 보호받아야 할 계층에 해당－문제에 대해서는 루미스가 성(性)을 근거로 Compas의 위험성 평가 내용 또는 선고 내용이 결정되었다는 것을 증명하지 못했다고 판단했다.

위스콘신 주 대법원은 콤파스에 대해 조사하고 콤파스의 결정에 성(性)이 어떻게 이용되었는지를 알아낼 수 있는 능력이 없었기 때문에 역설적인 판단을 내린 것이다.

루미스(*Loomis*) 사건의 판례는 판사들이 "이해할 수 없는(black boxed)" A/IS의 책임성과 업무상 비밀 보호 사이에 적절한 균형을 취하는 데 어려움을 겪고 있다는 것을 의미한다.[113] 다른 판례들은 다른 위험성 평가들,[114] DNA 확률 분석 툴들,[115] 정부의 원격 해킹 수사용 소프트웨어[116]의 책임성을 부정했다. 한편, 책임성을 인정한 한 판사는 DNA 비교들에 이용된 확률 분석 소프트웨어의 기본 코드가 증거로서 인정 가능하며, 전문가의 주장을 증거로 인정하는 것이 어려울 경우 재판 전 심리에서 적절한 증거로 인정될 수 있다고 주장했다.[117]

위와 같은 이슈들에 대한 소송은 A/IS 툴들의 도입이 사법 시스템에 계속 확대되는 한 계속 발생할 것이다. 따라서 루미스(*Loomis*) 사건의 판결에서 지적된 바와 같이, "사법 시스템은 관련 연구의 추이를 계속 지켜보고 이러한 툴들의 이용을 지속적으로 평가해야 한다."

## 권고안

1. 법률 시스템에 적용되는 A/IS의 개발사들은 A/IS의 개발과 운영에 관여하는 모든 사람 중에 A/IS의 결과에 대하여 누가 책임져야 하는지를 명확하게 정의하고 문서화해야 한다.
2. 법률 시스템에 적용되는 A/IS의 채택과 운영에 관여하는 사람들은 A/IS의 결과에 대한 구체적 책임들과 A/IS가 의도되지 않은 결과를 초래할 경우에 대한 책임을 이해해야 한다. A/IS의 경우, 법적 책임에 대한 의문사항들 중 대다수가 아직 해결되지 않은 상태이다. 그러나 A/IS의 채택자들과 운영자들은 바람직하지 않은 결과에 대하여 향후 어느 정도까지 책임질 수 있는지를 이해해야 한다.
3. A/IS 제공자들과 구매자들은 법률 시스템에서의 이용을 위한 A/IS 제품 및 서비스와 관련된 계약 사항들을 협상할 때, 해당 A/IS의 결과들에 대한 책임 소재를 명확하게 정의하는 조항들을 포함시켜야 한다.
4. 법률 시스템에 적용되는 A/IS의 개발사들과 운영자들, 그리고 이 A/IS를 이용하는 조직들은 A/IS의 결과들에 대한 책임 분배를 위한 내부 감독 메커니즘들과 조사들(또는 감사들)에 순응해야 한다. 공적 상호작용에 직접 관여하는 조

직들(예: 법률 집행기관)에서 채택, 배치된 A/IS의 경우, 외부 검토 위원회들이 감독과 조사를 실시할 수 있다. 그리고 이러한 조사들에 대한 준비는 A/IS를 개발, 적용하는 과정에서의 모든 주요 수행 절차들, 결정 사항들, 테스트들을 분명히 문서화하여 보관하는 것을 의미한다.

5. 법률 업무들을 위한 A/IS의 개발과 운영에 관여하는 조직들은 A/IS의 결과들이 윤리적 기준들을 따르고, A/IS의 결과들에 대한 책임성이 유지되도록 하는 개인적 · 조직적 동기들을 부여하는 메커니즘들을 고려해야 한다. 이 메커니즘들은 A/IS의 속도와 효율성을 위하여 책임성이 무시되는 경우가 발생하지 않도록 해야 한다.

6. 법률 시스템에 적용되는 A/IS의 결과들에 따른 책임을 결정하기 위한 조사들을 실시하는 사람들은 A/IS의 설계, 개발, 조달, 배치, 운영, 유효성 검증에 관여하는 모든 인간 에이전트들을 고려하고 이들에게 적절하게 책임을 할당해야 한다.

7. 책임성에 대해서는 이슈 2의 첫 번째 권고안을 참고하면 된다.

8. 책임성에 대해서는 이슈 2의 두첫 번째 권고안을 참고하면 된다.

## 기타 참고자료


- N. Diakopoulos, S. Friedler, M. Arenas, S. Barocas, M. Hay, B. Howe, H. V. Jagadish, K. Unsworth, A. Sahuguet, S. Venkatasubramanian, C. Wilson, C. Yu, and B. Zevenbergen, “책임성 있는 알고리즘들을 위한 원칙들과 알고리즘들을 위한 사회적 영향 선언(Principles for Accountable Algorithms and a Social Impact Statement for Algorithms),” FAT/ML.
- F. Doshi-Velez, M. Kortz, R. Budish, C. Bavitz, S. J. Gershman, D. O’Brien, S. Shieber, J. Waldo, D. Weinberger, and A. Wood, “법률 분야에서의 AI의 책임성: 설명에 대한 역할(Accountability of AI Under the Law: The Role of

Explanation," Berkman Center Research Publication Forthcoming; Harvard Public Law Working Paper, no. 18-07, Nov. 3, 2017.

- European Commission for the Efficiency of Justice, 법률 시스템과 관련 환경에서의 인공지능의 이용에 대한 유럽 윤리헌장(*European Ethical Charter on the Use of Artificial Intelligence in Judicial Systems and their Environment*). Strasbourg, 2018.
- J. A. Kroll, J. Huey, S. Barocas, E. W. Felten, J. R. Reidenberg, D. G. Robinson, and H. Yu, "책임성 있는 알고리즘(Accountable Algorithms)," *University of Pennsylvania Law Review*, vol. 165, pp. 633-705. Feb. 2017.
- J. New and D. Castro, "정책입안자들이 알고리즘의 책임성을 형성할 수 있는 방법(How Policymakers Can Foster Algorithmic Accountability)," Information Technology and Innovation Foundation, May 21, 2018.
- M. U. Scherer, "인공지능시스템의 규제: 이와 관련된 위험, 과제, 역량, 전략(Regulating Artificial Intelligence Systems: Risks, Challenges, Competencies, and Strategies)," *Harvard Journal of Law & Technology*, vol. 29. no. 2, pp. 369-373, 2016.
- J. Tashea, "범죄 추정: 변호사들이 보석, 판결, 가석방 관련 결정의 지원을 위한 알고리즘 이용에 이의를 제기하다(Calculating Crime: Attorneys are Challenging the Use of Algorithms to Help Determine Bail, Sentencing and Parole)," *ABA Journal*, March 2017.

**이슈 6 : 투명성**

A/IS가 어떻게 특정 결정들이나 결과들에 도달했는가에 대한 정보의 공유가 법률 시스템에서의 채택을 위한 A/IS의 적합성에 대해 정보 기반의 신뢰를 형성할 수 있는가?

## 배경

**유의미한 정보에 대한 접근.** 기술 시스템에 대한 정보 기반의 신뢰를 구성하는 핵심 요소는 인간이 특정 환경에서 해당 시스템이 어떤 행동을 취하는 이유(또는 가정된 환경에서 해당 시스템이 어떤 행동을 취하게 될 이유)를 이해하는 데 요구되는 정보가 접근 가능할 것이라는 확신이다. 이러한 투명성 없이는 해당 A/IS의 특정 결정 또는 결과가 설명, 복제 가능하며 필요시 수정 가능한 것이라고 믿을 수 있는 근거가 성립될 수 없다.[118] 이러한 투명성 없이는 해당 시스템이 원래의 목표를 신뢰성, 일관성 있게 달성하는 방향으로 운영될 수 있거나, 해당 시스템이 인권을 침해하는 방향으로 이용되지 않을 것이라는 정보 기반의 신뢰에 대한 근거가 성립될 수 없다. 법률 시스템에 적용되는 A/IS의 경우, 이러한 신뢰가 없으면 법률 시스템 자체에 대한 믿음이 무너질 수 있다.

## 투명성과 신뢰

투명성은 A/IS의 운영과 유효성에 대한 정보 접근성을 가장 우선시함으로써 해당 A/IS에 대한 정보 기반의 신뢰 형성이라는 목적을 달성하는 데 기여한다. 투명성이 형성하는 신뢰의 내용은 다음과 같다.

- A/IS의 운영과 결과들은 설명 가능하다.
- A/IS의 운영과 결과들은 공정하다.[119]
- A/IS의 운영과 결과들은 편견이 없다.
- A/IS는 운영과 결과들에 대한 규범적 표준들을 준수한다.

- A/IS는 효과적이다.
- A/IS의 결과들은 복제 가능하다.[120]
- A/IS의 설계, 개발, 조달, 배치, 운영, 유효성 검증에 관여하는 사람들은 적절한 경우 부정적 결과들에 대해 책임질 수 있으며, 정당한 경우 부정적 결과들을 바로잡거나 처벌하는 행위가 이루어질 수 있다.

법률 시스템에 이용되는 A/IS가 원래 의도된 목적들을 달성하기 위해서는 법률 시스템의 효과적 기능 여부에 따라 영향을 받는 모든 사람이 A/IS가 위와 같은 요건들을 충족할 수 있다는 것에 대하여 충분한 근거가 뒷받침된 신뢰를 가져야 한다.

## 투명성의 구성요소들

법률 분야에 이용되는 A/IS가 투명성을 가지기 위해서는 A/IS의 설계와 운영에 대한 정보가 다양한 이해관계자들에게 공개되어야 한다. 그러나 이러한 원칙을 실행하려면 A/IS의 타당성과 유효성을 보장하기 위하여 정보를 공개받을 이해관계자들의 유형과 이해관계자들에게 공개될 정보의 유형이 더 정확하게 설정되어야 한다.

법률 시스템의 이해관계자들은 다음과 같다.

- 민사 재판, 형사 재판, 법률 집행과 관련된 업무들을 수행하기 위한 A/IS를 운영하는 사람들. 여기에는 잠재적 범죄 용의자들을 파악하기 위하여 안면인식 툴들을 이용하는 법률 집행관들이 포함된다.
- 중요한 결정들을 내리기 위하여 A/IS의 결과들에 의존하는 사람들. 여기에는 선고 결정 과정에서 재범 위험성에 대한 알고리즘 기반 평가의 결과들을 참고하는 판사가 포함된다.
- A/IS의 이용으로 인하여 직접적으로 영향을 받는 사람들, 즉 "판결 대상(decision subject)." 여기에는 보석 기간들이 도주 위험성에 대한 알고리즘 기반 평가의 영향을 받는 형사 소송 절차의 피고인이 포함된다.
- A/IS의 결과들로 인하여 간접적으로 영향을 받는 사람들. 여기에는 예측 치안

기술의 결과들에 따라 경찰 측으로부터 주목을 더 받거나 덜 받는 지역사회 구성원들이 포함된다.

- 법률 시스템의 효과적 기능과 관련된 사람들. 즉 판사들, 변호사들, 일반대중을 의미한다.

관련 정보는 고급 정보로 분류될 수 있다. 고급 정보로 분류되는 정보의 내용은 다음과 같다.

- 해당 A/IS의 이용과 개발에 대한 비기술적 절차에 대한 정보
- 해당 A/IS의 개발, 훈련, 운영과 관련된 데이터에 대한 정보
- A/IS의 유효성/성능에 대한 정보
- 해당 A/IS의 공식적 모델에 대한 정보
- A/IS의 일반적인 논리 구조 또는 특정 결과들을 설명하는 정보

이처럼 상세하게 관련 정보를 분류하는 것이 중요한 이유는 조사 내용에 따라 다양한 정보가 요구될 것이며, 해당 조사의 실제 수요에 맞는 정보가 제공되어야 하기 때문이다. 예를 들어, 치안자원들을 잘못 배분한 치안 시스템에 대한 조사는 A/IS의 공식적 모델과 관련된 정보를 통해서는 제대로 진전될 수 없지만, 특정 결과에 대한 설명을 통해서는 원활하게 진전될 수 있다.

반면, 설계자 또는 운영자가 시스템 기능의 개선 방법들에 대해 실시한 조사는 해당 시스템의 공식 모델들에 대한 정보를 통하여 상당히 진전되는 효과를 얻을 수 있다.[121]

관련 정보의 상세한 분류가 중요한 또 다른 이유는 경우에 따라 일부 이해관계자들에게 특정 정보에 대한 정보의 접근을 제한하는 것이 바람직할 수 있기 때문이다. 공익 담당자의 지정이 필요한 상황이 바로 그 예이다. 이 경우, 공익 담당자로 지정된 사람은 감사를 위하여 다른 사람들은 접근할 수 없는 민감한 정보에 접근할 수 있을 것이다. 이러한 정보 접근의 제한은 투명성의 원칙이 보안, 프라이버시, 지적 재산권의 적절한 보호 등 다른 사회적 가치들과 목표들을 침해하지 않는 범위 내에서 필요하다.[122]

"누가 어떤 정보에 접근할 수 있는가?(*Who is given access to what information?*)"라는 질문의 중요성은 정부기술 업체인 Elucd가 개발한 감정 측정기(Sentiment Meter)라는 기술에서 엿볼 수 있다. Elucd는 뉴욕(New York) 경찰국(NYPD: New York Police Department)과 협력하여 뉴욕 시민들이 시 정부와 관련하여 어떤 감정을 느끼고 있는지에 대한 정보를 거의 실시간으로 제공하고 있다. 그 목적은 뉴욕 경찰국이 치안 활동에 대한 뉴욕 시민들의 의견들을 파악할 수 있도록 돕기 위한 것이다.[123] 이 프로그램의 목표로 발표된 것들 중 하나는 뉴욕 경찰국에 대한 일반대중의 신뢰 형성이다. 이를 위하여 "일반대중(the public)"은 관련 시스템의 설계 및 개발 방법, 입력 데이터, 운영자 및 운영 자격, 유효성 테스트 방법, 제작 과정에 일반대중의 참여가 포함되지 않은 이유 등 모든 잠재적인 관련 정보에 접근할 수 있어야 한다. 만약 일반대중이 이 모든 정보에 접근하면 안 될 경우에는 누가 접근해야 하는가, "일반대중"은 어떻게 정의하면 되는가, 뉴욕 시에서 선출된 공무원들은 뉴욕 시 전체를 대표하는 것인가, 지나가던 사람을 불러세워 심문하고 몸 수색을 하는 등 논란이 되고 있는 경찰의 행위들로 인하여 가장 많은 영향을 받는 사람들과 같은 일부 집단들이 더 큰 정보 접속권을 가져야 하는 것인가에 대한 질문이 제기될 수 있다. 감정 측정기 프로그램에서 발표된 목표들이 달성되기 위해서는 위와 같은 질문들에 대한 답변들이 제공되어야 한다.

### 투명성의 실현

앞에서 살펴본 바와 같이 투명성은 법률 시스템에 적용되는 A/IS에 대하여 정보 기반의 신뢰를 형성할 수 있다. 하지만 투명성을 실제로 구현하는 것은 신중한 고려가 요구되는 일이다. 일반대중이 A/IS의 운영과 결과들에 대한 모든 정보에 접근할 수 있도록 요구하는 것은 필요한 일도, 실현 가능한 일도 아니다. 정말 요구해야 할 것은 정보 기반의 신뢰 형성이라는 구체적인 목적을 위하여 누가 어떤 정보에 접근할 필요가 있는가가 신중하게 고려되도록 하는 것이다. 다음 표는 신뢰 형성이라는 목적을 위하여 각각의 정보를 적절한 정보 소유자와 매칭하는 데 이용될 수 있다.[124]

| 특정 A/IS에 대한 투명성 수요를 판단하는 데 고려되어야 하는 정보의 유형 | | 특정 A/IS 적용에 대한 투명성 수요를 판단하는 데 있어 다양한 정보의 접근성에 대한 자신의 이해관계가 고려되어야 하는 사람들 | | | |
|---|---|---|---|---|---|
| 구분 | 공개되는 정보(예) | 운영자들 | 결정 대상자들 | 공익 담당자들 | 일반대중 |
| A/IS의 이용 및 개발에 대한 절차적 측면들 | 특정 상황이 A/IS의 이용과 관련되어 있는지 여부 | 해당 없음 | ? | ? | ? |
| | A/IS 이용이 어떻게 허가되었는가? | ? | ? | ? | ? |
| | 누가 A/IS를 개발했는가? | ? | ? | ? | ? |
| | … | | | | |
| A/IS의 개발 및 운영에 관련된 데이터 | A/IS의 운영에 관련된 훈련 데이터와 데이터의 출처 | ? | ? | ? | ? |
| | 데이터에 어떤 종류의 품질 체크들이 실시되었으며, 그 결과는 어떠한가? | ? | ? | ? | ? |
| | 데이터 레이블들은 어떻게 정의되며, 데이터가 어느 정도까지 대용 변수들에 관련되어 있는가? | ? | ? | ? | ? |
| | 관련 데이터셋 자체 | ? | ? | ? | ? |
| | … | | | | |
| 유효성/성능 | 실시된 유효성/성능 측정의 종류 | ? | ? | ? | ? |
| | 측정 결과들 | ? | ? | ? | ? |
| | 독립적인 감사 또는 인증 | ? | ? | ? | ? |
| | … | | | | |
| 모델 규격 | 관련된 입력 변수들 | ? | ? | ? | ? |
| | 최적화된 모델의 변수(들) | ? | ? | ? | ? |
| | 완성 모델(공식적 표현, 소스 코드 등의 완전한 상태) | ? | ? | ? | ? |
| | … | | | | |
| 설명 | A/IS의 일반적 로직 또는 기능에 대한 정보 | ? | ? | ? | ? |
| | 특정 결과의 결정 요인들에 대한 정보[125] | ? | ? | ? | ? |
| | … | | | | |

구체적인 정보가 공개되어야 하는지 여부, 그래야 한다면 어떤 이해관계자들이 그 정보에 접근해야 하는지를 결정할 때에는 다음과 같이 다양한 사항들을 고려해야 한다.

- 일부 정보의 공개는 프라이버시 침해 문제, 상업적 또는 공공정책적 이해관계, –예: 지적 재산이 보호되는 적정 한도 내에서의 혁신 추진–보안 문제–예: 게임 및 악의적 해킹 관련 우려–와 충돌할 수 있다. 이처럼 상충하는 이해관계들은 구체적이고 타당한 이유 없이 적절한 과정, 투명성, 책임성에 대한 표준들을 지키지 않는 행위를 덮어주기 위한 구실로 이용되어서는 안 된다. 이해관계 간의 갈등은 특히 개인의 존엄성, 보안, 자유가 걸린 법률 시스템에 적용되는 A/IS의 경우 더욱 치열하다.[126]
- 설명 가능성의 구체적인 목표와 시스템 성능 사이에는 갈등이 존재한다. 설명 가능성은 시스템 복잡성을 제한하는 요인이 될 수 있고, 시스템 성능은 설명 가능성을 훼손하는 시스템 복잡성이 높을수록 더 좋아지기 때문이다.[127]
- A/IS에 대한 조사 과정 중에 발생하는 질문과 정보 투명성이 그러한 질문에 대한 답변에 실제로 끼칠 수 있는 영향이 세심하게 고려되어야 한다. A/IS 알고리즘들 또는 훈련 데이터의 공개 자체만으로는 A/IS가 특정 환경에서 효과적으로 운영되었는지 여부에 대한 감사관의 결정을 도울 수 없다.[128] 예컨대, 약품 제조 과정들에 대한 투명성은 그 자체로는 약품의 실제 유효성에 대한 정보를 제공하지 못한다. 그러한 인사이트를 제공하는 것은 임상 실험들이다. 법률 시스템에서 투명성 관련 정보의 수집과 평가에 너무 치중하다 보면 법원들, 법조계 종사자들, 법률 집행기관들이 제 기능을 수행하지 못하게 될 수도 있다. 반면, 유효성 또는 운영자 역량의 측정 등 다른 요소들은 훈련 데이터에 대한 정보와 결합될 경우, 특정 상황에서 A/IS를 신뢰하기 위한 정보 기반의 근거가 마련되도록 하기에 충분한 장치가 될 수 있다.[129]

상기와 같이 이해관계가 상충하는 요소들을 고려할 때, 법률 시스템의 기능에 최적화되어 있고 일반대중에게 합법적으로 보이는 균형점에 도달하기 위해서는 폭넓은 대화를 통하여 다양한 의견들을 반영하는 노력이 요구될 것이다. 여기에는 설계자, 개발자, 조달자, 배치자, 운영자, 유효성 검증 담당자 등 어떤 기술의 적절한 기능에 대하여 직접적인 이해관계를 가진 사람들과 그 기술의 결과들로 인해 직접적으로 영향을 받는 사람들의 의견, 그 기술로 인해 간접적으로 영향을 받을 수 있는 지역사회들의 의견과 함께 법학자들, 규제자들, 학자들 등 윤리, 정부, 법에 대하여 특별한 전문적 지식을 가진 사람들의 의견이 포함된다. 이해관계가 상충하는 요소들 간에 균형을 취해야 하는 방법 역시 상황에 따라 각기 다를 것이다. 본 절에서 살펴본 신뢰를 구성하는 네 가지 요소들을 고려할 때, 법률 시스템의 모든 A/IS에 적용되는 보편적 투명성에 대한 표준들보다는 상황에 따라 유연하게 적용될 수 있는 투명성에 대한 표준들을 추구해야 한다.

**추가 설명 1.** 경우에 따라서는 투명성의 목표들–예: A/IS가 특정 결정을 내린 이유가 무엇인가라는 질문에 답변하는 것–을 달성하는 것은 알고리즘 용어들에 대한 검토 또는 "블랙박스"을 파헤치는 작업이 수반되지 않는 설명 모델을 기반으로 할 때 더 잘 이루어질 수 있다. 예를 들어, "당신은 연 수입이 30,000파운드라서 대출 요청을 거절당한 것이다. 만약 연 수입이 45,000파운드였다면, 당신은 대출을 받았을 것이다"와 같은 반(反)사실적 설명은 알고리즘의 공개보다 더 많은 인사이트를 더 빨리 제공할 수 있다.[130]

**추가 설명 2.** 투명성의 원칙과 신뢰 형성을 위한 다른 원칙들 사이에는 접점이 존재한다. 구체적인 예로는 다음과 같은 것들이 있다.

- **투명성과 유효성.** 유효성 측정에 대한 정보는 오로지 그 정보가 공개되는 경우에만, 즉 측정 실행의 절차들과 결과들이 투명하게 공개되는 경우에만 신뢰를 형성할 수 있다.
- **투명성과 역량.** 투명성은 A/IS를 운영하는 사람들에 의해 요구되는 역량들이 공개, 충족되도록 하는 데 있어 반드시 필요하다. 한편, 투명성에 의하여 해결되는 질문들의 범위는 역량 문제를 넘어선 것이며, 역량에 의하여 해결되는 질문들의 범위는 투명성에 의하여 해결되는 질문들을 넘어선 것이다.
- **투명성과 책임성.** 투명성은 책임성을 결정하는 데 있어 반드시 필요하지만, 책임성 이상의 목적들을 달성하는 데 기여한다. 한편, 책임성은 투명성에 의하여

직접 해결될 수 없는 질문들에 대한 답변을 추구한다.

## 투명성의 예

2004년 테네시(Tennessee) 주 멤피스(Memphis) 시에서는 범죄율이 미국 평균치 이상으로 증가했다. 이에 2005년 멤피스 시는 Blue CRUSH(Crime Reduction Utilizing Statistical History, 통계 이력을 활용한 범죄 감소)라는 예측 치안 프로그램의 시험에 나서게 되었다.[131]

Blue CRUSH는 멤피스(Memphis) 대학교와 협력하여 개발된 것으로,[132] IBM의 SPSS 예측 분석 소프트웨어를 활용하여 "요주의 지점들(hot spots)", 즉 특정 범죄의 발생 가능성이 평균보다 높은 장소들과 시간대들을 찾아낸다. 이 시스템은 이력 데이터(범죄 유형, 위치, 시간대, 요일, 피해자의 특성 등)와 순찰대들이 제공한 실시간 데이터를 분석하여 결과들을 도출한다. 멤피스 경찰국은 이 시스템에서 생성된 범죄 예측 맵(map)을 기반으로 특정 범행을 예방 또는 저지하기 위한 자원들을 원활히 배분할 수 있다. 한편, 멤피스 경찰국은 순찰차를 눈에 띄게 배치하는 것, 관찰용 차량을 눈에 띄지 않게 배치하는 것, 해당 지역의 차량 검문을 늘리는 것, 해당 장소에 위장 잠입하는 것 등 상황에 따라 다양한 세부 대응조치들을 취하게 될 것이다.

Blue CRUSH 시험 프로그램은 이미 예전부터 멤피스 시의 범죄조직들 사이에서 증가해 온 총기 폭력에 중점을 둔 것이었다. 이 프로그램은 기존 방법들과 비교할 때 실제로 범죄조직들의 총기 폭력 사건을 차단하는 효과가 있다는 것을 입증했다. 이처럼 성공적인 결과에 힘입어, 2007년에는 이 프로그램의 운영 범위가 멤피스 시 전역으로 확대되었다. 또한 2013년에는 이 프로그램을 통하여 멤피스 시의 전체 범죄가 30% 이상, 폭력 범죄는 20% 감소했다.[133] 그리고 이 프로그램은 범죄 해결률의 급증에도 기여했는데, 멤피스 경찰국 강력 범죄반은 사건 해결률이 16%에서 약 70%로 증가했다.[134] 게다가 이 프로그램은 비용 측면에서도 효과적인데, 뉴클러스 리서치(Nucleus Research)의 연구에 따르면, 전통적인 방법들을 적용할 경우와 비교할 때 불과 40만 달러 미만의 비용으로 똑같은 성과를 달성하고, 매년 약 720만 달러의

이익을 달성할 수 있는 것으로 밝혀졌다.[135]

멤피스 시의 Blue CRUSH 활용사례에서 주목해야 할 것은 이 기술 자체뿐만이 아니라, 이 기술을 이용한 경찰 인력과 이 기술이 적용된 지역사회들이다. 멤피스 전(前) 경찰국장 래리 고드윈(Larry Godwin)은 "인간은 이 세상의 모든 기술을 가질 수 있다. 그러나 인간이 정말 가져야 할 것은 리더십과 책임성, 그리고 이를 통해 실제로 성공할 수 있게 도와주는 지원군이다"라고 말한 바 있다.[136] Blue CRUSH 프로그램의 성공에서도 역시 일반대중의 지지가 결정적인 역할을 수행했다. Blue CRUSH는 범죄 행위의 "장소(where)"와 "시점(when)", 그리고 "내용(what)"을 파악하는 데 치중하는 다양한 예측 치안 기술을 의미하며, 범죄 행위의 "주체(who)"에 대해서는 주목하지 않으므로 각각의 가해자들이 누구인지를 밝혀내는 데 중점을 둔 기술들과 달리 수많은 프라이버시 문제들이 발생하는 것을 피할 수 있다. 하지만 이 기술 역시 경찰이 특정 요주의 지점의 현장 투입활동 강화 등 일련의 대응 조치들을 취하는 결과를 촉발하게 될 것이다. 그리고 경찰의 대응 조치는 일반대중이 기꺼이 수용할 수 있는 것이어야 하며, 이러한 수용은 투명성이 전제되어야만 가능하다. 이에 고드윈과 자니코우스키(R. Janikowski)는 지역사회 및 인근지역 주민들을 대상으로 200회 이상의 지킴이 회의(watch meeting)들을 개최하여 Blue CRUSH 기술이 무엇이며, 각 지역사회의 치안에 어떻게 이용될 것인지를 일반대중에게 알렸다.[137] 이러한 투명성이 뒷받침되지 않았다면, Blue CRUSH 프로그램은 성공적인 운영에 필요한 일반대중의 지지를 얻지 못했을지도 모른다.

지역주민 회의를 개최하는 것은 예측 치안 프로그램에 대한 신뢰를 형성하는 데 중요한 절차 중 하나이다. 그러나 예측 치안 프로그램들의 실행 범위와 연구 범위가 점점 더 넓어질 경우, 신뢰 형성을 위하여 소규모 주민회의 이상의 것이 요구될 수 있다. 일부 연구자들은 예측 치안 프로그램들의 실행 방법들과 역사적 편견을 영구화 또는 악화시킬 수 있는 가능성에 대하여 심각한 우려를 표시해 왔다.[138] 이러한 우려를 해소하려면 지역주민 회의를 통하여 실현될 수 있는 것보다 더 복잡하고 능동적인 감독이 요구될 것이다.

해결되어야 할 문제들은 다음과 같다.

- 요주의 지점들을 정의하는 과정에서 해당 프로그램이 주로 (편견이 숨어 있을지도 모를) 경찰 활동을 반영하는 체포율을 중시하는가, 아니면 실제 범죄율을 중시하는가?
- 요주의 지점을 정의하기 위한 구체적인 기준들은 무엇이며, 그러한 기준들은 편견이 없는가?[139]
- 요주의 지점들을 정의하는 데 이용되는 입력 데이터에 얼마나 쉽게 접근할 수 있는가? 이 데이터는 독립적인 전문가가 분석 가능하도록 공개되어 있는가?
- 해당 프로그램의 감독, 검토, 교정을 위하여 어떤 메커니즘들이 마련되어 있는가? 이 감독 과정에는 해당 프로그램의 훈련에 이용되는 데이터, 요주의 지점들의 정의에 이용되는 모델들, 해당 프로그램의 유효성 테스트들(편견을 비롯한), 오류들의 발견 시 취해진 개선조치들에 대한 정보가 제공되어야 한다.

예측 치안 프로그램들에 대한 신뢰를 형성하기 원하는 법률 집행기관들은 일반대중이 예측 치안 프로그램들로 인해 초래될 수 있는 부정적인 영향을[140] 더 많이 알게 될수록 투명성을 보장하는 메커니즘들을 마련해야 할 것이다. 이 메커니즘들은 소규모 지역주민 회의들의 수준을 넘어, 투명성 문제들에 대해 복잡한 대응조치까지 취할 수 있어야 한다.

## 권고안

1. 정부들과 전문가 협회들은 이해관계자들—해당 기술의 설계, 개발, 조달, 배치, 운영, 유효성 검증에 관여하는 사람들, 해당 기술의 결과들에 따라 직접적으로 영향을 받을 수 있는 사람들, 일반대중을 포함하여 해당 기술의 결과들에 따라 간접적으로 영향을 받을 수 있는 사람들, 윤리와 정치, 그리고 법에 대하여 전문적인 지식을 가진 사람들—간에 투명성과 다른 중요 이슈들—예: 보안, 프라이버시, 적절한 재산권, 법률 시스템의 효율적 · 일관적인 대응 등—이 서로 균형을 이루게 하는 방안에 대한 논의가 활발히 이루어질 수 있도록 노력해야 한

다. 정책입안자들과 전문가 협회들은 이러한 균형의 달성을 위한 기본체계들을 개발하는 과정에서 경쟁적 이해관계들이 절충될 수 있는 다양한 방법들을 상황에 따라 적절하게 허용해야 한다.

2. 법률 업무에 적용되는 A/IS의 투명성 실현을 위한 기본체계들을 개발하는 정책입안자들은 이 기본체계들에 두 가지 요소들—공개될 수 있는 정보의 다양한 유형과 해당 A/IS의 설계, 운영, 결과들에 대한 정보를 요청할 수 있는 사람들의 다양한 유형—이 모두 충분히 반영되도록 해야 한다.

3. 법률 업무에 채택될 A/IS의 투명성 실현을 위한 기본체계들을 개발하는 정책입안자들은 지적 재산의 적절한 보호가 수행하는 역할을 고려해야 한다. 그러나 지적 재산의 보호와 관련된 우려들이 어떤 정보가 적절한 한도 내에서 공개되는 것을 미리 막기 위한 구실로 이용되도록 허용해서는 안 된다. 이 정보는 A/IS가 유효성, 공정성, 안전에 대해 수용 가능한 기준들을 충족하는지 여부를 확인하는 데 필요한 것이다. 정책입안자들은 상기 기본체계들을 개발하는 과정에서 정보 공개의 보장 수준이 특정 상황에서의 이해관계에 따라 어느 정도까지는 영향을 받는 것을 허용해야 한다.

4. 법률 시스템에 채택될 A/IS의 투명성 실현을 위한 기본체계들을 개발하는 정책입안자들은 "공익 담당자(public interest steward)" 또는 "신뢰할 만한 제3자(trusted third party)"로 특별히 지정된 사람의 역할을 설정하는 옵션을 고려해야 한다. 이는 다른 사람들은 접근할 수 없는 민감한 정보에 접근할 수 있는 사람을 의미한다. 이러한 공익 담당자는 당면한 공익 관련 문제들에 답변하기 위한 정보를 평가하는 역할을 담당하게 될 것이지만, 해당 답변에 도달하는 과정에서 평가된 정보의 상세사항들을 공개해서는 안 될 것이다.

5. A/IS 설계자들은 투명성 요건을 반영하여 A/IS를 설계해야 한다. 즉, 지적 재산과 같은 다른 정보가 보호될 수 있도록 하면서도 A/IS와 A/IS의 성능에 대한 정보들이 공개될 수 있도록 해야 한다.

6. A/IS 개발자들과 구매자들은 법률 시스템을 위한 A/IS의 제품들과 서비스들에

대한 계약 조항들을 협상할 때 A/IS의 설계, 운영, 결과들에 대한 정보를 얻기 원할 수 있는 사람들 중에서 누가 어떤 정보에 접근할 수 있는지를 구체적으로 명시하는 조항들을 포함시켜야 한다.

7. 법률 시스템에 채택될 A/IS의 투명성 실현을 위한 기본체계들을 개발하는 정책 입안자들은 오히려 다른 종류의 조사들–예: 유효성이나 운영자의 역량에 대한 증거의 검토–을 통하여 제공되는 정보에 해당 A/IS의 유효성, 정당성, 안전성에 대한 정보 기반의 신뢰를 더 효과적으로 형성할 수 있는 방법들이 포함된 경우가 존재할 수 있다는 것을 인정해야 한다.

8. 정부들은 적절한 경우에는 A/IS 개발자들은 물론 법률 시스템의 효과적인 기능에 대한 이해관계자들과 협력하여 잘못에 대한 책임을 공유할 수 있는 메커니즘들의 생성을 촉진해야 한다. 이는 법률 시스템들에 광범위하게 배치되어 있는 A/IS의 결함들–예: 치안 업무 또는 위험성 평가 알고리즘들에서 발생하는 안면인식 시스템의 오류–을 더 효과적으로 파악, 분리, 교정하기 위함이다. 이러한 메커니즘들을 개발하는 과정에서 정확히 어떤 정보가 정확히 어떤 집단의 사람들과 공유되어야 하는가에 대한 문제는 A/IS의 적용 분야에 따라 각기 다를 수 있다. 이와 관련된 정부의 모든 노력은 투명해야 하며, 공개 조사를 받을 수 있어야 한다.

9. 정부들은 A/IS가 당초 발표된 내용대로 설계되지 않거나 원래 의도대로 운영되지 않을 경우, 자진하여 관련 정보를 제공하는 사람들에게 내부 고발자 보호 조치들을 제공해야 한다. 예를 들어, 법률 집행기관이 불법적이거나 비윤리적인 목적, 또는 원래 의도에 어긋나는 방식으로 안면인식 기술을 이용하고 있는 경우, 이와 같은 A/IS 남용을 보고하는 사람은 보복을 당하지 않도록 보호되어야 한다. 이와 관련된 정부의 모든 노력은 투명해야 하며, 공개 조사를 받을 수 있어야 한다.

10. 투명성에 대해서는 이슈 2의 권고안 1을 참고하면 된다.

11. 투명성에 대해서는 이슈 2의 권고안 2를 참고하면 된다.

## 기타 참고자료


- J. A. Kroll, J. Huey, S. Barocas, E. W. Felten, J. R. Reidenberg, D. G. Robinson, and H. Yu, "책임성 있는 알고리즘(Accountable Algorithms)," *University of Pennsylvania Law Review*, vol. 165, Feb. 2017.
- J. A. Kroll, "불가해성의 오류(The fallacy of inscrutability)," *Philosophical Transactions of the Royal Society A: Mathematical, Physical, and Engineering Sciences*, vol. 376, no. 2133, Oct. 2018.
- W. L. Perry, B. McInnis, C. C. Price, S. C. Smith, and J. S. Hollywood, "예측치안: 법률 집행에서 범죄 예측이 수행하는 역할(Predictive Policing: The Role of Crime Forecasting in Law Enforcement Operations)," The RAND Corporation, 2013.
- A. D. Selbst and S. Barocas, "설명 가능한 기계의 직관적 호소(The Intuitive Appeal of Explainable Machines)," *Fordham Law Review*, vol. 87, no. 3, 2018.
- S. Wachter, B. Mittelstadt, and L. Floridi, "자동화된 의사결정에 대한 설명권이 일반개인정보보호법(GDPR)에 존재하지 않는 이유(Why a Right to Explanation of Automated Decision-Making Does Not Exist in the General Data Protection Regulation)," *International Data Privacy Law*, vol. 7, no. 2, pp. 76-99, June 2017.
- S. Wachter, B. Mittelstadt, and C. Russell, "구체적인 설명이 없는 반(反)사실적 설명: 자동화된 의사결정과 GDPR(Counterfactual Explanations Without Opening the Black Box: Automated Decisions and the GDPR)," *Harvard Journal of Law & Technology*, vol. 31, no. 2, 2018.
- R. Wexler, "삶과 자유, 그리고 영업 비밀: 형사 사법 시스템에서의 지적 재산(Life, Liberty, and Trade Secrets: Intellectual Property in the Criminal Justice System)," *Stanford Law Review*, vol. 70, no. 5, pp. 1342-1429, 2017.

SECTION

# 02 A/IS의 법적 지위

A/IS 관련 기술들을 어떻게 합법적으로 규제해야 하는가와 이 기술들이 적용된 A/IS를 어떻게 법적으로 적절하게 다루어야 하는가에 대해서는 분분한 논란이 이어져 왔다. 이미 일부 입법자들은 A/IS의 법적 지위를 규정하는 데 고심하고 있다. 법적 "**인격체**(personhood)" – 인간과 인간으로 구성된 일부 조직체들을 지칭 – 라는 개념을 법적 처리 대상으로서의 A/IS에 적용하는 것을 고려할 수는 있겠지만, 실제로 이용되는 A/IS에 적용할 경우에는 인간의 상호작용이 이루어지는 수많은 분야에서 문제들을 초래한다.

**이슈** : (i) A/IS 관련 기술들의 이용으로 인하여 야기되는 법적 문제들과 (ii) A/IS의 혜택들은 최대화하고 부정적인 외부 효과들은 최소화하려는 욕구를 고려할 때, 어떤 유형의 법적 지위(또는 기타 법적 분석체계)를 A/IS에 부여하는 것이 적절한가?

## 배경

A/IS와 로봇 기술들이 융합되면서 자율성과 지적 활동의 수행 능력, 그리고 – 일부 로봇들의 경우 – 물리적 외형의 측면에서 인간을 닮은 시스템들과 기기들이 개발되는 결과가 발생하게 되었다. 어떤 A/IS는 인간과 닮은 성격들을 드러내기 시작했으며, 이에 일부 정부 기관들과 민간 평론가들은 법 체제를 통하여 – 때로는 A/IS에 단순한 소유재 이상의 법적 지위를 부여하기도 하면서 – 다양한 A/IS를 어떻게 분류하고 대우해야 하는가를 검토할 때가 되었다는 결론에 이르렀다. 이들은 법에서 A/IS가 법적 인격체로 다루어져야 하는지 여부와 같은 문제들을 제기했다.[141]

법적 인격체는 개념적으로 다양한 의미가 내포되어 있으나, "온전한(full)" 법적 인격체란 본질적으로 법원에서 소송을 제기할 권리와 소송을 당하는 것을 감당할 능력을 가짐으로써 법률 시스템에 자율적으로 참여하는 것이 가능한 존재를 의미한다.[142] 따라서 법적 "인간(persons)"은 법적 구속력이 있는 협약을 체결하고 자신의 권리를 실행하기 위하여 독자적인 행동을 취할 수 있으며, 타인의 권리를 침해할 경우 책임을 져야 한다.

A/IS에 위와 같은 지위를 부여하는 것은 처음에는 매우 낯설게 여겨질 수도 있다. 법적 인격체란 지위는 오랫동안 기업과 정부기관 등 인간이 아닌 것들에게 부여되어 왔기 때문이다. 그러나 A/IS는 이처럼 낯익은 다른 법인(法人)들과 달리, 인간으로 구성된－또는 반드시 인간이 통제하는－존재가 아니다. 따라서 A/IS를 독립적인 법인으로 인정하는 것은 이러한 법적 지위가 어쩌면 A/IS에 의하여, 그리고 분명히 A/IS를 제작하거나 운영하는 인간 및 법인들에 의하여 남용되는 결과로 이어질 수 있다.[143] 마치 인간 이해관계자들과 에이전트들이 기업이라는 지위를 남용했던 것과 마찬가지로 말이다. A/IS 인격체는 관습법과 민법이라는 전통적인 법률 체계의 관점에서 볼 때 매우 이질적인 개념이다.[144]

온전한 법적 인격체 외에 현행법 체계들이 규정하고 있는 수많은 법적 지위들은 A/IS의 법적 대우와 A/IS로 인해 초래된 피해에 대한 법적 책임의 분배 방법을 논의할 때 참고사례가 될 수 있다. 극단적인 경우이긴 하지만, 법률 시스템에서 A/IS는 단순한 제품, 도구, 기타 개인적 또는 지적 재산이기 때문에 재산법의 적용 대상이라고 간주될 수 있다. 이는 A/IS의 피해에 대한 책임을 단순한 과정을 통해 분배 가능하다는 장점이 있다. 그러나 A/IS가 여타 재산들과 달리, 법적으로 중요한 의사결정들을 자율적으로 수행할 수 있다는 사실은 간과될 수밖에 없을 것이다. 또한 A/IS가 재산의 한 형태로 간주되어야 한다면, 정부들과 법원들은 제3자에 의한 보유권, 소유, 이용에 대한 규칙들을 제정해야 할 것이다. 이 밖에도 애완동물, 가축, 야생동물, 아동, 재소자들의 대우와 대리인, 후견인, 소송 대리권에 대한 법적 원칙들을 참고할 수 있다.[145] 또는 A/IS란 1개 유형 이상의 A/IS에 혼합적이거나 중간적인, 아니면 새로운 형태의 법적 지위가 부여될 수 있는가라는 미증유의 문제를 제기하는 그 어떤 것일 수도 있다.

1개 이상의 사법권에서 A/IS의 법적 지위를 분명히 정의하는 것은 A/IS의 구성 및 운영을 위한 의무사항들과 기대사항들의 불확실성을 제거하는 데 필수적인 작업이다. 이 작업은 A/IS의 명확한 개발과 배치를 촉진하고 A/IS가 초래할 경우 법적 책임 및 의무를 분명히 규정하는 데 도움이 될 것이다. 법적 인격체라는 기존 지위가 부당하게 이용되면 EU에서처럼 국제조약들을 통하여 단일 입법기관이 다수 국가에 대해 총체적인 구속력을 갖게 됨에 따라, 1개 국가로는 국제조약의 법적 · 경제적 결과들을 실험하는 것이 불가능해지는 문제가 발생할 수 있다.

A/IS를 독립적인 법적 인격체로 인정할 경우, A/IS가 향후 내리는 의사결정들에 대한 인간의 책임이 제한 또는 제거되는 결과로 이어질 수 있다. 예컨대, **인과관계** 개입 이론에 따르면, 강도가 해머를 이용하여 어떤 집의 창문을 부술 경우, 해머를 만드는 사람은 책임이 없다. 그러나 이와 유사한 "면책("relief" from responsibility)"이 A/IS의 설계자들, 개발자들, 이용자들에게도 적용된다면, 이들은 A/IS의 설계와 이용에 대하여 굳이 안전성을 유지할 필요성을 느끼지 못하게 될 것이다. 이 경우, 유사한 인과관계의 환경적 조건들-터무니없이 위험한 상품들에 대한 예측 가능성, 공모 관계, 합리적 주의, 엄격한 의무와 전례가 될 만한 기타 개념들-에 적용되는 법적 이슈들이 설계 과정에 고려될 것이다. 다양한 사법권들은 이러한 인과관계의 본질적 특성에 대하여 서로 다른 결론을 내리게 될 것이다. 그리고 A/IS가 가장 유익한 결과를 가져올 수 있는 방향으로 법적 대우를 받으려면 향후 A/IS의 설계, 개발, 배치를 어떻게, 어디서 추구해야 할 것인가를 고려하기 위하여 창의적인 법률 기획자들을 초청할 것이다.

따라서 A/IS의 법적 지위는 A/IS로 인하여 피해가 발생할 때 어떻게 책임성을 보장하고 의무를 할당하고 분배해야 하는가를 둘러싼 더 광범위한 법적 문제들과 밀접하게 관련되어 있다. 특히 A/IS를 법적 인격체로 인정하는 문제는 더 광범위한 윤리적 · 실제적 문제들-A/IS가 어느 정도까지 A/IS를 설계, 운영하는 사람들로부터 독립된 도덕적인 주체로 간주되어야 하는가, A/IS를 인격체로 인정하면 A/IS 개발자들의 원래 의도를 달성하는 데 긍정적 또는 부정적 영향을 끼칠 것인가, 인격체로서의 A/IS는 A/IS의 광범위한 혜택들을 실현하는 데 촉매제 또는 장애물이 될 것인가–과 서로 영향을 주고받는 관계에 있다.

A/IS는 이제 막 개발되기 시작했으므로 A/IS가 배치되어 있고, 향후 배치될 수많은 형태들과 환경들 중에서 특정 법적 지위나 추정을 선택하는 것은 시기상조라고 주장하는 사람들도 있다. 그러나 개발 초기 단계에서 심사숙고를 거쳐 법적 지위를 설정하는 것은 연구자들, 프로그래머들, 개발자들에게 매우 중요한 지침을 제공하는 효과도 있다. A/IS의 법적 지위가 아직 확실하게 정의되지 않았음에도 A/IS는 이미 다수의 법적 사법권에 배치되고 있다는 사실–그리고 각 사법권은 통치권을 가진 독립체로서, 적합하다고 판단될 경우 A/IS를 규제할 수 있다는 사실–은 A/IS의 법적 지위를 평가할 때 다양한 일반적인 기본체계들이 고려될 수 있으며, 고려되어야 한다는 것을 의미한다.

## 권고안

1. A/IS에 온전한 법적 인격체로서의 지위를 부여하는 것은 경제적 혜택을 가져올 수 있다. 그러나 A/IS는 아직 현재 통용되고 있는 인격체의 법적 정의에 따라 허용된 권리들과 책임들을 A/IS에 일반적으로 부여하는 것이 합법적 또는 도덕적으로 적절한 단계까지 개발되지 않았다. 따라서 A/IS에 인격체로서의 법적 지위를 부여함으로써 발생할 수 있는 부정적인 영향들을 차치하더라도, 현 시점에서 그러한 지위를 A/IS에 부여하는 일은 현명하지 못한 처사가 될 것이다.

2. A/IS에 어떤 법적 지위를 부여해야 할 것인가–온전한 법적 인격이 부족한 법적 권리를 부여해야 할 것인가를 포함하여–를 결정하는 과정에서 정부와 업계 이해관계자들은 함께 (1) A/IS에 결코 위탁되어서는 안 될 결정들과 운영들의 유형을 정의하고, (2) 그러한 결정들에 대한 인간의 통제권을 가장 효과적으로 보장할 규칙들과 표준들을 제정해야 한다.

3. 정부들과 법원들은 향후 적용할 수 있는 다양한 법적 모델들–대리권, 동물법, 제2절에서 논의된 기타 유사 사례들–을 검토하고, 그러한 법적 모델들이 A/IS

의 배치 및 이용과 관련된 법적 권리들과 책임들을 할당, 분배하는 데 적절한 근거로 이용될 수 있는지를 평가해야 한다.

4. 또한 정부들은 A/IS가 법적 자율성을 가질 수 있도록 하는 메커니즘들의 구축을 위하여 현행법들—특히 사업체들에 적용되는 법들—을 면밀히 검토해야 한다. 만약 A/IS를 인격체로 인정하는 방법에 모호한 내용들이나 허점들이 존재한다면, 정부는 이를 검토하고 적절하다고 판단될 경우 관련 법들을 개정해야 한다.

5. 제조자들과 운영자들은 각 사법권이 특정 자율시스템과 또는 자율지능시스템을 분류하는 방법과 이 시스템이 초래한 피해에 대처하는 방법을 배워야 한다. 제조자들과 운영자들은 이 시스템이 운영될 수 있는 모든 사법권에서 적용 가능한 법들을 준수하도록 요구되어야 한다. 또한 제조자들과 운영자들은 표준 개발 단체들 및 기관들이 성능과 측정에 대하여 발표한 표준들을 잘 알아야 한다.

6. 이해관계자들은 향후 A/IS의 발전에 따라 A/IS의 법적 지위에 대한 재고가 반드시 요구되는 상황들이 발생할 수 있다는 것을 유념해야 한다. 예를 들어, 자아 인식 능력과 의식을 표출하는 A/IS가 개발될 경우, 이러한 A/IS는 인간과 대등한 법적 지위를 가질 만한 자격이 있는지를 다시 논의하는 것이 적절할 수 있다. 또한 법 시스템에 급진적인 변화들이 일어나서 인간의 권리와 존엄성이 이제 더 이상 기본적인 지도원칙으로 간주되지 않을 경우, 인공적인 독립체에 있어 완전한 인격이라는 개념은 오늘날과 달리 급진적인 일탈로 여겨지지 않게 될 것이다. A/IS의 개발이 현재와 정반대의 방향으로 이루어지고 인간이 A/IS의 행동들을 쉽고 확실하게 통제하고 예측하도록 허용하는 메커니즘들이 도입된다면, A/IS가 인격을 갖게 될 경우 초래될 수 있는 위험은 기업과 같이 이미 오래전부터 법적 인격체로 인정받아 온 존재들이 초래할 수 있는 위험보다 결코 더 크지 않을 것이다.

7. 정부들은 A/IS에게 과연 법적 보호, 권리, 책임을 부여 또는 확대해야 할 것인가에 대해 고려할 때 매우 신중한 태도를 취해야 한다. 정부들과 법원들은 A/IS

에게 완전한 법적 인격이나 이에 필적할 만한 법적 지위를 부여하기 전에, 그러한 행위가 A/IS의 혜택들이 확대되거나 확대될 수 있는 범위를 제한할 우려가 있는지 여부와 함께 인간의 자아에 내재하는 존엄성과 독자성을 해칠 우려가 있는지 여부를 주의 깊게 고려해야 한다. 정부들과 의사 결정자들은 자율시스템 자체의 이익이 아니라 인류 전체의 이익이 지도원칙으로 유지되도록 하기 위하여 규제기관들, 시민사회 대표들, 업계 종사자들, 기타 이해관계자들과 모든 단계에서 긴밀히 협업해야 한다.

## 기타 참고자료


- S. Bayern, "자율시스템의 규제를 위한 현대 기업법의 시사점(The Implications of Modern Business-Entity Law for the Regulation of Autonomous Systems)." *Stanford Technology Law Review* 19, no. 1, pp. 93-112, 2015.
- S. Bayern, et al., "회사법과 자율시스템: 변호사들, 기업가들, 규제기관들을 위한 청사진(Company Law and Autonomous Systems: A Blueprint for Lawyers, Entrepreneurs, and Regulators)." *Hastings Science and Technology Law Journal*, vol. 9, no. 2, pp. 135-162, 2017.
- D. Bhattacharyya, "강(江)의 인격: 법과 사람, 그리고 상상할 수 없는 것(Being, River: The Law, the Person and the Unthinkable)." Humanities and Social Sciences Online, April 26, 2017.
- B. A. Garner, 블랙법률사전(*Black's Law Dictionary*), 10th Edition, Thomas West, 2014.
- J. Bryson, et al., "인간의, 인간을 위한, 인간에 의한: 인조인간의 법적 허점(Of, for, and by the people: the legal lacuna of synthetic persons)," *Artificial Intelligence Law* 25, pp. 273-291, 2017.
- D. J. Calverley, "안드로이드 사이언스와 동물의 권리 사이에는 유사성이 존재하는가?(Android Science and Animal Rights, Does an Analogy Exist?)" *Connection Science* 18, no. 4, pp. 403-417, 2006.

- D. J. Calverley, "법적 인간으로서의 비생물학적 기계(Imagining a Non-Biological Machine as a Legal Person)." *AI & Society* 22, pp. 403-417, 2008.
- R. Chatila, "휴머노이드 로봇을 인간사회에 받아들일 경우 발생할 수 있는 윤리적 이슈들(Inclusion of Humanoid Robots in Human Society: Ethical Issues)," in Springer Humanoid Robotics: A Reference, A. Goswami and P. Vadakkepat, Eds., Springer 2018.
- 로봇 관련 민법 규정들에 대한 권고안과 2017년 2월 16일 유럽의회 결의안(European Parliament Resolution of 16 February 2017 [2015/2103(INL) with recommendations to the Commission on Civil Law Rules on Robotics], 2017.
- L. M. LoPucki, "알고리즘 기반의 독립체(Algorithmic Entities)," 95 *Washington University Law Review* 887, 2018.
- J. S. Nelson, "종이 용(龍) 도둑(Paper Dragon Thieves)." *Georgetown Law Journal* 105, pp. 871-941, 2017.
- M. U. Scherer, "맹수와 디지털 아날로그: 자율시스템의 법적 지위(Of Wild Beasts and Digital Analogues: The Legal Status of Autonomous Systems)." *Nevada Law Journal* 19, forthcoming 2018.
- M. U. Scherer, "AI를 위한 법적 인격은 현행 미국 법에서 이미 가능한가?(Is Legal Personhood for AI Already Possible Under Current United States Laws?)" Law and AI, May 14, 2017.
- L. B. Solum, "인공지능을 위한 법적 인격(Legal Personhood for Artificial Intelligences)." *North Carolina Law Review* 70, no. 4, pp. 1231-1287, 1992.
- J. F. Weaver, 로봇도 인간이다: 우리의 법에 변화를 가져올 Siri와 구글 자율주행차, 그리고 인공지능(Robots Are People Too: How Siri, Google Car, and Artificial Intelligence Will Force Us to Change Our Laws). Santa Barbara, CA: Praeger, 2013.
- L. Zyga, "술 취한 사람이 휴머노이드 로봇을 발로 찬 사건에 대한 법적 문제들(Incident of drunk man kicking humanoid robot raises legal questions)," Techxplore, October 2, 2015.

# 기고자들에 대한 감사의 말

본 장의 작성에 기여한 아래의 모든 분들에게 감사드린다.

## 법률 위원회

- **John Casey** (Co-Chair) – Attorney-at-Law, Corporate, Wilson Sonsini Goodrich & Rosati, P.C.
- **Nicolas Economou** (Co-Chair) – Chief Executive Officer, H5; Chair, Science, Law and Society Initiative at The Future Society; Chair, Law Committee, Global Governance of AI Roundtable; Member, Council on Extended Intelligence
- **Aden Allen** – Senior Associate, Patent Litigation, Wilson Sonsini Goodrich & Rosati, P.C.
- **Miles Brundage** – Research Scientist (Policy), OpenAI; Research Associate, Future of Humanity Institute, University of Oxford; PhD candidate, Human and Social Dimensions of Science and Technology, Arizona State University
- **Thomas Burri** – Assistant Professor of International Law and European Law, University of St. Gallen (HSG), Switzerland
- **Ryan Calo** – Assistant Professor of Law, the School of Law at the University of Washington
- **Clemens Canel** – Referendar (Trainee Lawyer) at Hanseatisches Oberlandesgericht, graduate of the University of Texas School of Law and Bucerius Law School
- **Chandramauli Chaudhuri** – Senior Data Scientist; Fractal Analytics
- **Danielle Keats Citron** – Lois K. Macht Research Professor & Professor of Law, University of Maryland Carey School of Law
- **Fernando Delgado** – PhD Student, Information Science, Cornell University
- **Deven Desai** – Associate Professor of Law and Ethics, Georgia Institute of

Technology, Scheller College of Business

- **Julien Durand**–International Technology Lawyer; Executive Director Compliance & Ethics, Amgen Biotechnology
- **Todd Elmer**, JD–Member of the Board of Directors, National Science and Technology Medals Foundation
- **Kay Firth-Butterfield**–Project Head, AI and Machine Learning at the World Economic Forum. Founding Advocate of AI-Global; Senior Fellow and Distinguished Scholar, Robert S. Strauss Center for International Security and Law, University of Texas, Austin; Co-Founder, Consortium for Law and Ethics of Artificial Intelligence and Robotics, University of Texas, Austin; Partner, Cognitive Finance Group, London, U.K.
- **Tom D. Grant**–Fellow, Wolfson College; Senior Associate of the Lauterpacht Centre for International Law, University of Cambridge, U.K.
- **Cordel Green**–Attorney-at-Law; Executive Director, Broadcasting Commission-Jamaica
- **Maura R. Grossman**–Research Professor, David R. Cheriton School of Computer Science, University of Waterloo; Adjunct Professor, Osgoode Hall Law School, York University
- **Bruce Hedin**–Principal Scientist, H5
- **Daniel Hinkle**–Senior State Affairs Counsel for the American Association for Justice
- **Derek Jinks**–Marrs McLean Professor in Law, University of Texas Law School; Director, Consortium on Law and Ethics of Artificial Intelligence and Robotics (CLEAR), Robert S. Strauss Center for International Security and Law, University of Texas
- **Nicolas Jupillat**–Adjunct Professor, University of Detroit Mercy School of Law
- **Marwan Kawadri**–Analyst, Founders Intelligence; Research Associate, The

Future Society

- **Mauricio K. Kimura**–Lawyer; PhD student, Faculty of Law, University of Waikato, New Zealand; LLM from George Washington University, Washington DC, USA; Bachelor of Laws from Sao Bernardo do Campo School of Law, Brazil
- **Irene Kitsara**–Lawyer; IP Information Officer, Access to Information and Knowledge Division, World Intellectual Property Organization, Switzerland
- **Timothy Lau, J.D., Sc.D.**–Research Associate, Federal Judicial Center
- **Mark Lyon**–Attorney-at-Law, Chair, Artificial Intelligence and Autonomous Systems Practice Group at Gibson, Dunn & Crutcher LLP
- **Gary Marchant**–Regents' Professor of Law, Lincoln Professor of Emerging Technologies, Law and Ethics, Arizona State University
- **Nicolas Miailhe**–Co-Founder & President, The Future Society; Member, AI Expert Group at the OECD; Member, Global Council on Extended Intelligence; Senior Visiting Research Fellow, Program on Science Technology and Society at Harvard Kennedy School. Lecturer, Paris School of International Affairs (Sciences Po); Visiting Professor, IE School of Global and Public Affairs
- **Paul Moseley**–Master's student, Electrical Engineering, Southern Methodist University; graduate of the University of Texas School of Law
- **Florian Ostmann**–Policy Fellow, The Alan Turing Institute
- **Pedro Pavón**–Assistant General Counsel, Global Data Protection, Honeywell
- **Josephine Png**–AI Policy Researcher and Deputy Project Manager, The Future Society; budding barrister; and BA Chinese and Law, School of Oriental and African Studies
- **Matthew Scherer**–Attorney at Littler Mendelson, P.C., and legal scholar based in Portland, Oregon, USA; Editor, LawAndAI.com
- **Bardo Schettini Gherardini**–Independent Legal Advisor on standardization,

AI and robotics

- **Jason Tashea** – Founder, Justice Codes and adjunct law professor at Georgetown Law Center
- **Yan Tougas** – Global Ethics & Compliance Officer, United Technologies Corporation; Adjunct Professor, Law & Ethics, University of Connecticut School of Business; Fellow, Ethics & Compliance Initiative; Kallman Executive Fellow, Bentley University Hoffman Center for Business Ethics
- **Sandra Wachter** – Lawyer and Research Fellow in Data Ethics, AI and Robotics, Oxford Internet Institute, University of Oxford
- **Axel Walz** – Lawyer; Senior Research Fellow at the Max Planck Institute for Innovation and Competition, Germany (Member until October 31, 2018)
- **John Frank Weaver** – Lawyer, McLane Middleton, P.A; Columnist for and Member of Board of Editors of *Journal of Robotics, Artificial Intelligence & Law; Contributing Writer for Slate; Author, Robots Are People Too*
- **Julius Weitzdörfer** – Affiliated Lecturer, Faculty of Law, University of Cambridge; Research Associate, Centre for the Study of Existential Risk, University of Cambridge
- **Yueh-Hsuan Weng** – Assistant Professor, Frontier Research Institute for Interdisciplinary Sciences (FRIS), Tohoku University; Fellow, Transatlantic Technology Law Forum (TTLF), Stanford Law School
- **Andrew Woods** – Associate Professor of Law, University of Arizona

* IEEE 글로벌 이니셔티브 회원들에 관한 전체 목록은 standards.ieee.org/content/dam/ieee-standards/standards/web/documents/other/ec_bios.pdf에서 볼 수 있다.

** **윤리적 설계** 제1판의 권리 포기(disclaimers)에 관한 상세사항은 책자 맨 뒤에 실린 "본 책자가 어떻게 만들어졌는가(*How the Document Was Prepared*)" 부분을 참조하기 바란다.

자율지능시스템의 윤리에 대한 IEEE 글로벌 이니셔티브 법률 위원회는 다음과 같이 법 관련 장(章)의 제1절 "법률 시스템에서 신뢰성 있는 A/IS의 채택을 실현하기 위한 기준"에 대하여 귀중한 피드백과 의견을 제시해 주신 분들께 감사드린다. 이 분들의 코멘트는 자신이 일하고 있는 기관들의 공식적인 입장이 아닌 개인적인 입장에 따른 것임을 밝혀두는 바이다. 본 절의 최종 버전은 이 분들의 모든 코멘트나 의견을 포함 또는 반영한 것은 아니다.

- **Rediet Abebe**, PhD Candidate, Department of Computer Science, Cornell University; cofounder, Mechanism Design for Social Good; cofounder, Black in AI.
- **Ifeoma Ajunwa**, Assistant Professor, Labor & Employment Law, Cornell Industrial and Labor Relations School; faculty Associate at Harvard Law, Berkman Klein Center.
- **Jason R. Baron**, of counsel, Drinker Biddle; co-chair, Information Governance Initiative; former Director of Litigation, United States National Archives and Records Administration.
- **Irakli Beridze**, Head, Centre for Artificial Intelligence and Robotics, United Nations (UNICRI).
- **Juan Carlos Botero**, Law Professor, Pontificia Universidad Javeriana, Bogotá; former Executive Director, World Justice Project.
- **Anne Carblanc**, Principal Administrator, Information, Communications and Consumer Policy (ICCP) Division, Directorate for Science, Technology and Industry, OECD; former criminal investigations judge (juge d'instruction), Tribunal of Paris.
- **Gallia Daor**, Policy Analyst, OECD.
- **Lydia de la Torre**, Privacy Law Fellow, Santa Clara University.
- **Isabela Ferrari**, Federal Judge, Federal Court, Rio de Janeiro, Brazil.
- **Albert Fox Cahn**, Founder and Executive Director, Surveillance Technology

Oversight Project; former Legal Director, CAIR-NY.

- **Paul W. Grimm**, United States District Judge, United States District Court for the District of Maryland.
- **Gillian Hadfield**, Professor of Law and Professor of Strategic Management, University of Toronto; Member, World Economic Forum Future Council for Agile Governance.
- **Sheila Jasanoff**, Pforzheimer Professor of Science and Technology Studies, Harvard Kennedy School of Government.
- **Baroness Beeban Kidron**, OBE, Member, United Kingdom House of Lords.
- **Eva Kaili**, Member, European Parliament; Chair, European Parliament Science and Technology Options Assessment body (STOA).
- **Mantalena Kaili**, cofounder, European Law Observatory on New Technologies.
- **Jon Kleinberg**, Tisch University Professor, Departments of Computer Science and Information Science, Cornell University; member of the National Academy of Sciences, the National Academy of Engineering, and the American Academy of Arts and Sciences.
- **Shuang Lu Frost**, Teaching Fellow, PhD candidate, Department of Anthropology, Harvard University.
- **Arthur R. Miller CBE**, University Professor, New York University; former Bruce Bromley Professor of Law, Harvard Law School.
- **Manuel Muñiz**, Dean and Rafael del Pino Professor of Practice of Global Leadership, IE School of Global and Public Affairs, Madrid; Senior Associate, Belfer Center, Harvard University.
- **Erik Navarro Wolkart**, Federal Judge, Federal Court, Rio de Janeiro, Brazil.
- **Aileen Nielsen**, Chair, Science and Law Committee, New York City Bar Association.
- **Michael Philips**, Assistant General Counsel, Microsoft.

- **Dinah PoKempner**, General Counsel, Human Rights Watch.
- **Irina Raicu**, Director, Internet Ethics Program, Markkula Center for Applied Ethics, Santa Clara University.
- **David Robinson**, Visiting Scientist, AI Policy and Practice Initiative, Cornell University; Adjunct Professor of Law, Georgetown University Law Center; Managing Director (on leave), Upturn.
- **Alanna Rutherford**, Vice President, Global Litigation & Competition, Visa.
- **George Socha, Esq.**, Consulting Managing Director, BDO USA; co-founder, Electronic Discovery Reference Model (EDRM) and Information Governance Reference Model (IGRM).
- **Lee Tiedrich**, Partner, IP/Technology Transactions, and Co-Chair, Artificial Intelligence Initiative, Covington & Burling LLP.
- **Darrell M. West**, VP, Governance Studies, Director, Center for Technology Innovation, Douglas Dillon Chair in Governance Studies, Brookings Institution.
- **Bendert Zevenbergen**, Research Fellow, Center for Information Technology Policy, Princeton University; Researcher, Oxford Internet Institute.
- **Jiyu Zhang**, Associate Professor and Executive Director of the Law and Technology Institute, Renmin University of China School of Law.
- **Peter Zimroth**, Director, New York University Center on Civil Justice; retired partner, Arnold & Porter; former Assistant US Attorney, Southern District of New York.

# 미주

1 S. Jasanoff, "혁신의 통치: 사회적 계약과 민주주의적 상상(Governing Innovation: The Social Contract and the Democratic Imagination)," Seminar, vol. 597, pp. 16-25, May 2009 참고.

2 윤리적 설계의 일반 원칙 1 (인권), 2 (웰빙), 3 (데이터 관리(Data Agency)) 참고. 또한 윤리적 설계의 "A/IS의 고전적 윤리"에 따르면, 이러한 목표들을 추구하기 위해 A/IS를 적용하는 과정에서는 어느 한 가지를 얻고자 할 때 다른 한 가지를 잃는 것이 불가피하다. 예를 들어, 예측 치안에 A/IS를 적용할 경우, 범죄율 감소와 행복 증대의 효과는 얻을 수 있으나, 여기에는 프라이버시권이 침해되거나 부당 수색 및 압류부터의 보호가 약화되는 결과가 수반된다. 이러한 절충안을 타협하는 방법은 문화적 · 법적 전통에 따라 다를 수 있다.

3 위험과 혜택, 그리고 이에 대한 개념은 항상 처음부터 명확하게 정의되어 있거나 계속 고정되어 있는 아니다. 사회적 기대는 물론 심지어 합법성의 개념까지도 끊임없이 진화하기 마련이다. 예컨대, 젊은 사람들은 SNS 기술의 이용에 익숙한 나머지 프라이버시에 대한 기대치가 연장자들보다 낮을 경우, 이는 사회에 혜택과 위험 중 무엇을 가져오는 것으로 간주되어야 하는가? 아니면, 이로 인하여 사회에 아무 영향도 발생하지 않는 것으로 여겨져야 하는가?

4 본 절에 제시된 지침의 특성은 다음과 같다. 인공지능은 법과 밀접한 연관성이 있는 다른 수많은 분야들(예: 법의학, 법회계학, 탄도학, 경제성 분석)과 마찬가지로, 법과 뚜렷이 구분되는 과학의 영역에 속한다. 인공지능의 효과적이고 안전한 설계와 운영은 컴퓨터 공학, 언어학, 데이터 과학, 통계학, 관련 기술 분야의 학문적 · 전문적 역량을 기반으로 한다. A/IS가 법률 시스템에 채택되는 경우가 점점 많아지면서 변호사들, 판사들, 법률 집행관들이 위와 같은 분야들을 직간접적으로 활용하는 추세가 높아지고 있다. 본 책자는 변호사들, 법원들, 법률 집행 기관들에게 실제 업무를 수행하는 방법이나 세계 각국의 사법권들 내에서 법을 집행하는 방법에 대한 법적 자문을 제공하기 위한 것이 아니다. 대신에 본 책자는 특정 법률 시스템에 적용된 A/IS와 그 운영이 변호사들, 법원들, 법률 집행기관들, 시민사회의 전반적인 신뢰를 받으면서 효과적으로 안전하게 제 기능을 수행하도록 돕기 위한 것이다. A/IS의 효과적이고 안전한 운영은 법률 시스템에 매우 이로운 혜택들을 선사할 뿐 아니라, 충분한 정보나 적합한 역량이 뒷받침되지 않은 상태에서 인공지능이 의도적 · 비의도

적으로 조달 및 운영되는 경우 초래될 수 있는 윤리적, 직업적, 사업적 위험 또는 개인적 곤경으로부터 모든 A/IS 참여자들을 보호할 수 있다.

5 Rensselaer Polytechnic Institute, "대법원장 존 로버츠(John G. Roberts, Jr.)와의 대담(A Conversation with Chief Justice John G. Roberts, Jr.)," April 11, 2017 참고. YouTube video, 40:12. April 12, 2017. [Online]. Available: https://www.youtube.com/watch?v=TuZEKlRgDEg

6 "정보에 입각하지 않은 A/IS의 채택 회피"는 다음과 같이 두 가지의 형태로 나타날 수 있다. (a) 건전한 의사결정들이 이루어질 수 있도록 하는 데 필요한 정보가 이용 가능한 상태이지만 고려되지는 않음. (b) 건전한 의사결정들이 이루어질 수 있도록 하는 데 필요한 정보가 아예 이용 불가능한 상태. 전자의 경우와 달리, 후자의 경우는 신중하고 논리적인 판단을 근거로 한 것이며, 이용 가능한 더 좋은 정보가 나타나기 전까지 따르도록 다수의 전문가들과 비전문가들이 권고하는 방안이기도 하다.

7 본 장(章)에서는 어떤 경우에 A/IS의 구축이 법률 시스템에서 수용될 수 있거나 수용될 수 없는가에 대한 이전의 입장이 아니라, 이 네 가지 원칙들에 집중하는 쪽을 의도적으로 택하였다. 이 원칙들이 적절하게 운용될 수 없다면, 법률 시스템에서의 A/IS 구축은 결코 신뢰를 받을 수 없다는 결론에 이르게 될 것이다. 한편, A/IS가 각 원칙의 적절한 운용을 위해 요구되는 기준들을 충족했다는 사실이 입증될 수 있다면, 이 A/IS의 구축은 신뢰받을 수 있다는 결론에 이르게 될 것이다. 이러한 정보의 목적은 공공정책과 관련된 필수적인 대화, 즉 전 세계 사회들에 존재하는 법률 시스템들의 특정 수요들을 충족시키려면 어느 정도까지 A/IS에 의존해야 하는가에 관한 대화를 사전에 막는 것이 아니라, 촉진하는 데 있다.

8 그러한 준수가 사회 기술적 혁신이 일어나는 복잡한 법적, 기술적, 정치적, 문화적 역학관계 내에서 어떤 과정을 통하여 제도화될 수 있는가는 본 장(章)의 논의 범위에 포함되지 않는다. 그러나 이 과정이 주로 다음과 같은 네 가지 단계를 거쳐 이루어진다는 것은 유념할 필요가 있다. 첫째, 시장 환경과 문화에 따라 광범위한 사례들이 등장한다. 둘째, 가장 우수한 모범사례들이 나타나고 어떤 집단이 이 모범사례들을 일종의 규칙들로 채택하기를 원하게 된다. 셋째, 일부 모범사례들은 표준으로 제정되어(사적 계약, 직업강령, 법률을 통해) 강제성을 띠게 된다. 넷째, 이처럼 강제성을 가진 표준들에 따라 충분히 믿을 만하고 예측 가능한 어떤 행동들이 이루어지고, 이를 통하여 신뢰성 있고 해당 사회의 규모에 잘 맞는 A/IS의 운영이 실현된다. 새로운 제도들은 이러한 요소들(규칙 제정, 강제성, 유연한

운영)이 존재하는 곳에서 태어난다.

9 A/IS의 정의는 윤리적 설계의 요약문에 포함된 용어 설명을 참고하면 된다. 본 절에서 "정보에 입각한 신뢰"의 구성요소로 제시된 원칙들은 정확하고 합의된 A/IS의 정의에 따른 것이 아니며, 사실은 광범위한 정의들에 따라 A/IS의 성공적 운영을 실현하기 위해 만들어진 것이다.

10 국내총생산(GDP: Gross Domestic Product), 1인당 국민총소득(GNI: Gross National Income), 세계경제포럼 국제경쟁력지수(WEF Global Competitiveness Index) 등.

11 기대수명, 영아사망률, 식자율(識字率). 그리고 인간개발지수(Human Development Index), 불평등 조정 인간개발지수(Inequality-Adjusted Human Development Index), OECD의 웰빙 및 발전 측정체계(OECD Framework for Measuring Well-being and Progress)와 같은 종합 지수들 등. 웰빙을 측정하는 기준들을 다룬 더 자세한 내용은 윤리적 설계의 "웰빙"에 대한 장(章)을 참고할 것.

12 United Nation General Assembly, 세계인권선언(Universal Declaration of Human Rights), Dec. 10, 1948, http://www.un.org/en/universal-declaration-human-rights/index.html; United Nations Office of the High Commissioner: Human Rights, 비엔나 인권선언 및 행동계획(The Vienna Declaration and Programme of Action), June 25, 1993. https://www.ohchr.org/en/professionalinterest/pages/vienna.aspx 참고.

13 UNICEF, 아동권리협약(Convention on the Rights of the Child), Nov. 4, 2014. https://www.unicef.org/crc/index_30160.html 참고.

14 United Nations Security Council, "분쟁 및 분쟁 후 사회에서의 법치와 과도기적 정의: 사무총장보고서(The Rule of Law and Transitional Justice in Conflict and Post-conflict Societies: Report of the Secretary General," *Report S/2004/616* (2004) 참고.

15 The World Economic Forum, 2018년 국가경쟁력 보고서(*The Global Competitiveness Report: 2018*), Ed., K. Schwab (2018), pp. 12ff 참고.

16 A. Brunetti, G. Kisunko, and B. Weder, "규칙들과 경제 성장의 신뢰성: 민간 분야에 대한 글로벌 조사 결과를 중심으로(Credibility of Rules and Economic Growth: Evidence from a Worldwide Survey of the Private Sector)," *The World Bank Economic Review*, vol. 12, no. 3, pp. 353-384, 1998. https://doi.org/10.1093/wber/12.3.353; World Bank, 2017

년 세계개발보고서: 거버넌스와 법(World Development Report 2017: Governance and the Law), Jan. 2017. doi.org/10.1596/978-1-4648-0950-7 참고.

17 기술(A/IS와 기타 기술들)이 급속히 발전하는 시대에 지적재산법의 문제는 법적, 경제적, 윤리적 사항들을 고려해야 하는 것으로서, 복잡할 뿐만 아니라 논쟁을 초래하는 경우가 많다. 본 책자에서 이 문제는 관련 이슈들에 대한 합의에 도달할 정도로 심도 있게 다뤄지지는 않았다. 하지만 윤리적 설계 차기 버전에서는 그 이슈들이 좀 더 깊게 검토될 수 있을 것이다. 해당 이슈들이 논의되고 있는 곳은 버클리-스탠퍼드 고등특허법연구소(Berkeley-Stanford Advanced Patent Law Institute)이다. 또한 The World Economic Forum, "인공지능, 특허법과 충돌하다(Artificial Intelligence Collides with Patent Law)," April 2018. http://www3.weforum.org/docs/WEF_48540_WP_End_of_Innovation_Protecting_Patent_Law.pdf 참고.

18 인간의 존엄성을 구성하는 요소는 프라이버시이고, 프라이버시를 구성하는 요소는 개인의 데이터에 대한 보호와 통제이다. 따라서 EU의 일반개인정보보호법(GDPR), 유럽 회의가 발표한 "빅데이터 시대의 개인정보 가공에 대한 개인보호지침(Guidelines on the protection of individuals with regard to the processing of personal data in a world of Big Data)"을 비롯한 기본체계들은 법률 시스템이 데이터 프라이버시를 보호할 수 있는 방법에 대한 표준들을 정하는 데 도움이 된다. 또한 윤리적 설계의 일반 원칙 3 [데이터 관리(data agency)] 참고.

19 세계인권선언과 비엔나 인권선언 및 행동계획(VDPA)을 비롯한 기본체계들은 법률 시스템이 준수해야 하는 인권 관련 표준들을 명확하게 정하는 데 유용하다. 또한 윤리적 설계의 일반 원칙 1 (인권) 참고.

20 GDP 외에 행복을 측정하는 기준들의 중요성을 더 자세하게 다룬 내용은 윤리적 설계의 일반 원칙 2 (웰빙)을 참고할 것.

21 국가별 법치 현황을 평가하는 데 유용한 개념적 기본체계는 World Justice Project, 법치지수(*Rule of Law Index*). 2018. url: https://worldjusticeproject.org/sites/default/files/documents/WJP-ROLI-2018-June-Online-Edition_0.pdf 참고.

22 See D. Kennedy, "'법치주의'와 정치적 선택, 그리고 성장에 대한 상식(The 'Rule of Law,' Political Choices and Development Common Sense)," in The New Law and Economic

Development: A Critical Appraisal, D. M. Trubek and A. Santos, Ed., Cambridge: Cambridge University Press, 2006, pp. 156-157; A. Sen, 자유로서의 발전(*Development as Freedom*). New York: Alfred A. Knopf, 1999 참고.

23 Kennedy (2006): pp. 168-169 참고. "'법치(the rule of law)' 구축은 그 자체가 발전 전략이 될 수 있다는 개념은 어떤 희망을 부추긴다. 그 희망이란 법의 선택이 지난 반 세기 동안 발전 정책을 결정하는 데 중요한 영향을 끼쳐온 모든 복잡한 정치적·경제적 선택들을 일반적으로 대체할 수 있다는 것이다. 분배 정치는 어디론가 깊이 숨어버렸다. 법 제도는 위와 같은 선택들에 맞설 수 있는 기회를 제공하지만, 이 선택들을 대신할 수는 없다."

24 공정성(과 편견)은 여러 가지 방식으로 정의될 수 있다. 본 장(章)에서는 어느 한 가지 정의만 강조되어 있지 않으며, 모든 환경에 통용될 단 하나의 정의를 도출한다는 것 자체가 아예 바람직하지 않거나 실현 불가능한 일일 수 있다. 본 장(章)에 제시된 신뢰에 관한 원칙들(유효성, 역량, 책임성, 투명성)은 A/IS의 적용이 공정성에 대한 모든 기준에 부합하는지 여부를 테스트하는 데 도움이 될 정보를 제공하는 것으로 정의된다.

25 배심원단의 심의 내용에 대한 비밀 유지와 일부 민감한 사건들, 그리고 개인정보는 공개 검토와 감독을 과연 어느 정도까지 실시하는 것이 적합한지를 판단하는 데 영향을 끼치는 고려사항들이다.

26 부정적인 결과들을 피하는 것은 유효성과 관련하여 유념할 필요가 있는 중요한 문제이다. 법은 악의적이거나 치열한 분쟁을 야기할 우려가 높은 목적(예: 반대 세력의 억압, 대량 투옥)으로 이용될 수 있다. 그리고 A/IS와 같이 법률 시스템의 운영에 이용되는 도구들은 위와 같은 목적들을 더 효과적으로 달성함으로써 민주적 가치, 인권, 인간의 행복을 해치는 결과를 초래할 수 있다.

27 2006~2011년 미국 표준기술연구소(NIST)가 연구활동의 일환으로 개최한 텍스트 검색 경연대회(TREC)의 결과는 A/IS가 적용된 일부 과정들이 관련 과학 분야의 숙련된 전문가들에 의해 운영될 경우, 대규모 데이터셋들에서 사건 정보를 올바르게 파악하는 데 있어 인간 변호사보다 더 높은 효과와 정확성을 발휘할 수 있다는 것을 의미한다. NIST는 측정 과학을 강화하고 기술의 안전성, 유용성, 호환성, 신뢰성을 높이는 표준들과 측정 기준들의 개발에 참여해 왔으며, 이를 통하여 기술에 대한 신뢰를 구축하는 기관으로서 오랫동안 높은 명성을 떨쳐 왔다. NIST의 이러한 활동은 A/IS 분야에서 급변하는 기술들에 대한 공공의 신뢰를 형성함으로써 A/IS가 약속하는 모든 것들에서 발생하는 혜택이 인간에게

돌아갈 수 있도록 한다는 점에서 매우 중요한 의미를 가진다.

28 A/IS는 민사 및 형사 사법 시스템에서의 의사결정들에 대한 감사(監査)를 지원하는 도구로서 상당한 잠재적 가치가 있는데, 이는 내부 검토 또는 사법적 심의 과정에서 유능한 인간 감사관을 돕는 역할(이슈 4 참고)에 해당한다고 보면 된다.

29 물론, A/IS를 법률 집행의 유효성을 높이는 데 이용하는 것은 프라이버시와 감시 국가의 출현 등 웰빙의 다른 측면들에 대한 염려를 불러일으킬 수 있다. Minority Report (2002) 참고. A/IS를 법률 집행에 이용하기 위해서는 적절한 조치들을 통하여 A/IS가 윤리적인 법률 집행과 개인의 웰빙을 유도하는 방식으로 이용되도록 할 뿐 아니라, A/IS의 그러한 이용에 대한 신뢰를 시민들에게 심어주어야 한다(이슈 2 참고).

30 A/IS는 좀 더 규모가 큰 거래들과 관련된 법률 업무들을 수행하는 데에도 도움이 될 수 있다. 이러한 업무들은 인수합병 계약서의 내용을 검토하여 위험성을 평가하거나 규제의 대상이 될 수 있는 요인들을 보고하는 것을 의미한다.

31 [이 이슈와 본 장(章)에서 논의된 다른 이슈들과 관련하여] 본 장(章)에 명시된 권고안들은 법률 시스템의 공정하고 효과적인 운영에 따른 이해관계자들이 법률 시스템에서의 신뢰성 있는 A/IS 채택을 위한 기준들을 어떻게 개발할 수 있는지에 대한 일반적인 지침을 제공하기 위한 것이다. 이 권고안들이 운용되는 구체적인 방법들은 해당 사회와 사법권에 따라 다를 것이다.

32 "글로벌 AI 거버넌스 회의: 2018년 요약보고서(Global Governance of AI Roundtable: Summary Report 2018)," World Government Summit, 2018: p. 32. https://www.worldgovernmentsummit.org/api/publications/document?id=ff6c88c5-e97c-6578-b2f8-ff0000a7ddb6 참고. [2018년 2월 두바이(Dubai)에서 개최된 AI 거버넌스 회의는 AI 거버넌스 분야의 주요 사상가 90명이 참석했다.]

33 스테이트 v. 루미스(*State v. Loomis*), 881 N.W.2d 749 (Wis. 2016), *cert. denied* (2017); "형사 판결지침–Wisconsin 주 대법원, 판결 과정에 알고리즘 기반 재범 위험성 평가를 이용하기 전에 경고문을 명시할 것을 요구(Criminal Law-Sentencing Guidelines-Wisconsin Supreme Court Requires Warning Before Use of Algorithmic Risk Assessments in Sentencing)–State v. Loomis, 881 N.W.2d 749 (Wis. 2016)," *Harvard Law Review*, vol. 130, no. 5, pp. 1535-1536, 2017. http://harvardlawreview.org/wp-content/uploads/2017/

03/1530-1537_online.pdf; K. Freeman, "알고리즘의 부당성: State v. Loomis 사건에서 Wisconsin 주 대법원이 적법 절차권 보호에 실패한 사례(Algorithmic Injustice: How the Wisconsin Supreme Court Failed to Protect Due Process Rights in State v. Loomis)," *North Carolina Journal of Law and Technology*, vol. 18, no. 5, pp. 75-76, 2016. https://scholarship.law.unc.edu/ncjolt/vol18/iss5/3/ 참고.

34 예컨대, 라이어슨 대학교(Ryerson University)는 기술적 전문성과 법적 전문성 간의 괴리를 해소하기 위한 노력의 일환으로 캐나다 법무부의 후원을 받아 AI 법률 챌린지(Artificial Intelligence Legal Challenge)를 개최한 바 있다. http://www.legalinnovationzone.ca/press_release/ryersons-legal-innovation-zone-announces-winners-of-ailegal-challenge/ 참고.

35 그리고 이러한 문제들을 다룰 때에는 법률 시스템에서의 혁신을 제안, 승인하는 기존 모델들을 고려해야 한다. A/IS가 확실한 과정들을 통해 심사를 받지 않은 것으로 간주될 경우, A/IS에 대한 신뢰는 훼손될 것이다.

36 위험 및 위험 관리에 대한 개요는 Working Party on Security and Privacy in the Digital Economy, 디지털 보안과 프라이버시 침해 위험의 관리: 장관회의 패널 3.2를 위한 배경보고서(Background Report for Ministerial Panel 3.2), Directorate for Science, Technology and Innovation, Committee on Digital Economy Policy, Managing Digital Security and Privacy Risk, OECD, June 1, 2016; p. 5 참고.

37 여기서 신뢰(trust)라는 단어 앞에 붙은 "정보에 입각한(informed)"이라는 수식어에 주목할 만하다. A/IS에 대한 "블라인드 테스트(blind trust)"가 반드시 필요한 것은 아니지만, A/IS는 그 유효성을 보여주는 확실한 증거와 A/IS 운영자들의 역량에 대한 신뢰가 존재하고, A/IS가 초래하는 결과들(긍정적인 것과 부정적인 것 모두)에 대한 책임의 분배가 보장되며, 우리가 A/IS의 운영에 대해 분명한 견해를 갖고 있는 경우에만 채택되어야 한다. 만약 이러한 전제조건들이 존재하지 않는다면, A/IS는 법률 시스템에 채택되어서는 안 된다.

38 법률 시스템에서 (그리고 이밖에 다른 분야들에서도) A/IS를 비롯한 고급기술들의 유효성에 대한 테스트의 중요성은 결코 생소한 문제가 아니다. 이는 폴 그림(Paul W. Grimm) 판사가 법적 사실인정에 대하여 내린 중요한 초기 판결에서 이미 강조된 바 있다. *Victor Stanley v. Creative Pipe, Inc.*, 250 F.R.D. 251, 257 (D. Md. 2008) 참고. 또한 ISO(국제표준화기구)와 영향력 있는 연구교육기관인 The Sedona Conference도 상기 테스트의 중요성을 역설했다. 로펌들과 리걸테크 분야의 기업들에게 보내는 공개서한(*An Open Letter to*

*Law Firms and Companies in the Legal Tech Sector*), The Sedona Conference (2009), 전자 증거 개시 과정에서의 적정 품질 수준 달성에 대한 논평(*Commentary on Achieving Quality in the E-Discovery Process*) (2013): 7; ISO 전자증거개시 표준(ISO standard on electronic discovery) (ISO/IEC 27050-3:2017): 19 참고. 가장 최근의 사례로는 2018년 세계정부정상회의(World Government Summit)에서 아랍에미리트연합(UAE) 인공지능부 장관 오마르 빈 술탄 알 올라마(Omar bin Sultan Al Olama)가 글로벌 AI 거버넌스 회의 요약보고서를 통하여 A/IS의 적합성 평가에서는 "실증적 정보(empirical information)"가 매우 중요하다고 강조한 바 있다.

39 소프트웨어 개발에 대한 전문용어 중에 검증(*verification*)은 해당 애플리케이션이 협의(狹義)의 요건을 충족한 것임을 입증하는 행위를 의미한다. 한편, 인증(*validation*)은 해당 애플리케이션이 현실세계에서 실제로 이용 가능한 것임을 입증하는 행위이다. 따라서 A/IS의 유효성에 대한 증거 수집은 인증과 관련된 것이다.

40 표준에는 전문 역량에 대한 정의 또는 기타 윤리적 요건들뿐만 아니라 데이터 표준들을 비롯한 다른 종류의 표준들에 부합한다는 의미가 포함될 수 있다. 데이터 표준들은 마치 "세계 공용어"처럼 이용 가능한 것으로, (A/IS 혁신 등) 법률 시스템에서의 광범위한 기술 혁신을 지원하고 공정한 재판을 촉진할 수 있다. 적절한 데이터 표준들은 상호작용을 활성화하는 기술적 솔루션의 일부로서, 평범한 시민을 자신의 법적 필요성에 맞는 적절한 자원들과 정보에 연결하는 데 도움이 될 수 있다. 미국 법원 시스템의 개방형 데이터 표준들에 대해서는 D. Colarusso and E. J. Rickard, "사법 집행에서의 데이터 표준들과 혁신적 기술들(Speaking the Same Language: Data Standards and Disruptive Technologies in the Administration of Justice)," *Suffolk University Law Review*, vol. L387, 2017 참고.

41 안면인식 소프트웨어에 존재하는 편견의 측정에 대해서는 C. Garvie, A. M. Bedoya, and J. Frankle, "규제 성역에 있는 미국 경찰의 안면인식 프로그램(The Perpetual Line-Up: Unregulated Police Face Recognition in America)," Georgetown Law, Center on Privacy & Technology, Oct. 2016. https://www.perpetuallineup.org/ 참고.

42 이와 같은 부수적 효과들을 유효성 평가에 포함시키는 것은 A/IS의 명백한 특성인 "블랙박스(black box)" 또는 불가해성을 극복하기 위한 과정의 핵심요소 중 하나이다. 이에 대해서는 J. A. Kroll, "불가해성의 오류(The fallacy of inscrutability)," *Philosophical Transactions of the Royal Society A: Mathematical, Physical, and Engineering Sciences*, vol. 376,

no. 2133, Oct. 2018. doi.org/0.1098/rsta.2018.0084 참고. 이 연구는 특히 "내부 구조와 설계에 대한 이해를 넘어 한 시스템을 측정하는 것은 그 시스템의 불가해성을 극복하는 데 어떻게 도움이 될 수 있는가?"라는 문제를 다룬 것이다.

43 부수적 영향의 중요성은 A/IS 애플리케이션의 유형에 따라 다를 것이다. 예컨대, 가긍정적 판단은 사실인정과 관련된 문서 검토에서 일반적으로 민감한 윤리적 이슈들을 야기하지 않을 것이다. 그러나 예측 치안이나 판결에서는 가긍정적 판단이 민감한 윤리적 이슈들을 야기하게 될 것이다. 후자의 경우, 정당성과 관련하여 복잡한 문제들이 발생하고 이러한 문제들은 때때로 미해결 상태로 남게 된다. 특히 정당성에 대한 사회적 기준들이 지역과 시간에 따라 (때때로 빨리) 변할 경우에는 더욱 그러하다. 정당성에 대한 어떤 개념을 복제하도록 설계된 A/IS는 첫째, 사회에서 합법적인 것으로 널리 인정받고 있는 정당성의 개념을 복제할 때, 둘째, 그러한 정당성의 개념이 변하는 것에 대응할 때 유효성을 입증할 필요가 있을 것이다. 현재로서는 A/IS가 상기 두 가지 중 그 어느 경우에도 유효성을 일관적으로 입증하지 못한 상태이다. 따라서 판결, 예측 치안과 같은 분야에서 A/IS에 의존하는 것을 고려할 때에는 반드시 매우 신중한 태도를 취해야 한다.

44 신중을 기하는 행위는 문헌에서 유효성 평가, 벤치마킹 실행, 평가 연구 등 다양한 이름들로 지칭된다. 예를 들어, 평가 연구에 대한 정의는 다음과 같은 참고자료에서 찾아볼 수 있다. AINOW's 2018 알고리즘의 책임성 툴킷(*Algorithmic Accountability Toolkit*) (https://ainowinstitute.org/aap-toolkit.pdf), p. 29. 신중한 태도란 특히 해당 A/IS가 얼마나 "소기의 목적에 적합한가"에 대한 증거를 과학적으로 건전한 방법을 통해 수집하는 것을 의미한다.

45 평가 설계의 이러한 특징이 중요한 이유는 현실 세계의 상황들과 목적들(인종적 편견의 초래 등 비의도적인 결과들을 피하는 것 등)이 정확히 반영되어야만 A/IS 애플리케이션을 현실 세계에 채택하는 것이 적합한가에 대해 설득력 있는 지침을 얻을 수 있기 때문이다.

46 TREC에 대해서는 https://trec.nist.gov/ 참고. 특히 TREC의 법률 분야 프로그램에 대해서는 https://trec-legal.umiacs.umd.edu/ 참고.

47 하나의 복잡한 시스템이 개별적인 컴포넌트 시스템들로 분리될 수 있는 경우, 각 컴포넌트의 유효성 또는 엔드 투 엔드 애플리케이션의 전반적인 유효성(시스템을 운영하는 사람들 등)을 평가하는 것이 적합할 수 있다. 이 두 가지 중 어떤 것을 평가해야 하는가는 그때그때 주어진 문제에 따라 다르다.

48 정성적 고려사항들은 "A/IS를 가지고 게임을 하려는(game the system)" 시도(예: 정직하지 않은 방법들을 이용하여 특정 목표 수치를 달성하려는 시도)들에 맞서는 데에도 도움이 될 수 있다. B. Hedin, D. Brassil, and A. Jones, "전자 증거 개시를 위한 측정에 대하여(On the Place of Measurement in E-Discovery)," 예측 코딩 등 법조계 종사자들을 위한 고급 검색 방법들을 기반으로(in Perspectives on Predictive Coding and Other Advanced Search Methods for the Legal Practitioner), Ed., J. R. Baron, R. C. Losey, and M. D. Berman. Chicago: American Bar Association, 2016, p. 415f 참고.

49 사실인정 과정이라고 할지라도, 사실들을 정확하게 찾아내는 것으로 합리적 판단의 필요성이 아예 사라지는 것은 아니다. 여기서 합리적 판단이란 찾아낸 사실들이 해당 상황들과 문화적 특성들을 고려할 때 얼마나 중요한가에 대한 것을 의미한다. A/IS는 적절히 이용될 경우, 법률 조문뿐만 아니라 법의 정신에도 발전을 가져올 것이다.

50 전자 개시는 전자적으로 저장된 방대한 정보(ESI: electronically stored information)를 검색하여 민사 형사 소송 및 수사와 관련된 자료를 찾아내는 작업을 의미한다. 법률 분야에서의 업무들과 문제들을 처리하기 위한 A/IS 애플리케이션들 중에서 법적 개시는 법원들이 테스트, 평가, 승인한 기준에 따라 비추어 볼 때, 그리고 다양한 사법권들에 걸쳐 매우 광범위하게 채택된 것임을 고려할 때 아마 가장 "성숙한 판단력을 가진(mature)" 애플리케이션일 것이다.

51 법적 개시에서 유효성을 측정하는 데 있어 이러한 기준들이 중요하다는 것에 대해서는 일반적 합의가 존재한다. 하지만 개시 행위의 허용을 위하여 충족되어야 하는 정확한 측정값들에 대해서는 일반적 합의가 존재하지 않는다. 이는 좋은 현상인데, 그 이유는 특정 문제에 대해 달성되어야 하고 달성 사실이 입증되어야 하는 정확한 값들은 그 문제와 관련된 특정 사실들과 상황들에 따라 다양하고 비례할 것이기 때문이다.

52 법률 문제들과 관련하여 A/IS가 적용되는 분야는 A/IS의 유효성을 측정하는 데 있어 합의된 기준들이 존재하는지 여부뿐만 아니라, A/IS의 유효성 측정에 영향을 끼치는 조건들이 어떤 것인지에 따라서도 다를 것이다. 즉, 데이터의 이용 가능성, 사회적 편견의 영향, 프라이버시 문제들에 대한 민감성이 어떠한가에 따라 A/IS의 유효성 측정에 대한 합의된 기준들을 도출하는 것이 어려운 일이 될 수도, 쉬운 일이 될 수도 있다. 판결을 돕는 데 이용되는 A/IS의 유효성 측정 기준을 정의하는 데 있어 주의해야 할 점은 출소자가 범죄를 저지르는 시기(또는 유죄 선고를 받는 시기)를 알아내는 일은 쉬워도, 출소하지 않은 사람

이 범죄를 저질렀을 수 있는 시기를 알아내는 일은 어렵다는 것이다. 비행 위험을 평가하는 용도로 설계된 툴들의 유효성을 측정하는 데 있어서의 어려움은 M. T. Stevenson, "현재 이용되고 있는 위험성 평가 방법에 대한 평가(Assessing Risk Assessment in Action)." *Minnesota Law Review*, vol. 103, 2018. doi.org/10.2139/ssrn.3016088을 참고하면 된다.

53 건전한 측정은 법률 분야에 적용된 A/IS(예: 비행 위험 평가 기술들)의 유효성에 대한 일부 근거 없는 주장들에 효과적으로 맞서는 반론이 될 수도 있다. Stevenson, "위험성 평가 방법에 대한 평가(Assessing Risk Assessment)" 참고. 근거 없는 주장들은 A/IS에 대해 정보에 입각하지 않은 불신을 조장하기에 적합하다. 이처럼 완고한 불신은 오로지 해당 시스템의 역량과 한계에 대하여 정확한 정보를 제공하는 유의미하고 건전한 측정을 통해서만 해소될 수 있다.

54 이와 관련해서는 본 장(章)의 "유효성에 대한 실제사례" 참고.

55 데이터 보호 원칙과 관련하여 더 상세한 내용은 본 책자에서 "개인정보와 개인의 주체적 능력(Individual Agency)에 대한 장(章) 참고.

56 관련 업계 종사자들에 의한 검증의 중요성은 EU 집행위원회 AI 고급 전문가 그룹(High-Level Expert Group on Artificial Intelligence)의 신뢰성 있는 AI를 위한 윤리지침 초안(Draft Ethics Guidelines for Trustworthy AI)에 다음과 같이 반영되어 있다. "시스템의 테스트와 검증은 가급적 빨리, 반복적으로 이루어져야 하며, 이를 통하여 그 시스템이 생명주기 전반에 걸쳐, 그리고 특히 구축 후에 원래 의도대로 작동한다는 사실이 확인되어야 한다." (강조 추가) High-Level Expert Group on Artificial Intelligence, "신뢰성 있는 AI를 위한 윤리지침 초안: 이해관계자들의 자문을 구하기 위하여 작성 중인 책자(DRAFT Ethics Guidelines for Trustworthy AI: Working Document for Stakeholders' Consultation)," The European Commission. Brussels, Belgium: Dec. 18, 2018 참고.

57 정밀조사의 범위에 지적 재산(IP) 또는 기타 보호 대상 정보(예: 변호사의 작업물)까지는 포함되지 않는다. 검증 방법 및 결과는 수치(數値)들과 이 수치들을 얻어내기 위한 절차들이 중요하다. 그리고 검증 방법 및 결과의 공개는 합법적으로 보호받는 정보의 공개에 대한 안전장치들을 훼손하면 안 된다.

58 미국 법률 시스템의 최근 사례는 검증 수행 결과의 공개에 실패할 경우, 검증 수행의 원래 목적을 달성하는 데 얼마나 큰 걸림돌이 될 수 있는지를 잘 보여준다. *Winfield v. City of*

*New York* (Opinion & Order. 15-CV-05236 [LTS] [KHP]. SDNY 2017) 사건에서 한 소송 당사자는 소송 사안과 관련된 문서들을 검토하는 데 A/IS 시스템을 이용했다. 문서 검토 결과의 정확성과 완전성에 대하여 정보 요청 당사자가 문제를 제기하자, 정보 제시 당사자는 사실은 문서 검토 결과의 검증을 이미 실행했다는 것을 공개했다. 이 분쟁의 담당 판사는 정보 제시 당사자가 이 검증 결과를 정보 요청 당사자에게 단순히 공개하도록 요구하기보다는, 정보 요청 당사자에게 접근을 허용하지 않은 상태에서 판사 자신이 직접 비공개로 검증 결과를 검토하는 것을 택했다. 당시 판사는 제공된 증거를 볼 때 문서 검토 결과가 정확하고 완전한 것으로 판단된다고 말했지만, 정보 요청 당사자는 증거나 증거 획득 방법을 직접 검토할 수 없었기 때문에 문서 검토 결과에 대하여 확신을 얻을 수 없었다. 그러한 확신은 문서 검토 결과를 도출하는 과정에서 적용된 기준들과 실행 절차들에 대한 검토를 통해서만 얻을 수 있다. 게다가 검증 수행 결과는 대개 샘플링 절차들을 반영하는 수치들의 형태를 띠는 경우가 많고, 문서의 내용, 검증에 이용된 특정 툴이나 방법, 변호사의 작업물 없이 공개될 수 있다. 만약 검증을 수행하는 목적이 어떤 프로세스의 유효성을 뒷받침하는 증거를 수집하기 위한 것이고 해당 프로세스에 대하여 이의가 제기될 경우, 상기 증거를 해당 프로세스에 대하여 이의를 제기할 가능성이 있는 사람들에게 숨긴다면 검증 수행은 결국 원래의 목적을 제대로 달성하지 못하게 된다.

59 https://www.nist.gov/

60 TREC Legal Track (2006-2011): https://treclegal.umiacs.umd.edu/

61 여기서 통계적 증거란 증거 개시 업무에 적용된 A/IS의 유효성에 대한 통계적 증거를 의미한다. 즉, 실제 소송에서 문제가 되는 사실들에 대한 통계적 증거를 의미하는 것은 아니다. 법원들이 위와 같은 두 가지 종류의 통계적 증거를 허용할 수 있는지에 대해 적용하는 규정들은 서로 다를 수 있다(그리고 이러한 문제들은 사법권에 따라 다를 수 있다).

62 A/IS의 개발자들과 운영자들은 A/IS의 유효성에 대하여 건전한 측정을 이끌어낼 수 있어야 한다. 그러나 더 중요한 사실은 법원들이 어떤 수준–어떤 점수–만큼의 유효성이 달성되었는가가 입증되어야 하는지를 해당 사안에 대한 사실들과 상황들을 근거로 결정해야 한다는 것이다. 때에 따라서는 높은 점수의 유효성이 달성되었음을 입증하는 데 소요되는 비용(샘플 규모, 샘플 검토에 요구되는 자원 등 관련)이 해당 사안에 달린 이해관계의 중요성에 반비례한 경우도 있을 것이다. 한편, 시민 수천 명에게 영향을 끼칠 수 있는 대규모 증권 사기 혐의에서는 법원이 당연히 비용과 상관 없이 매우 높은 점수의 유효성 달성

사실을 증명하도록 요구할 수 있다. A/IS(와 A/IS 운영자들)의 유효성에 대한 증명은 사법적 의사 결정을 (대체하는 것이 아니라) 뒷받침하는 도구이다.

63 이와 관련하여 B. Hedin, S. Tomlinson, J. R. Baron, and D. W. Oard, "TREC 2009의 법률 분야에 대한 개요(Overview of the TREC 2009 Legal Track)," in *NIST Special Publication: SP 500-278, The Eighteenth Text REtrieval Conference (TREC 2009) Proceedings* (2009) 참고.

64 M. R. Grossman and G. V. Cormack, "기술을 이용한 전자 증거 개시는 소모적인 수동 검토 방식보다 더 효과적·효율적일 수 있어(Technology-Assisted Review in E-Discovery Can Be More Effective and More Efficient Than Exhaustive Manual Review)," *Richmond Journal of Law and Technology*, vol. 17, no. 3, 2011. http://jolt.richmond.edu/jolt-archive/v17i3/article11.pdf 참고. "인간보다 나은(better than human)" 성능을 확실히 입증한 두 가지 시스템들은 명백히 서로 다른 방법을 취했으나, 그 정확성이 과학적으로 숙련된 전문가들에 의해 설계, 운영, 측정되었다는 공통점이 있다.

65 *Da Silva Moore v. Publicis Groupe*, 2012 WL 607412 (S.D.N.Y. Feb. 24, 2012). A. Peck, "검색, 앞으로(Search, Forward)," Legaltech News. Oct. 1, 2011. https://www.law.com/legaltechnews/almID/1202516530534Search-Forward/ 참고.

66 NIST가 A/IS의 안전과 보안을 측정하기 위한 표준들을 개발하는 데 중요한 역할을 담당한다는 사실은 최근 (2018년 9월) 미국 하원 보고서에서 다음과 같이 인정된 바 있다. "최소한, A/IS 제품들과 애플리케이션들의 안전과 보안을 측정하기 위한 널리 합의된 표준이 그 어떤 새로운 규정들보다 선행되어야 한다. … 미국 표준기술연구소(NIST)는 이러한 표준들의 개발에 있어 핵심주자로서의 위치에 서 있다." [Will Hurd and Robin Kelly, "기계의 등장: 인공지능이 미국 정치에 끼치는 영향의 증가(Rise of the Machines: Artificial Intelligence and its Growing Impact on U.S. Policy)," U.S. House of Representatives-Committee on Oversight and Government Reform-Subcommittee on Information Technology, September, 2018].

67 역량에 대한 원칙은 A/IS의 설계 운영 후에 적용되기 위한 것이다. 이는 물론 A/IS의 설계자들과 개발자들은 A/IS의 결과에 대한 책임이 전혀 없다는 것을 의미하지는 않는다. 이 문제의 배경에서 논의된 바와 같이, A/IS의 운영과 관련된 위험들을 평가하는 것과 이 위험들을 줄이는 데 필요한 운영자의 역량들을 구체적으로 정하는 것은 설계자들과 개발자

들의 역할이다. 설계자의 무능 또는 태만과 관련하여 더 자세한 내용은 "소프트웨어의 과실(software malpractice)" in Kroll (2018) 참고.

68 전자 증거 개시에 대한 ISO 표준, 즉 ISO/IEC 27050-3은 법적 조사에 대응한 문서 검색에 고급기술들을 적용하는 데 있어 전문성이 중요하다는 것을 인정하고 있다. ISO/IEC 27050-3: 정보기술-보안 기술-전자 개시-제3부: 전자 개시를 위한 실무지침(*Information technology-Security techniques-Electronic discovery-Part 3: Code of practice for electronic discovery*), Geneva (2017), pp. 19-20 참고.

69 ABA Model Rule 1, comment 8의 다음 내용 참고. "변호사는 필수 지식 및 기술의 유지를 위하여 관련 기술의 혜택들과 위험들을 포함하여 법률 및 관련 실무를 항상 숙지하고 있어야 하고 지속적인 연구와 교육에 참여해야 하며, 변호사에게 적용되는 지속적인 법률 교육의 요건들을 준수해야 한다." https://www.americanbar.org/groups/professional_responsibility/publications/model_rules_of_professional_conduct/rule_1_1_competence/comment_on_rule_1_1/ 참고. 또한 The State Bar of California Standing Committee on Professional Responsibility and Conduct, Formal Opinion No. 2015-193. https://www.calbar.ca.gov/Portals/0/documents/ethics/Opinions/CAL%202015-193%20%5B11-0004%5D%20(06-30-15)%20-%20FINAL.pdf 참고.

70 2018년 글로벌 AI 거버넌스 회의에서 법률 위원회가 논의한 바에 따르면, "시민의 권리와 자유에 영향을 끼치는 법적 기능들에 대한 AI 시스템들의 효능을 효과적으로 운영, 측정하기 위하여" 필요한 역량의 문제는 "현재의 공적 담론에서 가장 많이 간과되는 것으로 보이는" 고려사항들 중 하나이다. "글로벌 AI 거버넌스 회의: 2018년 요약보고서(Global Governance of AI Roundtable: Summary Report 2018)," World Government Summit, 2018: p. 7. https://www.worldgovernmentsummit.org/api/publications/document?id=ff6c88c5-e97c-6578-b2f8-ff0000a7ddb6 참고.

71 A. G. Ferguson, "예측 치안의 감시(Policing Predictive Policing)," *Washington University Law Review*, vol. 94, no. 5, 2017: 1109, 1172. https://openscholarship.wustl.edu/law_lawreview/vol94/iss5/5/ 참고.

72 또한 통계적 실행의 결과를 해석하는 능력이 없으면 (분쟁 당사자 또는 분쟁 해결을 시도하는 판사의 입장에서) 부정확한 결론을 (자주) 초래할 수 있다. 예를 들어, 바이오메트(Biomet) 사건의 경우, 한 판사는 증거 개시 관련 분쟁을 처리하면서 정보 제공 당사자가

내놓은 통계 데이터는 그 정보 제공 당사자의 검색 과정에서 "비교적 적은 수(a comparatively modest number)"의 대응 문서들이 간과되었음을 의미한다고 해석했다. 그러나 상기 통계 데이터는 사실 대응 문서들의 상당수가 간과되었음을 증명하는 것이었다. *Biomet M2a Magnum Hip Implant Prods. Liab. Litig.* No. 3:12-MD-2391 (N.D. Ind. April 18, 2013) 참고.

73 예컨대, 이전의 폭행 유죄 판결은 그 폭행이 삽과 칼 중 어떤 도구를 이용한 공격 행위였든 간에 상관없이 동일한 등급으로 간주될 수 있다. Human Rights Watch. "Q & A: 미국의 공판 전(前) 감금, 석방 결정에 대한 프로필 기반 위험 평가(Q & A: Profile Based Risk Assessment for US Pretrial Incarceration, Release Decisions)," June 1, 2018. https://www.hrw.org/news/2018/06/01/q-profile-based-riskassessment-us-pretrial-incarceration-releasedecisions 참고.

74 편견은 알고리즘에 의해 고려된 사항들, 훈련 데이터의 특성과 구성, 검증 기준의 설계 등 수많은 요인들을 통하여 형성된다. 적절한 역량을 갖춘 운영자는 이러한 편견의 잠재적 근원들을 경계, 평가할 것이다.

75 이 조건들 중에는 A/IS의 결과들은 오직 인간 의사결정자(예: 판사)에게 지침을 제공하는 데에만 이용되어야 하며, 본래 결정적인 것으로 간주되어서는 안 된다는 것이 포함된다.

76 법률 시스템의 효과적 기능은 사회 전체에 중대한 영향을 끼친다는 것을 고려할 때, 한 사회의 모든 구성원이 A/IS가 언제, 어떻게 법률 시스템의 기능을 지원하는 데 적용되는가를 이해하는 데 필요한 자원들에 접근할 수 있어야 한다는 것은 중요하다.

77 그러한 훈련에서 다루어지는 주제들 중에는 "자동 편견(automation bias)"이 발생할 수 있는 가능성과 그러한 현상을 줄이기 위한 방법들이 포함되어야 한다. L. J. Skitka, K. Mosier, and M. D. Burdick, "자동화는 의사결정에 편견을 초래하는가?(Does automation bias decision-making?)" International Journal of Human-Computer Studies, vol. 51, no. 5, pp. 991-1006, 1999. https://doi.org/10.1006/ijhc.1999.0252; L. J. Skitka, K. Mosier, and M. D. Burdick, "책임성과 자동 편견(Accountability and automation bias)," *International Journal of Human-Computer Studies*, vol. 52, no. 4, pp. 701-717, 2000. https://doi.org/10.1006/ijhc.1999.0349.

78 일부 정부기관들은 기술 스타트업들에서 발견되는 기량들과 법조계 종사자들에게 요구되

는 기량들을 더욱 효과적으로 접목시키는 것을 추진 중이다. Legal Innovation Zone. "라이어슨(Ryerson) 대학 Innovation Zone, AI 법률 챌린지 우승자 발표(Ryerson's Legal Innovation Zone Announces Winners of AI Legal Challenge)," March 26, 2018. Available: http://www.legalinnovationzone.ca/press_release/ryersons-legal-innovation-zone-announceswinners-of-ai-legal-challenge/ 참고.

79 Amazon, "Amazon Rekognition." https://aws.amazon.com/rekognition/ (2018) 참고.

80 E. Dwoskin, "아마존, 안면인식 기술을 법률 집행기관에 헐값으로 판매(Amazon is selling facial recognition to law enforcement-for a fistful of dollars)." *Washington Post*, May 22, 2018. https://www.washingtonpost.com/news/the-switch/wp/2018/05/22/amazon-isselling-facial-recognition-to-law-enforcementfor-a-fistful-of-dollars/?noredirect=on&utm_term=.07d9ca13ab77 참고.

81 J. Stanley, "FBI와 산업계, 안면인식에 필요한 보호 제공에 실패(FBI and Industry Failing to Provide Needed Protections for Face Recognition)." *ACLU-Free Future*, June 15, 2016. https://www.aclu.org/blog/privacytechnology/surveillance-technologies/fbi-andindustry-failing-provide-needed 참고.

82 가긍정적 판단(false positives) 중에는 미(美) 의회에서 백인이 아닌 의원들이 차지하는 비율이 전반적으로 너무 많게 표현되었다는 것 역시 포함되어 있다. 아마도 이는 가긍정적 판단과 관련된 기술의 정확성이 인종에 따라 어느 정도 영향을 받는다는 것을 의미한다. 그러나 머그샷 데이터베이스의 구성을 더 자세히 알지 못하는 사람들은 이와 같은 결과의 중요성을 평가할 수 없다.

83 J. Snow, "아마존의 안면인식 기술, 미(美) 의원 28명을 범죄자 사진들과 잘못 매칭(Amazon's Face Recognition Falsely Matched 28 Members of Congress with Mugshots.)" *ACLU-Free Future*, July 26, 2018. https://www.aclu.org/blog/privacy-technology/surveillance-technologies/amazonsface-recognition-falsely-matched-28 참고. 또한 R. Brandom, "아마존의 안면인식 기술, 미(美) 의원 28명을 범죄자 사진들과 매칭(Amazon's facial recognition matched 28 members of Congress to criminal mugshots)." *The Verge*, July 26, 2018. https://www.theverge.com/2018/7/26/17615634/amazonrekognition-aclu-mug-shot-congress-facialrecognition 참고.

84 "아마존 Rekognition 개발자 지침(Amazon Rekognition Developer Guide)." Amazon, p.

131, 2018. https://docs.aws.amazon.com/rekognition/latest/dg/rekognition-dg.pdf 또한 K. Tenbarge, "아마존, Rekognition 기술에 대한 ACLU의 매우 비판적인 보고서에 대응(Amazon Responds to ACLU's Highly Critical Report of Rekognition Tech)," Inverse, July 26, 2018. https://www.yahoo.com/news/amazon-responds-acluapos-highly-160000264.html 참고.

85 이 사례는 또한 책임성의 문제가 얼마나 중요한가를 강조하면서 이 보고서에 논의된 원칙들이 서로 얼마나 밀접한 상호연관 및 보완 관계에 있는가를 설명해 주는 것이기도 하다.

86 물론, 적절한 역량을 갖춘 사람이 A/IS를 이용한다고 해서 무조건 A/IS의 악용이 방지되는 것은 아니다(예: 정부의 감시로 인한 인권 침해). 역량에 대한 원칙은 전반적으로 A/IS의 윤리적인 적용을 보장하게끔 설계된 환경을 전제로 하는 하나의 원칙일 뿐이다. 본 책자의 "일반 원칙"에 대한 장(章) 참고.

87 "정당한 근거를 가진(well grounded)" 지침들의 개발을 위한 핵심요건에는 A/IS의 개발사들이 A/IS를 운영하는 사람들과 A/IS의 운영으로 인하여 영향을 받는 사람들 양쪽으로부터 의견을 수집해야 한다는 점이 포함될 것이다.

88 보안 및 법률 집행기관들이 안면인식 기술들을 이용할 경우 발생하는 이슈들은 단순히 운영자의 역량 문제에 대한 것에 국한되지 않는다. 이러한 이슈들을 더 자세히 다룬 자료는 Garvie, A. M. Bedoya, and J. Frankle, "규제 성역에 있는 미국 경찰의 안면인식 프로그램(The Perpetual Line-Up: Unregulated Police Face Recognition in America)," *Georgetown Law, Center on Privacy & Technology*, October 18, 2016, https://www.perpetuallineup.org/ 참고.

89 앞에서 이미 언급된 바와 같이, 미국변호사협회(ABA)와 같은 일부 전문가단체들은 자체적인 윤리지침에서 기술적 역량의 중요성을 인정하기 시작했다. 단, 이 지침에 A/IS는 아직 구체적으로 언급되지 않았다.

90 한 시스템의 조달과 구축에 참여하는 사람들을 포함시킨다는 것은 한 시스템의 이용에 대한 권리를 획득하고 허가하는 사람들이 그 시스템의 결과들에 대한 책임을 공유할 수 있다는 것을 의미한다. 예컨대, 법원 서비스를 위하여 구축된 A/IS의 경우, 책임을 공유하는 주체는 사법부가 될 수 있다. 법률 집행 서비스를 위하여 구축된 A/IS의 경우, 책임을 공유하는 주체는 법률 집행과 재판 집행을 담당하는 기관이 될 수 있다. 법적 소송 당사자가

이용하는 A/IS의 경우, 책임을 공유하는 주체는 법적 소송 당사자의 변호인이 될 수 있다.

91 J. New and D. Castro, "정책입안자들이 알고리즘의 책임성을 형성할 수 있는 방법(How Policymakers Can Foster Algorithmic Accountability)." *Information Technology & Innovation Foundation*, p. 5, 2018. https://www.itif.org/publications/2018/05/21/how-policymakers-canfoster-algorithmic-accountability

92 어떤 효과를 유도할 수 있는 "원인들(causes)"에는 알고리즘들의 의사결정 과정뿐만 아니라, 더 중요하게는 A/IS의 설계, 개발, 조달, 구축, 운영, 유효성 검증에 관여하는 사람들이 내린 결정들도 포함된다.

93 게다가 이러한 걸림돌은 단순히 책임을 할당하는 일에 관련된 것뿐만 아니라 책임의 수준을 할당하는 일에 관련된 것이다(모든 의사결정에서 각각의 이해관계자가 얼마나 많은 상호작용과 영향을 일으키는가를 고려할 수 있는 중립적인 모델이 있으면 책임의 수준을 할당하는 일이 좀더 쉬워질 수 있다).

94 Scherer (2016): 372 참고. 매튜 슈어러(Matthew Scherer)에 따르면, 규제기관들과 법원들이 A/IS의 결과들에 대한 책임을 부여하는 일을 어렵게 만드는 A/IS의 설계와 개발은 책임의 분산성뿐 아니라 결단력 부족과 불연속성, 그리고 불투명성이라는 특징을 가진다.

95 이러한 문제들에 대답하기 위해서는 책임(사실적 문제)과 궁극적 책임성(규범적 문제)의 차이를 항상 유념하는 일이 중요할 것이다. 여기서 논의된 사례의 경우, 해당 판결에 대하여 실제로 어떤 책임이 있는 사람들은 많을 수 있지만, 규범적 체계에 따른다면 담당 판사에게 궁극적인 책임성이 있을 것이다. 그러나 규범적 책임성이 할당될 수 있으려면, 먼저 실제적 책임이 무엇인가에 대하여 명확한 정의와 이해가 이루어져야 한다. 따라서 본 절에서는 궁극적 책임성이 결정될 수 있도록 우선 책임 소재를 명확히 정하는 데 초점을 두기로 한다.

96 만약 그 자체가 인간의 편견(예: 체포율)을 나타낼 수 있는 통계를 기준으로 유효성이 측정된다면, 이러한 유효성 측정은 단지 인간의 편견을 반영, 강화하는 결과를 초래할 수 있다.

97 "알고리즘 기반의 시스템들이 실수를 저지르거나 원치 않은 결과들을 초래할 경우, '알고리즘이 그랬다'는 변명은 결코 용인될 수 없다. 여기에는 기계학습 과정들로 인한 경우도 포함된다." "책임성 있는 알고리즘들을 위한 원칙들과 알고리즘들을 위한 사회적 영향 선언(Principles for Accountable Algorithms and a Social Impact Statement for Algorithms)."

FAT/ML Resources. www.fatml.org/resources/principles-foraccountable-algorithms 참고.

98 Langewiesche, W. 1998. "ValuJet 592기의 교훈(The Lessons of ValuJet 592)." *Atlantic Monthly*, 281: 81-97; S. D. Sagan, 안전의 한계: 조직과 사고, 그리고 핵무기(*Limits of Safety: Organizations, Accidents, and Nuclear Weapons*) 참고. Princeton University Press, 1995 참고.

99 A/IS의 결과들에 대한 책임성을 유지하는 데 있어 설명이 어떤 역할을 하는가와 설명에 대한 표준들이 인간보다 A/IS를 위해 달라야 하는지와 관련된 논의는 아래 자료 참고. F. Doshi-Velez, M. Kortz, R. Budish, C. Bavitz, S. J. Gershman, D. O'Brien, S. Shieber, J. Waldo, D. Weinberger, and A. Wood, 법에 따른 AI의 책임성: 설명의 역할(Accountability of AI Under the Law: The Role of Explanation) (November 3, 2017). Berkman Center Research Publication Forthcoming; Harvard Public Law Working Paper no. 18-07. https://ssrn.com/abstract=3064761 or http://dx.doi.org/10.2139/ssrn.3064761

100 이 정보에 접근하는 것이 지나치게 부담스러운 일이 되어서는 안 된다.

101 A/IS에 대한 책임성과 관련된 모델을 개발하는 사람들은 다른 분야에서 이용되는 책임성 모델들(예: 데이터 보호)을 고려하는 과정에서 유용한 지침을 발견할 수 있다.

102 그러한 정책들이 정보 관리를 위한 기준들에 따라 어떻게 실행될 수 있는가에 대한 논의는 J. R. Baron and K. E. Armstrong, "GDPR 이후 더 높은 수준의 알고리즘 책임성에 도달하기 위하여 기존에 학습된 교훈들과 정보 관리에 대한 모범사례들을 적용하는 방법(The Algorithm in the C-Suite: Applying Lessons Learned and Information Governance Best Practices to Achieve Greater Post-GDPR Algorithmic Accountability)," in *The GDPR Challenge: Privacy, Technology, and Compliance In An Age of Accelerating Change*, A. Taal, Ed., Boca Raton, FL: CRC Press, forthcoming. 참고.

103 이러한 조사들은 책임성 문제들에 답변하는 데 필수적인 정보를 제공할 수 있는 기술적 툴들의 도움을 받을 수 있다. 하지만 이러한 툴들을 이용할 때 기본적인 컴퓨터 코드를 전부 공개해야 하거나 까다로운 품질 검사를 받아야 하는 것은 아니다. Kroll et al., (2017) 참고. 이 참고자료에 언급된 기술적 툴들은 소프트웨어 인증, 암호 적용, 영지식 증명(zero-knowledge proofs), 공정한 무작위 선택 등이다. 이와 같은 툴들을 이용하면 일반적인 솔루션에 적용되는 투명성과 품질 검사 등의 제약을 피할 수 있다. 다만, A/IS

개발자들은 투명성, 품질 검사 등과 관련된 테스트를 받아도 아무 문제가 없도록 A/IS를 설계해야 한다.

104 인증의 예로는 역량에 대한 전문가 인증, 프로세스의 표준 적합성에 대한 인증이 있다. 특히 A/IS와 관련된 인증 프로그램은 자율지능시스템을 위한 윤리 인증 프로그램(*ECPAIS: Ethics Certification Program for Autonomous and Intelligent Systems*)이다. https://standards.ieee.org/industry-connections/ecpais.html 참고.

105 이는 법률 시스템에 이용되는 A/IS는 법정에서 변호될 수 있는 것이어야 함을 의미한다. 즉, A/IS의 오류율이 낮아야 하며, 그렇지 않은 A/IS는 법률 시스템에서의 이용이 허가되지 않을 것이다.

106 또한 A/IS가 생성한 증거는 다른 법의학적 증거들과 마찬가지로 관리 연속성의 원칙(chain-of-custody rules)에 따라 무결성, 기밀성, 진정성을 보장해야 할 것이다.

107 관련 사례는 Art. 22(1) Regulation (EU) 2016/679 참고.

108 인간의 존엄성은 UN 세계인권선언이 보호하는 핵심가치로, 개인의 인격을 온전히 존중할 것을 요구하고 있으며 개인을 물건처럼 취급하는 것을 금지하고 있다.

109 이러한 우려는 유럽 평의회(Council of Europe) 산하기구인 사법 효율성을 위한 유럽위원회(CEPEJ: European Commission for the Efficiency of Justice)가 사법 시스템 및 이와 관련된 환경에서의 인공지능 이용에 대하여 최근 발표한 유럽 윤리헌장 제5원칙에 나타나 있다. 이 제5원칙("'이용자 통제권'에 대한 원칙: 규범적 접근방법을 배제하며, 이용자들은 정보를 기반으로 행동하고 자신의 선택을 관리하는 사람들이어야 한다")에 따르면, 사법계 종사자들은 "항상 사법적 결정들과 결과 도출에 이용된 데이터를 검토할 수 있어야 하며, 이러한 데이터에 불가피하게 얽매이는 일이 없도록 해당 사건의 구체적 특징들을 면밀히 고려하는 자세를 유지해야 한다." 또한 제5원칙에서 결정 주체들에 대한 내용에 따르면, 사법계 종사자들은 "사법적 과정이 진행되기 전, 또는 사법적 과정이 진행되는 동안 인공지능이 해당 사건과 관련하여 앞서 수행한 모든 과정을 정확히 알아야 하며, 이에 대해 이의를 제기할 권리를 가짐으로써 자신의 담당 사건이 법정에서 직접 다루어질 수 있도록 해야 한다." CEPEJ, 사법 시스템 및 이와 관련된 환경에서의 인공지능 이용에 대한 유럽 윤리헌장(*European Ethical Charter on the Use of Artificial Intelligence in Judicial Systems and their Environment*) (Strasbourg, 2018), p. 10. 참고.

110 J. Tashea, 범죄 추정: 변호사들이 보석, 판결, 가석방 관련 결정의 지원을 위한 알고리즘 이용에 이의를 제기하다(Calculating Crime: Attorneys are Challenging the Use of Algorithms to Help Determine Bail, Sentencing and Parole), *ABA Journal* (March 2017).

111 Loomis v. Wisconsin, 68 WI. (2016).

112 상동. pp. 46-66.

113 R. Wexler, 삶과 자유, 그리고 영업 비밀: 형사 사법 시스템에서의 지적 재산(Life, Liberty, and Trade Secrets: Intellectual Property in the Criminal Justice System), *Stanford Law Review*, 2018.

114 Malenchik v. State, 928 N.E.2d 564, 574 (Ind. 2010).

115 People v. Chubbs CA2/4, B258569 (Cal. Ct. App. 2015).

116 U.S. v. Ocasio, No. 3:11-cr-02728-KC, slip op. at 1-2, 11-12 (W.D. Tex. May 28, 2013).

117 U.S. v. Johnson, No. 1:15-cr-00565-VEC, order (S.D.N.Y., June 7, 2016).

118 투명성이 보장되지 않으면, 바로잡을 필요가 있는 오류의 발생 여부조차 알 길이 없는 상황이 정말로 생길 수 있다. 법률 시스템에 적용된 A/IS의 경우, "오류(error)"는 한 개인의 존엄성과 자유, 그리고 생명을 실제로 해치는 것이 될 수 있다.

119 공정성은 (편견과 마찬가지로) 다양하게 정의될 수 있다. 여기서는 어느 한 가지 정의만을 내세우지 않기로 한다. 사실, 모든 상황에 적용될 단 하나의 정의에 도달하기란 바람직하거나 실현 가능한 일이 아닐 것이다. 여기서 중요한 사실은 어떤 시스템의 공정성에 대하여 정보에 입각한 신뢰를 구축하는 데 있어 가장 필수적인 요소는 바로 투명성이 될 것이라는 점이다. 이는 통용되는 공정성의 구체적 정의가 무엇인지와는 무관한 문제이다.

120 A/IS의 정상적인 운용이 허용하는 범위 내에서, 예를 들어 어떤 복제 시도에서 제거할 수 없는 시스템에 대한 인간의 입력을 통한 변형을 허용한다.

121 GDPR은 한 시스템이 어떤 방법으로 특정 결과에 도달했는가를 설명하는 정보에 대한 규정을 두고 있다. 이에 따르면, 결정 주체는 자신에게 영향을 끼친 알고리즘 기반의 결정들에 대해 설명할 수 있는 권리를 갖는다. 개인정보를 자동으로 가공하는 과정에는 "적절

한 안전장치가 적용되어야 하는데, 그 일환으로 개인정보 주체에게 구체적인 정보가 제공되어야 하며 일련의 권리가 허용되어야 한다. 이는 인간의 중재를 받을 권리, 자신의 의견을 표현할 권리, 해당 시스템의 평가를 거쳐 내려진 결정에 대한 설명을 들을 권리, 그러한 결정에 이의를 제기할 권리를 의미한다." GDPR, Recital 71 참고.

122 민감한 정보 중에서도 특히 더 민감한 정보가 있다. I. Ajunwa, "유전자 검사와 빅데이터의 만남: 불법행위와 계약에 대한 법적 이슈들(Genetic Testing Meets Big Data: Tort and Contract Law Issues)," 75 *Ohio St. L. J.* 1225 (2014). https://ssrn.com/abstract=2460891 참고.

123 A. Baker, "New York 경찰국, 범죄퇴치 시스템에 시민들의 의견을 묻는 기능 추가(Updated N.Y.P.D. Anti-Crime System to Ask: 'How We Doing?')" *New York Times*, May 8, 2017, https://www.nytimes.com/2017/05/08/nyregion/nypd-compstatcrime-mapping.html; S. Weichselbaum, "'감정 측정계'는 경찰들이 관할구역을 이해하는 데 어떻게 도움이 되는가(How a 'Sentiment Meter' Helps Cops Understand Their Precincts)," *Wired*, July 16, 2018. https://www.wired.com/story/elucd-sentimentmeter-helps-cops-understand-precincts/ 참고.

124 이 표는 초안으로, 단지 누가 어떤 정보에 접근해야 하는가를 좀 더 쉽게 판단할 수 있도록 하는 데 유용한 툴을 보여주기 위한 것이다. 필요시 이해관계자에 대한 다른 유형들과 정보(예: A/IS 설계자/개발사 신원과 특성, 특정 시스템이나 기업을 지원하는 투자자들의 특성)에 대한 다른 유형들이 추가될 수 있다.

125 설명의 이 두 가지 유형에 대해서는 다음 자료 참고. S. Wachter, et al., (2017). "자동화된 의사결정에 대한 설명권이 일반개인정보보호법(GDPR)에 존재하지 않는 이유(Why a Right to Explanation of Automated Decision-Making Does Not Exist in the General Data Protection Regulation)"; A. Selbst and S. Barocas, The Intuitive Appeal of Explainable Machines.

126 Wexler, Rebecca. 2018. "삶과 자유, 그리고 영업 비밀: 형사 사법 시스템에서의 지적 재산(Life, Liberty, and Trade Secrets: Intellectual Property in the Criminal Justice System)." *Stanford Law Review*. 70 (5): 1342-1429; Tashea, Jason. "연방판사, New York 시 범죄연구소가 이용한 DNA 소프트웨어 소스코드 공개(Federal judge releases DNA software source code that was used by New York City's crime lab)." *ABA Journal*

(2017). http://www.abajournal.com/news/article/federal_judge_releases_dna_software_source_code

127 만약 이와 관련하여 실질적으로 똑같이 효과적이라고 판단되는 두 가지 접근법이 존재할 경우, 그 중에서 더 단순하고 더 쉽게 설명 가능한 접근법이 선호될 수 있다.

128 투명성 구현과 실행 가능한 답변을 얻기 위한 대안들에 대한 한계와 관련된 논의는 다음 자료들을 참고. J. A. Kroll, J. Huey, S. Barocas, E. W. Felten, J. R. Reidenberg, D. G. Robinson, H. Yu, "책임성 있는 알고리즘(Accountable Algorithms)" (March 2, 2016). *University of Pennsylvania Law Review*, vol. 165, 2017 Forthcoming; Fordham Law Legal Studies Research Paper no. 2765268. https://ssrn.com/abstract=2765268; J. A. Kroll, 불가해성의 오류(The fallacy of inscrutability), *Phil. Trans. R. Soc.* A 376: 20180084. http://dx.doi.org/10.1098/rsta.2018.0084 (p. 9: "투명성은 소스코드나 데이터를 규제기관 등 신뢰성 있는 독립체에 공개하는 행위를 의미하는 것으로 간주되는 경우가 많다. 그러나 이는 한 시스템에 대한 이해도를 높이는 데 있어 불필요하고 불충분하며, 투명성의 의미를 완전히 다 반영한 것도 아니다.")

129 특히 적절한 과정과 관련하여, A/IS의 이용에 대한 현재의 담론은 투명성을 위한 필요성과 지적 재산권의 보호를 위한 필요성 사이에서 일어나는 갈등의 중심부에 있다. 본 책자에 명시된 대로 유효성의 원칙을 준수하는 것은 위와 같은 갈등을 해소하는 데 상당히 도움이 될 수 있다. 현실 세계의 특정 목표들을 달성하는 데 있어서의 A/IS의 유효성에 대한 신뢰성 있는 실증적 증거는 독점적 정보나 영업비밀을 공개하지 않고서도 해당 A/IS에 대한 정보 기반의 신뢰를 형성할 수 있다.

130 인용된 사례에 대해서는 S. Wachter, B. Mittelstadt, and C. Russell, "구체적인 설명이 없는 반(反)사실적 설명: 자동화된 의사결정과 GDPR(Counterfactual Explanations without Opening the Black Box: Automated Decisions and the GDPR)," *SSRN Electronic Journal*, p. 5, 2017 참고.

131 W. L. Perry, B. McInnis, C. C. Price, S. C. Smith, and J. S. Hollywood, "예측 치안: 예측 치안: 법률 집행에서 범죄 예측이 수행하는 역할(Predictive Policing: The Role of Crime Forecasting in Law Enforcement Operations)," The RAND Corporation, pp. 67-69, 2013.

132 멤피스(Memphis) 대학으로부터의 지원은 자니코우스키(Richard Janikowski)가 주도했다.

그는 커뮤니티범죄학연구센터(Center for Community Criminology and Research (School of Urban Affairs and Public Policy, the University of Memphis))와 도시데이터공유시스템(Shared Urban Data System)의 창립 이사이다.

133 E. Figg, "Blue CRUSH의 업적(The Legacy of Blue CRUSH)," High Ground, March 19, 2014.

134 E. Figg, "Blue CRUSH의 업적(The Legacy of Blue CRUSH)," High Ground, March 19, 2014.

135 Nucleus Research, *ROI* 사례연구: *IBM SPSS-Memphis* 경찰국(*ROI Case Study: IBM SPSS-Memphis Police Department*), Boston, Mass., Document K31, June 2010. Perry et al., *Predictive Policing*, 69.

136 E. Figg, "Blue CRUSH의 업적(The Legacy of Blue CRUSH)," High Ground, March 19, 2014.

137 E. Figg, "Blue CRUSH의 업적(The Legacy of Blue CRUSH)," High Ground, March 19, 2014.

138 AI Now, 알고리즘의 책임성에 대한 정책 툴킷(*Algorithmic Accountability Policy Toolkit*), p. 12, Oct. 2018. https://ainowinstitute.org/aap-toolkit.pdf; D. Robinson and L. Koepke, 패턴 데이터에 대한 지나친 의존: "예측 치안"과 시민권에 대한 초기 증거(*Stuck in a Pattern: Early evidence on "predictive policing" and civil rights*), Upturn, Aug. 2016. https://www.upturn.org/reports/2016/stuck-in-apattern/; S. Brayne, "빅데이터 기반의 감시: 치안 관련 사례(Big Data Surveillance: The Case of Policing)," *American Sociological Review*, 2016. https://journals.sagepub.com/doi/10.1177/0003122417725865; A. G. Ferguson, "예측 치안의 감시(Policing Predictive Policing)," *Washington University Law Review*, vol. 94, no. 5, 2017. https://openscholarship.wustl.edu/law_lawreview/vol94/iss5/5/; K. Lum and W. Isaac, "예측 치안 데이터의 이용에 따른 사회적 영향(To predict and serve?)" *Significance* 2016. https://rss.onlinelibrary.wiley.com/doi/epdf/10.1111/j.1740-9713.2016.00960.x; B. J. Jefferson, "예측 가능한 치안: 범죄 예측 지도 및 치안과 인종의 지리적 관계(Predictable Policing: Predictive Crime Mapping and Geographies of Policing and Race)," *Annals of the American Association of Geographers*, vol. 108, no. 1, pp. 1-16, 2018. https://doi.org/10.1080/24694452.2017.1293500

139 "우범지역(high-crime area)"을 정의하고, 이에 따라 현장 투입 수사의 강화를 허가할 수 있는 기준에 대해서는 A. G. Ferguson and D. Bernache, "우범지역에 대한 문제: (The 'High-Crime Area' Question: Requiring Verifiable and Quantifiable Evidence for Fourth Amendment Reasonable Suspicion Analysis)," *American University Law Review*, vol. 57, pp. 1587-1644 참고.

140 A/IS는 잘못 적용될 경우에는 영구적인 편견을 초래할 수 있지만, 적절한 통제 하에 적용될 경우에는 적어도 편견을 줄일 수는 있다. 신호위반 단속 카메라 등 인간이 아닌 기술이 어떻게 편견을 줄일 수 있는가에 대한 연구는 R. J. Eger, C. K. Fortner, and C. P. Slade, "법률 집행 정책에서 신호위반 단속 카메라와 인종 프로파일링이 제시하는 시사점(The Policy of Enforcement: Red Light Cameras and Racial Profiling)," *Police Quarterly*, pp. 1-17, 2015. http://hdl.handle.net/10945/46909 참고.

141 이에 대해서는 J. Tashea, "에스토니아, 인공지능을 위한 새로운 법적 지위를 고려 중(Estonia considering new legal status for artificial intelligence)," *ABA Journal*, Oct. 20, 2017, and European Parliament Resolution of Feb. 16, 2017 참고.

142 법인, 인간(Legal Entity, Person), *in* B. Bryan A. Garner, *Black's Law Dictionary*, 10th Edition. Thomas West, 2014.

143 J. S. Nelson, "종이 용(龍) 도둑(Paper Dragon Thieves)." *Georgetown Law Journal* 105 (2017): 871-941.

144 M. U. Scherer, "맹수와 디지털 아날로그: 자율시스템의 법적 지위(Of Wild Beasts and Digital Analogues: The Legal Status of Autonomous Systems)." *Nevada Law Journal* 19, forthcoming 2018.

145 M. U. Scherer, "맹수와 디지털 아날로그: 자율시스템의 법적 지위(Of Wild Beasts and Digital Analogues: The Legal Status of Autonomous Systems)." *Nevada Law Journal* 19, forthcoming 2018; J. F. Weaver. 로봇도 인간이다: 우리의 법에 변화를 가져올 Siri와 구글 자율주행차, 그리고 인공지능(Robots Are People Too: How Siri, Google Car, and Artificial Intelligence Will Force Us to Change Our Laws). Santa Barbara, CA: Praeger, 2013; L. B. Solum. "인공지능을 위한 법적 인격(Legal Personhood for Artificial Intelligences)." *North Carolina Law Review* 70, no. 4 (1992): 1231-1287 참고.

# 윤리적 설계에 대하여

## 자율지능시스템의 윤리에 대한 IEEE 글로벌 이니셔티브의 임무와 결과

자율지능시스템의 설계와 개발에 관여하는 모든 이해관계자가 그 무엇보다도 윤리적 고려사항들을 중요하게 여기기 위한 교육과 훈련, 그리고 권한을 받도록 함으로써 자율지능시스템과 같은 기술들이 인류에게 혜택을 선사하는 방향으로 발전하게 하는 것

자율지능시스템의 윤리에 대한 IEEE 글로벌 이니셔티브는 위와 같은 목표를 추진하기 위하여 6개 대륙의 관련 기술 및 인문학 분야에서 학계, 산업계, 시민사회, 정책, 정부의 리더로 간주되고 있는 천여 명의 참여자들을 모집했다. 목적은 자율지능시스템과 관련된 시의성 있는 이슈들을 파악하고 공통적인 합의를 도출하기 위한 것이다.

"이해관계자(stakeholder)"란 자율지능시스템과 관련된 연구, 설계, 제조, 메시징에 관여하는 모든 주체들—대학, 단체, 정부, 기업—을 의미한다. 이들은 모두 사회를 위한 자율지능시스템 관련 기술들의 실현을 위하여 노력하고 있다.

# 원칙에서 실천까지-현재까지의 성과

IEEE 글로벌 이니셔티브는 **윤리적 설계**의 작성뿐만 아니라 IEEE 표준협회(IEEE Standards Association)와는 독립적으로, 또는 IEEE 표준협회를 통하여 다음과 같은 성과들을 직접적으로 이끌어냈다.

- 승인받은 표준화 프로젝트들에 대한 IEEE P7000™ 시리즈의 런칭

  이는 IEEE 표준협회 역사상 특정 분야의 기술과 관련된 사회적·윤리적 이슈들을 명백하게 집중적으로 조명한 최초의 표준 시리즈이다.

  **더 자세한 정보는** ethicsinaction.ieee.org **참고.**

- 인공지능과 설계 윤리

  이 10개 과정들은 엔지니어링, IT, 컴퓨터 공학, 빅데이터, 인공지능, 기타 모든 산업 관련 분야들에서 일하는 글로벌 전문가들과 매니저들로서 최신 기술들에 대한 최신 정보를 요구하는 사람들을 위하여 개발된 것이다. 이 과정들은 **윤리적 설계**의 내용이 명확하게 반영되어 있으며 **윤리적 설계**의 작성을 도운 수많은 전문가들이 강사로 참여하고 있다.

  **더 자세한 정보는** innovationatwork.ieee.org/courses/artificial-intelligence-and-ethics-in-design **참고.**

- A/IS 윤리에 대한 전문용어집의 작성

  이 용어집은 총 200여 페이지로, 특히 엔지니어들, 정책입안자들, 철학자들, 표준 개발자들, 컴퓨터 분야 전문가들 등 다양한 이해관계자 집단들을 위한 A/IS 윤리를 정의하는 데 도움이 되는 용어들을 정리한 것이다. 현재 두 번째 버전까지 발행되었으며 역시 IEEE P7000™ 표준 Working Group들의 자문을 받았다.

  **용어집 다운로드:** standards.ieee.org/content/dam/ieeestandards/standards/web/documents/other/ead1e_glossary.pdf

- OCEANIS의 출범

IEEE 표준협회는 IEEE 글로벌 이니셔티브의 성과에 고무되어 자율지능시스템의 윤리를 위한 오픈 커뮤니티(OCEANIS: Open Community for Ethics in Autonomous and Intelligent Systems)의 설립에 크게 기여했다. OCEANIS는 글로벌 포럼으로, 자율지능시스템의 제작을 활성화하는 표준들의 개발과 이용에 관심을 가진 단체들이 관련 이슈들에 대해 논의, 토론, 협력할 수 있도록 돕는 것을 목적으로 한다. 회원들은 혁신을 촉진하는 데 있어서의 표준의 역할에 대한 이해도를 높이는 한편, 기술적 솔루션을 넘어 윤리와 가치에 대한 문제들을 해결하기 위하여 함께 노력하고 있다.

**더 자세한 정보는 ethicsstandards.org 참고.**

- ECPAIS의 출범

A/IS 윤리 인증 프로그램(ECPAIS: Ethics Certification Program for Autonomous and Intelligent Systems)은 자율지능시스템의 투명성 증대, 책임성 강화, 알고리즘의 편견 해소를 촉진하는 인증 및 표시(marking) 과정들을 위한 규격들의 제정을 목표로 한다. ECPAIS는 A/IS 기반의 제품, 시스템, 서비스를 제공하는 조직들에게 관련 프로세스에 대한 인증을 획득하는 데 도움이 되는 과정을 제시하고 인증 표시들을 정의하고자 한다.

**더 자세한 정보는 standards.ieee.org/industry-connections/ecpais.html 참고.**

- CXI의 출범

확장지능위원회(CXI: Council on Extended Intelligence)는 IEEE 글로벌 이니셔티브의 성과와 MIT 미디어 랩(MIT Media Lab)의 "확장지능(Extended Intelligence)" 관련 성과로부터 직접적인 영향을 받아 IEEE 표준협회, MIT 미디어 랩과 공동으로 런칭된 것이다. CXI의 임무는 책임감 있는 참여자 설계와 데이터 에이전시, 그리고 경제적 번영의 측정 기준에 대한 이상(理想)을 전파하고 이윤과 생산성보다 인간과 지구를 더 보호하는 것이다. 회원들은 EU 의회 및 위원회, 영국 상원, OECD, UN, 각 지방 및 국가별 행정부의 주요 사상가들과 경제, 데이터 과학 등 전 세계 다양한 분야들의 유명한 전문가들로 구성된다.

**더 자세한 정보는 globalcxi.org 참고.**

- EADUC의 출범

윤리적 설계를 위한 대학 컨소시엄(EADUC: Ethically Aligned Design University Consortium)은 현재 설립 중이며 모든 엔지니어들이 연구 초기부터 가치 기반의 윤리 원칙들의 적용을 중시하도록 돕는 것을 목적으로 한다. 또한 EADUC는 철학자들, 설계자들, 사회과학자들, 학자들, 데이터 과학자들, 기업, 정치 단체들과 협력하여 **윤리적 설계**가 전 세계 모든 교육기관에서 알고리즘 시대의 설계를 위한 새로운 기준을 가르치는 데 활용될 수 있도록 하는 것을 목표로 한다.

- "AI Commons"의 출범

IEEE 글로벌 이니셔티브의 성과는 A/IS에 대한 글로벌 협업 기반의 구축을 위하여 급속히 발전하고 있는 핵심 아이디어들과 사상을 전파했다. AI Commons의 임무는 누구나 AI의 기능들을 자유롭게 이용할 수 있는 진정한 생태계를 구축함으로써 모든 사람이 어디서나 AI의 잠재적 가능성으로부터 혜택을 입을 수 있도록 하는 것이다. 또한 AI Commons는 문제를 겪고 있는 사람들과 문제를 해결할 수 있는 사람들을 연결시켜 주고, AI를 통한 문제 해결방안들을 총체적으로 마련하는 일들을 하게 될 것이다. 궁극적인 목표는 모든 사람이 접근 가능한 AI의 이용을 촉진하고 그러한 AI로부터 혜택을 얻기 위한 참여 및 협력 체계를 실행하는 것이다.

**더 자세한 정보는 www.aicommons.com 참고.**

# IEEE P7000™의 승인을 받은 표준 프로젝트

현재 개발 중인 표준 프로젝트 시리즈 IEEE P7000™은 전 세계 1,900여 개의 IEEE 표준들과 프로젝트들에 비해 특이한 점을 갖는다. 좀 더 전통적인 표준들은 기술 호환성, 기능성, 안전, 무역 활성화에 중점을 두고 있다면, IEEE P7000 시리즈는 기술적 영역과 윤리적 영역의 교차 지점에 존재하는 특정 이슈들을 다루고 있다. 한편, IEEE P7000 시리즈는 다른 기술 표준들과 마찬가지로 국경을 초월한 혁신의 지원과 사회적 혜택의 실현을 지향한다.

좀 더 자세한 정보나 Working Group 가입을 원할 경우, 다음 링크들을 참고하면 된다. 다음 링크들과 함께 각 프로젝트들의 이름 아래에 명시된 것은 **윤리적 설계**를 작성한 위원회들과 관련 Working Group들을 설치한 IEEE 내 다른 위원회들의 이름이다.

- IEEE P7000™ - 시스템 설계와 관련된 윤리적 문제들의 해결을 위한 IEEE 표준 프로젝트 모델 프로세스

  윤리적 연구와 설계를 유도하는 방법들에 대한 위원회(*Methodologies to Guide Ethical Research and Design Committee*)의 영향과 IEEE 컴퓨터학회 (*IEEE Computer Society*)의 지원을 받았다.

  **standards.ieee.org/project/7000.html**

- IEEE P7001™ - 자율시스템의 투명성을 위한 IEEE 표준 프로젝트

  일반 원칙 위원회(*General Principles Committee*)의 영향과 IEEE 차량기술학회 (*IEEE Vehicular Technology Society*)의 지원을 받았다.

  **standards.ieee.org/project/7001.html**

- IEEE P7002™ - 데이터 프라이버시 프로세스를 위한 IEEE 표준 프로젝트

  개인 데이터와 개인의 주체성 통제에 대한 위원회(*Personal Data and Individual Agency Control Committee*)의 영향과 IEEE 컴퓨터학회(*IEEE Computer Society*)의 지원을 받았다.

  **standards.ieee.org/project/7002.html**

- IEEE P7003™ - 알고리즘의 편견에 대한 고려를 위한 IEEE 표준 프로젝트

  IEEE 컴퓨터학회(*IEEE Computer Society*)의 지원을 받았다.

  **standards.ieee.org/project/7003.html**

- IEEE P7004™ - 어린이와 학생에 관련된 데이터의 거버넌스를 위한 IEEE 표준 프로젝트

  개인 데이터와 개인의 주체성 통제에 대한 위원회(*Personal Data and Individual Agency Control Committee*)의 영향과 IEEE 컴퓨터학회(*IEEE Computer Society*)의 지원을 받았다.

  **standards.ieee.org/project/7004.html**

- IEEE P7005™ - 고용주와 관련된 데이터의 거버넌스를 위한 IEEE 표준 프로젝트

  개인 데이터와 개인의 주체성 통제에 대한 위원회(*Personal Data and Individual Agency Control Committee*)의 영향과 IEEE 컴퓨터학회(*IEEE Computer Society*)의 지원을 받았다.

  **standards.ieee.org/project/7005.html**

- **IEEE P7006™ – 개인 데이터와 관련된 AI 에이전트 Working Group을 위한 IEEE 표준 프로젝트**

  개인 데이터와 개인의 주체성 통제에 대한 위원회(*Personal Data and Individual Agency Control Committee*)의 영향과 IEEE 컴퓨터학회(*IEEE Computer Society*)의 지원을 받았다.

  standards.ieee.org/project/7006.html

- **IEEE P7007™ – 윤리 기반의 로봇과 자율시스템에 관련된 존재론적 표준을 위한 IEEE 표준 프로젝트**

  IEEE 로봇공학 및 자동화 학회(*IEEE Robotics and Automation Society*)의 지원을 받았다.

  standards.ieee.org/project/7007.html

- **IEEE P7008™ – 로봇/지능/자율시스템의 윤리적 방향성을 위한 IEEE 표준 프로젝트**

  감성 컴퓨팅 위원회(*Affective Computing Committee*)의 영향과 IEEE 로봇공학 및 자동화 학회(*IEEE Robotics and Automation Society*)의 지원을 받았다.

  standards.ieee.org/project/7008.html

- **IEEE P7009™ – 자율 및 반(半)자율시스템의 고장 안전 설계를 위한 IEEE 표준 프로젝트**

  IEEE 신뢰성 학회(*IEEE Reliability Society*)의 지원을 받았다.

  standards.ieee.org/project/7009.html

- **IEEE P7010™ – 자율지능시스템의 행복 측정 기준을 위한 IEEE 표준 프로젝트**

  행복 위원회의 영향과 IEEE 시스템 · 인간 · 사이버네틱스 학회(*IEEE Systems, Man and Cybernetics Society*)의 지원을 받았다.

  standards.ieee.org/project/7010.html

- **IEEE P7011™ - 뉴스 채널의 신뢰성 확인 및 평가 프로세스를 위한 IEEE 표준 프로젝트**

  기술의 사회적 영향에 대한 IEEE 학회(*IEEE Society on Social Implications of Technology*)의 지원을 받았다.

  standards.ieee.org/project/7011.html

- **IEEE P7012™ - 기계 판독이 가능한 개인 프라이버시 약관을 위한 IEEE 표준 프로젝트**

  기술의 사회적 영향에 대한 IEEE 학회(*IEEE Society on Social Implications of Technology*)의 지원을 받았다.

  standards.ieee.org/project/7012.html

- **IEEE P7013™ - 안면분석 자동화 기술을 위한 표준의 포함과 적용을 위한 IEEE 표준 프로젝트**

  기술의 사회적 영향에 대한 IEEE 학회(*IEEE Society on Social Implications of Technology*)의 지원을 받았다.

  standards.ieee.org/project/7013.html

## IEEE 소개

IEEE는 인류에게 혜택을 주는 기술의 개발을 위한 세계 최대 규모의 기술 전문가 단체로, 160여 개국 42만여 명의 회원들로 구성되어 있다. 또한 IEEE가 인용도 높은 발간물들, 컨퍼런스들, 기술 표준들, 전문적·교육적 활동들을 통하여 제시하는 의견은 항공우주 시스템, 컴퓨터, 전기전자, 통신, 의공학, 전력, 가전제품에 이르기까지 다양한 분야에서 신뢰를 받고 있다.

**더 자세한 정보는 IEEE 웹사이트 참고: www.ieee.org**

## IEEE 표준협회

IEEE 표준협회(IEEE-SA: IEEE Standards Association)는 국제적으로 인정받는 IEEE 내 표준제정 기구로, 산업계와의 협력과 광범위한 이해관계자 간 커뮤니티에 기반을 둔 개방적인 프로세스를 통해 상호 합의된 표준들을 개발한다. IEEE 표준들은 현재의 과학적, 기술적 지식을 기반으로 규격들과 모범사례들을 정한 것이다. IEEE가 개발한 표준들 중에서 1,900여 개가 이미 실제 적용되고 있으며, 현재 650여 개의 표준들이 IEEE에서 개발되고 있다.

**더 자세한 정보는 IEEE-SA 웹사이트 참고: standards.ieee.org**

## IEEE 글로벌 이니셔티브

자율지능시스템의 윤리에 대한 IEEE 글로벌 이니셔티브(IEEE Global Initiative, IEEE Global Initiative on Ethics of Autonomous and Intelligent Systems)는 IEEE 표준협회의 프로그램이며 IEEE의 운영조직 중 하나이다. IEEE는 세계 최대 규모의 기술 전문가 단체로, 인류에게 혜택을 주는 기술의 개발을 목적으로 하며 160여 개국 42만여 명의 회원들로 구성되어 있다.

**더 자세한 정보는 IEEE 글로벌 이니셔티브 웹사이트 참고: standards.ieee.org/industry-connections/ec/autonomous-systems.html**

IEEE 글로벌 이니셔티브는 시의성 있는 이슈들을 파악하고 공통적인 합의를 도출하기 위하여 관련 기술 및 과학 분야 커뮤니티들의 다양한 의견을 취합하는 기회를 제공한다.

IEEE 글로벌 이니셔티브의 다양한 위원회들에 참여하고 있는 전문가들의 이름은 standards.ieee.org/content/dam/ieee-standards/standards/web/documents/other/ec_bios.pdf에서 찾을 수 있다.

IEEE는 창작물의 자유로운 이용을 위한 Creative Commons Attribution-Non-Commercial 4.0 United States License에 따라 **윤리적 설계**의 모든 버전들을 공개한다. 이 라이선스에 따라, 단체들이나 개인들은 **윤리적 설계**의 내용을 언제든지 자유롭게 채택할 수 있다. 또한 **윤리적 설계**의 내용과 주제는 표준 개발, 교육 목적 등 공식적인 IEEE 프로세스들의 구성요소 중 일부로 선정될 것으로 예상된다.

IEEE 글로벌 이니셔티브와 **윤리적 설계**는 IEEE 기술 윤리[IEEE TechEthics™ (techethics.ieee.org)] 등 IEEE의 다른 노력들과 함께 기술 윤리에 대한 공개적이고 광범위하며 포괄적인 대화의 촉진을 목적으로 하는 더욱 폭넓은 IEEE의 노력에 기여한다.

# 발간 과정

IEEE 글로벌 이니셔티브는 본 책자의 다문화적 수용성과 지적 품격을 최대한 높이기 위하여 (전문가 수백 명이 참여한 초안을 기반으로 작성된) 버전 1과 버전 2에 대한 피드백을 전 세계적으로 요청, 수집한 후에 이를 **윤리적 설계** 제1판(*EAD1e: Ethically Aligned Design, First Edition*)에 반영하였다.

우선, 의견 수집을 위하여 2016년 12월 **윤리적 설계 버전** 1(*EADv1: Ethically Aligned Design, Version 1*)을 발간하였으며, 이에 **200여 페이지**에 달하는 심도 깊은 피드백을 받았다. 이후 2017년 12월 **윤리적 설계 버전** 2(*EADv2: Ethically Aligned Design, Version 2*)를 발간하였으며, **300여 페이지**의 심도 깊은 피드백을 받았다. 이 피드백은 EADv1의 오리지널 절 8개에 대한 추가적인 인사이트와 EADv2의 새로운 절 5개를 위한 독특하고 새로운 의견을 포함한 것이다.

EADv1과 EADv2 둘 다 직접적인 “권고안(recommendations)”이 아닌 “후보 권고안(candidate recommendations)들이 제시되어 있는데, 이는 관련 커뮤니티들이 다양한 옵션들을 논의 및 고려해 왔기 때문이다.

EADv1과 EADv2의 발간 후에는 이를 초기 근간으로 활용하여 **윤리적 설계** 제1판 [*Ethically Aligned Design, First Edition* (*EAD1e*)]의 발간 과정에 착수했다. **윤리적 설계**는 앞으로 계속 후속 판본들이 발간될 것으로 예상되지만, 이 중대한 작업의 근원지가 된 글로벌 커뮤니티 내에서 면밀한 검토 과정을 거쳤다. 따라서 이제는 어떠한 추가적인 제한 없이 “권고안(recommendations)”이라는 용어를 사용할 수 있으며, EAD1e에도 정책 권고안들이 제시되어 있다.

이 발간 과정에는 *EAD1e*의 다양한 장(章)들이 “내적 일관성(internal consistency)”을 가지고 작성되었는지 여부에 대한 문제들, 그리고 특정 장(章)들의 완성도와 IEEE의 정책 발표문과의 일관성 등 좀 더 구체적이거나 광범위한 기준이 고려되었다. 또한 IEEE가 향후 적극적으로 활동하게 될 가능성이 높은 영역들과 과정들에서 중립적이고 믿음직한 입장을 유지할 필요가 있는가라는 문제 역시 고려되었다.

이러한 공식적인 절차들 외에, IEEE 표준협회 이사회(Board of Governors)는 IEEE 글로벌 이니셔티브의 작업을 승인했으며, 아래 결의문을 통해 이 작업을 정부들과 기업들, 그리고 일반대중 전체가 고려할 필요가 있는 사항으로 제안하고 있다.

자율지능시스템의 윤리에 대한 IEEE 글로벌 이니셔티브는 다음과 같은 임무를 위하여 만들어진 IEEE 표준협회의 산업 연계 프로그램(Industry Connections program)에 따라 인정된 활동이다.

자율지능시스템의 설계와 개발에 관여하는 모든 이해관계자들이 윤리적 고려사항들을 가장 중요하게 여기도록 하는 교육, 훈련, 권한을 받음으로써 자율지능시스템이 인류의 혜택을 위한 방향으로 발전할 수 있게 하는 것.

**윤리적 설계**: 자율지능시스템과 함께 하는 인간의 행복을 최우선 목표로 추구하기 위한 비전[*Ethically Aligned Design: A Vision for Prioritizing Human Well-being with Autonomous and Intelligent Systems* (*A/IS*)]의 버전 1과 버전 2는 6개 대륙에서 활동하고 있는 엔지니어들, 과학자들, 윤리학자들, 사회학자들, 경제학자들과 기타 수백 명의 전문가들에게 코멘트와 후보 권고안들을 요청하기 위하여 작성되었다.

**윤리적 설계**: 자율지능시스템과 함께 하는 인간의 행복을 최우선 목표로 추구하기 위한 비전 제1판[*Ethically Aligned Design: A Vision for Prioritizing Human Well-being with Autonomous and Intelligent Systems* (*A/IS*), *First Edition*]에 포함된 권고안들은 전문가들과 일반대중 전체가 버전 1과 버전 2에 대하여 제시한 수백 건의 코멘트들을 고려하여 작성된 것이다.

IEEE 글로벌 이니셔티브의 전문가 천여 명은 광범위하고 글로벌하며 개방적인 협업 프로세스를 통하여 **윤리적 설계**: 자율지능시스템과 함께 하는 인간의 행복을 최우선 목표로 추구하기 위한 비전 제1판[*Ethically Aligned Design: A Vision for Prioritizing Human Well-being with Autonomous and Intelligent Systems* (*A/IS*), *First Edition*]을 개발해 왔으며 이제 최종 편집 및 발간 과정 중에 있다.

**이에 IEEE 표준협회 이사회는 다음과 같이 하기로 결의하는 바이다.**

1. IEEE 글로벌 이니셔티브의 임원진과 회원들에게 **윤리적 설계**: 자율지능시스템과 함께 하는 인간의 행복을 최우선 목표로 추구하기 위한 비전 제1판의 작성에 대하여 감사를 표한다.

2. IEEE 글로벌 이니셔티브가 3년도 채 안 되는 짧은 기간 동안에 이처럼 복잡하고 방대한 문제들과 관련하여 협업 프로세스를 통해 대단한 합의를 도출한 것에 대하여 지원과 찬사를 표한다.

3. **윤리적 설계**: 자율지능시스템과 함께 하는 인간의 행복을 최우선 목표로 추구하기 위한 비전 제1판을 자율지능시스템의 윤리적 개발을 위한 고려사항과 지침에 대한 안내서로서 기업들과 정부들, 그리고 일반대중 전체에게 추천하고 제공한다.

## 전문용어 업데이트

**윤리적 설계**에서 "AI"라는 막연한 용어는—가급적—사용하지 않기로 하며, 그 대신에 자율지능시스템(*autonomous and intelligent systems* 또는 *A/IS*)이라는 용어를 사용하기로 한다. 그렇지만 "지능(intelligence)"과 "자율성(autonomy)"을 정의하는 것은 본질적으로 어려운 일이다. 그러나 해당 시스템의 실질적인 범위를 알고리즘과 데이터를 이용하여 복잡한 문제들과 상황들을 해결하며, 앞서 내린 결정들에 대한 평가를 기반으로 성능을 향상시킬 수 있는 역량을 가진 컴퓨팅 시스템으로 제한하고 이러한 시스템이 "지능적(intelligent)"인 것으로 간주될 수 있다고 말하는 일은 가능하다.

이러한 시스템은 해당 분야 내에서 환경적 변화들을 극복하고 주어진 과업들을 달성할 수 있는 한, "자율적(autonomous)"인 것으로도 간주될 수 있다. 이 용어는 **윤리적 설계** 제1판 전체에 걸쳐 적용되며, 그 이유는 관련 기술들과 시스템들의 디자인 과정에서 윤리적 고려사항들이 최대한 광범위하게 적용되도록 하기 위함이다.

# 책자 제작 과정

본 책자는 자율지능시스템의 윤리에 대한 IEEE 글로벌 이니셔티브가 개발한 것이며, IEEE 글로벌 이니셔티브는 IEEE의 주요 조직인 IEEE 표준협회 내에서 산업 연계(Industry Connections) 프로그램에 따라 인정된 활동이다.

본 책자는 **IEEE 표준협회**(standards.ieee.org/industry-connections) **산업 연계 프레임워크 프로그램**(Industry Connections framework program)의 과정들에 따라 개방적, 협업적인 합의 도출 방법을 기반으로 작성되었다. 하지만 이 과정은 반드시 본 책자의 각 장(章) 전후에서 감사의 말을 통하여 언급된 모든 기고자들의 코멘트들이나 관점들을 포함 또는 반영했다는 것을 의미하지는 않는다.

이러한 협업 과정에서 제시된 관점들과 의견들은 저자들의 것으로, 반드시 저자 본인이 대표하는 기관 또는 IEEE의 공식적인 정책이나 입장을 반영한 것은 아니다. 본 책자는 자율지능시스템의 윤리에 대한 IEEE 글로벌 이니셔티브의 지원에 따라, 자율지능시스템의 설계에서 윤리적 고려사항들을 다루는 것이 얼마나 중요한가에 대한 일반대중의 이해도를 높이기 위하여 발간된 것이다.

IEEE 또는 IEEE 표준협회 산업연계 활동 프로그램 구성원들은 본 책자에 포함된 권고안들의 이용 또는 적용 과정에서 직·간접적으로 어떠한 오류, 누락, 피해가 발생한다 하더라도 이에 대해 전혀 책임이 없다.

IEEE 표준협회의 최고 관리기구인 이사회는 **윤리적 설계** 제1판의 개발에 이용된 합의 구축 프로세스를 추천하며, 본 책자를 자율지능시스템의 윤리적 개발을 위한 고려사항 및 지침으로 제안한다.

# 윤리적 설계의 인용방식

**윤리적 설계** 제1판의 인용은 다음과 같은 방식을 따라주기를 요청하는 것이다.

자율지능시스템의 윤리에 대한 IEEE 글로벌 이니셔티브. **윤리적 설계**: 자율지능시스템과 함께 하는 인간의 행복을 최우선 목표로 추구하기 위한 비전, 제1판. IEEE, 2019. **https://standards.ieee.org/content/ieee-standards/en/industry-connections/ec/autonomous-systems.html**

# 주요 참고문헌

**윤리적 설계, 제1판의 주요 참고문헌들은 다음과 같다.**

- **부록** 1－행복 측정 기준의 현황(서문)[The State of Well-being Metrics (An Introduction)]
  **bit.ly/ead1e-appendix1**
  (행복에 대한 절 관련)
- **부록** 2－사업제품 결정을 위한 행복 심사 툴(The Happiness Screening Tool for Business Product Decisions)
  **bit.ly/ead1e-appendix2**
  (행복에 대한 절 관련)

- **부록 3**–추가자료: 표준개발 모델과 기본체계(Additional Resources: Standards Development Models and Frameworks)
  bit.ly/ead1e-appendix3
  (행복에 대한 절 관련)
- **용어집**
  bit.ly/ead1e-glossary

## 역자 소개

### 박기식

박기식 원장은 서울대학교 졸업 후 정책학 박사와 컴퓨터공학 박사를 취득하였으며, 1985년부터 한국전자통신연구원(ETRI)에서 근무하면서 정보통신서비스연구단장 및 표준연구센터장 등 주요 보직을 역임하였다. 재직기간 중 국내・외에서 과학기술연합대학원대학교 교수, ITU Study Group Chairman, 세계표준협력회의(GSC) Chairman, Asia IT Ministers Summit 사무총장 등 활발한 활동을 한 바 있다. 2020년 ETRI에서 정년 후 현재는 인본정책연구원 원장으로 재직하면서, 최근에는 국제ICT표준 마에스트로, 정보응용기술심의회 회장, IEEE-SA Board of Governors Member, Energy&AI 혁신성장협의회 회장, 산업표준 심의위원 등으로 꾸준한 활동을 이어가고 있다. 주요 관심 분야는 표준화, 인공지능, ESG, 제4차 산업혁명과 메타버스 등으로 10여 편의 저서 및 200여 편의 논문 등 연구실적을 쌓아 왔으며, 대한민국 산업훈장(2008) 및 산업포장(2000)을 수상한 바 있다.

### 신용태

신용태 교수는 아이오와대학교 컴퓨터학과 박사학위를 취득하고 아이오와대학교와 미시간주립대학교에서 강의를 하였으며, 1995년부터 현재 숭실대학교 컴퓨터학부 교수로 재직 중이다. 한국인터넷윤리학회 회장, 한국정보처리학회 회장, 개방형통신연구회 회장, 한국정보과학회 부회장 등 정보통신 분야에서 활발한 연구 활동을 하고 있으며, 한국인터넷진흥원(KISA) 사외이사 및 정보통신산업진흥원(NIPA) 사외이사, 한국문화정보원 사외이사 등을 역임하였다. 또한 경찰청, 대검찰청, 국정원, 행정안전부, 법무부, 산림청 등 정부 부처의 자문위원으로 활동하였다. 주요 관심 분야는 컴퓨터 네트워크와 정보보호 기술이며, 인터넷 윤리, 그룹통신, 인터넷 프로토콜, 디지털 포렌식, DRM/CAS 등 다양한 분야에서 연구실적을 쌓아 10여 편의 저서와 230여 편의 논문이 있다.

## 유명호

유명호 대표는 서울대학교 졸업 후 일본 게이오대학에서 전자공학 박사를 취득하고, 1990년부터 삼성그룹 연구소에 근무하면서 머신비전, 디지털카메라용 SoC를 개발하여 상용화하였으며, 로봇용 인공눈, 산업용 로봇, 감시경계로봇 등을 개발하였다. 현재는 비전AI 플랫폼 전문기업을 창업하여 경영하고 있으며, 비전 AI 분야에서 연구실적을 쌓아 20여 편의 논문이 있다. 대외적으로는 교육부 BK21 평가위원, 산업통상자원부 평가위원, 국토부, 기술, 운영위원 활동을 하였다. 주요 관심 분야는 딥러닝 자동화 플랫폼(준지도 학습) 코어 엔진과 AI 로봇 융합 서비스, 스마트 팩토리, 산업안전, 스마트 팜, 스마트 금융, 차세대 비전 플랫폼 등이다.

## 윤성원

윤성원은 한국외국어대학교에서 불어와 영어를 전공하였다. IT 분야 정부 산하기관 및 단체와 민간업체에서 디지털 트랜스포메이션, 자율주행, 전자정부 등과 관련하여 전략기획, 국내·외 시장/정책 연구, 국제협력, BPR/ISP 컨설팅, 해외 ODA 사업 등을 담당해 왔으며, 주요 관심 분야는 인공지능 분야이다.

인간과 기계의 공존을 위한

# AI의 윤리적 설계


**펴낸날** 제1판 제1쇄 2023년 3월 31일

**지은이** IEEE

**옮긴이** 박기식 · 신용태 · 유명호 · 윤성원

**발간인** (사)인본정책연구원

**펴낸이** 임춘환

**펴낸곳** 도서출판 **대영문화사**

**주소** (본사) 사무실: 경기도 고양시 일산서구 주화로 70
우신프라자 307호 (우) 10387)
(본사) 물류센터: 경기도 고양시 일산서구 덕산로
107번길 68-50 (우) 10205)

**등록** 1975년 12월 26일 제3-16호

**전화** (031) 913-3062, (031) 914-3884~5

**팩스** (031) 913-3839

**홈페이지** http://www.dymbook.co.kr





ISBN 978-89-7644-871-2

**값 28,000원**